深圳统计信息年鉴

STATISTICAL AND INFORMATION YEARBOOK OF SHENZHEN

1997

（总第7版）

深圳统计信息年鉴编委会编

中国统计出版社

(京)新登字 041 号

图书在版编目(CIP)数据

深圳统计信息年鉴 1997/深圳统计信息年鉴编委会编——北京:中国统计出版社,1997,7

ISBN 7-5037-2517-6

Ⅰ.深…

Ⅱ.深…

Ⅲ.统计资料-信息-深圳-1997-年鉴

Ⅳ.C832.653-54

中国版本图书馆 CIP 数据核字(97)第 12606 号

中国统计出版社出版

(北京市西城区三里河月坛南街 75 号 100826)

利丰雅高印刷(深圳)有限公司印刷

*

787×1092 毫米 16 开本 30 印张 80 万字

1997 年 8 月第 1 版 1997 年 8 月深圳第 1 次印刷

印数:1—1200 册

*

定价 168 元

《深圳统计信息年鉴—1997》编委会名单

编 辑 说 明

1、为了更加全面系统地反映深圳市国民经济和社会发展情况，以及统计与信息化工作的概况，《深圳统计年鉴》经中国统计出版社同意，从1997年版起更名为《深圳统计信息年鉴》，并相应从内容和形式两个方面进行了大胆的改革与探索。改革的总体思路是：优化选题，调整结构，改进版面，规范文字，加强整体性，扩大信息量。改革后的年鉴从内容上除了仍然作为主要组成部分的统计资料外，着重增加了反映统计与信息化两方面工作过程与成果的文字材料，如重要的会议文件、信息化建设规划纲要、统计改革方案、统计法规、统计工作简介、统计信息大事记等，这些材料分别收录在新增的"信息化建设"、"统计工作"、"统计信息大事记"等篇中。从形式上，新版年鉴强化了精品意识，更加注重编辑排版的规范性，并增加了丰富充实的彩色插页，力求使年鉴既严肃又生动。

2、本年鉴以丰富、翔实的统计资料为主，辅以统计图。统计资料系根据统计年报和有关资料整理而来，主要指标包括了深圳建市以来历年统计数据，并着重反映了1996年深圳市经济和社会各方面所取得的成就。统计资料内容分为15个部分，即：(1)综合；(2)人口和劳动力；(3)工业；(4)运输、邮电；(5)农业；(6)固定资产投资；(7)商业、物价；(8)物资；(9)财政、金融；(10)对外经济贸易和旅游；(11)劳动工资；(12)科学、教育、文化、卫生；(13)环境保护与城市公用事业；(14)人民生活；(15)五区概况。为了便于读者正确使用资料，还附上了主要统计指标解释。

3、本年鉴中的"全市"包括经济特区和宝安区、龙岗区，"特区"即为市区，包括福田区、罗湖区、南山区。

4、根据最新掌握到的统计资料以及国家新的统计年报制度之规定，本年鉴对过去发表的一些重要统计资料重新予以核实，对部分历史数据进行了调整。因此，读者在使用历史资料时，凡与本年鉴有出入的，均以本年鉴为准。

5、本年鉴对部分数据合计数或者相对数由于单位取舍不同产生的计算误差均未作机械调整。

6、为了读者使用方便，本年鉴特编制了主要指标定基指数、环比指数和年平均增长速度。

7、本年鉴使用的符号说明："…"表示数据不足最小单位数；"空格"表示该项统计指标数据不详或无该项数据；"#"表示其中的主要项；"*"表示另有注解。

8、限于我们的水平和改革过程中必然遇到的困难，本年鉴仍存在许多不足和错漏，希望读者不吝批评指正，帮助我们进一步改进年鉴编辑工作，以期更好地为广大读者服务。

卷　首　语

郑通扬

在香港回归、五洲欢庆的大喜日子里,《深圳统计信息年鉴—1997》付梓了,这是令人欣喜的事情。

这部年鉴以丰富翔实的统计资料真实地记述了深圳经济社会发展的轨迹。十几年来,这个发生在毗邻香港的边陲小镇上的人间奇迹和香港主权回归中国这一历史盛事一样,备受世人关心和瞩目。因为她以同样强有力的事实向世界昭示:一个百年积弱的文明古国正在走向富强,中华民族必将在21世纪的国际舞台上重领风骚。

让我们循着历史前进的脚步,怀着主人翁的自豪感,翻开面前的这本书,透过其中一组简单的数据,来看看这座充满生机和活力的年青城市在刚刚过去的一年里所取得的最新成就吧。1996年,深圳市国内生产总值达950.04亿元,比建特区前的1979年增长了150倍,平均每年增长34.3%;人均国内生产总值自1991年首次逾万元后,至1996年,达2.7万元,比1979增长了12.9倍,平均每年增长16.7%;外贸出口总额达212.08亿美元,连续四年位居全国大中城市榜首。人民生活迅速改善,城市居民人均生活费收入14943元,是1985年的8倍;农民人均分配收入从1979年的152元增加到5415元,平均每年增长23.4%;95%的城市居民家庭住上了单元式配套住房,人均居住面积达到14.2平方米;特区内自来水普及率达100%,液化石油气普及率达77.7%。深圳不仅是我国经济高速增长的地区之一,而且综合经济实力跃居全国大中城市前列,成为社会主义市场经济最活跃的地区之一。从某种意义上说,成就骄人的深圳经济特区正是日益强大的中华人民共和国的一个缩影。她以一串串闪光的数字,一再雄辩地证明了邓小平同志建设有中国特色社会主义理论和以江泽民同志为核心的我们,党的改革开放政策在实践中的无比正确性和伟大意义。

年鉴作为一种严肃、规范的出版物,具有记载历史和启迪未来两个方面的重要作用。小平同志在1979年说过"编辑出版年鉴,很有必要。这是国家的需要,四化建设的需要。"《深圳统计信息年鉴》本身是改革开放的产物,她将在改革与探索中得到健康发展。通过1997年卷,可以看到编者已经进行了一些大胆的尝试,书名加上了"信息"两个字,视野也随之扩大,尤其是增加了信息化建设方面的资料,在人类迈向信息社会的进程中,使年鉴更具有鲜明的时代气息。希望从事年鉴编辑的同志们再接再厉,保持认真细致的工作作风,并在进一步提高年鉴质量方面多动脑筋,多做努力,也希望各方面、各层次的年鉴读者积极提出有益的意见和建议,共同促使《深圳统计信息年鉴》在不久的将来成为一部文质彬彬的精品,以为深圳的经济建设和社会发展增光添彩,抒写新篇。同时,我们冀望广大读者进一步学习贯彻江泽民总书记5月29日在中央党校的重要讲话,高举邓小平建设有中国特色社会主义理论伟大旗帜,阔步迈向21世纪,以丰硕的成果谱写出《年鉴》一部又一部续编。

1997年7月18日

1994年4月18日至21日，《全国信息化工作会议》在深圳隆重召开，邹家华副总理亲临会议。

邹家华副总理在全国信息化工作会议开幕式上发表热情洋溢的讲话。

深圳市委书记厉有为、市长李子彬和电子工业部部长胡启立在深畅谈深圳信息化建设远景。

市领导厉有为、李统书、郑通扬和市统计信息局领导班子全体人员合影。

邹家华副总理、胡启立部长等在深圳市统计信息局通过可视电话和各地联络。

国务院副秘书长刘奇葆在市统计信息局主机房查阅有关信息。

国务院副总理邹家华、深圳市常务副市长李德成兴致勃勃地参观深圳市信息化成果展览。

深圳市市长李子彬和副市长郑通扬在市统计信息局察看ECS电子商贸系统。

1996年4月18日9时23分，由深圳市委常委、常务副市长李德成按动电子键，启动深圳市社会信息服务系统（即S923工程）。

1996年8月12日，《深圳市信息化建设规划》通过专家评审，被誉为一项优秀的软科学成果。

1997年1月21日，城市统计改革研讨会在深圳隆重召开，国家统计局张塞局长、各大中城市统计局局长及香港、澳门统计界同仁参加了这次大会。

1997年5月6日，第13届京津沪、副省级市、沿海开放城市、经济特区统计信息网络会议在深圳举行，一致通过在深圳设立网络秘书处。

深圳市统计信息局荣获“国家经济信息系统先进单位”称号，局长周理载誉归来。

深圳市统计信息局干部职工积极参加丰富多彩的文体活动。

局长周理带领全体职工积极参加长跑活动。

目　　录

特　　载

信息化建设

统计工作

统计资料

四、运输、邮电

五、农　　业

六、固定资产投资

七、商业、物价

八、物　资

九、财政、金融

十、对外经济贸易和旅游

十一、劳动工资

十二、科学、教育、文化、卫生

十三、环境保护和城市公用事业

统计信息大事记

索　　引

CONTENTS

SPECIAL ARTICLES

INFORMATION CONSTRUCTION

STATISTICAL WORK

STATISTICAL CHART

GENERAL SURVEY

POPULATION AND LABOR FORCE

AGRICULTURE

INVESTMENT OF FIXED ASSETS

DOMESTIC TRADE AND PRICE

MATERIALS

URBAN PUBLIC UTILITIES

PEOPLE'S LIVELIHOOD

GENERAL CONDITIONS OF DISTRICTS

EXPLANATION OF KEY STATISTICAL INDICATORS

ISSUES OF STATISTICS AND INFORMATION

INDEX

特　载

政府工作报告

——1997年4月22日在深圳市第二届人民代表大会第三次会议上

深圳市市长 李子彬

各位代表：

现在，我代表深圳市人民政府，向大会作政府工作报告，请予审议。并请各位政协委员和其他列席人员提出意见。

一、1996年的工作回顾

1996年，我们以邓小平建设有中国特色社会主义理论为指导，认真贯彻党的十四届五中、六中全会精神及江泽民总书记视察深圳、汕头经济特区的讲话精神，按照两个文明建设都要力争走在全国前列的要求，牢牢把握改革、发展、稳定的大局，增创新优势，更上一层楼，物质文明和精神文明协调发展，经济和社会共同进步，胜利完成了市二届人大二次会议确定的各项任务。

(一)“九五”计划开局良好，国民经济持续快速健康发展。

1996年，国家继续实行适度从紧的财政政策和货币政策，宏观经济环境偏紧。我们针对经济运行中的突出问题，采取各项有力措施，加强指导和协调，使我市国民经济继续保持了良好的发展势头。全市实现国内生产总值950.04亿元，比上年增长16.4%。完成工业总产值1062.69亿元(90年不变价)，增长18.1%，国有、集体、“三资”企业的增长速度分别为32.8%、48.2%和13.7%，国有、集体经济的增长速度明显快于“三资”企业。工业产销衔接良好，产销率达97.4%。工业经济效益综合指数154.0%，比上年提高4.6个百分点。农业继续发展，全年农业总产值11.73亿元(90年不变价)，增长4.4%，种植业、畜牧业、水产业均取得好成绩。进出口贸易总额390.53亿美元，增长0.7%，其中出口总额212.08亿美元，增长3.3%。全年固定资产投资327.53亿元，增长18.7%。预算内财政收入131.75亿元，剔除证券交易印花税，增长15.5%；“两税”上划中央26.43亿元，增长26.17%。金融形势稳定，年末金融机构各项存款余额1533.46亿元，比年初增加329.48亿元，增长27.4%；各项贷款余额965.20亿元，比年初增加173.15亿元，增长21.9%；存差568.26亿元，全年净回笼货币55.71亿元。证券市场打破了长达3年的低迷态势，市场有序扩容，新增上市公司102家，新增上市总股本172.16亿元，深交所全年总成交额达13949亿元，超过前5年的总和。搞活房地产市场的11项措施逐步到位，特别是在特区外实行“购房入户”政策，促进了房地产销售，盘活了大量资金。全年售出商品房325万平方米,其中宝安、龙岗两区"购房入户"销售商品房100万平方米。全年社会消费品零售总额342.27亿元,比上抨增长13.9%。价格调控措施成效显著,商品零售价格涨幅为3.9%,居民消费价格涨幅为7.7%,低于全国、全省上涨幅度。职工收入和农村人均分配收入稳步上升。1996年各项经济指标的全面完成,为实现我市国民经济和社会发展"九五"计划奠定了良好的基础。

(二)积极推进经济增长方式转变,整体经济素质提高。

我们把质量和效益作为经济工作的核心,下大力气加快经济增长方式的转变,整体经济素质进一步提高。

1、"三个一批"发展战略取得初步成效。1996年,我市工业七大主导产业中的百家骨干企业工业总产值达561.6亿元,占全市工业总产值的52.8%,显示出其主导作用。重点培植的18家大型企业集团规模壮大,实现工业总产值465.16亿元,增长30.4%,实现利润45.7亿元,增长21.7%。全市有11家企业被列入省重点发展的大型企业集团,9家企业进入全国300强企业行列。康佳彩电、粤宝录音机磁头等14种名牌产品产值达193.2亿元,增长16%。300多家企业已通过ISO9000的认证,其中工业企业约占90%。

2、产业结构进一步优化。在保持经济总量稳步增长的同时,我们十分注意加强对产业结构的调整,推进产业结构的升级换代。第一产业重点扶持了"菜篮子"基地建设和"三高"农业、创汇农业,促进农业生产规模化、产业化。市政府安排多项资金支持农业重点项目的发展,对鲜活产品投资比上年增加了近50%。第二产业在大力发展高新技术的同时,加大了技术改造的力度,企业装备水平和产品技术含量进一步提高。在第三产业上,我们以高新技术产业和信息产业的发展推动我市第三产业上规模、上等级,重点发展了金融、信息、旅游、商贸、房地产、仓储运输业。1996年,我市三次产业的结构由上年的1.6:52.4:46.0调整为1.7:49.3:49.0,继续向发达国家的产业结构趋近。

3、高新技术产业迅速发展。我们坚持科教兴市,加强了对发展高新技术产业的组织领导和扶持。对高新技术产业开发区实施一区多园管理体制,解决了开发区内条块分割的问题。市里为高新技术企业和企业新产品开发提供了资金和优惠条件,市财政拿出5000万元作为"高新技术工业项目建设资金",对29个技术含量高、发展前景好的高新技术项目予以扶持,并对50家生产高新技术产品的企业给予减免税收6000万元的政策优惠。1996年,新认定高新技术企业27家,全市高新技术企业已达[illegible]7家。高新技术产品产值347.6亿元,占工业总产值的比重由上年的20.5%提高到28.7%。

4、重点项目建设进展顺利。1996年,我市确定重点建设项目35个,实际投资59.1亿元。资金投入继续向高新技术、更新改造、城市基础设施倾斜,投资的技术含量有一定提高。全年建成投产和投入使用的项目有西部电厂1号机组、超大规模集成电路(后工序)、南玻超薄浮法玻璃、福田农产品批发市场等,续建项目基本达到进度要求,新开工项目资金到位率正常,前期工作项目进展顺利。

(三)大力促进经济体制转变,以国有企业改革为重点的各项改革继续深化。

我们高举改革的旗帜,继续发挥深圳经济特区经济体制改革"试验场"的作用,以国有企业改革为重点,积极推进建立社会主义市场经济体制的各项改革,取得了重要进展。

1、国有企业改革步伐加快。我们按照党管干部与贯彻《公司法》相一致、管人与管资产相一致、干部下管一级的原则,制定了有关企业董事会、经理、监事会、党组织和工会的5个暂行规定,对企业领导人的产生方式进行了大胆改革,进一步规范和明确了企业内部管理机构的运作方式。调整了3家市级国有资产经营公司的规模和经营方向,进一步完善了国有资产管理体制。企业公司制改造步伐加快,35家试点企业有30家已改造成规范的公司制企业,并对《公司法》实施前成立的1.8万多家公司进行了全面的规范。扩大了企业经营者年薪制和员工持股制的试点范围,有8家企业已完成年薪核准和兑现工作,内部员工持股试点的企业增加了17家。

2、口岸体制改革取得突破性进展。为全面落实国务院批准的《深圳口岸管理体制改革试点方案》,成立了深圳市口岸管理委员会,增强了对口岸单位协调监管力度。将深圳港监和蛇口港监合并成深圳水上安全监督局,改革了"一水两监"的海上安全监督管理体制。按照"边检管人、海关管物"的原则,卫检、动检撤出了货检通道,口岸货检通道只保留边检、海关两家单位,简化了港口管理手续和陆路口岸查验手续,提高了工作效率。各查验单位主管部门实行"收支两条线"制度,清理和减少了收费项目。皇岗口岸实施了计算机查验网络工程,海关与卫、动、商"三检"实现了双向数据交换,信息共享,提高了监管水平。

3、财税金融体制改革继续深化。在现有市、区两级财政收支范围的基础上,推行了市、区政府间财政转移支付制度,为今年全面实施分税制奠定了基础。将原有的税务分局改为税务登记分局、征收分局和检查分局,初步建立了以申报纳税和优质服务为基础,以计算机网络为依托,集中征收、重点稽查的新的征管模式,登记、征收、检查三大系列的税收征管体制开始运行。成立了华安财产保险股份有限公司,引进了新的外资金融机构。积极筹建深圳农村合作商业银行、农村发展银行和押钞公司,在全国率先建立了保险同业公会,强化了行业自律。

4、市场体系建设和流通体制改革取得新成效。开展了非上市公司产权交易代理制试点,扩大了企业产权交易,已有13家产权中介机构投入运作。劳动力、人才市场健康发展,建成了深圳人才大市场,成立了深圳市高级经理人才评价推荐中心。积极推行外贸代理制,制定了一系列促进外贸发展的政策措施。我市被国务院批准为中外合资外贸公司的试点城市,签约了首家中外合资旅行社,对生产企业自营进出口权实施了自动登记制。

5、社会保障制度日趋完善。全面实施了社会共济与个人帐户相结合的基本养老保险制度和基本医疗保险制度,颁布了失业保险条例、欠薪保障条例,提高了失业救济标准,强化了社会保障功能,多层次的保险体系初步形成。继续推进再就业工程,安置失业员工和富余人员1.84万人,失业率为2.48%。

(四)加大深港经济合作和招商引资力度,对外开放水平进一步提高。

深港经济合作取得进展。随着香港回归祖国的日益临近,我们抓紧了深港经济合作的各项工作。组织有关部门和专家、学者开展了深港经济合作研究,制定了《深港经济合作方案》,对搞好深港两地基础设施、产业发展和经济运行机制的衔接和合作进行了全面规划和论证。目前,正按照方案进行各项工作,特别是加紧了重大基础设施衔接项目的前期准备工作。深港西部通道立项书已报国家计委进行评估,香港侧着陆区已得到港英当局确认。我们还为香港特别行政区筹委会、推委会、临立会在深圳多次召开会议,作了大量的安全保卫和服务工作,受到党中央、国务院的肯定。

利用外资稳步增长。通过实行对外商投资"一条龙"服务制度,大力整治"三乱",改善投资软环境,加大招商引资力度,利用外资继续增长。全年实际利用外资24.22亿美元,比上年增长39.6%,创历史最高水平。外商投资项目规模增大,质量提高。新批外资项目平均规模超过168万美元,其中1000万美元以上的项目有29个。外资投向主要集中于工业领域,占全部协议利用外资的73.79%。一些国际著名跨国公司相继投资深圳。

对外交流日益扩大。去年,我市共接待来自60余个国家和地区的三级以上来访团525批,8935人次。其中副总理级以上代表团28

批,348人次,有6位现任国家元首、政府首脑和10位现任议长先后访问深圳,我市也多次组团出国考察、访问。通过相互交流,扩大了深圳的影响,提高了深圳的国际知名度。侨务、港澳台事务、贸促会、总商会和各行业协会、社会团体,围绕我市现代化建设,积极开展工作,特别是在对外交流、招商引资等方面发挥了重要作用。

(五)发挥示范、辐射和带动作用,扶贫开发工作进展良好。

对口扶贫开发工作力度加大。我们积极探索扶贫工作的新形式,扩大了对口扶持的范围。按照国务院的统一部署,我市从去年开始帮扶贵州省毕节地区和黔南州,分两批投放扶贫开发项目11个和一批无偿捐赠项目,总金额5000余万元。向三峡库区、江西吉安、湖北红安和省内大埔、丰顺、五华、紫金等贫困县投放项目共55个,资金1.29亿元。在开展"国际消除贫困年"、支援贵州贫困地区和云南地震灾区的募捐活动中,捐款4000万元。此外,还通过培训干部、招工、安置劳务工等方式,开展对口扶贫。

同富裕工程进展顺利。市委、市政府作出了《关于加快实施"同富裕工程"的决定》,制定了加快我市欠发达地区发展的优惠政策和措施。市财政为该工程投入资金3.6亿元,各区、镇投入2.5亿元。170个项目全面铺开,其中82个项目已竣工。我们还筹措资金,设立了同富裕发展基金,加大对欠发达地区经济发展的"造血"型项目的扶持。目前,我市欠发达地区投资环境和生活条件得到了较大改善。

(六)深入开展两个综合治理,经济社会秩序和投资环境进一步好转。

我们继续把开展社会治安综合治理和环境综合治理作为维护经济社会秩序、改善投资环境的重要工作来抓,取得了明显成效。

以"严打"为首要环节的社会治安综合治理取得成效。根据中央和省的部署,我们先后组织了打击团匪黑霸、"严打"大会战、"迎九七、保平安冬季行动"等专项斗争,扫除黄、赌、毒,破获了建国以来全国最大的"9601"贩毒案和一系列危害极大、影响极坏的恶性暴力性案件,摧毁了一批隐藏深、罪恶大的黑社会和带黑社会性质的团伙,遏制了我市刑事案件上升的势头。1996年刑事案件比上年下降9.6%,其中大案下降14%。加强了外来人口管理和动态治安管理,清理遣返大批"三无"人员,遏制了路面犯罪。推进了公安队伍正规化建设,涌现出深圳交警等一批先进集体。新建安全文明小区400个,安全文明小区总数已达803个。南山区荣获全国社会治安综合治理先进集体称号。全市治安形势好转,社会、政治稳定。

城市规划和环境综合治理水平有新的提高。完成了城市总体规划的修编工作和市中心区的规划论证。加强了防洪治涝工作和对饮用水源的水质保护,进一步开展以防治废水、废气、固体废物和噪声污染为主的环境整治,取缔、关停了一批小制革、小印染、小电镀企业。整治乱摆卖、乱张贴、乱搭建等现象,恢复城市绿地,美化了市容。对市区16条道路进行了大修改造,改善了城市道路交通状况,交通事故有所下降。进一步落实了安全责任制,加强了对危、爆物品和安全隐患的经常性检查、清理,全市死亡事故次数和死亡人数均比上年下降。

整顿市场秩序成效显著。加强了市场监管,维护了市场秩序。我们集中力量,对1590家街头诊所和药店进行了清查整治,全面开展了医疗机构重新登记审批、换证工作,医疗医药市场的混乱局面有所好转。通过开展"扫黄打非"和打击盗版、侵权行为等专项斗争,端掉了一批生产、批发、销售非法音像制品和出版物的窝点,初步净化了音像市场。严厉打击产售假冒伪劣商品的行为,遏制了造假售劣现象的蔓延。对拍卖行、人才市场、职业介绍所、会计师事务所、公司登记代理机构等中介组织进行清理整顿,初步规范了中介机构。全市审计机构共查处违纪金额10.6亿元,追还侵占挪用资金3.5亿元,为严肃财经纪律,维护经济秩序发挥了积极作用。

(七)反腐保廉和依法治市取得新成绩,机关作风进一步好转。

转变政府职能的改革进一步深化。在国有资产管理、招商引资管理、口岸管理、社会保险等方面进行了机构及职能的调整,使政府职能进一步从微观管理向宏观管理转变,从直接管理向间接管理转变。计划局、经发局、贸发局等转变政府职能改革试点进展顺利,市属事业单位机构改革全面展开,按照政事分开的原则,撤销事业单位11个,撤并13个,改变事业单位性质,转为企业11个,收回编制707个,减轻财政负担1752万元。

公务员制度建设创造了新鲜经验。一是切实推行了干部岗位交流制度。政府系统处级干部交流面达68%,一大批在敏感岗位工作的同志也进行了交流,强化了干部队伍的培养和廉政勤政建设。二是顺利实行了离岗培训制度。举办了首期机关事业单位离岗人员培训班,对1995年度考核为基本称职的104人,进行了为期3个月的离岗培训,增强了公务员队伍的竞争激励机制。三是公务员"进、管、出"三个环节的管理进一步规范化。继续完善考试录用制度,严把"入口"关,向社会公开择优招录公务员的工作走上了规范化、制度化的轨道。实行考核和奖励挂钩,加强了对公务员考核和奖励的指导和监督。切实疏通"出口",积极稳妥地推行辞职、辞退制度,去年共办理公务员辞职23人,辞退21人,对1995年年度考核不称职的人员已全部办理辞退手续。

机关作风进一步好转。进一步落实机关建设的二十二条规定,加强了制度化建设和内部管理,推行办事程序公开化措施,工作作风得以改进,办事效率有所提高。各部门普遍建立了学习制度,每周利用一个晚上的时间集中学政治、学业务,促进了干部队伍整体素质的提高。加强调查研究工作,取得了一批调研成果。市政府为民办的11件实事基本完成,1997年为民办实事的项目首次采取向市民公开征集意见的方式,更加体现市情民意,密切政府与群众的关系。

依法治市工作全面展开。我们坚持改革开放和法制建设相统一,围绕引导和保障社会主义市场经济,立法工作继续加强,提请市人大审议通过了15个法规,市政府颁布规章9个。依法行政工作全面推行,在改革管理体制、公开办事制度、加大执法和执法监督力度等方面取得了新成绩。广泛开展"二五"普法教育,推进基层依法治理,促进了社会主义法治城市的建设和市民法制意识的提高。

反腐保廉在标本兼治上取得新成效。进一步完善了反腐败工作的领导机制,廉政教育、监督、制度建设等步伐加快。通过纪检监察机关办案体制改革和实施公务员《廉政准则》,廉政建设有新突破。全年共办理大案要案148宗,为国家挽回经济损失3.9亿多元。领导干部廉洁自律各项规定进一步落实,纠风工作取得了较好成绩,整治"三乱"工作成果得到巩固和扩大。

(八)坚持"两手抓,两手都要硬",精神文明和各项社会事业取得新的进步

根据党的十四届六中全会精神,市委、市政府制定了《深圳市社会主义精神文明建设"九五"规划》,提出了我市精神文明建设的指导思想、奋斗目标和十大工程。开展了向陈观玉、元平特殊学校、市交警、义工联等先进个人和集体学习的活动,收到了良好的社会效果。群众性精神文明创建活动广泛深入开展,以"服务承诺制"为突破口,大力开展职业道德教育,敬业爱岗、恪守职责的良好风气得到发扬。

教育事业全面发展。制定了《关于加快深圳教育改革和发展的若干意见》和《深圳市教育事业发展"九五"计划》,确定了我市教育改革和发展的指导思想、目标任务和主要措施。继续增加教育投入,教育基建投资3.97亿元,新增中学学位7500个,小学学位2430个,对21所基础薄弱的学校进行了改造,改善了中小学办学条件。办学、收费、招生等改革有新进展。高等教育办学质量有所改善，职业教育迈出了新步伐，成人教育管理有了加强，市电子技术学校被评为全国重点职业高中。

文艺体育事业繁荣。成功地举办了第七届全国书市。粤剧《情系中英街》和电视剧《琴童的遭遇》获得全国“五个一工程”奖。各种高雅、健康的文艺演出和文艺活动不断满足市民文化需求，提高了城市文化品位。组织我市艺术团体出国访问演出，对外文化交流日益活跃。广播电视、新闻出版有较大发展。建设了深圳书城、关山月美术馆等文化设施。贯彻《全民健身计划纲要》，群众性体育活动广泛开展，竞技体育创造了一批好成绩，我市运动员在全国性比赛中共取得29枚金牌。

医疗卫生事业有新的发展。全年投入资金8.48亿元，比上年增长16%，医院床位数比上年增加8.4%。市中心医院、儿童医院等医疗卫生建设重点工程进展顺利。卫生防疫、妇幼保健、医德医风建设、社区健康服务等各项工作有新进步，我市被省政府授予初级卫生保健达标市和爱婴先进市。加强了对计划生育工作的领导，全市户籍人口出生率为13.58‰，计划生育率为95.34%，多孩率为0.54%，完成了国家和省下达的三大人口指标。

“双拥”工作跃上新台阶。去年，我市荣获“全国双拥模范城”称号，涌现出“深圳特区精神文明好六连”、“沙头角模范中队”、“武警市支队沙头角好中队”3个全国先进集体。驻深部队为支持地方经济建设、维护社会治安、抢险救灾等做出了重大贡献。广大民兵、预备役人员在建设特区、保卫特区中，继续发挥了积极的作用。我市各级政府为部队办好事、办实事，较好地完成了驻港、驻深部队随军家属和军转干部安置工作，为部队解决了一批实际问题。广大市民积极响应市委、市政府的号召，深入开展向部队献爱心活动和军警民共建活动，军爱民，民拥军，军政关系、军民关系进一步密切融洽。

各位代表：过去一年我们所取得的成绩，是党中央、国务院、省委、省政府和市委正确领导的结果，是全市人民团结奋斗的结果。在此，我代表市人民政府，向奋斗在各行各业的广大干部群众，向驻深解放军、武警官兵、公安干警和各民主党派、人民团体及社会各界人士致以崇高的敬意！向所有参与和关心、支持深圳建设的港澳台同胞、海外侨胞、国际友人表示衷心的感谢！

回顾一年来的工作，我们取得了很大成绩，但是还存在着一些亟需解决的问题，在前进的道路上还面临着许多困难。主要是：

第一，国有企业改革尽管取得了很大成绩，但搞活国有企业的任务还很繁重，部分市属国有企业经济效益不理想，一级企业亏损面为15.32%，亏损额7.6亿元，二级企业亏损面30.72%，亏损额12.67亿元。

第二，固定资产投资结构和管理虽然有改善，但工业投入仍然不足，房地产投入偏高，在投资概预算、审计、招投标等方面还存在一些问题，影响了投资效益。

第三，外贸增长和利用外资难度加大，企业对政策调整的适应能力不够强，需要相当一段时间才能消化各种因素的影响。内贸、外贸市场有待进一步开拓。

第四，城市管理水平与经济社会发展还不适应，重建设、轻管理的状况还在一定程度上存在，城市环境和秩序与现代化国际性城市的要求还有很大距离。口岸体制改革在有些方面尚未到位。

第五，依法治市工作面临着一些难点问题，有法不依、执法不严、违法不究的现象仍然存在，市民的法律意识和干部的法律素质有待提高，执法体制和管理方式的改革任务还十分繁重。

第六，社会治安、机关作风虽然有所好转，但是与群众的期望还有一定差距。目前，各种治安案件和刑事案件发案率仍比较高，恶性案件时有发生。有些部门办事效率不高，以权谋私、“吃拿卡要”的现象依然存在，反腐保廉的任务还很艰巨。

第七，安全生产和消防工作存在着一些薄弱环节，部分“三来一补”企业和一些质量不高的建筑物、歌舞厅酒楼等安全隐患较多，特别是发生了几起恶性事故，给人民的生命财产造成了严重损失。

上述问题，在新的一年里，我们要进一步采取切实有力的措施，认真加以解决。

二、1997年的主要工作

1997年，我国将对香港恢复行使主权，召开党的十五大，这是举世瞩目的两件大事。深圳又一次面临着历史性的发展机遇。我们在认真分析形势的基础上，确定了今年我市经济社会发展的指导思想和目标任务。我市今年经济社会发展的指导思想是：**坚持以邓小平同志建设有中国特色社会主义理论和党的基本路线为指导，认真贯彻党的十四届五中、六中全会，中央经济工作会议和江总书记视察经济特区的讲话精神，抓紧实施国民经济和社会发展“九五”计划、精神文明建设“九五”规划，处理好改革、发展、稳定的关系，稳中求进，有效增长。切实推进“三个根本性转变”，更好地发挥深圳经济特区的“四个作用”。继续深化以国有企业改革和发展为重点的经济体制改革。全面实施“三个一批”的发展战略，抓好大的，放活小的，培育新的经济增长点，推动技术进步，不断优化我市的产业结构、产品结构、企业组织结构。继续改善投资环境，进一步提高对外开放水平。迎“九七”，保稳定，抓服务，上水平，重合作，促繁荣。把精神文明建设提到更加突出的地位，推动两个文明建设上新台阶。**

根据这个指导思想，我市1997年经济社会发展计划初步安排如下：国内生产总值1120亿元，增长15%。工业总产值1245亿元(90年不变价)，增长17%；农业总产值12亿元(90年不变价)，增长2.3%；全社会固定资产投资380亿元，增长16%；进出口总额403亿美元，增长3.3%，其中进口总额183亿美元，增长2.8%，出口总额220亿美元，增长3.8%；社会消费品零售总额400亿元，增长16.9%；地方预算内财政收入123.08亿元，按可比口径增长12%；利用外资18亿美元，下降25.7%；金融机构各项存款余额1820亿元，增长18.7%，各项贷款余额1157亿元，增长19.9%；商品零售价格上涨幅度控制在6%左右，居民消费价格上涨幅度控制在8%左右。

为了实现上述目标，今年主要抓好以下工作：

(一)加快建立现代企业制度的步伐，积极探索搞活国有企业的路子。

深化国有企业改革，搞活国有企业，是我市经济工作的重点和难点。我们要把企业改革、资产重组、技术改造和加强管理结合起来，力争在改革和搞活国有企业特别是国有大中型企业方面取得突破。

1、健全和完善国有企业和国有资产的管理体制。继续贯彻落实《深圳市市属国有企业领导人员管理办法》、《关于调整和完善三家资产经营公司规模和运行机制的方案》，全面实施规范公司内部机构的5个《暂行规定》，基本建立适应社会主义市场经济要求的企业领导体制，营造使优秀企业家脱颖而出的良好环境。强化企业内部约束机制和产权主体对企业的约束。尽快搞好三家资产经营公司的规范运作，不断完善国有资产管理体制。继续扩大企业内部员工持股试点和企业经营者年薪制。

2、搞好优化资本结构试点工作，降低企业负债率。认真落实国家和省、市关于增资减债的各项政策措施，指导和帮助企业调整债务结构，通过财政投资、把企业向资产经营公司的生产经营性借款转为资本金、出售部分国有资产存量、实行企业兼并破产、企业包装扩股融资、吸收利用部分外资等方式，降低企业负债率。今年先抓15－20个重点企业，再总结经验，逐步推广，争取用3年左右的时间，使我市国有企业资本结构有比较明显的改善，到本世纪末把我市国有企业的资产负债率降到60%左右。

3、进一步抓好公司制改造。认真总结和推广试点企业公司制改造经验,全面展开企业公司制改造。三家资产经营公司直属企业的改制工作要完成50%以上,各集团公司二级企业改制工作完成70%以上。同时组织一批效益好、符合产业政策的企业上市,在国内外直接融资。

4、强化企业技术进步和管理。加大技术改造投资力度,今年安排技改资金16亿元,比上年增长40.3%。用先进技术改造传统工业,提高产品的技术含量,走内涵发展的道路。学习邯钢经验,建立适应竞争环境的内部管理制度,强化投资管理、成本管理、质量管理、人事管理,加强技术监督和标准化、计量等基础性工作,抓好扭亏增盈,提高经济效益。今年市资产经营公司属下一级企业亏损面要降到10%以下,二级企业亏损面降到20%以下,亏损额比1996年降低30%以上。

5、放开搞活国有小企业。认真贯彻落实《深圳市加快国有小企业改革的意见》,加强指导和协调,把小企业的改革与产业结构调整、优化资源配置结合起来,按照"多兼并、少破产"的原则,采取改组、兼并、产权转让、租赁经营、内部员工持股、股份合作制、拍卖、破产等多种形式,放开搞活国有小企业。

(二)继续实施"三个一批"发展战略,加快经济增长方式的转变。

1、抓紧"三个一批"发展战略的组织实施。通过存量资产的重组和增量资产的优化配置,对国有资产实施战略性调整,培育一批拥有主导产业、骨干企业和名牌产品的大型企业集团。重点抓好13家超百亿企业集团,其中市属企业6家,中外合资和驻深企业7家,发挥规模经济效益。继续发展工业行业七大主导产业。积极培育生物工程、新材料和医药医疗器械等产业,使其成长为未来的工业主导产业。搞好产品开发、技术改造和市场开拓,着力培育市场前景好、技术含量高、附加值高的产品,重点扶持14种名牌产品,提高其市场占有率和知名度。

2、加快科技进步,大力发展高新技术产业。把深圳建成高新技术产业基地,是我市实行经济增长方式转变、提高经济素质和经济效益、实现国民经济持续、快速、稳定发展的重要战略举措。要进一步确立高新技术产业在我市经济发展中的战略地位,落实市政府制定的优惠政策和措施,推进企业技术创新工程;加强对高新技术产业的统筹规划和政策引导,扶持重点高新技术企业和项目,帮助高科技企业解决资金短缺、人才不足、科技自主开发能力不强等问题;强化市场导向,以企业为主体,推动高新技术产业化;从体制、规划、政策、立法四个方面入手,加快发展高新技术产业,培育一批高新技术企业集团;搞好高新技术产业园区建设。高新技术产品产值占工业总产值的比重要由1996年的28.7%提高到32%。

3、加强重点区域的开发建设。采取切实有效措施,抓好市中心区、龙岗大工业区、高新技术产业园区等重点区域的联动开发。继续办好福田、沙头角、盐田港3个保税区,用足用好保税区的优惠政策。搞好红岭南、莲花北和科技工业园3个信息化试验小区和相关网络建设。

4、加快重点项目建设,增强经济发展后劲。保持一定规模的投资力度,是我市经济持续发展的保障。今年计划安排固定资产投资380亿元,比上年增长16.0%,高于GDP增长幅度。固定资产投资主要向技术改造、高新技术产业和重点建设项目倾斜,一是保优化产业结构、增强经济发展后劲的工业项目,重点是西部电厂、前湾电厂、光盘驱动器、光盘制造中心、蜂窝移动通讯设备、现代电子"彩管"、啤酒三期工程、ABS树脂等项目。二是保完善城市功能、促进深港经济合作的重大基础设施项目,重点抓好东部取水工程、深圳河治理、盐田港二期工程、邮电信息枢纽中心、机场航站楼扩建、机荷高速公路、东部沿海高速公路、平湖编组站等项目,积极做好西部通道、铜鼓航道、皇岗/落马洲口岸旅客过境轨道接驳工程、华南国际集装箱多式联运中心等项目前期准备工作。三是保精神文明建设和推动社会进步的项目,重点抓好音示厅、少年宫、国际会展中心、中心医院、中心图书馆、电视台新址等项目建设。为集中财力保重点，今后两年暂停各类机关办公楼、培训中心的审批，严格限制事业单位新上基建项目。工程必须实行项目资本金制、项目法人责任制、工程招投标制、工程监理制，严格项目预概算审查和项目建设管理，政府投资项目要实行跟踪审计制。

5、促进第三产业有新的发展。我们要在重视一、二产业的同时，继续提高第三产业的比重，优化产业结构。当前要抓住有利时机，着重促进金融业、信息业、商贸旅游业、运输业的发展，在适当控制一级市场的同时，保持房地产业复苏的良好势头。向把深圳建成区域性的金融中心、信息中心、商贸中心、运输中心和旅游胜地的目标迈进，充分发挥第三产业在经济增长中的推动作用，使第三产业为一、二产业发展提供更多的支持。

6、发展三高农业和创汇农业。进一步贯彻落实市委、市政府《关于加强农村工作和加快农业发展的若干意见》，坚持科技兴农的发展战略。以发展内涵农业为主导方向，发展科技含量高、产品档次高的高效农业和创汇农业，加快农业产业化进程。建立健全村镇集体经济管理机构和管理制度，推动农村股份合作经济发展。

（三）努力推进各项配套改革，进一步规范和整顿经济社会秩序。

围绕加快建立社会主义市场经济体制及运行机制，继续推进各项经济体制改革。

完善社会保障制度，进行收入分配制度改革的探索。认真落实已出台的基本养老保险、基本医疗保险、工伤保险、失业保险等各项社会保障改革措施，尽快实行机关事业单位和企业补充养老保险制度。完善收入分配调节机制，整顿和规范收入分配秩序。

搞好金融体制改革。加快专业银行商业化步伐，发展金融工具，推进金融市场国际化，积极探讨深港两地银行票据交换和信用卡、提款卡的一体化，发展离岸金融业务，争取建立深港投资基金、扩大外资银行经营范围，促进深港金融产业合作。

深化财税体制改革，实行市区两级分税制。在科学界定市、区两级政府事权的基础上，合理划分税收收入，实现税收属地征管，推行市、区两级政府分税制。继续深化税收征管体制改革，积极推行电子报税和税款征收无纸化，逐步完善特区税收体系。

加快商贸流通体制改革，促进深圳区域性商贸中心的形成。抓好商贸发展规划，构筑合理的商业布局，推广现代化的营销方式，充分发挥流通在市场经济中的导向作用和国有商业的主渠道作用，以保证供给、增加社会商品销售额为中心，促进深圳区域性商贸中心的形成。实施商标名牌、规模经营和市场多元化战略。扩大商贸企业内部员工持股的试点工作。培育大型国有商贸企业，把一批全资、控股国有商场重组为大型百货商场、配送中心、超级市场、专业连锁店，实现集约化和规模化经营，提高整体竞争能力。抓好"菜篮子、米袋子、鲜活鱼、放心肉"等为民办实事的重点项目建设，丰富市场供应，稳定市场物价，提高市民生活质量。

深化城市建设和住房制度改革。全面开放设计市场，市政公共工程要带头引进国外设计。加快有形建筑市场和有形房地产市场建设。进一步完善住房改革方案，推行住房公积金制度。积极进行公用事业投资体制改革的探索。

完善社会经济监督体系，整顿规范市场秩序。严肃财经纪律，加大市场监管力度，严厉打击偷税、漏税、骗税、逃税和高利贷、假冒伪劣等市场违法违章行为。强化审计监督，抓好财务税收检查，加强预算外资金管理，规范收入分配秩序。一手抓繁荣，一手抓管理，继续扫黄打非，清理整顿书刊、音像制品市场和文化娱乐场所，进一步净化文化市场。巩固整顿医疗卫生市场的成果，继续清理整顿街头诊所、无证行医，开展医疗医药市场的打假活动。对于各种违法经营活动及其发生的医疗事故要及时从严处理。对拍卖行、会计师事务所、律师事务所、职业介绍所、房地产交易所等各类中介组织进行清理规范，强化监督管理，建立良好的运行秩序和自我约束机制，保证公正执业，促进中介机构健康有序发展。

认真抓好小城镇综合改革试点工作。抓好布吉镇、西乡镇的小城镇改革试点。按照政府精干高效、企业制度规范、市场竞争有序、保障机制完善、城镇规划科学、城乡一体化、特区内外协调发展的目标，推进各项改革，促进小城镇经济、社会持续快速发展。

(四)适应对外开放新形势，提高对外贸易和利用外资水平。

深化外贸体制改革，扩大对外贸易。一是推行外贸代理制，今年要力争有所突破，促使贸易企业和生产企业通过利益联系在一起，互惠互利，共同进入国际市场。二是对外贸企业实施资产重组、结构调整，努力盘活存量资金，培育一批经济实力强、具备国际市场竞争能力的外贸企业集团。三是抓紧中外合资外贸公司的试点工作，尽快组建中外合资外贸公司。四是进一步实施市场多元化战略，大力开拓国际市场。外贸工作要树立大经贸观念，从过去主要抓国营外贸出口转向全行业管理。加强出口商品基地建设，优化出口商品结构，扶持机电产品出口，支持企业扩大出口，进一步拓展国际市场。

优化投资环境，加大招商引资力度。采取切实有效措施，扩大对外宣传，加大招商引资力度。进一步办好外商投资服务中心，完善外商投资服务“一条龙”制度，简化办事程序，优化服务质量，提高办事效率。招商引资要突出重点项目和重点区域，提高利用外资的质量和效益。进一步巩固治理“三乱“的成果，防止“三乱”回潮，保证良好的投资环境。落实市政府《关于对在深外商投资企业和在深外籍人员逐步实行国民待遇的通知》，适度放宽对外商投资企业自产产品的内销限制，在水、电、路收费等方面实行与境内企业同等待遇，对在深圳工作的外籍人员在物业管理费、医疗费、旅游景区收费等方面实行与境内居民同等待遇。

加强国际交流，扩大深圳国际影响。国际性的城市必须有广泛的国际交流。我们要继续加强同世界各国的联系，安全周到地做好来深参观考察的国际团体和友好人士的接待工作。拓宽同友好城市的合作领域，积极促进相互之间在经贸、文化、科技、教育等方面的合作与交流。加强旅游景点建设，完善旅游设施，提高旅游服务水平，充分利用外国游客“72小时旅游便利措施”，吸引更多的游客，搞好'97中国旅游年活动，争创国家优秀旅游城市。

(五)推进深港经济合作，促进两地经济繁荣。

今年7月1日，我国将恢复对香港行使主权，这是中华民族史上的一件盛事。深圳肩负着特殊的使命，要为促进香港的平稳过渡和繁荣稳定作贡献，同时抓住这一历史机遇，加快自身的发展。

1、继续深化和完善深圳口岸管理体制改革。继续落实和完善口岸改革各项配套措施，巩固改革成果。配合中央和省有关部门，积极推动边检人员由兵役制向职业制的转变。按照政事分开的原则，把查验单位的行政执法职能与检疫检验的技术职能分开，担任执法职能的人员纳入公务员管理序列，检疫、检验技术服务逐步向社会化发展，实现中央财政收支两条线的财务管理体制。抓紧完成深圳陆路货运口岸计算机查验网络工程和旅客口岸边检计算机改造工程，做好深港口岸衔接的各项准备工作。进一步抓好港口企业体制改革，理顺引航管理体制，放开和管好外轮代理、外轮供应、理货等对外服务市场。改革二线海关监管办法，进一步提高口岸综合管理水平，全面完成深圳口岸管理体制改革试点任务。

2、搞好深港城市基础设施衔接。加快口岸、港口、机场、公路、铁路、信息网络以及水电设施的建设，特别要抓紧深港西部通道、铜鼓航道、皇岗/落马洲口岸旅客过境轨道接驳工程等3个大型跨境工程的前期工作，争取“中英关于香港与内地跨境大型基建协调委员会”及中央和省的支持，将其列入国家‘九五”计划，使项目早日上马，增强深圳的基础设施对香港的分流互补作用，提高深港人员、货物通过能力，更好地满足深港之间经济社会发展的需要。

3、推进深港产业合作。我们要在继续承接香港制造业北移的同时，提高产业合作的深度和层次，把两地产业合作的重点放在金融、信息、商贸、旅游、仓储、展览、高新技术等方面，吸引香港商贸机构来深从事零售、进出口、展览等业务，吸引港资来深合作建房或购房。发挥各自的资金、信息和人才、技术优势，加强高新技术领域的合作，使深港两地尽快成为高新技术密集区。

(六)继续加大扶贫开发力度，走共同富裕的道路。

帮助贫困地区发展经济，走共同富裕道路，是社会主义的本质要求。我们要认真贯彻落实中央扶贫工作会议精神，加大扶贫开发力度。

做好对口扶贫开发工作。充分发挥我市经济合作发展基金的作用，动员全社会力量参与扶贫开发，重点做好国务院和广东省指定的省内外贫困地区的对口扶持工作。今年，市级财政安排经济合作发展基金9000万元，重点扶持贵州省黔南州、毕节地区及三峡库区和省内五华、大埔、紫金、丰顺四个特困县，同时兼顾曾经扶持过的老区和边远地区。坚持开发式扶贫，探索新形势下扶贫工作的新思路和新方式。积极组织引导市属、内联企业到经济欠发达地区投资兴业，通过兼并、参股等形式，帮助搞活当地企业，增强贫困地区自我发展能力。要认真做好扶持项目的考察论证工作，使扶持项目的效益真正成为贫困地区财政收入的重要来源。同时，引入银行机制，严格筛选项目，保证资金的收回再贷。

加强与京九沿线地区的经济技术合作。京九铁路的开通，为沿线地区经济社会发展带来了前所未有的机遇，也为深圳进一步加强与内地的联系和合作提供了条件，有利于深圳经济特区发挥示范、辐射和带动作用。我们要把沿线地区作为深圳发展的辽阔腹地，发挥好沿线地区走向国际市场的“窗口”作用，抓紧做好深圳与京九沿线地区经济技术合作可行性的研究。我市将与中央统战部、各民主党派中央和全国工商联共同开好京九沿线地区经济技术合作和社会发展研讨会，推动沿线地区经济技术合作，使京九沿线早日成为我国新的经济增长带。

加快实施“同富裕工程”。今年工作的重点是充分利用优惠政策和不断改善的投资环境，大力发展集体经济，增加“造血”功能，使我市欠发达地区经济有较大发展，群众生活有较大提高。市财政安排“同富裕”资金3亿元，区、镇安排配套资金2亿元，重点解决边远地区、水源保护区的基础设施建设。对这些地区的发展，可采取在条件、环境较好的地方异地发展的方式，进行开发和建设。同时，力争筹措同富裕发展基金1.5亿元，用于扶持欠发达地区的“三高”农业和资源开发型项目。

(七)抓好两个综合治理，提高城市管理水平。

建设现代化国际性城市，不但要有现代化的基础设施，而且要有现代化的城市管理水平。加强城市管理，是我们面临的一项紧迫任务。特别是深圳作为香港回归祖国庆典活动的后方基地，需要优美的环境和良好的社会秩序，我们要乘此东风，加强两个综合治理，使我市的城市管理上一个新台阶。

继续抓好社会治安综合治理。一是落实社会治安综合治理领导责任制，继续实行一票否决权。二是深入开展“严打”斗争，狠狠打击暴力性犯罪、团伙性犯罪、黑社会犯罪、流氓恶势力等严重刑事犯罪和走私、诈骗、骗税等严重经济犯罪。开展声势猛烈的禁毒斗争，坚决扫除“黄、赌、毒”等社会丑恶现象。三是加强对流动人口的管理，清理“三无”人员，特别是对卖花女、擦车仔、乞丐，要发现一个清理一个。加强证件查验，堵住“三无”人员进入特区的渠道。

加强对出租屋的管理,逐步推开出租屋计算机动态管理,减少治安隐患。严格用工制度,严禁私招滥雇。四是推广南山区的经验,继续推进安全文明小区建设。今年计划创建618个安全文明小区,年底要全部达标,已达标的安全文明小区要巩固提高,建设成先进小区和标兵小区,发挥安全文明小区的作用,不断增强我市社会面的控防水平,强化基层治安防范网络。五是从严治警,依法治警,向提高素质要警力,努力建设作风过硬、纪律严明、训练有素、一心为民的公安政法队伍。

进一步搞好环境综合治理。动员全社会的力量,整顿市容市貌,营造良好的城市环境。

第一、整顿市容。持续广泛开展爱国卫生运动,巩固和发展创建国家卫生城市成果。落实"辖区三包、门内达标"责任制,创建"文明卫生镇"和"文明卫生单位",消灭"脏、乱、差"死角。加强对肉菜市场的管理和改造,继续拆除违章建筑,大力整治乱摆卖。整顿街名和门牌号码,加强户外广告管理。抓好灯光环境建设和绿化改造工程,搞好庭院绿化和垂直绿化,美化市容市貌,营造欢乐、祥和、优美、洁净的喜庆环境,迎接香港回归祖国。

第二、加强环境保护。防治水土流失,抓紧实施水土保持规划,完成50平方公里重点水土流失区的初步治理。切实保护水源,提高污染治理水平,加快东深流域污水截排工程,抓紧平湖污水处理厂、西丽湖环湖污水截排工程建设。饮用水源水质达标率达到95.5%以上,城市污水处理率达到30%,特区内垃圾无害化处理率达到90%以上,建成区烟尘控制区覆盖率保持100%,城市噪声达标区覆盖率50%以上。加强机动车排放尾气的管理和监测,落实污染物排放总量控制和绿色工程计划。

第三、加快深圳河治理。抓紧深圳河治理一期工程竣工验收工作,二期工程要尽早动工。同时,完成大沙河整治的一期工程,做好二期工程准备工作。

第四、搞好交通通信管理。加强交通管理的硬件建设,科学布局机动车辆行驶路线。增加地下通道和活动式人行天桥,减少红绿灯,建设一两条没有红绿灯的快速干道,提高车辆流速。认真贯彻实施《深圳市道路交通管理处罚条例》,强化市民的交通安全和交通法规意识,从严管理,严格查处交通违章行为。加强通信信息市场管理,维护通信电波秩序,提高通信资源利用率,保证通信线路畅通。

第五、做好安全稳定工作。"迎九七,保平安",是今年工作的重中之重,我们要充分认识做好这项工作的重要意义,认真制定各项安全保卫工作方案,切实做好安全保卫工作,确保万无一失。加强安全生产,广泛深入地开展安全教育,增强市民的安全生产意识,狠抓消防监督检查,消除火灾隐患,遏制重大特大事故和群死群伤事故的发生。要做好群众来信来访工作,化解矛盾,保持社会稳定。

(八)推进勤政廉政建设和依法治市,争创全国一流的机关工作水平。

加强勤政廉政建设,提高机关工作水平,是进行第二次创业的一项基础性工作,也是全市人民的殷切期望。我们要继续抓紧抓好这项工作,争创全国一流。

1、继续转变政府职能。进一步强化政府的规划管理、协调和服务功能,加快实现从微观管理、直接管理向宏观管理、间接管理的转变,把能用市场解决的问题交给市场。建立科学有效的宏观管理体系,按照政企分开的原则,该管的事认真管好,该放的权真正放下。进一步精兵简政,努力消除机构重叠、职能交叉、互相扯皮等现象。抓紧落实市计划局、贸发局、经发局等转变政府职能的改革试点方案。按照政事分开、社会化和分类管理的原则,继续推进事业单位机构改革。

2、进一步转变机关作风。良好的机关作风,是提高办事效率的前提。要采取有效措施促使机关作风的根本好转。各级领导要服从大局,坚决贯彻执行党和政府的方针政策,保证政令畅通。要加强机关工作人员的政治、业务学习,大兴调查研究之风,提高干部队伍素质。进一步完善公务员制度,继续做好岗位交流,推行竞争上岗。搞好机关承诺制试点,公开办事制度,简化办事程序,增强服务意识,提高办事效率。各有关部门要密切配合,切实办好市政府今年为市民办的10件实事。

3、依法治市、依法行政,加强民主与法制建设。为全面推进建设社会主义法治城市的进程,依法治市工作要再上一个新的台阶。抓紧制定发挥城市整体功能、依法行政和精神文明建设方面的法规,继续完善社会主义市场经济法律体系。进一步改革和完善立法程序,提高立法质量,完成立法计划。依法行政,规范行政行为,突出抓好市劳动局、规划国土局、地方税务局、环保局、运输局、工商局、贸发局的依法行政工作。加强和改善司法工作,严格依法办案,公正司法,强化执法监督检查。抓好普法教育,增强中小学生和全体市民的法制观念,增强各级领导和行政执法人员依法行政的自觉性。

4、继续推进反腐保廉工作。反腐保廉贯穿于改革开放的全过程,必须常抓不懈。要坚持标本兼治的方针,进一步抓好领导干部廉洁自律与规章制度建设和落实,加强反腐保廉教育,健全监督制约机制,加快监督体制改革步伐。要集中力量突破一批有影响的大案要案,重点查处贪污、贿赂、严重官僚主义失职渎职造成国有资产流失、工程招投标中钱权交易、以贷谋私、以权谋私等违纪违法案件。发扬艰苦奋斗精神,严禁用公款吃喝玩乐。继续清理整顿预算外资金和"小金库"及乱收费、乱拉赞助现象,坚决纠正各种不正之风,巩固反腐败斗争成果。

(九)落实"九五"精神文明建设规划,促进经济与社会协调发展。

紧紧围绕经济建设这个中心,坚持"两手抓,两手都要硬",切实把精神文明建设提到更加突出的地位。认真贯彻党的十四届六中全会精神,全面组织实施《深圳市社会主义精神文明建设"九五"规划》,力争我市精神文明建设也走在全国前列。

1、加强思想道德、职业道德建设和理论建设。全面贯彻落实《深圳市民行为道德规范》,开展爱国主义教育、艰苦创业教育,提倡勤俭节约,反对铺张浪费,弘扬"开拓、创新、团结、奉献"的深圳精神。破除封建迷信,加大殡葬改革力度,移风易俗,倡导高尚、文明的生活方式。职业道德以抓服务行业为重点,继续开展"岗位学雷锋,行业树新风"活动,搞好"文明窗口"优质服务竞赛,推行各行业的承诺制,树立服务社会、服务人民的意识,敬业爱岗,不断提高服务水平。加强社科研究,在重视基础理论研究的同时,加强对重大现实问题的研究,总结改革开放的实践经验,积极探索有中国特色社会主义的经济、政治、文化的发展规律,使理论工作更好地为党和政府的决策服务,为两个文明建设服务。

2、增加对精神文明建设的投入。投入更多的人力、财力和物力,加大精神文明建设的宣传力度,增强市民对新形势下我市精神文明建设的指导思想、奋斗目标、基本任务的认识和了解,让广大市民树立争做精神文明建设"排头兵"的信念和决心。要加强精神文明的硬件建设,重点增加对文化教育设施、青少年教育基地和安全文明小区创建的投入,抓紧深圳画院、皇岗双拥公园、莲花山公园的建设,争取早日投入使用,做好音乐厅、少年宫、电视台新址的规划、筹建工作。

3、开展群众性精神文明创建活动。一是抓好对精神文明建设典型的宣传。继续开展向陈观玉、南岭村、元平特殊学校、深圳特区精神文明好六连、沙头角模范中队、武警市支队沙头角好中队等先进典型学习的活动,发挥榜样的激励带动作用。二是开展创建高标准安全文明小区、文明村镇和文明企业活动。把城市精神文明建设与创建安全文明小区活动结合起来,把农村精神文明建设与贯彻农村股份合作制的奖惩制度结合起来,把企业精神文明建设与建立现代企业制度、培育企业文化结合起来。三是在全市开展"迎回归,创三优,争一流"的竞赛活动,精心组织好7月1日前后的大型文艺晚会、焰火晚会和各区的群众性文艺晚会,做好迎回归的宣传报道,形成万众喜迎香港回归,携手共创辉煌明天的舆论氛围与社会氛围。四是广泛深入开展拥军优属、拥政爱民活动,向驻港部队献爱心活动,多为部队办实事,巩固我市创建"全国双拥模范城"的成果,不断提高我市双拥工作水平。加强国防后备力量建设,抓好民兵组织落实、政治落实和军事落实,充分发挥民兵在两个文明建设中的作用。

4、推进社会事业与经济建设同步发展。进一步深化教育体制改革,调整布局,加强管理,改善办学条件,整治棚屋学校,计划新增中学学位1.3万个,小学学位1.6万个。抓好"跨世纪教育示范工程",力争深圳中学、实验中学进入全国1000所示范性高中,启动"名师工程",提高教育质量。建设和完善文化设施,提高使用效率,进一步培育文化市场,繁荣新闻出版、广播电视事业,不断推出文艺精品,切实加强文化建设,逐步形成具有开放性、先导性、充满活力的国际性城市文化。做好档案、统计等基础性工作。制定卫生区域规划,加强医德医风建设,提高医学专科水平,儿童医院、急救中心要在今年内投入使用。继续做好以控制传染病为中心的预防保健工作,搞好以初级卫生服务为基础的社区健康服务中心,逐步实现"2000年人人享有卫生保健"的目标。继续实施《全民健身计划纲要》,办好各类群众性体育比赛和活动,完善我市四级训练网络,提高竞技水平,办好深圳市第五届运动会。

5、继续抓好计划生育工作。计划生育的工作重点是流动人口。根据国家关于流动人口计划生育管理由以流出地为主改为以流入地为主的原则,结合我市实际情况,切实加强流动人口计划生育管理。今年户籍人口出生率控制在15.2‰以内,计划生育率特区内要在96.5%以上,宝安、龙岗两区要在90%以上,严格控制多孩率。计生技术服务和科研工作要有新的进展。

各位代表,过去的一年,我市两个文明建设都取得了可喜成绩,这是实现我市"九五"计划和进行第二次创业的良好开端。当前,我们面临的任务依然十分艰巨,我们要继续高举邓小平建设有中国特色社会主义理论的伟大旗帜,紧密团结在以江泽民同志为核心的党中央周围,在中共深圳市委的领导下,抓住发展机遇,迎接新的挑战,同心同德,开拓前进,以改革开放和现代化建设的新成就,迎接香港回归祖国和中国共产党第十五次全国代表大会的胜利召开!

'96 回眸

深圳市统计信息局局长　周　理

花开南国，雨润鹏城。当我们合上1996年最后一页的时候，欣喜地感到全市人民在过去一年中创造了宏伟佳绩。这一年，全市创造国内生产总值950.04亿元，按可比价比上年增长16.4%，人均国内生产总值2.70万元，居全国各大中城市之首；获得地方预算内财政收入131.75亿元，人均3745元，居全国各大中城市首位；财政收入占国内生产总值的比重13.85%，仍居全国各大中城市第一名。与此同时，我市的物价涨幅有效回落，物价指数比全国平均水平低2.2个百分点。经济运行呈投资结构(从而引致产业结构)不断优化、工业经济效益不断提高、金融形势良好、利用外资规模不断扩大、进出口贸易一片兴旺，其总额连续居全国各大城市之首、市场繁荣、居民生活稳步提高的美好景象。

与全市美景相一致，我局一年来在市委、市政府的正确领导下，全局上下团结一致，同时取得可喜的成绩。

我们的信息化工作是以应用系统建设为重点，以规划为突破口全面展开的。首先，我们健全了信息化建设的组织体系，在1995年成立的信息化建设委员会及其办公室的基础上，成立了市信息化建设专家委员会和各区、镇、局、集团公司的信息中心或计算机站，初步建成了由决策层、管理层、实施层组成的组织架构，为推动我市信息化工作提供了有力的组织保证；其次，拟定了《深圳市政府关于推进信息化建设若干问题的决定》，沟通了上、下各有关部门的联系，协调了各方面关系，掀起了联合共建信息化的热潮；第三，制订了由《深圳市信息化建设规划纲要》、《深圳市信息化建设总体规划》和《深圳市信息化建设近期实施重点》组成的我国第一个地方信息化建设规划体系，并通过了全国信息化专家的评审，绘就了我市信息化建设的总体蓝图；第四，成立了市信息立法领导小组，规划了深圳市信息法律体系的基本框架，拟制了《深圳经济特区信息化建设条例》、《深圳市信息工作管理规定》《深圳市信息网络运行管理规定》、《深圳市信息市场管理规定》、《深圳市信息资源管理条例》、《深圳市IC卡应用管理暂行规定》、《深圳市信息服务业管理办法》和《深圳市信息化技术标准》等法规、标准，建立了深圳市信息工程质量监督检验总站，初创了我市信息化建设的法制环境；第五，成立了深圳市信息市场整顿领导小组及办公室，制定了《深圳市信息市场整顿工作方案》，对信息咨询服务市场进行了整顿，查处了违法违纪单位，在一定程序上打击了信息服务行业中的违纪现象，净化了特区的信息服务市场环境；第六，推动了应用系统建设的全面展开，重点突破了财税、金融、海关、公安和政府等系统的应用工程建设，财政税收信息系统已完成地税集中——分布式税收征管信息系统和财政管理信息系统的建设，金融证券信息系统完成了同城清算系统建设任务并与全国600多个城市开展了金融网络连通业务，海关报关信息系统已完成建设任务并进行了EDI的前期试验,公安消防信息系统、城市建设与管理信息系统已建成并在社会、经济生活中发挥重要作用,政府决策信息系统联接了市委、市政府和40多个局级单位和120家综合直报单位,并采用国际互联网技术与全国32个大中城市实行统计数据和信息交互查询;第七,构筑了全市统一的增殖网络平台,建立了以全市目录库为核心的分布式数据库管理体系,有效、合理地调度、管理和利用信息资源,探索了信息资源共享的新机制;第八,规范了公用通讯网络的建设模式,正确界定了各网在统一平台中的地位和作用,促成了邮电网、有线电视网、金桥网和无线双向数据网的联合建设,互通互补;第九,促进了信息产业的快速发展,信息业从业人员占所有从业人数的比重达31%,信息在GDP中的含量达36%,96年信息工业、信息服务业产值分别达530亿元和35亿元,与上年相比增长率分别达到23.8%和39.6,形成了规模效益,成为发展最快的行业;第十,提出了创建信息化试验小区的科学设想,选择深圳中学、市红会医院、部分机关、企业和莲花北居民区等单位和区域进行信息化小区试验,并已经启动重点工程的建设。

我们的统计工作是以统计改革为主线,以实现统计现代化为目标进行的。首先在机构设置上成立了信息编审委员会,统揽信息资源的编审上网工作,经过近一年的运行,进一步强化了编审委的职能,初步理顺了信息资源"条条负责,块块保证"的工作机制;其次,在统计信息资源的采集手段上,进行了"统计无纸化"的试点工作;第三,制订了以实现统计"十化"为目标的《深圳统计改革方案》,并通过了国家统计局及全国各方面专家的鉴定,获得高度评价;第四,积极开展了以摸清国情国力为目的基本单位普查、工业普查、农业普查等工作;第五,进行了个体商业、小型批发零售贸易业和餐饮业、重点零售商业企业、来深国际游客(过夜)以及劳动力等情况的抽样调查,为下一步全面推进统计改革提供了经验;第六,全面提高了服务水平。一是为市领导决策服务方面,除了丰富上网信息内容外,在统计报表的表现形式和内容上进行了修改和完善,采用了电子彩版,增加了《热点追踪》、《统计分析》等几个版;二是在统计分析方面,分析水平逐步提高,全年各专业处室共撰写专题分析近50篇,部分被国家局和省局主要刊物转载,受到国家局、省局领导及市委、市政府领导的关注和赞扬;三是增加了统计新闻发布频率,进一步树立了统计数据和统计信息、咨询、监督的权威性,扩大了我局的社会影响,取得了很好的社会效益。同时还建立了"统计人员持证上岗制度",并成功地进行了上岗培训,被国家统计局评为"1996年全国统计教育先进单位"。

同时,去年我局精神文明建设以转变机关作风为中心,重点抓了组织建设、队伍建设和思想建设,并积极地开展廉政建设、制度建设,制定了思想道德建设和精神文明建设计划,各方面工作开展得有声有色,取得了预期效果。

令人兴奋的是,我们的工作得到了社会和上级领导的充分肯定,电子部、广电部、邮电部、中科院、国家科委三部一委一院先后将我市列为全国信息化建设的试点城市;国家统计局将我市列为全国统计改革试点城市;国务院信息办领导多次来市考察,并在我市举行信息化建设经验交流会;国务院副总理、国务院信息化工作领导小组组长邹家华亲临深圳考察我市信息化建设情况,对我们的工作给予了充分肯定。国家统计局、国家信息中心分别首次将我局评为全国先进单位;我们还有36个单项工作受到了全国或省局的表彰,有75人次获得国家或省市有关部门授予的先进个人称号。

回顾过去,鼓舞人心,她是我们今后工作的强劲动力。展望未来,我们充满信心,她使我们乐于孜孜追求,永不倦息。1997年,是我国历史上具有划时代意义的一年,实现香港顺利回归,我们还将以优异成绩迎接党的十五大召开!

信息化建设

在全国信息化工作会议开幕式上的致辞

中共深圳市委书记　厉有为

(1997年4月18日)

尊敬的家华副总理,各位领导、各位同志:

今天,全国信息化工作会议在深圳隆重召开。这是我国信息化建设史上一件大事,也是我们深圳市的一件喜事。这次会议确定在深圳举行,体现了党中央、国务院对深圳特区发展和信息化事业的关怀,是对深圳特区经济社会发展、改革开放事业和信息化建设的有力促进和支持,也是对深圳特区人民包括广大信息化工作者的巨大鼓舞和鞭策,同时,也是对深圳各项工作的一次检阅和考核。为此,我代表中共深圳市委、市人民政府和市信息化建设委员会,向会议表示热烈的祝贺!向亲临会议的各位领导和专家,新闻界的同志们表示热烈欢迎!对长期关心和支持深圳特区各项事业发展的中央、国务院各部委、广东省委、省政府和各部门及各省、市、自治区的领导和人民表示衷心的感谢!

深圳经济特区建立17年来,在邓小平建设有中国特色社会主义理论的指引下,在党中央、国务院和省委、省政府的正确领导和全国各地人民的大力支援下,深圳人民坚持敢试、敢闯的精神,把一个过去贫穷落后的边陲小镇建设成为初具规模的现代化城市,经济社会迅速发展。1996年,全市国内生产总值达950亿元,工业总产值1062亿元,进出口总额390亿美元,实际利用外资24亿美元,财政收入达到131亿元,综合经济实力已进入全国大中城市前列。在经济社会迅速发展的过程中,我们认识到信息化建设是经济、社会现代化的制高点,于是我们抓紧信息化工程建设,在建设中我们坚持"统一规划,联合建设,统一标准,专通结合"的方针,加强领导,建立信息化建设的组织体系;规划先行,绘就信息化建设的总体蓝图;注重法规建设,初创信息化建设的新秩序;多方筹资,加快信息化建设步伐,取得了一定的成绩,初步形成了四个系统:一是以公用通信、专用通信和广播电视网为主体的现代化通信系统,二是以社会公共信息、商贸信息、金融证券信息、财政税收信息、城市建设与管理信息、产业信息、社会发展信息和宏观调节信息等八大信息工程为主体的社会应用信息系统,三是政府管理、企业开发、资源共享、互通有无的社会信息资源开发系统,四是以计算机硬软件产业、通信设备产业、视听设备产业和微电子及基础元器件为主导的信息产业系统。目前,信息产业已经成为我市经济发展中重要的主导产业和最具发展潜力的新的经济增长点。

1995年,江泽民总书记在深圳考察时指出,经济特区的发展已进入一个提高整体素质、增创特区新优势的阶段。江总书记的指示为深圳经济特区进一步发展指明了方向。市委、市政府根据特区发展的实际,提出了深圳进行第二次创业的宏伟目标,把深圳建设成为富裕、文明、民主的社会主义现代化国际性城市。并把建设好信息化工程作为实现第二次创业目标的突破口,充分开发和利用信息资源,全力建设信息化工程,大力发展信息产业,从而推进和带动其他产业的发展。现在,全国信息化工作会议的召开,不仅对我国社会主义现代化建设和改革开放事业将起到巨大的推动作用,同时,也为我市的信息化工作带来了极好的学习和提高的机会。

今年,是我国历史上极不平凡的一年,还有74天我国政府将恢复对香港行使主权,党的十五大将在下半年召开。这是举世瞩目的两件大事。深圳是我国唯一与香港接壤的城市,对促进香港的顺利回归、繁荣和稳定负有光荣的历史使命,我们一定要在以江泽民同志为核心的党中央领导下,坚持邓小平建设有中国特色社会主义理论和党的基本路线,高举改革开放的旗帜,继续发挥深圳特区对外开放的"窗口"作用、经济体制改革的"试验场"作用、对内地的示范、带动和辐射作用,对保持香港的繁荣稳定起促进作用,以优异的成绩迎接香港回归和党的十五大的胜利召开。

各位领导,各位专家,同志们、朋友们:由于条件有限,可能会出现一些不周到的地方,请大家谅解并提出宝贵意见。我们将全力做好会务工作,确保会议顺利进行。

最后,预祝全国信息化工作会议圆满成功。

谢谢大家!

以应用为导向　以产业为重点 全面推进深圳信息化建设

深圳市副市长　郑通扬

深圳市的信息化建设在国务院领导,特别是家华同志的亲切关怀和亲自指导以及国务院各有关部委和全国各省、市、自治区的指导和帮助下,做了一些工作也取得了一定的成绩,现将我市信息化建设的现状及下一步的打算介绍如下。

一、我市信息化建设的现状

我市信息化建设的主要内容包括:通信网络建设、应用系统建设、信息资源建设、试验小区建设和信息化产业发展等。

(一)关于通信网络建设

经过十几年来,特别是近几年来的建设和发展,我市的公用通信网、专用通信网和广播电视网均具备相当的规模和能力。

本地电话网全部实现数字程控化,到1997年四月交换机总容量130余万门,全市电话用户总数80万户;2.5Gbps SDH光传输系统在全市开通;已开通分组交换网、数字数据网,并通过骨干节点机与全国分组网、DDN及香港数据通信网互联,帧中继设备已到货;移动通信网覆盖全市,已实现深港两地及国际部分城市的GSM自动漫游,邮电、联通移动电话总容量超过40万门,用户数达30万。

专用通信网同样发展很快,海关、铁路、公安等6家设置专网,总容量达3万;无线通信方面在用800兆集群专网13个,用户上千,卫星地球站15个,VSAT单双向站930个,对讲机网络550个,全市在用无线电设备2.3万台,BP机120万部。

广播电视的发展更为迅速。全市建有无线电视台1座、广播电台1座、有线电视台1座、中波转播台1座、电视差转台7座;此外,宝安区办有调频广播电台1座、有线电视台1座,沙头角镇、蛇口工业区各办有有线电视台1座。全市有广播频道3个,电视频道2个。有线电视用户已达20万,目前还以每月1万户的速度在增长,可以传输59套电视节目和16套立体声广播节目。另外,金桥卫星网和无线双向数据网的建设也取得了初步进展。

(二)关于应用系统建设

应用系统是我市信息化建设的突破口。我们希望通过应用系统的开发和建设带动信息产业发展。我们规划并实施了社会公共信息服务工程、电子商贸信息工程、金融证券信息工程、财政税收信息工程、城市建设与管理信息工程、产业信息工程、社会发展信息工程、宏观调控信息工程等8个应用系统,在金融、财税、商贸、工业、交通、城建、教科、人口管理、政务等领域进行规范化的信息系统建设,形成完善的信息采集、处理、反馈、分析系统,满足人们在生产、生活、学习和交往中的信息需求,促进经济增长,改善生活质量。目前,“八金”工程的重点项目已全面展开,其中财政税收信息系统、金融证券信息系统、海关报关信息系统、公安消防信息系统、政府决策信息系统、口岸管理信息系统取得了突破性进展。

（三）关于信息资源建设

开发和利用信息资源，实现资源共享，是信息化建设的核心。我们一方面积极建立与社会主义市场经济发展相适应，满足政府和社会需求的大型数据库；一方面采用 Internet 的规范和技术，为全市信息资源的开发利用，设计统一的计算机网络平台；同时，建立以全市目录库为核心的分布式数据库管理体系，有效、合理地调度、管理和使用已经开发的信息资源，实现信息资源共享。目前，全市已拥有各种数据库 180 个，其中 1/4 左右可以开展对外服务，50 多个被编入“全国数据库大全”。全市拥有 80 多个电子信息网络，其中有 20 多个可向社会提供增值网络服务。

（四）关于信息产业发展

发展民族信息产业是我市工作的重点。我们重点发展计算机硬软件产业、通信设备产业、视听设备产业和微电子及基础元器件产业四大支柱产业。我们提出进行企业集团化改组，建立信息产品生产联盟，组建以“长城”公司等为主的计算机技术产业群；以“华为”、“中兴新”公司等为主的通信网络技术产业群；以“赛格”、“华强”公司为主的微电子技术产业群。我市信息产业特别是信息产业几年来有了较大发展，开始形成规模效益。无论是信息业从业人员占所有从业人数的比重(31%)，还是信息在 GDP 中的含量(36%)都有了相当大的提高。1996 年信息产业年产值达 568 亿元，占工业总产值的 53%；其中，信息服务业年增加值达 35 亿元，比上年增长 34.6%，成为国民经济各部门中发展最快的行业。信息企业经受了市场竞争的考验，信息产品如通讯设备、计算机终端设备和光纤材料在国内外市场占有一定份额。据统计，我市计算机板卡和计算机硬盘驱动器年产量分别占全国产量 70% 和 90%；计算机软盘片年产量 3.5 亿片，占全国产量 80%，占世界产量 10%；程控交换机年产量 250 万线，约占全国产量 25%；电话机年产量 3000 万台，占全国产量的 50%；光缆年产量 6000 公里，产量居全国第二。

（五）关于信息化小区建设

为了减少风险，少走弯路，我们决定从信息化小区试验入手，做出示范，创造经验，推动信息化的全面发展。我们选择了深圳中学、市工会医院、部分机关、企业和莲花北居民区等单位和区域进行小区试验。我们计划在有限范围内，建成一个宽带综合通信网络，开展典型的多媒体、交互式信息服务，将信息资源、通信网络和多种终端设备结合为统一的社会信息系统，成为信息化的试验区和示范区。目前，按小区方案，邮电的宽带综合业务试验网与有线电视的 HFC 接入网试验正在紧锣密鼓地进行。邮电的宽带传输交换平台正在试验之中，已建成电视会议中心，进行了 VOD 的典型试验；深圳到北京、广州的远程医疗系统，深圳到广州的远程教育系统正已开通；有线电视的 HFC 接入网的双向试验已经开通，可开展 Internet 技术上的多媒体服务。

二、我市进行信息化建设的主要措施

信息化建设是一个庞大的社会系统工程，是一项开拓性的事业，必须采取有力的措施才能保障它的顺利进行。我市在机构、规划、法规、投资等许多方面采取了一系列配套措施，进行了大胆的探索。

（一）加强领导，建立信息化建设的组织体系

95 年 8 月，我市成立了市信息化建设委员会，市委书记厉有为担任主任，市长李子彬、市委副书记黄丽满、常务副市长李德成、市委常委宣传部长邵汉青、副市长郭荣俊和我担任副主任，全市各区、局、办的负责人参加作委员。我们还根据深圳特区经济和社会发展的实际，把原统计局和信息中心重组为统计信息局，作为

市政府主管统计、信息工作的综合职能部门,与市信息办合署办公,这样,在一定程度上解决了资源与手段脱节、行业管理与行政职能脱节的矛盾。我们还聘请了国内知名专家和本地有影响和实绩的专家一起组成了信息化专家委员会,成为市信息委的战略和决策咨询机构。各区、镇、局和集团公司相继建立了信息中心和计算机站。到目前为止,初步形成了由决策层、协调管理层、实施层组成的信息化工作组织架构。这一组织体系已成为信息化建设可靠的组织保障。

(二)规划先行,绘就信息化建设的总体蓝图

市信息委成立后,我们就着手制订全市信息化建设规划。我们根据"统筹规划,联合建设,统一标准,专通结合"的方针,联系深圳市的实际,提出了我市信息化规划的思路,即:**"通过信息应用工程实施,推动信息基础设施建设;通过信息基础设施建设,牵动信息产业发展;通过信息产业发展,带动产业结构升级换代;用大联合的精神和方式,调动一切积极因素,建设汇集国内外资源的大信息、互联互通的大网络、国际规模的大产业"**。根据这一思路,我们制订了《深圳市信息化建设规划纲要》、《深圳市信息化建设总体规划》和《深圳市信息化建设近期实施重点》三个规划文件。这三个文件经过了一年的编写、组稿和修订,先后几十次分门别类地召开了规划调研会和部门之间、单位之间的协调会,广泛征求了各有关部门和企业对规划初稿的修改补充意见,通过了三次全国性的专家论证会,经过了国务院信息办专家组的审定和认可。专家们给予了很高的评价。邹家华副总理去年底在视察深圳信息化工作时,对此给予了肯定。

(三)注重法规,初创信息化建设的环境秩序

我们利用全国人大赋予深圳特区的地方立法权,将逐步制定有关法规和规章,协调好各方关系,以保证信息化的健康发展。我们已着手制订以下法规:《深圳经济特区信息化建设条例》、《深圳经济特区信息工程管理规定》、《深圳市信息网络运行管理规定》、《深圳市信息市场管理规定》、《深圳市信息资源管理规定》和《深圳市IC卡应用管理暂行规定》等。我们还将编印《深圳市信息化技术标准》(丛书),制订全市统一的增值网平台(Sznet)标准化方案。

在加强法制建设的同时,我们还狠抓了规范市场的工作,从去年开始,我们下大力气,组织专门班子和力量对全市中介组织包括信息咨询机构进行整顿。整顿秩序,规范行为。通过整顿,对中介咨询机构进行服务等级评定,制定相应法规,促进信息行业健康发展。我们还根据信息工程建设标准不一、管理不力的现象,制定了相应的标准、规范,并建立了深圳市信息工程质量监督检验总站和市信息安全领导小组,以信息工程的管理为突破口,通过法制手段监督管理我市信息工程的建设和运行。

(四)多方筹资,提供信息化建设的政策支持

信息化建设需要大量的投入。我们采取多种方式筹集信息化建设资金。根据投资效益、市场需求和投资性质采用不同的筹资方式。对企业内部的信息化建设项目,以市场筹资、银行间接融资、引进外资、政府补贴相结合的方式建设;对政府内部信息化建设项目,主要由政府财政安排。我们将逐步加大财政对信息化建设项目的投入。"九五"期间,市财政每年投入相当资金用于全市的信息化建设,重点扶持政府系统信息化改造和全市性信息系统建设。还将在税收政策、信贷政策、市场政策等方面给予大力的扶持。

三、我市信息化建设的下一步打算

下一步我们将按照全国信息化工作会议的精神,在国务院信息化工作领导小组、省有关部门的统一领导下,学习各兄弟省市的先进经验,积极做好几个方面的工作。包括:

以 24 项信息化重点应用系统的建设为龙头，带动信息化应用的全面展开；开展全市统一通信网络平台的设计和建设；加强信息资源的开发和利用；发展信息产业，推动信息产业向集约化方向发展；抓紧信息化有关法规和标准的制定工作；继续抓好信息化小区试验工程建设，确保完成建设任务。

在各方面的大力支持下，我市在信息化建设方面做了一些工作，但是与现代化建设的要求和先进省市的业绩相比，我们仍有许多不足。我们要认真领会并贯彻全国信息化工作会议精神，学习兄弟省市的经验，团结奉献，开拓进取，把我市信息化建设推上新台阶。

(这是郑通扬同志在一九九七年四月全国信息化工作会议上的发言，编者略有删节)

深圳市信息化建设规划纲要

(1996年——2010年)

概　　述

信息化是指在经济和社会活动中,通过普遍地采用信息技术和电子信息装备,更有效地开发和利用信息资源,促进经济发展和社会进步,使信息在国民生产总值中的含量逐步上升直至占主导地位的过程。

信息化是一个国家或一个城市现代化的最高层的标志。以"现代化、国际性城市"为目标的深圳,面临"二次创业"和深港合作的艰巨任务,更应该以信息化为突破口,建设具有国际水平和国际规范的信息基础设施,使深圳经济运作与国际市场协调同步,并带动产业结构和经济结构的调整和升级,使深圳早日步入现代化城市的行列,成为区域性信息中心。

建设国际水平的信息基础设施,振兴信息产业,发展先进的信息技术,营造良好的信息环境,培养和造就高素质的信息人才,是我市信息化建设的主要内容。

我市信息化基础设施的建设,可高度概括为资源网和通信网的建设。通信网是资源网的物理基础,资源网的需求决定通信网建设的规模与水平,而通信网建设的速度和水平也支持和促进着资源网的发展。

我们用八大信息工程来概括资源网的建设。即"社会公共信息服务工程"、"电子商贸信息工程"、"金融证券信息工程"、"财政税收信息工程"、"城市建设与管理信息工程"、"产业信息工程"、"社会发展信息工程"、"宏观调控信息工程",这八大信息工程包括了深圳国民经济及社会的各领域。建设八大信息工程的目的,就是广泛开发社会各领域的信息资源,满足人们在生产、流通、生活、学习和交往中的信息需求,提高劳动效率,促进经济增长,改善生活质量。

通信网由传送网、交换网、业务网与支撑网构成,其目标是建设数字化、综合化、宽带化、智能化与个人化的B—ISDN通信网,构筑统一的公用通信网络平台。

在有限边界内实行Internet规范和技术的Intranet,是国际上计算机网络发展的新形态。深圳的Intranet(SZ)——SZNet(深圳信息网)将成为本市资源网和八大信息工程的公共逻辑平台,成为本市的统一增值网。

本规划力图体现先进性、规范性、实用性和普及性的原则。由于具有较好的信息环境和信息化基础,深圳可以而且应该率先实现中国国家信息化基础结构(CNII)的规划目标,成为国家信息化的试验场和示范区。

第一章　信息化建设的目标和任务

一、信息化建设总目标

我市信息化建设的总目标是:在2010年以前建成具有世界先进水平的信息基础设施,实现各种信息的快速传递和充分利用,为市政府及企业的管理工作,为广大市民的工作和生活提供准确、及时、有效的信息服务,提高各项工作的效率和城市管理水平,从而提高社会生产力和市民的生活质量,改造和优化社会经济结构。同时,在信息产业发展、信息技术研究、信息环境建设以及信息的消费水平等方面达到世界发达地区的水平,使深圳成为全国信息化建设的样板城市,成为国际化的“信息中心”城市。

上述目标将分二个阶段实现:“九五”期间,启动一批重点工程,使信息化初见成效。2001年~2010年,基本实现经济、社会信息化,信息产业产值居全国各城市前列,成为全国信息产品生产和流通的重要基地。

二、“九五”计划完成目标体系

信息产业2000年增加值达350亿元,平均年递增速度为26.7%,约占当年国内生产总值21.2%;

信息工业总产值2000年达730亿元,约占当年工业总产值的41.7%;

信息服务业(包括信息咨询服务业、邮电服务业、计算机应用服务业)2000年增加值达100亿元,年平均增长率达29.7%;

信息通信终端普及率达每百人60部,其中多媒体信息终端达每百人10部;

高中和大学在读人员中信息及计算机教育普及率达100%;

接受信息及计算机技术培训和具有信息及计算机知识的人员占总人口的20%;

政府机关基本实现办公自动化;

外贸业务实现通关、出口退税、配额许可证、外汇结汇管理的自动化,基本实现贸易无纸化;

实现常住人口、流动人口的治安管理、医疗卫生、劳动保险等电子自动化管理;

普及信息卡的规范和应用,实现一卡多用;

部分特定的生活小区可实现电视点播服务。

三、2010年的主要目标

信息产业2010年增加值达1250亿元,平均年递增13.5%,占当年国内生产总值27.7%;

信息工业总产值2010年达1875亿元,占当年工业总产值的46.8%;

信息服务业(包括信息咨询服务业、邮电服务业、计算机应用服务业)2010年增加值达5[illegible]0亿元,年平均增长率达18.2%;

信息通信终端普及率每百人达90部,其中多媒体信息终端每百人达30部;

接受信息及计算机技术培训的人员占总人口的60%;

政府信息系统在办公自动化的基础上,进一步完善预测、分析、模拟优化等功能,使政府经济调控手段达到世界先进水平;

完成社会公众信息网络系统,从图书资料、科技情报、文化生活、交通旅游等各个方面实现联机咨询普遍化,极大地提高社会的信息消费水平;

部分家庭实现信息化,形成三电(电话、电视、电脑)一体、三线(电话线、数据线、有线电视线)合一的格局,实现光纤进入大楼,部分实现光纤到户,多媒体信息终端进入家庭;家庭娱乐、家庭购物、家庭银行、家庭保健、家庭教育逐步形成,人民生活、工作、交流方式产生极大改变;

全面完成以八大信息工程为主体的信息系统建设,在经济、金融、财税、商贸、工业、交通、城建、科教、统计、政务等领域,形成完整的信息采集、处理、反馈、分析、预测、决策的电子信息网络,全面实现国民经济信息化;

建成以SDH和ATM交换体制为基础的骨干通信网,形成以光纤通信网络为主,辅以数字微波和卫星通信的多元化、大容量通信网络的全市统一“信息高速公路”,并联通香港和国际信息网络;

形成具有国际分工特点并具备国际竞争能力,以计算机软硬件、通信、微电子及基础元器件、视听四大产业为骨干的信息产业群,使深圳成为全国乃至东南亚信息产品生产和流通的重要基地。

第二章　信息基础设施

一、应用系统

(一)建设目标

采用 Internet 的技术及其运行体系,建立全市统一的增值网络服务平台。建成以八大信息工程为主体的经济信息系统,在经济、金融、财税、商贸、工业、交通、城建、教科、统计、政务等领域进行规范化的信息系统建设,形成完善的信息采集、处理、反馈、分析、预测与决策的电子信息网络,为政府、企业和全社会成员提供各种信息服务,使信息设施成为国民经济发展的加速器和倍增器。

(二)实施策略

应用信息系统的开发采取以下策略:

1. 从实际情况出发,分清轻重缓急,分批开发,逐步实施。

2. 紧密结合业务需要,切实把信息技术与使用环境结合起来,防止脱离实际业务而单纯从技术角度去进行系统开发。

3. 不但要重视建设,更要重视建成后的运行管理。切忌重开发,轻管理。

(三)实施内容

"九五"至 2010 年期间主要建设的应用系统为如下八大信息工程:

1. 社会公共信息服务工程(S923 工程)

利用 Internet 技术及其运行体系,建立统一的增值网络服务平台 SZNet,为全市其它应用系统服务。

该系统面向社会公众,以国内外数据库和联机检索系统为依托,利用 SZNet 服务平台,通过各种大众传播媒介,让社会公众使用各种信息终端随时随地检索或发送社会公共信息,并开展 Internet 服务。

该系统还将以实现家庭信息化为目标,基本实现三电(电话、电视、电脑)一体,三线(话务线、数据线、有线电视线)合一,发展交互式电视技术,并逐步为市民提供以下信息服务:视频点播(VOD)、会议电视、可视电话、远程教育、远程购物、电子银行、电子证券交易、远程医疗以及其它交互式电视服务。

2. 电子商贸信息工程

利用开放的 SZNet 服务平台,进行商业贸易领域的无纸化处理。包括处理进出口、贸易、税收、零售、批发、交通、运输和分销等商业事务,扩大传统 EDI 技术的应用领域,逐步建立增值服务系统。

建立出口退税、配额许可证管理、进出口收汇和结汇、贸易统计等信息应用系统,实现通关自动化,利用 Internet 加上严密的安全措施,与香港和国际贸易业务接轨联网。

3. 金融证券信息工程

建立和完善深圳地区金融网,并与国家金融网联网。实现支付系统现代化,包括大额即时支付系统、小额批量支付系统、ATM/POS 综合交换系统、同城清算自动化系统、商业银行内支付系统和金融管理信息系统的建设。

建立深圳银行卡交换信息系统,促进银行业务联营,银行卡通用,设备共享,以取得较好的社会效益和经济效益。

建立完整的证券交易、期货交易信息系统及其相应的管理信息系统。

4. 财政税收信息工程

建立地税、国税的电子化工程及其相应的财政收支管理系统工程。建立税务票据核对信息系统,籍以推进以增值税为主体的流转制度,严格税收征管,堵塞税收流失。

建立集中分布式的多级税收征管信息系统以及税务管理信息系统,并通过 SZNet 服务平台与工商、贸易、银行、政府等部门的信息系统联网。

5. 城市建设与管理信息工程

建立以GIS(地理信息系统)为基础的城市建设与管理综合信息系统,包括国土资源、城市建设、城市管理、水务信息、环境保护、住宅管理等方面的信息系统。建立城市建设档案巨型多媒体数据库,使城市建设与管理规范化、科学化、现代化,使深圳市政管理早日迈进国际性现代化城市的行列。

6. 产业信息工程

建立工业、交通、运输、能源以及农业的综合信息系统。设计完整有效的企业基本指标体系,采用分布式数据库技术,建立大型的企业与产品数据库以及市场信息系统,为企业走向市场,调整结构,进行技术改造和技术开发,生产适销对路产品,搞活流通提供信息服务。

建立完善的水、陆、空客、货运自动管理体系,为深圳未来的"运输中心"奠定信息基础。

7. 社会发展信息工程

在科技、教育、文化、体育、卫生、公安等社会领域,广泛使用SZNet服务平台,建立完整的电子信息网络,并利用Internet国际互联网,与国际相应领域进行信息交流。建立科学数据库、科技文献库、图书名录库、教育科研管理数据库、计算机辅助教学数据库等大型数据库,为高等院校、科研机构以及社会公众提供高质量的科技信息服务。

建立深圳公民信息系统和"深圳公民卡"的发行、应用体系,利用SZNet服务平台,通过IC卡大循环,将户籍管理、劳动用工管理、人事管理、社会医疗保险、口岸管理、人口普查等有关"人口信息"集成,实现城市人口信息的现代化管理。建立信息畅通、调度灵便、反应快速的医疗卫生信息系统,建立急救指挥调度中心和电子病案数据库;对病案库进行系统管理,合理调配各医院的资源,协同远程会诊。

8. 宏观调控信息工程(S808工程)

建立高效、完整的宏观调控网络系统。在广泛建立各职能局MIS的基础上,实现综合调控和辅助领导决策。按照规范化的经济指标体系,从各宏观调控子系统采集全市宏观经济状态信息,从市场子系统采集市场动态信息,运用所建立的模型库、方法库、数据库进行经济趋势的预警、预测,动态反映全市经济概貌和市场动态,辅助政府管理决策。

利用SZNet服务平台,联结其它各应用系统,使原始信息通过该系统的采集网——管理网——决策网的各层次,提升为直接服务于市领导的决策信息。

二、信息资源

(一)建设目标

到2010年,我市的信息资源开发目标是:建立与社会主义市场经济体制发展相适应,以市场信息为基础,以市场需求为导向,基本完备的公益型数据库和存贮微观经济信息的商用型数据库体系。以数据库系统联机服务为主要技术手段,多种方式并存,向政府和公众提供高质量的信息和咨询服务,促进信息服务市场化,促进深圳与国内外的信息交流和国际合作,加速社会经济信息化进程。

(二)实施策略

遵循市场经济规律,通过法律法规调控和监督,确保数据库系统总体建设规划的实施。从宏观上创造有利于数据库系统建设的市场环境,充分利用国内外的信息资源,按市场和社会发展的要求,采取收购与开发并举、政府和企业合作的策略,利用市场引导企业参与,使建设数据库系统成为企业自觉的市场行为。开发大型的公共数据库时要注意符合国际标准和Internet网络环境。

(三)实施内容

根据我市市场经济发展水平和"九三"及2010年经济社会发展计划目标,结合我市产业特点,数据库系统的规划以覆盖全市各主要经济社会活动和人们日常生活为目标,选择以下两大类数据库作为信息资源建设的重点项目:

●为政府和大众服务,满足政府对社会经济管理需要和公众公益要求的公益型数据库系统。

●为企业和个人的商业活动提供市场信息,以商品形态参与商品流通的商用型数据库系统。

"九五"期间将重点开发以下数据库:

1. 统计数据库

主要内容包括世界各国及国内各省市国民经济及社会发展状况、环境及资源状况、经济预测及分析论文、经济及社会发展措施等。

2. 金融数据库

主要内容包括世界各主要金融市场(如纽约、东京、伦敦、香港等)、外汇、期货、股票行情、国内各主要交易市场及深圳当地的交易市场行情、消息、评论、分析等。

3. 企业与产品数据库

主要内容包括企业基本情况、产品基本情况、企业资信等级及资产财务情况、企业经济效益情况、企业劳动工资情况、产品及质量标准、企业需求(包括原材料、市场、合作)等。

4. 商品与市场信息数据库

主要内容包括国内各主要城市及市内各大商场的商品供求信息及商品价格、商品信誉等。

5. 人才数据库

主要内容包括人才资源、人才需求及人才流动等。

6. 人口数据库

主要内容包括家庭状况、个人情况、社会及医疗保险情况。

7. 科技信息数据库

主要内容包括科研攻关项目、产品开发项目、科技引进项目、科研产品推广、科技成果及转让、专利申请、标准文献等。

8. 教育教材数据库

为在校学生、待业人员、在职人员提供内容丰富,不同层次的电子教材和教育指导。

9. 法规数据库

主要内容包括国家、部委及地方法规、国际条约与公约等。

10. 国土及水资源数据库

主要内容包括土地及水资源、城市道路、城市供水、城市防洪工程、城市管线、城市绿化、重点建筑物、土地及水资源规划、环砍保护规划等。

11. 影视节目库

主要内容包括电影、电视节目库,卡拉OK影视节目库等。

12. 社会公共信息数据库

主要内容包括天气预报、旅游项目、酒店指南、文娱活动、电视节目、交通信息(飞机、火车、轮船、长途汽车)、邮电服务、时事要闻、劳务需求、婚姻介绍、家庭服务等。

2001~2010年期间,在完善和充实上述数据库外,将重点建设以下数据库:

(1)电子图书馆;

(2)电子学校;

(3)电子医院;

(4)电子博物馆。

三、通信网络

(一)建设目标

建立集话音、数据与图像于一体的宽带综合业务数字网(B—ISDN),实现通信的数字化、综合化、宽带化、智能化与个人化。建设一个能覆盖全地区的,技术先进、性能完善、安全可靠的,能与国内、国际和香港通信网接轨以及与国际性城市相适应的现代化信息通信网,为我市信息化建设提供功能强大、运行可靠的基础通信平台。

(二)实施策略

在国家公用通信网络的基础上建立全市统一的公用通信网络平台,它由传送网与接入网、交换网、业务网以及相应的网络管理系统组成。传送网以光纤为主,卫星与微波、无线通信为辅,构成天地一体、互为备用的宽带传送网络。

接入网以混合光纤与同轴电缆以及扭绞型电缆为基础,逐步向数字化与宽带化过渡,最终实现光纤到户。

交换网以现有的各种网络互联为基础,逐步向以ATM为主体的,能综合话音、数据与图像的宽带综合数字业务网过渡。

(三)建设内容

1．传送网

(1)主干网

①光纤网

2000年内重点建设622Mb/s与2.5Gb/s SDH光纤传输系统,同时,完成从PDH向2.5Gb/s的SDH系统过渡。

2010年前建设10Gb/s或20Gb/s的SDH系统。

②卫星通信网

作为光纤通信的补充和安全保障,适度发展卫星通信。在2005年前建成深圳市卫星地面站,与全国各大中城市卫星地面站联网。

有计划地发展甚小口径卫星通信(VSAT),提高其覆盖面积和通信容量、速率。2000年以前实现N—ISDN话音与数据的综合传输,2010年前与全国1000个城镇联网。

③微波通信网

在继续使用现有数字微波通道的同时,2000年以前建成155Mb/s的SDH微波传输系统。

(2)接入网

接入网有光纤、同轴电缆以及市话电缆网等,其最终目标是光纤到户,采用光纤到路边(FTTC)、光纤到大楼(FTTB)等方式,采用同轴电缆进户的光纤与同轴电缆混合(HFC)策略建设接入网。光纤和同轴电缆由于频带宽,适合于宽带业务的传输。

采用ADSL、HDSL技术以及UTP,对已有的市话电缆进行技术改造,满足宽带业务传输的要求。

重视发展低成本、易架设的无线数字用户环路。

接入网要考虑V.5接口要求。

2000年前,采用ADSL与HDSL技术和UTP,改部分扭绞型电缆为宽带接入网,改光纤/同轴电缆(HFC)混合网为双向数字网。

2010年前,接入网实现FTTB,部分实现FTTH,实现全数字的B—ISDN。

2．交换网

97年以前完成七号信令网的建设,为智能网和N—ISDN的应用打好基础,在条件成熟时采用动态无级选路技术。

97年前建立N—ISDN网,并开放业务。

在分组交换网中除稳定发展X.25外,广注重帧中继发展。

积极引导局部网互联,做到资源共享。

对以ATM交换为主体的宽带业务要积极稳妥,在97年前进行小区的宽带业务试验,试验中以业务为重点,面向应用。在2000年以前,配合珠江三角洲地区建立B—ISDN试验,并开放业务。

2000年以后要着手进行移动ISDN试验(包括陆地移动和低轨道卫星)。

在各网并存时,网络互联可实现共享网络资源。要以宽带网为基础互联各网。网络互联平台目前应采用DDN加路由的方式,随着ATM的引入,应逐步采用ATM。

3．业务网

除继续稳步发展电话基本业务以及增值业务(如话音箱、声讯服务等)以外,主要发展无线移动通信、数据通信网(DDN)等智能网业务、个人通信、有线电视(CATV)业务、可视电话、会议电视(VOC)、传真存储转发(FSF)、消息处理业务MHS(如电子数据交换EDI、电子邮件E-MAIL、数据库目录服务DS等)以及多媒体业务。移动通信是实现个人通信的基础之一。我市要重点发展数字移动通信和码分多址接入技术,在人口密度大的地区采用宏蜂窝与微蜂窝相结合的方式。低轨道卫星移动通信可实现无缝联接,要密切注视发展方向。在制式选择时应尽可能少,减少手机的模式转换。

在2000年以前建立800MHZ的19.2Kb/s的无线双向数据网,实现电子邮件、无线传真、双向寻呼、无线数据库访问等多种业务。

向用户提供业务时应尽可能考虑业务的综合,有利于提高网络资源和信息资源的利用率。

4. 网络管理系统

建立与网元管理层、网络管理层、业务管理层及事务管理层相适应的,并具备性能管理、配置管理、故障管理、计费管理及安全管理功能的网管系统。目前首先建立各自的网管系统,在条件成熟时,再建立全网统一的管理中心。

四、试验小区

(一)建设目标

在有限范围内,建成一个宽带综合通信网络,开展典型的多媒体、交互式信息服务,将信息资源、通信网络和人机设备结合为一个社会信息系统,使小区具备明显的信息化社会的基本特征,成为"深圳信息高速公路"的试验区和示范区。

(二)实施策略

以应用为先导,以推广为原则,突出先进性、示范性、实用性和普及性。

选择办公自动化、家庭信息化工程、EDI、智能网业务、多媒体业务以及 CATV 业务为主要应用业务,在业务需求的基础上,进行 ATM 交换网试验和接入网的改造。产品实验以多媒体终端为主。

(三)建设内容

1. 通信网络

建立 ATM/SDH 试验环境,改造现有的 HFC 接入网为双向数字网,利用 ADSL、HDSL 技术和 UTP 改造现有的扭绞型市话接入网为宽带数字网。以 ATM 为平台进行网络互联实验。

2. 试验业务与应用系统

利用 SDH/ATM 及各种宽带接入网构成的宽带综合业务试验网,开展交互电视、VOD(或 NVOD)、可视电话、会议电视、智能网、城市 Intranet 以及 HFC 接入网的语音、数据通信业务,并建立远程医疗、远程教学、城市公共信息服务、政府电子办公等宽带、多媒体服务的应用系统。

3. 产品实验

通过小区试验,带动和开发一部分信息产品,主要是终端设备和网络设备。

终端设备以多媒体终端为主,此外还有顶置盒(SET TOP BOX)、商业 POS 终端、IC 卡读写器等。

第三章　信息产业

我市信息产业的发展战略思想是:充分发挥特区经济与社会优势,把握二次创业契机,以优化经济结构和产业结构为手段,以高新技术为起点,大力发展信息工业和信息服务业,形成大规模、高档次信息产品生产流通基地,率先在我市建立起高效益、集约型的信息经济。

信息产业"九五"期间和 2010 年实现的目标是:到 2000 年信息产业年增加值达到 350 亿元,2010 年达到 1250 亿元,分别占该年国内生产总值的 21.2% 和 27.7%;信息产业增加值"九五"期间平均年增长率为 26.7%,2001 年～2010 年平均年增长率为 13.5%;信息产业对国内生产总值贡献率"九五"期间达 25%,2001 年～2010 年达 30%。

一、信息工业(信息技术设备制造业)

信息工业的发展策略是:以计算机通信产业为主导,重点发展计算机软硬件、通信、视听、微电子及基础元器件等产业,建立规模化信息工业基地。到 2000 年和 2010 年上述产业的年总产值分别达到 730 亿元和 1875 亿元。

信息工业发展的重点是:

(一)计算机及软件产业

"九五"目标:微机 100 万台、工业控制机 5 万台、多媒体电脑 30 万台、专用机 40 万台、彩显 250 万台、打印机 190 万台、板卡 1600 万块、磁头 560 万只、软件产值 30 亿元,总产值 300 亿元。

重点发展的产品有:

●多媒体微机;

●CD—ROM 和 CD 系列产品;

●高分辨率彩色显示器;

●系统集成软件、网络软件、应用软件；

●多媒体数据库管理系统及多媒体应用软件；

●Internet 相关软件；

●电视与计算机结合产品、电话与计算机结合产品；

●IC 卡的读写设备(包括银行 POS 及商业 POS)；

●楼宇智能化系统产品。

(二)通信设备产业

“九五”目标：程控交换机产值 45 亿元，移动通讯设备产值 35 亿元，光纤、卫星、微波设备产值 20 亿元，通讯终端产值 20 亿元。总产值为 120 亿元。

重点发展的产品有：

●数字程控交换机：包括局用机、端局交换机及用户交换机；

●移动通信设备：数字蜂窝电话系统设备、集群移动电话和无绳电话设备、中英文寻呼机；

●有线电视、电话终端及传输设备；

●大容量光纤通信设备：662Mb/s、20Gb/s、10Gb/s等 SDH 系列设备，SDH 网控/管理平台及软件；

●光纤元器件、频分复用设备、光纤放大器、光纤连接器、光纤滤波器；

●光纤网络端机；

●卫星通信小站、话路站和数据站；

●数字微波通信系统设备，尤其是 SDH622Mb/s 大容量数字微波传输设备；

●ATM 交换机；

●多模光纤、单模光纤、光缆、特种光缆。

(三)视听设备产业

“九五”目标：彩电为 600 万台、多功能电视 100 万台、VIDEO—CD 机 100 万台、收录机(含组合音响)7000 万台，总产值为 160 亿元。

重点发展的产品有：

●交互式电视；

●卫星电视接收机；

●数字机顶盒(STB)；

●数字压缩及解压、解码器；

●数字视像服务器；

●数字影像机(DVD)；

(四)微电子及基础元器件

“九五”目标：彩管 630 万只、超大规模集成电路 3.5 亿块、音频磁头 9600 万只、激光光学头 1000 万只、CD 机芯 3500 万只、晶体元件 5000 万只、厚膜电路 1200 万块，总产值 150 亿元。

重点发展的产品有：

●超大规模集成电路；

●高档点阵液晶屏和与之配套的驱动电路及传感器；

●有源点阵屏和超扭曲液晶显示产品；

●厚膜电路；

●半导体激光器、光电转换器件；

●玻壳、显示管；

●磁头、光读写头；

●语音合成芯片及外设接口芯片、动态图像压缩芯片、动画制作芯片、异步传输芯片组；

●高档 LED；

●接触式 IC 卡、非接触式 IC 卡。

二、信息服务业

发展目标：

到 2000 年我市的信息服务业增加值达到 100 亿元，平均每年增长 30%，其中邮电服务业 80 亿元，咨询服务业 15 亿元，计算机应用服务业 5 亿元。2010 年达 530 亿元，其中邮电服务业 330 亿元，咨询服务业 160 亿元，计算机应用服务业 40 亿元。信息服务业在国内生产总值中的比重由 1995 年的 3.7%、提高到 2000 年的 6.1%、2010 年的 11.7%。

(一)邮电服务业

“九五”期间，要增强邮电通信网的综合通信能力，提高网络技术水平和运行效率，使邮电网的规模容量、技术档次和服务水平处于全国大、中城市先进行列。

到 2000 年，电话交换容量达到 175 万门，电话用户数达147—168万户,电话普及率每百人拥有45—50部,长途交换机容量达8.7万路端,分组交换达2000个端口,数据网用户达8500户。

●加快移动电话服务、本地电话网、DDN、分组交换和INTERNET网的扩容工作。

●新建开通第三、第四长途局,增加容量约三万路端,增开长途电路2至3万条。

●分别接通七个专用汇接局,提高本地网的运行效率。

●建设统一的本地电话业务计算机综合管理系统,实现本地网内部业务流程自动化。

●全面推行信函信盒运输,试验重件集装箱运输。

●完善和扩建邮政金融网。

●开通试用邮政综合业务网,并与邮件处理总控总调系统联网,建立跨深港两地的速递网和国际特快查询网。

(二)信息咨询服务业

"九五"期间,建立智能化的信息咨询业,汇集国内外信息资源,建立一批支撑设施,组建一批骨干企业,逐渐形成服务主体多元化、服务方式多样化、服务范围系统化的信息咨询服务体系,并加强国际间交流合作,促进深港信息一体化进程。

到2000年,全市信息咨询机构增加到2500家,年递增2%,为社会服务的覆盖面达80%。进一步加强与国际间特别是与香港地区的资讯服务业的衔接,全面联通金融、商贸、交通等信息网络,促进两地信息资源共享。

开展高层次专业咨询,发展用于咨询研究的计算机专家系统,发展信息增值服务,实现全市及国内外重要咨询机构的联网。

(三)计算机应用服务业

"九五"期间,大力发展计算机应用服务行业,提高和改善全市计算机应用水平,提高电脑普及程度,扩大应用领域,形成一支以网络开发、系统集成、数据库建设为主,具有高水平开发、研制、维护能力的计算机应用服务队伍,为信息化建设提供坚实的应用基础。

到2000年,建立全市性计算机信息网络系统,联通政府和企业的多功能、多媒体网络系统,建立大型公用数据库,大力开发应用软件,实现电脑普及率50台/百户。

第四章　信息技术

一、目　标

对信息技术的研究,旨在为我市信息化建设提供强有力的技术支持,推动我市信息产业的高速发展。我市要在诸如光纤通信技术、卫星通信及移动通信技术、异步传输和交换技术、多媒体技术、网络管理技术、数据库技术、计算机应用技术等关键技术的研究与应用方面达到世界先进水平。

二、关键技术

信息高速公路建设是通信技术、计算机技术及视听传媒技术和微电子技术的结合。根据我市实际情况,选择以下几个关键技术作为投入重点。

(一)光纤通信技术

我市在这方面有很好的基础,邮电通信和有线电视均将光纤作为主干网,并已初具规模。深圳信息高速公路的主干网要以国际标准同步数字系列为主(SDH),速率将提高到5Gb/s、10Gb/s或20Gb/s,目前要重点解决高速光端机、光放大器及光波分复用(WDM)技术。使用光放大器,将免除常规的光电、电光转换设备,进一步简化系统结构,降低成本;波分复用技术的应用,将成倍提高现有通信系统容量。

(二)卫星通信及移动通信技术

当前要解决的关键技术是:①从模拟向数字过渡;②提高使用频谱效率,扩大使用频段,增加通信容量;③解决由卫星入地面光纤通信网的接口技术问题,形成微波与光波相结合的空中、陆地立体通信网。利用频率较高的微波波段,开设新的通信业务,如CATV、会议电视等等。还要抓好从模拟信号到数字信号的过渡,解决好无线网与有线网的接口技术问题。

(三)宽带综合交换技术(ATM)

信息高速公路将以传输宽带、多媒体业务为主,包括话音、图像、数据等。要采用ATM技术,大大提高网络的通信处理能力,提高信道带宽的利用率,并与国际标准的同步数字系列(SDH)兼容。

(四)网络技术

通过网络建设把各种专业信息网和公用信息网统一起来,使网络互联,信息共享。研究网络管理技术,着重解决网络通信、异型网络接口、数据库建设、网管软件的开发等课题,使网络管理者能实时监测网络中的信息,遥测、预测故障隐患,并能进行远程诊断及排除故障。

(五)数据库技术

研究分布式数据库技术及多媒体数据库技术,提高数据库的安全性、可靠性及保密性,提高数据检索效率及速度。

(六)计算机应用技术

研究建立功能完善、高效的信息系统,如电子邮件、EDI、电子银行、电子购物、电子教育、电子图书馆、电子医疗诊断、电子出版、交互式电视等专用和通用系统以及办公自动化等办公系统,解决或辅助解决人们在日常工作和生活中所遇到的问题,并进行相关的计算机网络通信、多媒体技术等的研究。

(七)多媒体技术与用户终端

多媒体技术的研究,包括信源和用户终端设备研究。研究信源相关技术,把常规的视频、声音、数据、资料等用多媒体方法综合起来,提高人们所能接受的信息量。研究计算机技术、显示技术、集成电路技术及触摸屏、HDTV等用户终端相关技术,将电话、电视、计算机等设备连接起来。以多媒体技术开发为重点,带动和形成一批高新技术产业,产生巨大的社会效益和经济效益。

三、重点实验室

建立若干个重点实验室,更好地集中人力、财力,使上述的几项重点技术得以开发、应用,并形成产业。

重点实验室的功能目标是:以高水平的技术和科研成果支持深圳的信息产业发展;促进深圳信息高速公路的建设和应用;培养出信息产业所需的高层次人才;跟踪世界先进技术,掌握世界信息产业及技术的发展动向。

第五章　信息环境

一、加强规划管理

信息化建设是全市性的工作,必须有强有力的统一领导。在这方面应采取以下措施:

强化"深圳市信息化建设委员会"对我市信息化建设统一领导、组织、规划、协调的职能:制定全市信息化发展的规划和政策;统一管理全市信息资源;领导和组织协调全市信息化重大工程(如信息高速公路、"金"字系统工程等等)的实施;进行市属信息化投资和方案的统一审定、监督管理、工程验收,进行全市信息行业的资格审查和指导工作。

二、搞好信息立法

在信息化建设过程以及将来的信息化社会中,有许多问题诸如知识产权保护、利益分配、运作规则、保密措施等需要以法律形式作出规定。我市要利用全国人大赋予的立法权,逐步制定与完善有关法规,理顺全市与信息化相关的行政业务流程,协调好各方关系,以保证信息化进程的健康发展。

目前可以着手考虑的法规有:深圳市信息化建设管理条例、深圳市IC卡应用管理暂行规定、深圳市信息工程管理规定、深圳市信息资源管理规定、深圳市信息市场管理规定等。

三、实施优惠政策

充分利用市场机制的作用,制定倾斜政策支持信息工业和信息服务业的发展,在资金投入、信贷规模、税收比率、民间入股、设备折旧以及调干、入户、城市增容费等方面实行政策性倾斜,确保信息工业和信息服务业优先发展。

四、加大资金投入

为保证我市现代化建设顺利发展,必须把信息化的工作放到与工业基础设施、市政基础设施建设同等重要的地位。制定《深圳市信息化投入管理办法》,将信息化的投入列入我市中长期经济社会发展规划,每年从基本建设费用中拨出约 10% 用于信息化基础设施和信息化工程的建设,使信息化投入正常化、制度化。

五、培育信息市场

根据我市实际情况,从以下三个方面培育和完善信息市场:冲破部门界限,完善信息流通管理体制,缩短信息开发、流通、利用周期,缩小信息成本;制定信息化政策,在信息市场的投资、税收等方面给予优惠政策,繁荣信息市场;制定适合我市具体情况的信息市场管理条例、信息交易登记条例、信息合同管理条例等行业法规,加强政府对信息市场的宏观调控,使信息市场管理逐步走向法制化、规范化,充分保护信息所有者、占有者、使用者、收益者的合法权益。

六、健全服务体系

今后十五年,我市信息服务业重点建立健全以下六大信息服务体系:面向政府部门宏观经济决策的决策信息服务体系;面向工业、金融、贸易、交通运输等国民经济组成要素的市场信息服务体系;方便人民生活、引导居民合理消费的社会公众信息服务体系;为各类信息系统的开发、集成、运行、维护提供支持的信息技术服务体系;深化信息服务行业改革的信息立法和标准化体系;信息人才教育和培训体系。

七、加强国际合作

采用走出去、请进来的策略,鼓励国内信息企业走出国门,在境外设立分支机构和信息服务窗口,推进中国的信息出口;鼓励国内信息机构与国外信息机构合作,共同开发国内信息资源,允许和支持境外信息机构在国内设立分支机构,引进国际信息,开展信息咨询服务。积极组织国内联机和联网服务,有选择地引入国外数据库,发展信息进出口业务。

八、注重人才培养

人才是信息化的关键因素之一,信息化建设过程中必须自始至终注意人才培养。在这方面要做的工作有以下几点:通过短期培训,提高干部队伍对信息化的认识;培养和造就高素质信息人材,形成推进信息化的骨干力量;普及信息技术知识,为信息技术的推广应用创造基础条件;通过各种宣传渠道,宣传信息化的意义和先进典型,形成全民推进信息化建设的局面;设立长期的培训基地,调动市内外力量,进行宣传教育与人员培训。

第六章　资金筹措

信息化建设是一项高投入、高效益的系统工程,初期的资金投入对信息化建设能否走上正轨起着关键的作用,因此,启动资金的保障尤为重要。经估算:“九五”期间我市信息化建设总投资约 120 亿元。

一、资金安排

用于通信网络平台 60 亿元,资源网 50 亿元,联网接口 10 亿元。其中用于实验小区 2 亿元;信息资源建设 10 亿元;科研 10 亿元;应用系统建设 28 亿元。

二、资金筹措

资金来源主要有三个部分:政府投资、国内企业投资和引进外资。

深圳信息资源建设情况

信息化是运用计算机技术和通讯技术相结合的现代信息技术，实现信息资源的充分开发和普遍共享，把社会经济发展的推动力由以物质为基础转向以物质、科技和信息为基础的过程，是信息的实现价值在社会经济发展中的含量不断上升的过程。由此可见，信息资源是信息化建设的核心内容，信息资源的开发、利用是信息化建设成功与否的主要标志。

在邓小平同志提出"开发信息资源，服务四化建设"伟大号召下，深圳市的信息工作者经过艰辛的探索和顽强的努力，特别是在信息化建设委员会的正确领导下，把信息资源开发、利用工作推到了国内的先进地位。1997 年 4 月在深圳召开的全国信息化工作会议上，深圳市的信息应用系统以其丰富多彩的资源，快捷、便利的信息服务，功能强大的数据库支持向全国展示了深圳信息资源建设的崭新风貌，它标志着深圳市信息资源建设已迈上了一个新的台阶。

一、数据库建设向实用性、专业化方向发展

按信息覆盖面和存贮容量统计，深圳全市已建大、中型数据库约 200 多个，其中文献型 72 个，占总数的 40%；数值型 86 个，占总数的 48%；其它类型 22 个，占总数的 12%。数据库文种以中文为主，计 154 个，占总数的 86%；英文及其它文种 26 个，占总数的 10%。数据库容量在 2MB－12000MB 之间。其中数据库容量在 10MB 以下的约 52%；数据库容量在 10～100MB 之间的约 18%；数据库容量在 100MB 以上的约 30%。部分参与区域性(行业性)联机运作的数据库，其容量已达数十或上百 GB。从数据库分布看，政府部门 75 个，占总数的 42%；事业单位 61 个，占总数的 24%；其余属信息咨询企业，占总数的 34%。

深圳市的数据库建设呈现如下特点：

(一)需求牵动，实用功能强　深圳市数据库的建设是建立在对信息资源的需求基础之上的，这种需求推动主要表现在两个方面：1、政府管理社会、经济的职能，推动政府部门及具有行政职能事业单位的数据库建设。由于改革开放的深入，强化了政府机关职能的转变，在"小政府，大社会"的总框架内，为适应对社会经济的有效管理和调控，迫切需要各方面的信息支持政府决策。正是在这一需求的有力推动下，全市政府部门及事业单位最早启动了各行业的专业数据库的建设。迄今共建专业数据库 136 个，占全市数据库总量的 66%。其业务内容涵盖政务、政策法规、金融、财政、税务、海关、交通、科技、教育、文化、卫生、环保、城管、人口、治安等数十大类，上百个专业。有的还建立了方法库、模型库，为实行政府对城市的现代化管理和领导的科学决策提供了先进的信息手段。其中，市规划国土局 GIS 系统中建立的地形图库包括了地形、地籍、规划、路网、管网及有关专题图库，数据规模达 5～6GB，可直接应用于城市规划、城市建设、城市管理、公安及环境保护等政府各类行政职能领域。市公安局建立的常住人口基本信息、暂住人口信息管理、机动车辆管理、机动车驾驶员管理、刑事破案管理专业数据库群，覆盖该局所有业务部门，在城市公共治安

管理、交通管理及侦破犯罪案件方面产生了巨大的社会效益。

市场需求推动企业的数据库建设。由于深圳的市场化程度较高,对市场信息的需求已成为企业参与市场竞争的要素,成为推动商务数据库和企业数据库建设的巨大动力。目前,市属各大集团公司建立了有影响的企业资料库20多个,为企业的科学决策和高效运作创造了良好的支持环境。信息服务企业的数据库建设在深圳市数据库建设中最具市场化特征,主要表现在:(1)信息丰富。信息内容涵盖社会活动的各个领域,涉及群众生活的方方面面。(2)信息实时性强。社会信息网、瀛海威的数据库信息更新在每日300~500万字。(3)信息热点突出。多数公司不仅向社会提供范围广泛的信息服务,而且围绕市场需求开辟金融、证券、企业资信、人才、政策法规等热点信息。(4)信息源广。深圳市信息服务企业已建立了辐射境内外的联机数据库体系,对内与中国经济信息网、新华社、国家科技信息网、全国电子行业信息网的数据库相联,对外与法、英、德、美、日等国家和香港地区的数据库交流。

(二)专业化特点显著　深圳市数据库的建设在整体上体现了较宽的覆盖面,在局部上又体现了显著的专业化特征。市劳动局的综合专业数据库,汇集了社会劳动力、社会工资、劳动安全、劳动法规的综合信息资源,有效地支持对全市社会劳动就业管理体系的专业化管理。市科技局的科技专业数据库群包括高新技术、成果、专利、科技法规、科技文献、标准、科技情报、科技人才等丰富的科技信息,其专业化水准和实用性功能代表了行业的先进水平。全国电子行业信息网深圳分网在数据库建设上注重"专、精、细",收集、加工了电子产品生产、进出口、企业资料、行业动态、行业法规、标准、市场行情等电子类信息,为深圳市电子企业跟踪先进技术、拓展市场、争夺产业优势创造了良好的信息环境。

(三)联机运行面不断扩大　据统计,至1996年初,全市只有38%的数据库可提供联机服务。随着计算机网络技术的推广,尤其是INTERNET的应用普及和通信技术的发展,目前深圳市80%以上的大、中型数据库已可在局域网络、广域网络和INTERNET(互联网)中为用户提供联机查询。国税、科技、海关、金融、证券等部门不仅实现了全市的联机查询、互操作,同时与国家有关部委及国内各中心城市的相关数据库管理系统实现了联网。财政、地税、工商、社保、劳动、人事、国土、消防部门也实现了地区性的联机运行。信息资源的共享正由于数据库的联机服务面不断扩大,得以在更高的层次上更快地发展。

(四)注重采用先进技术　为满足信息系统对数据使用越来越高的要求,深圳市的数据库建设注重引入先进的数据库技术,使数据库建立在较高的起点上。公安、证券、金融、社保、财政、税务、国土等部门(行业)都采用ORACLE、SYBASE、SQL SERVER等,实现了信息资源的大容量存贮,多线程查询,交互式操作。

统计信息局、规划国土局引进了先进的分布式数据库技术,使数据的管理和业务的处理更趋安全、便捷、可靠。以信息服务企业为主导,深圳市的多媒体专用数据库建设近期发展迅速。数据、图形、图像、语音多种形式存贮、加工的信息资源,在更大的范围拓展了数据库的交流和使用。

二、信息网络发展突飞猛进

信息网络是信息的流通渠道。经过多年不懈地努力,深圳市已建成电子信息网络88个。其中政府部门30个,占总数的34%;事业单位28个,占总数的32%;信息服务企业30个,占总数的34%。可向社会提供增值服务的信息网络26个,占总数的30%。

深圳市的信息网络发展有如下特点:

(一)高速成长,业务发展迅速　在互联网和国家信息化工程的推动下,深圳市信息网络的传输平台突破了传统的模式,向高速、可靠、宽带化发展，促进了网络业务范围的不断扩大，服务功能的不断增强，信息网络建设进入高速成长的快车道。现在深圳市的信息网络已具备为各类用户提供互联网接驳电子邮件、网络图书馆、多媒体教育、网上购物、电子银行、电子报刊、电视会议、视频点播、远程医疗、交互式信息服务等当前最新的宽带化网络业务的条件。邮电电信网、有线电视网进行了宽带综合业务信息网的试验，电子商务等代表国际先进水平的信息应用已在深圳开通或试验。

(二)网络覆盖面广　利用国家邮电数据网、有线电视网、中国金桥网等通信渠道，深圳市已构筑了国内最先进的通信平台，为信息网络的大规模构建奠定了物质基础。依托这一物质基础，目前深圳已成为中国互联网(CHINANET)、中国经济信息网(CEINET)、金桥网(CHIN AGBNET)和教育科研网(CERNET)的主要中心节点。

深圳市的信息网络不仅包容了众多的局域网、城域网，而且日益广泛地采用互联网技术，实现网际互联互操作，信息互通互交流。在专用网络方面，市国税、海关、金融、经贸等部门的信息网络已跨地区互联覆盖全国。在公共性综合网络方面，社会信息网、讯业金网、万用信息网、瀛海威时空、科技信息网、新华财经信息网等信息增值服务网络，不仅在深圳信息网的统一平台上实现本地互联，而且以其各自作为全国性网络的站点优势，使网上信息资源的交流、共享面扩展到全国，并通过 INTERNET 联通全球。

(三)网上信息资源丰富　强大的服务功能和丰富的网上信息资源是深圳市信息网络相辅相成、良性运作的两个方面。深圳信息网以决策信息系统、统计信息系统和社会信息服务系统为主体，同时联通市内外乃至国内外的信息网。实现了对市政府各职能局政务信息和全市大、中型企业经营信息的网上采集、汇总、加工、交流和反馈，为政府行政体系的决策运作和企业的科学化管理提供了信息支持。

各信息网络经营单位也以其在网上发布的丰富多彩的信息，展示自身的网络实力和信息优势。讯业集团的中国金网开通的高效业务拓展系统，在网上提供“买方”和“卖方”市场。用户不仅可以上网查询最新的产品报价及有关详细资料，也可在网上随时向全国、全世界发布自已最新的产品报价及详细资料。用户在寻找到适宜的商业对家后，可及时利用交互或联机服务，确认彼此之间的商业机会。把丰富的网上信息共享推向网上信息价值的实现。

三、信息资源开发任重道远

在肯定信息资源开发、利用成绩的同时，不能不正视存在的问题。与迅速推进的全国信息化进程相比，深圳还存在如下差距：

(一)信息意识薄弱，信息资源的核心地位有待确定　信息化是集计算机通信和信息为一体的庞大工程。不少人认为，计算机和通信技术很难、很尖端，而信息收集、数据库建设没什么技术，信息网络建起来，通信平台开通了，信息自然会往“公路”上跑。其实，这是很片面的。计算机和通信网络的技术固然有高深之处，但从世界范围上讲，这类技术问题已基本解决，只要资金充足，引进或自已开发计算机和通信网络都是不难的。但信息资源建设则不同。国内的信息资源是难以用钱买来的，买国外的信息资源解决不了中国的信息化。那种认为信息资源开发、利用可以慢慢来的观念不仅会直接干扰信息化建设效益的实现，使信息高速公路无“车”可跑，无“货”可运，而且终将迟滞信息化宏伟目标的实现。

(二)对信息资源的投入不足　在深圳市各类信息系统建设中，信息资源开发、利用缺少足够的资金、人力投入，全市性信息资源重点工程的立项与实施，犹豫不决，举步难艰。据统计，在人力投入上，政府部门、事业单位的信息机构中技术开发人员占85%，从事信息资源开发人员不过百分之十几。既使在信息咨询机构里，信息资源开发人员的比例也只达到6[illegible]－70%，低于信息服务业发达国家近20%。

（三）信息资源的社会环境没有建立　首先是政策法规建设，信息资源的建设具有社会化特征，涉及方方面面的利益，在调节这些利益的多种手段中，政策法规是最重要的。目前还没有信息资源建设的法规，部门割据或各自为政成为障碍信息开发、利用的主要问题。

其次是共享机制尚需完善。信息共享既是信息开发也是信息利用的重要前提，现代信息技术为信息普遍和方便的共享提供了可能性。但从实践看信息共享不仅仅是个技术问题，而首先是利益调节问题。如何实行信息共享又保护好不同信息所有者主体的合法权益，正是目前需要进一步深入研究的课题。

（信息资源管理处供稿，执笔：夏　葵）

深圳信息咨询服务业发展概况

信息咨询服务市场是指从事信息提供服务、咨询服务、网络增值服务、信息系统集成服务的机构与用户之间供求关系及其交易场所之总和。其中信息提供服务与咨询服务是满足用户需求的直接信息服务，可以说是信息咨询服务市场的主体和核心。

深圳市的信息咨询服务市场是在特区的改革开放中起步并逐渐发展起来的。作为改革开放的试验场，深圳率先在全国实行市场经济体制。市场经济体制下的社会宏观管理及微观经济活动产生的巨大信息需求有力地推动了深圳信息咨询服务市场的发展。目前信息咨询服务市场已成为深圳市场经济体系中必不可少的组成部分。特别是1993年市政府出台了一系列加快发展第三产业的政策，一批信息咨询服务机构如雨后春笋，破土而出，形成了一个颇具特色的产业群体。围绕金融、劳务、法律、房地产、投资等经济改革热点开展的信息咨询服务，积极地推动了市场经济体制的建设和市场功能的完善；优化了特区投资环境，增加了对外资、内联的吸引力；改善了社会公共服务环境，提高了人民生活质量，同时也带动了深圳信息设备制造业的发展。

当今，信息化已是人类社会迈向新世纪的一面高扬旗帜，大力推进社会信息化已成为深圳市"二次创业"中的战略举措，信息咨询服务则是其中的一项重要内容。为此，正确认识、科学规划、规范管理、积极扶植信息咨询服务业的发展，有着十分重要的现实意义。

一、信息咨询服务市场概况

据调查，至1995年底深圳市共有以信息服务或信息咨询登记的企业1500多家，若加上从事信息中介和信息交流的社会团体及各地驻深办，信息机构共计为2600多家。其中按经济类型划分：国有、集体及联营企业约占27%；私营个体占42%；外资（含港、澳、台资）占11.2%；其它占18%。按行业划分为：房地产咨询、法律咨询、工程咨询、劳务咨询、旅游咨询及综合性信息咨询等。从业人员约3万多人。据测算，1996年深圳市信息咨询业及计算机应用服务业创造增加值5.86亿元。

从整体上看，当前的深圳市信息咨询服务市场具有如下特点：

（一）私营、个体注册的信息咨询机构是信息咨询服务机构的数量主体

私营、个体及其联营机构约占55%，加上个人以挂靠或承包形式经营的机构、外资机构，总体上私营机构约占70%。而国家和集体注册机构，只占20%。形成私营个体机构在数量上占多数的原因，首先是由于在行业发展上政府采取了鼓励发展政策，为信息咨询服务产业的发展营造了相对宽松的市场环境，导致了机构数量的迅速扩张。据统计，1993年以前信息咨询机构不过一、二百家，1993年《深圳经济特区贯彻〈全民所有制工业企业转换经营机制条例〉实施办法》出台后，数量迅速增逾两千家。其次，是对信息咨询服务市场需求的反应差异。在目前经济体制框架下，占有社会经济信息资

源主体的国有、集体机构,仍缺少进入市场的动力和服务于社会的压力。而私营机构往往能紧跟市场需求,积极拓展国内信息咨询服务这块处女地。当然,私营机构的数量主体也掩盖了一个应引起重视的问题,即相当数量的私营咨询机构并没有真正从事信息咨询经营活动,而是利用了对信息咨询机构工商注册条件过于宽泛的缺陷,移花接木,把并不从事或不具备从事信息咨询条件的机构,冠之"信息咨询"以取得合法经营资格。同时私营机构的经营规模、服务质量及经济效益也难遂人意。

(二)、专业信息咨询机构是信息咨询服务市场的最活跃的结构主体

全市经营咨询服务业的1500多家机构中,从事法律、房地产、建筑工程、旅游咨询及技术咨询的专业咨询机构200多家。从市场服务功能的结构看,专业咨询机构居主体地位。专业咨询机构由于专业化程度高,行业管理完善,机构资质具有较高水准和相对稳定的市场空间,其经营活动业务,无论在服务质量、数量、经济效益上都较综合性信息咨询机构具有显著的优势。据对全市具有一定规模和市场影响力的重点机构调查,法律、房地产、金融、电话信息台及计算机增值服务网等在服务内容或方式上的专业化机构,都有较高的投资回报,成为信息咨询市场发展的热点。而多数综合性信息咨询机构处于亏损或微利状态,有盈利的综合性信息咨询机构在其业务上也不同程度地偏离了主业,与专业咨询机构形成巨大的反差。由此可见,具有高度专业化水准、权威性和较高知名度的综合性信息咨询机构还没有发育成熟。占市场多数的综合性信息咨询机构在信息咨询服务市场上既具有宽广的发展空间,又面临着亟待提高自身资质水准的竞争挑战。

(三)信息咨询服务机构的技术构成不断提高

信息咨询业一度曾被认为是"投资少,见效快"的行业,吸引了一大批中小投资者跻身信息市场的竞争。一时间"剪报"、"转抄"、"复印"成为信息咨询服务机构提供信息服务的主要运作方式。然而,现今市场竞争与信息技术的发展已迫使信息咨询服务从手工运作为主向高技术、高智力运作方式转变。以多媒体技术、互联网络及大型数据库支持的信息咨询公司在市场竞争中锋芒毕露,尽显优势。深圳电话信息咨询公司已由1995年的3家,骤增至1996年的11家。利用互联网开展的网络增值服务、智能网业务及以语音信箱、多媒体数据光盘为媒介的电子信息服务在信息化建设的应用发展中正大行其道。信息咨询公司不仅使用了光纤、卫星通信技术、网络技术、数据库技术、计算机技术、多媒体技术,而且引入了高层次的咨询分析人才,机构技术构成水平正出现引人注目的提高。

(四)经营状况参差不齐

按市场影响及经营利润区分,深圳市信息咨询服务机构的经营大致可以分为如下三类:第一类机构市场占有率稳定、盈利良好。大部分专业咨询机构以及电话信息服务台、少数信息公司属于这一类;第二类机构有一定的市场占有率,处于微利运作状态。大部分网络增值服务公司及兼营中介业务的综合性信息公司,属于这一类;第三类机构市场占有率低,处于亏损状态,多数综合性信息咨询公司属于这一类。

这种经营状况分化有着不同的外部条件及内在原因。如专业咨询机构中法律咨询、房地产咨询、金融咨询,由于市场稳定,行业管理规范,往往只要能依托一定数量的专业人员,就能以较少的投入,占据市场位置,进入良性经营状态。再如,电话信息服务公司虽然一次性投资相对较大,但由于对声讯需求的市场特殊及其业务服务的积极拓展,使其获利甚丰。而综合性信息服务公司则由于其经营方针、信息资源占有的不同和技术条件的优劣,在效益上出现巨大的反差。好的公司已与国内外主要信息资源单位联网,能向客户系统地提供国内外主要的动态经贸信息或咨询服务,获得稳定的盈利;差的公司则仍以人工采集数据,信息的时效性、

完整性、服务性功能差,客户少,有的只得放弃主业,从事其它经营。

(五)外资正在跻身于信息咨询服务市场

外资的进入,表明信息咨询服务业的市场引力和对外开放度正在增强。进入深圳市信息咨询市场的外资具有以下特征:

其一,信息资源获取渠道广。外资信息咨询公司普遍注重信息渠道的开辟,他们不仅拥有较丰富的海外信息资源,而且积极建立了与国内信息资源网的业务联系。如万维信息网络公司进入中国后迅速与中科院、国家信息中心建立了业务合作,成功地推出了"中国之窗"服务栏目。

其二,十分重视市场的开辟。能紧紧抓住市场需求和运用国外信息咨询服务较成熟的市场策略,开展经营活动。如信息资源上的"双向服务"、推出多媒体光盘等业务。

其三,重视信息技术的运用。能较普遍地采用计算机通信、互联网络、分布式数据库等先进技术发展服务功能,提高服务档次。

其四,资金注入量大,使其经营活动伊始就能站在技术、人才、资源较高的起点上。

可以预见外资企业的竞争实力及市场影响力将日趋显著。

从整体上看,深圳市信息咨询服务机构尽管数量不少,但其市场影响力、经营规模、经济效益及技术构成,与全市经济发展的要求仍然很不适应,还存在一些应加以重视和解决的问题。

二、信息咨询服务市场当前存在的主要问题及原因

同其他事物一样,在迅速发展过程中,信息服务业也出现一些问题,当前存在的主要问题是:

(一)超范围经营现象严重,相当多的信息咨询服务机构从事工商登记经营范围以外的活动

如有的打着信息咨询公司的招牌,从事注册业务之外的商贸、加工、炒汇、旅游等经营活动,以避开工商及税收等方面的管理。或以信息咨询为名,未经批准进行专业中介活动,此类现象以劳务、房地产、旅游业中居多。

(二)利用信息服务进行欺诈活动

集中表现在:代办出国、移民、就业、迁入特区户口、免训驾驶证,甚至以财务咨询名义帮助企业逃税、避税。1995年全市发生数起严重的信息咨询诈骗案,诈骗金额达数百万元,受骗上百人。据深圳市消委会资料,1995年第一季度以信息欺诈的案件占全部投诉的7.1%。

(三)传播不健康信息,破坏精神文明建设

一些从事电话信息服务的企业,为追求自身经济效益,公开向社会推出迷信、色情、赌博,甚至反动的信息栏目,不仅误导消费,损害公众利益,而且造成极坏社会影响。有的信息咨询公司公然从事以"周易经"测事业、测财运、测福祸凶吉的迷信活动。

(四)利用现代信息技术手段泄露国家机密

受经济利益驱动,有的企业在信息活动中违反保密及国家安全条例,向社会、境外提供有保密内容的经济、科技情报资料。盗用及非法复制国家、企业、他人的信息资料现象屡有发生,侵犯知识产权现象较突出。

(五)机构的技术构成水平仍需提高

在信息技术装备上,大多数机构仍未能跟上国际信息服务业的发展。计算机网络、数据库联机服务等技术未能得到普及应用。从业人员中缺少谙熟现代咨询技术、精于市场开拓的专业人才。国外乃至国内其他城市业已蓬勃兴起的工程咨询公司、调查公司在深圳鲜见甚至是空白。

产生上述问题的原因主要是:

对信息咨询服务业缺乏正确的认识。首先是在产业导向上存在误区。一些部门把鼓励发展与规范行为、扶持与管理对立起来看,以为"鼓励"就是"放任",忽视在产业发展上施以正确导向的必要性。其次,忽略了信息咨询服务的社会性强、影响面广、技术要求高等特点,对

行业规范缺乏应有的重视。

市场管理存在监管盲区。许多企业、个人在不具备注册其他行业的基本条件时，利用信息咨询机构注册条件低、行业监管力度不够等漏洞，堂而皇之的冠以“信息咨询”公司之名进行其他活动。目前除少数专业咨询机构受到行业主管部门监管外，大部分机构游离于市场管理之外。

缺乏协调一致的管理机制。对信息咨询服务业的管理政出多门，各自为政，没有形成统一协调的管理机制，最终使管理难以到位。

对非专业信息咨询机构的后置管理方式缺乏力度。目前对多数咨询机构，实行“先注册，后管理”的核准制。实践表明，这种后置管理方式忽视了信息咨询服务在从业技术条件、从业人员资质标准等方面的特殊性，造成信息咨询机构良莠不齐、整体素质下降。

信息咨询机构要向国际水平看齐，需要在技术、人才、信息资源及资金上进行较大的投入，能同时有能力进行这种规模投入的单位甚少。而且在现行体制下，这些投入效益实现的复杂性、关联性是许多经营者事先未能预料的。

尚未建立起完善的信息咨询服务市场法规体系。虽然在有识之士及有关部门重视下，已出台了若干专业咨询机构管理法规。但是这些法规的管理范围、调整的对象仍是局部的和少数的。从整体上讲，信息服务市场的运行仍是无序或非法制的。对信息咨询服务所涉及的机构资质、质量管理、知识产权、安全保密、法律责任，缺少必要的法规条例。

由此可见，深圳市的信息咨询服务业既是一个蓬勃发展、充满希望与生机的行业，又是一个急需加强建设、规范与管理的行业。国务院信息化领导小组已把深圳市定为全国信息化建设的试点城市。信息化建设的最终目标就是要建立起面向全社会的完善的信息服务体系。在国家没有先例的情况下，作为试点城市，深圳有义务争取在信息咨询服务市场管理上先行一步。为此，必须采取有效对策，加强管理，更好地发挥信息咨询服务业对社会经济活动的先导和促进作用。

三、信息咨询服务市场的发展对策

深圳市信息咨询服务市场的发展必须坚持“建设与规范相结合，发展与管理相协调”的发展策略。通过法律的、经济的、行政的手段，规范信息咨询服务市场，强化行业自律。扶植、促进其“上档次、上水平、上规模、出效益”。为此，在其发展过程中，采取以下措施是必要的：

(一)整顿市场

目前，对信息咨询服务市场存在的问题及市场整顿的必要性，社会反映强烈，市政府有关部门已有共识，整顿市场的条件及时机已经成熟。市政府将协调有关部门，采取统一行动，对信息咨询服务市场进行整顿，集中力量打击社会反映强烈的非法经营及欺诈活动，净化市场。通过整顿形成一个规范化的发展机制，营造一个健康的发展环境。

(二)强化行业管理

鉴于信息咨询服务业的特殊性和目前监管上的缺陷，必须强化行业对信息咨询服务市场的管理。

1、整体上，确定信息化建设委员会对全市信息业的统一领导协调地位，改变各自为政的局面；

2、根据信息咨询服务业的智力型、技术性强、发展快等特殊性，建立注册前预审制；

3、继续强化行业主管部门对专业咨询机构的监管，发挥行业主管部门的专业化特长和管理积极性。

4、加强对信息咨询服务市场的监督、仲裁、协调资源共享，维护市场的正常运作秩序。

(三)实行扶植政策

信息咨询企业具有一次性投入大、投资回收依赖于规模效益的特点。为扶持信息咨询服务业的发展，建议对信息咨询服务机构实施优惠政策，鼓励信息咨询机构在技术手段、服务质量、经营规模、经营效益等方面赶超国际、国内先进水平。

1、实行产业倾斜，在投资导向方面鼓励、优先、优惠信息咨询机构发展。

2、实行资金倾斜，在投资、贷款上支持信息咨询企业采用高新技术，实现信息数据库化、服务网络化。

3、实行税收倾斜，利用税收杠杆刺激社会的信息供求，制定适宜的税收减免政策扶植弱小的信息咨询企业发展。

(四)构建法制体系

要抓紧建立起包括管理、经营、交易、权益保护、监督和仲裁等内容的一整套法规条例，为信息咨询服务市场的规范化有序运作创造良好的法制环境。目前，当务之急是建立推行《信息咨询服务机构资格认定制度》，拟定《信息咨询市场管理办法》，使政府职能部门可依法行政，信息咨询机构能守法经营。

(五)强化信息咨询服务业自身建设

在国民经济发展的“两个战略性转变”过程中，社会的信息意识将会进一步增强和普及，政府、企业、个人的信息需求将会进一步释放出来，巨大的信息需求将成为信息咨询服务业发展的主导因素。信息咨询服务业只有不断强化自身建设，才能在社会与经济的迅速发展中发挥积极的作用。

1、提高企业的技术构成水平。现代信息技术的发展，要求信息咨询服务企业必需具备先进的采集手段和处理各种信息媒介的能力，以实现服务的数据库化、网络化，确保信息产品的适用性、可靠性、时效性、完整性。

2、提高从业人员素质。要求从业人员必需具备一定的知识、技术、经验及能力。因此，要加强对从业人员进行国家政策法规、职业道德及专业培训，只让具备资质条件的人员持证上岗。

3、建立激励机制、竞争机制、约束机制。信息咨询服务应尽早完成向市场体制的转变，以市场需求引导行业发展，按市场规则规范企业行为，形成促进企业发展的良性机制。

(六)创建“龙头”企业

与建立现代化的国际性城市目标相比，深圳市的信息咨询企业存在很大的差距。要从根本上改变这一局面，必须创建一批“龙头”企业。即创建若干拥有丰富的信息资源、具备先进的计算机和通信技术手段、拥有高层次的综合性知识结构人才、服务功能完善的信息咨询企业。逐步形成一批社会知名度高、市场信誉好、经济实力雄厚的信息咨询企业群体，带动全市信息产业的发展，牵动深圳整体产业结构的提升。

(七)有计划地引进外资

发达国家不仅信息技术先进，而且信息服务业发展也趋于成熟。以引进或合作方式引入外资可以更快地跟上国际信息技术的发展。同时也可以学习、借鉴国外信息服务业成熟的经营方式，进行信息资源的交流与合作，更好地发展深圳的信息服务市场。

当前社会信息化的呼声日益高涨，可以预见，随着信息化过程的不断推进，深圳市信息咨询业将会登上新的台阶。同时信息咨询业的发展又必将带动信息技术和信息制造业的进一步发展。

(信息资源管理处供稿，执笔：黎木胜 夏 葵)

统计工作

深化统计改革　加强统计执法 进一步提高我市统计服务水平

深圳市市长　李子彬

（1997 年 3 月 25 日）

同志们：

这次全市统计工作会议，主要议题是进一步贯彻国家和省统计工作会议精神，部署我市1997 年的统计工作。这里我谈几点意见。

1996 年，是我市“九五”计划实现良好开局的一年，各项改革继续深化，对外开放水平不断提高，物质文明和精神文明建设协调发展，经济和社会共同进步，各项工作都取得了新的成绩。国民经济继续保持了平稳发展的势头。1996 年，国内生产总值 950.04 亿元，比上年增长 16.2%；完成工业总产值 1062.70 亿元(90 年不变价)，增长 18.1%；进出口贸易总额 390.53 亿美元，增长 0.7%，其中出口总额 212.08 亿美元，增长 3.3%，在全国大中城市中连续四年居于榜首；实际利用外资 24.22 亿美元，增长 39.6%，创历史最好水平，居全国大中城市第四位；预算内财政收入 131.75 亿元，剔除证券交易印花税，增长 15.5%。精神文明建设也取得了新的成果。统计工作作为政府实行科学决策和管理的一项基础性工作，为市委、市政府和各级领导宏观决策和经济调控提出了必要的咨询意见，为公众的经济、社会、生活提供了正确的引导，在我市两个文明建设中发挥了重要的作用。去年市统计信息局先后被国家统计局和国家信息中心评为先进单位。在此，我代表市委、市政府，对在统计战线上辛勤工作的同志们表示诚挚的问候和衷心的感谢。

今年是我国发展史上极为重要的一年。香港回归祖国和党的十五大召开，这是举世瞩目的两件大事。新的形势给深圳带来新的机遇和挑战，对统计工作提出了新的更高的要求。为了适应改革开放和现代化建设的需要，必须进一步提高我市的统计服务水平，要着重抓好下面三个方面的工作。

首先，要深化统计改革。这是社会主义市场经济深入发展的客观要求。由于我国的统计体制是在计划经济体制下建立起来的，虽进行了一些改进，但还不能充分适应社会主义市场经济的需要。我市的市场经济发展得比较快，同时面向国际市场，统计调查方式、传输和加工手段还不能适应复杂多变的市场状况，急剧增加的统计信息需求与传统的统计手段之间的矛盾日益明显，统计改革必须抓紧进行。

市委、市政府历来十分重视统计工作和统计改革。先是在机构改革方面作了尝试，将原来的市统计局和信息中心合并为市统计信息局，使丰富的信息资源和先进的技术手段更好地结合在一起。同时制定了《深圳市统计改革方案》，在建立标准统计制度、理顺资料体系、拓展资料内容、改进和完善调查方法、采用现代传输手段、强化统计分析、做好优质服务、优化人员和组织结构等方面提出了十个方面的改革思路。要搞好统计改革，当前要突出抓好下面几项工作。

一是要健全和优化统计指标体系。要进一步加强人口、资源、环境、社会、科技等方面的统计，加强对经济运行的监控。指标要能随时反映市场运行中的各种状况，同时要能适应国际对比的需要，以优化服务功能。

二是要改善统计手段，改革调查方法。要加快推进数据传输和处理自动化工程。人口管理、海关、工业、商贸等有条件的单位要按市统计信息局的联网计划实现联网，在人员、设备上给予配合，以促进统计现代化和信息化建设。同时，要大力推行抽样调查。抽样调查是世界公认的科学的统计推断方法，它用少量的样本单位推断总体，既节省费用和时间，又快速准确。我们要提高抽样调查水平，以实现能适应深圳实际的调查方法多样化。

三是要建立基本单位登记机构。这是摸清和规范抽样框，搞好抽样调查的有效办法。今年要抓紧建立我市的基本单位登记中心，希望各有关单位配合市统计信息局把这项工作做好，力争使我市的基本单位登记工作走在全国前列，更好地为我市的总体规划提供依据。

其次，要加强统计执法。这是今年全国统计工作的重点之一。目前，在统计调查对象中不同程度的存在着虚报、瞒报、拒报、迟报现象，这是违反《统计法》的，必须坚决予以制止。国家已颁布了《统计法》，我们市也制定了《深圳经济特区统计条例》，任何单位和个人都必须严格依照法律、法规的要求，按时、按质地报送统计资料，不能拖延，更不能弄虚作假。

再次，要加强统计组织和队伍建设。这是搞好统计改革与统计执法的基础。要健全统一组织，充实和优化统计队伍。各级领导要在机构编制、人员配备、办公经费和工作条件等方面重视和支持统计工作，在政治上、工作上、生活上关心统计人员，充分调动他们的积极性。我们相信，通过各级领导和统计工作人员的共同努力，我市的统计工作一定能够提高到一个新的水平，为把我市建设成为一个区域性的信息中心作出应有的贡献。

再接再厉　开创我市统计工作新局面

深圳市副市长　郑通扬

1997 年 3 月 25 日

同志们：

我们今天召开的是贯彻落实国家统计局、省统计局最近召开的统计工作会议精神和市委市政府的有关部署，共商全市统计信息工作大计的一次重要会议。国家统计局和省统计局对我市统计工作非常支持，非常重视，卢局长、翟局长与会指导，李子彬同志百忙中出席会议，表明了市委、市政府对会议的重视和对统计工作的支持。李市长强调了保证统计改革、加强统计执法及加强统计队伍建设三个重要问题，抓住了当前统计工作的要害，全市统计工作者要认真贯彻执行。1996 年，市统计信息局首次被国家统计局和国家信息中心分别评为全国统计系统和信息系统的先进集体，还获得其他多项奖励，这是在座的同志们的光荣，也是全市人民的光荣！我们向捧回了奖牌、赢得了荣誉、展示了特区、作出了奉献的同志们表示崇高的敬意和亲切的问候。

统计工作是各级政府部门掌握社会经济发展情况，把握社会经济发展脉搏的一项基础性工作。统计信息是我们了解国情国力，进行科学决策和科学管理的重要依据。也是市场主体从事社会经济活动的重要依据，当今的社会日益向高科技为依托的信息化社会转变。在发达的市场经济条件下，面向全球的社会经济活动竞争更激烈、范围更广泛，频率更迅速，政府要进行有效的管理，科学的决策，更依赖于准确的统计信息。企业要在激烈的市场竞争中稳操胜券，也必须依靠统计信息来把握大局。市民的日常工作和生活，常常也要统计信息来引导。因此，统计工作在发展社会主义市场经济过程中，在促进我市两个根本性转变过程中，在实现“九五”计划和 2010 年奋斗目标中，可以发挥巨大的作用。但这种作用的充分发挥，就统计方面来说，必须靠深化统计体制的改革，靠法制建设，靠科技进步和培养高素质的统计业务骨干来保障。经济体制转变了，传统的统计体制也必须改革，必须适应市场经济发展的要求，统计指标体系必须能及时准确较全面地反映市场经济整体运行的状况。市场经济，又是法制经济，统计管理工作也必须同时转到法制的、科学的轨道上来。统计事业的快速发展和统计整体功能的有效发挥必须靠现代信息技术来武装、来改造。只有这样，统计才能准确快捷地反映纷繁复杂、瞬息万变的社会经济生活，才能预防和排除对统计信息的各种干扰。因此，国家统计局近年提出的“深化改革，一靠科技，二靠法制，归根结底靠人才”的战略方针是完全正确的，也是我们工作的努力方向。

1996 年，是我市统计工作和信息化建设迈出了大步，取得了重要成就的一年。全市统计工作者团结拼搏,锐意改革,开拓进取,紧紧围绕我市"三个根本性转变"的要求,努力服务二次创业和市委市政府的决策,开创了统计工作的新局面。一年来,全市统计信息战线涌现出许多先进集体和先进个人,其中市统计信息局被国家统计局和国家信息中心评为全国先进单位,还获得全国集体单项奖12项,广东省集体单项奖22项。1996年,我们市的统计信息工作有许多突破。我市在全国率先制订了统计改革方案,并得到全国统计战线的各级领导和专家们的高度评价。我市在统计调查、数据传输、统计网络计算机互联、统计报表无纸化、统计数据库建设和统计办公自动化建设等方面作了大量的工作,有力地加快了统计现代化进程。我市还狠抓了统计分析工作,强化了优质服务,提高了服务的质量和效率。现在向各级市领导报送和社会各界提供的各种统计信息不管是内容,还是表现形式,都有很大的改进。我们建立的《深圳市领导办公服务系统》以电脑联网方式为市领导提供多媒体信息服务,有力地支持了市领导制定的各项宏观经济调控政策。我们在统计工作中开展了全市统计执法检查,严格执行《统计法》,对屡屡迟报、拒报的单位进行了严肃批评和查处,使统计法制建设和统计执法成为搞好统计工作的有力保障。我们加强了统计人才综合素质的培训,一年来,通过狠抓基层统计队伍的培训,全市3000多人获得了上岗《统计证》,另外,还有2000多基层统计人员受过专业培训。我认为,这一举措,对提高统计队伍的整体素质具有极重要的意义。我们通过每季度的新闻发布会,既广泛服务了社会各界,又扩大了统计信息的社会影响,树立了统计信息的权威。另外,我们以418工程为核心的信息化建设工作也正在开展。

在较短时间内统计信息工作发生这么大的变化,取得这么多新成就,这主要是统计信息战线的领导和同志们能切实贯彻上级一系列方针政策,把党中央、国务院、省市委和政府的有关指示与本部门的实际结合起来,贯彻好、落实好;能切实坚持特区精神,开拓、创新、团结、奉献;能切实坚持"两手抓、两手都要硬"的方针,把物质文明与精神文明建设同时抓好;能切实推动统计改革,实现统计方法的根本转变,从而提高服务水平,当好参谋,等等。

1997年,是我国在迈向21世纪中具有重要历史意义的一年。我国将恢复对香港行使主权,召开党的第十五次全国代表大会,这是举世瞩目的两件大事,在这样一个特别重要的年头里,我们的统计工作必须全面贯彻国家和省统计工作会议以及全市经济工作会议精神,紧紧围绕市委市政府各项工作安排,踏踏实实、卓有成效地开展工作,充分发挥统计信息在咨询、监督和决策参谋方面的作用,为我市国民经济持续、稳定地增长服务。关于今后的部署与要求,要特别强调几点:

一、要抓好统计改革方案的实施。我们已经制订了统计改革方案,现在要通过试点,由点到面、由易到难,一步一个脚印,务必落实。要以统计指标体系改革、统计无纸化和抽样调查为突破口,全面落实统计改革的各项措施。

二、加强统计基础设施建设。包括计算机网络和数据库的建设以及多功能终端的配备、网络信息处理和统计分析软件的建设。希望统计专业人员和计算机技术人员很好结合,搞出切实可行的方案加以实施。

三、抓好深港统计合作。今年面临香港回归,为了实现深港两地更进一步的合作,实现优势互补,我们统计系统要发挥积极作用。包括加强两地统计部门的联系,统计指标的衔接、统计资料的联网和交换,城市统计工作经验的相互交流等等。要选出一些课题,进行研究。

四、进一步加强统计工作的领导,不断健全和完善统计机构。各区、市属和驻深各经济部门、企事业单位,特别是二级公司和处级以上的独立单位均应设立统计机构,配备统计人员,确定一名领导主管。其他机构、镇及镇以下人民政府,要配备统计人员,并指定统计负责人。要加强人才培训和队伍建设,特别是要培养懂知识结构合理、懂业务、懂技术、懂法律的复合型统计人才。同时也要注意帮助统计人员改善工作条件和生活条件。

同志们，我们希望广大统计工作者进一步树立崇高的理想和高尚的职业道德，排除万难，勇于开拓，以优异成绩迎接香港回归和党的十五大召开，为我市的二次创业作出新贡献！

（这是郑通杨同志在全市统计工作会议上的讲话，编者略有删节）

深圳市统计改革方案

(摘要)

前　言

深圳市统计信息局统计改革方案,在全局上下的共同努力下,经四个多月的探索,于1996年10月初终于将草案付印了。

去年年初,深圳市信息化建设委员会办公室主任、统计信息局局长周理同志在全市统计年报工作会议上提出:"统计作为社会和经济管理的重要手段,一定要适应经济和社会发展的要求。深圳作为全国改革的'试验场',作为对外开放的'窗口',作为我国'97后促进香港的繁荣和稳定的前沿力量,应从市场经济的要求和国际化的高度来设计统计体系。我们的统计一定要满足市委、市政府领导决策的需要,满足宏观调控和全面管理的需要。我们的调查手段要实现联网、实现以抽样调查为主体的调查方法多样化,使统计真正实现管理的职能,真正成为我市信息化建设的重要组成部分。因此,我市的统计要从整体上进行改革。"深圳市统计现代化建设工程在周局长的号召和领导下,围绕市场经济的要求和各级领导、各企事业单位、社会公众的需要,就这样轰轰烈烈地启动了。

1996年6月初我们带着《深圳市统计改革思路》、《深圳市统计改革要点》和《深圳市统计改革资料框架》三个材料去向国家统计局及其有关司领导汇报,得到了领导的肯定和帮助,并希望我们能为全国统计改革提供成功的经验。国家局各级领导的鼓励无疑进一步坚定了我们的信心,并为我们的改革注入了强大的活力。

草案出来后,于1996年10月11日在桂林全国统计科学讨论会召开期间组织了包括国家局、省局领导和大专院校、科研机构等方面专家、教授在内的专家论证会。专家认为"方案的改革思路正确,改革目标符合统计现代化要求,具有科学性、系统性,作为探索统计改革的综合研究成果,已达到国内先进水平。"会后,根据专家们的修改意见,对《方案》进行了修改和结构调整。

一、改革的必要性及意义

统计改革是随着我国经济体制改革发展的必然趋势。1992年中国共产党第十四次全国代表大会明确提出我国经济体制改革的目标是建立社会主义市场经济体制。实现这一目标,要求我国的各种组织制度和管理制度都必须转移到适应社会主义市场经济体制上来。统计作为管理的重要手段,也就必然要适应这一要求。

我国的统计制度是建国后在计划经济体制下建立和逐步完善起来的。近些年来,虽然进行了一些包括建立农调队、城调队、新国民经济核算体系等在内的改革,但还有许多方面,尤其是专业报表、调查方式、统计手段及一些指标等,仍是沿袭过去那一套而未作改进或改进不大。深圳作为中国经济最活跃,市场经济条件最成熟的特区城市,又面临"三个根本性转变"

和实现深港经济合作，仍使用原统计体系，就很难全面、准确、及时地反映经济和社会各方面的情况，从而难以为党政领导和社会提供优质高效的服务。

首先，市场经济以资源的市场配置为主体，政府、企业和居民都通过市场的供求等信息来进行经济决策。政府进行宏观调控的依据是大量的市场信息；企业的经营决策、居民的消费、投资决策也是依据大量的市场信息。统计作为社会信息的主体，就应有适应不同层次、多样化的指标和超出原统计概念的大信息网。这就需要充实统计指标，完善统计内容。

其次，市场经济以契约自由和公平竞争为主要特征。它要求社会资源根据经济发展的客观要求由市场配置。经济活动融入于社会的各个方面，无疑其经济活动的范围和形式，已超出了在计划经济体制下的界限。竞争必须导致市场主体为了自身的需要而加强自身资料的保密，使得直接发送报表来取得资料十分困难，契约自由必然导致企业成为独立的经济主体，无主管部门，而且流动性很大，使得报表无法全面布置。深圳市作为中国经济最活跃，市场经济条件最成熟的特区城市，统计只有适应自身的条件，才能使其在市场经济中，充分发挥其整体功能。这需要改进统计手段，完善调查方法和调整组织机构。

第三，市场经济必须更广泛地走向国际市场，它要求统计制度必须具有国际可比性，走向国际化。深圳要在15年内基本建成现代化国际性城市，也要求统计走向国际化。

第四，'97香港回归，搞好深港统计合作，使统计在实现中央对深圳提出的保持香港繁荣稳定起促进作用中发挥特有的功能，是摆在深圳统计工作者面前的一项紧迫任务。这又需要改善手段和建立符合国际化的统计标准。

第五，深圳要在"九五"期间实行"三个根本性转变"，贯彻"三个协调发展"的方针，实行"三个一流"和"三点一线"的发展战略，这就要求统计准确、及时、全面地把握市场经济运行态势，随时反映以上战略方针的进展情况，为加强和改善宏观调控提供切实服务。为完成这一光荣而艰巨的任务，调整指标体系，改进调查方法就成为必然。

第六，信息化建设要有信息源作为基础，统计作为社会信息的主体，是信息化建设的主要内容。统计指标的缺编和手段的落后是信息化建设的严重障碍，进行统计改革，理顺统计体系是解决问题的唯一途径。

第七，社会信息，包括统计资料的准确、快速传递是搞好统计服务的重要环节，而信息中心先进的设备与统计局丰富的统计资料的结合，是实现这一目标的最佳方法。改革现有统计过程，优化统计组织机构，才能真正使这一目标得以实现。

因此，我市的统计改革势在必行。

二、改革的目标

统计工作是统计主体对统计客体(统计对象)的总体现象进行数量采集、加工、分析和应用的实施过程。统计改革就是要使统计全过程适应统计客体的发展阶段，能充分满足统计主体的服务对象的需要。

统计过程是一个周而复始，循环往复的过程，我们的改革，就是要使这个周而复始，循环往复的过程不断地适应社会经济形势发展的需要，不断地满足服务对象对统计资料提出新要求的需要。就一个统计过程抽象地来看，包括统计设计、统计调查、统计整理、统计分析和统计资料应用。在这个过程中，设计是前提，没有设计方案，就不可能有系统的统计工作。调查是起点，不采集资料，不占有资料，统计就是空话。整理是对统计资料的加工，资料不系统就无法描述统计对象的面貌，也就无法满足服务对象的需要。整理是一个复杂的过程，它要根据统计目的的需要，进行多角度的数据处理。从调查到整理，以至到资料应用，存在着资料的传输过程。传输是否准确、及时，对服务质量产生重大影响。因此，对传输手段也提出高标准、严要求。统计分析不仅是对统计资料的深加工过程,更重要的是透过资料表象,揭示出统计对象的本质,以便提出发展和管理统计对象的意见和措施,提高服务水平。我们掌握了资料,通过调查,我们也发现了蕴藏在资料表象后面的问题,我们有完整的资料,应该清楚资料之间的关系,从而知道统计对象之间及内部的各种有机联系。通过分析,我们可以把道理说清,把规律阐明,引伸出发展趋势,提出管理的对策。因此,统计分析是统计过程的重要环节。统计资料应用就是为用户服务,包括为党政各级领导服务和为社会公众服务。广义地讲,统计整理和分析就是对资料的应用,整理通常是对原始资料的应用。当然,这里讲应用指的是狭义地应用,分析既有对原始资料的应用,也有对次级资料的应用。即既包括整理的资料对外提供服务,也包括分析的资料对外提供服务。资料具有公开性和保密性双重特征,因此,资料应用必须兼顾两者。所以统计服务是有层次的,要根据不同的服务对象提供不同的资料,包括资料的广度和深度。同时,也根据法律、法规的要求形成无偿与有偿服务并举,以促进统计向高水平发展。

综上所述,可以把统计过程描述为:

统计设计→统计调查→传输→统计整理→(统计分析)→传输→资料应用

我们的改革,就是对统计过程的各环节、各方面进行改进、调整和完善。要高效地完成统计工作,顺利地实行改革,必须要有制度、人才和手段作保证。所以整个改革方案中还包括组织机构的调整和充实、法律体系的建立和实施,人才的培养和人才结构的优化。作为一个完整的方案,本方案包括的内容有:加强统计设计,完善指标体系,改进调查方法、优化传输过程,提高整理效果,搞好统计分析、提高服务水平、调整组织机构、严格执法过程和培养合格人才。其中,设计是基础,是前提,没有科学的统计方案,就不可能科学、有序地实施统计工作。指标是导向,调查、传输、整理是主体,分析、服务是目的,机构、法制、人才是保障。

根据以上十个方面,本方案提出的我市统计改革的目标可概括为"十化",即:统计制度(设计)标准化、统计资料完整化、调查方法多样化、传输过程无纸化、数据处理(整理)自动化、统计分析制度化、统计服务优质化、组织机构高效化、统计工作法制化、人才结构合理化。

统计制度标准化是指在参考国家、国际和香港的统计制度的基础上,制定并不断改革和完善深圳规范的、统一的调查制度、分组、汇总、计算、报表制度,包括设计指标体系和调查方案,规范、统一指标涵义、调查方法、统计时间、计算方法、计量标准、分类分组和编码等。我们对所有指标都进行了科学编码。

搞好统计制度标准化是实现传输过程无纸化和数据处理自动化的前提。

统计资料完整化是指资料覆盖全社会,能及时、有效地提供满足各级领导及部门、各单位及社会公众的要求,能全面反映各统计对象的整体情况。我们所要求的资料是完整的,但不同资料的取得途径和周期是根据不同资料的特点和统计条件来决定。当然,资料的完整性也是针对统计作为反映客观现象总体的特征而言,并非无所不包。同时,也根据社会经济现象不断变化的特征不断地调整指标体系中的具体指标。

调查方法多样化是指根据统计服务对象的要求,结合调查对象的特征,采取灵活多样的调查方法。包括满足上级要求的,利用计算机联网来完成的报表制度、遵循国家的周期性普查制度,建立多专业的抽样调查制度,建立快速调查制度等等。

传输过程无纸化是指所有制度性调查,都在制度标准化的基础上,编制相应的程序,由计算机来完成传输过程,改变过去邮寄、人送、电话等报送手段影响准确性和时效性的做法。包括三个方面:一是各调查单位与本局的网络中心,实现联网后由计算机直接处理;二是局内各处室与网络中心实现联网后,处室之间传送报表及查询资料由计算机完成;三是本局与服务对象之间,通过联网,根据不同的服务对象和资料要求提供不同的服务。

数据处理自动化是指编制不同的程序,使分组、汇总、逻辑检查、计算(包括各种分析指标的计算)等都由计算机完成,使用者根据自己的要求敲入相应的指令即可满足需要。

统计分析制度化是指以建立定期统计分析为基础,辅之以各种专题、热点分析、写出分析报告,作为统计工作的重要组成部分,提供给各级党政领导和社会公众。统计分析是统计工作的重要一环,只有加强统计分析,深入开发统计资料,才能提高统计水平,改善统计服务,真正发挥统计的整体功能。

统计服务优质化是指随时保质为各种服务对象提供切实服务。我们把为党政领导服务放在首位,以做好为党政领导服务来带动为社会服务。我们要随时为党政领导提供各种信息,并通过分析提供宏观调控、经济、社会管理的决策参考意见;通过新闻报告,向社会宣传党政政策、方针,以促进经济发展、社会稳定;通过经济评价系统,随时报道经济运行状况;通过快速调查与分析,随时为领导提供各种热点或专题信息。总之,优质服务就是利用现代手段和灵活的方式,采用高精尖和短平快相结合的办法,急领导所急,想领导所想,真正做好领导的耳目和参谋。对社会公众和企事业单位,我们将根据法律、法规的规定,优质高效地提供各种资料,并随时接受各方要求的委托调查。

组织机构高效化是指组织系统结构合理、管理科学、配合协调、指挥灵活,使组织系统发挥最大的工作效能,形成最佳的工作效率。能够适应现代市场经济的要求,适应社会经济情况不断变化的要求,适应统计现代化和国际化的要求。

统计工作法制化是指统计工作在法律的保护和监督下进行。包括三方面:一方面是调查对象必须依法提供国家所需的统计资料,并保证其真实性,同时,根据统计现代化的要求,配合统计信息系统工程建设,在联网、调查、分析等方面依法提供人力、物力和财力的支持。另一方面是实施统计全过程的人员必须依法为调查对象保密,不得将调查资料用于法律规定以外的目的。第三,依法发布统计信息和经济形势分析报告。

统计工作法制化是保证统计的权威性的重要措施。因为政府统计是代表政府搜集社会经济等方面情况的组织,同时,也代表政府发布社会经济情况,任何部门都不得发布与政府统计部门所发布的资料相抵触的信息。

人才结构合理化是指从事统计工作的全体人员的知识结构和技术结构符合统计现代化的要求,能够优质高效地完成全过程的统计工作,既不形成人才紧缺,也不浪费人才;形成优化组合,满负荷运转。

以上"十优"目标需要各方面配合才能达到,但这是经济社会发展的需要,是充分发挥统计整体功能和提高服务水平的需要,通过努力也一定能达到。就当前而言,其改革的重点是统计标准化的建设、统计资料传输的联网、数据处理软件的开发和抽样方案的设计和组织实施。

建立标准化是实行计算机传输和处理的前提,没有计算机的充分使用,就无法克服资料不全、传输过慢等弊端,无法提高工作效率;而没有抽样调查,就正如"改革的必要性"中所说,无法适应现代市场经济的要求,就不能搞好统计服务。因此,当前的改革要抓住重点,向前推进。

三、统计制度标准及资料体系

(一)统计制度标准

统计制度标准的两个基本依据是:《中国国民经济核算体系》和《国民经济行业分类与代码》(GB/T　4754-94)。

国民经济核算体系以一定的经济理论为基础,结合本国国情,明确规定了一系列核算概念和核算原则,形成一套反映国民经济运行的指标体系、分类标准和科学的核算方法以及相应的表现形式,为国民经济核算提供了一套逻辑一致和结构完整的核算框架。一般地说核算体系的核算标准是一套符合国际惯例的概念、定义、分类和规则。

有了国民经济核算体系,就有了综合核算纲领,其他部门统计核算就有了归属目标,整个统计核算就在有序状态下进行。因此,我们改革的制度标准之一是国民经济核算体系,也将随国家国民经济核算体系的调整而调整,这样既使统计改革能顺利进行下去,又能满足国家、省对我市统计资料的需要。反过来说,能满足国家和省对我市统计资料的需要,也是能使改革进行下去的先决条件。

分类、分组以《国民经济行业分类与代码》为参照标准。GB/T 4754－94《国民经济行业分类与代码》与《中国国民经济核算体系》相对应,同时吸取了世界各国行业分类标准的经验,在具体分类中尽可能向联合国的国际标准产业分类(ISIC)靠拢,以便进行国际资料对比。没有上述两标准的,我们根据以上规律另加。

根据以上标准,我们将所有资料安排在综合表上,表式参考《国家统计调查制度》(1994)设计而成(见例表)。

根据本次改革资料分组更细的要求,表式设计尽量交叉分组,以扩大信息量。

表号的第一个英文字母按国家标准局《国民经济行业分类与代码》上的行业代号字母对应列示;紧靠字母两位数字也按国家上述标准中大类的代码对应列示。《国民经济行业分类与代码》中没有的系我们根据上述规律编入。

表中全部数据都可以根据表号与横行序号和纵列序号组合成指标代码。每个指标(数据)代码均是唯一的。例如"H64020203"对应的是批发和零售贸易、餐饮业中的零售业第2表第2行第3列的数据。

基层表的代码将根据综合表代码规律编制。

有了数据代码的科学化和标准化,数据处理自动化,乃至整个统计现代化才有可能实现。

统计制度标准化还包括调查方法体系的规范化,将在"调查方法体系"中阐述。

(二)资料体系

本方案资料内容包括国民经济、人口与社会、科技、环境与生态四大块,在具体分类上,我们力求与国际接轨,并在实践中不断完善。

综合资料是站在国民经济整体的角度来言的,它一般包括国民经济各部门的同类现象。因此,综合资料原则上由各专业搜集后得到,即综合资料在各专业也应有表现。这也体现了综合表的内容与专业表内容之间的关系,这种关系总体上又体现在国民经济的几大核算和经济循环帐户上。

资料框架中的有些内容,如横向、纵向比较信息、专题信息是统计的延伸和拓展,需根据本部分的内容和不同时间的需求来设计,故在本部分中尚未体现。

本方案涉及到比原来变化大的内容,这些需要逐步实施。

国民经济核算体系原则上遵循国家的核算制度,只根据本方案所列的内容(即根据深圳的情况)作调整,但核算方法不变。因此,本方案不另设计。

资料内容完善的目标是改变原来资料不全的局面,为信息化建设建立真正的信息汇。我们设计了以市场为对象、以全社会为范围的资料体系。

本方案根据国际惯例对资料进行了系统分组(有的学者分为六个组,这里根据我国现行统计内容及统计体制归为四个组),其目的是使之条理化和标准化。资料内容框架如下:

第一部分:描述信息

1、本市统计指标体系

(1) 国民经济统计指标

综合、各专业

(2) 社会人口统计指标

人口、人民生活、教育与文化、卫生与体育、社会保障、社会安全、社会管理等。

(3) 科技统计指标

科技条件、科技投入、科技活动、科技成果等

(4) 环境生态统计指标

自然资源、生态资源、环境治理等

2、全国统计指标体系

根据以上四个方面搜集主要指标

3、国内其它大、中城市、省或地区统计指标

(内容同 2)

4、港澳、台及其它相当城市的统计指标

(内容同 2)

5、外国主要城市统计指标

(内容同 2)

6、世界概况统计指标

(内容同 2)

第二部分:横向对比信息

1、国民经济状况对比分析信息

(1) 本市国民经济指标相互比较

(2) 与全国比较

(3) 与国内有关城市、省、地区比较

(4) 与港、澳、台及有关城市比较

(5) 与国外有关城市和世界概况比较

(6) 上述综合比较

2、社会人口状况对比分析信息

(内容同 1)

3、科技状况对比分析信息

(内容同 1)

4、环境生态状况对比分析信息

(内容同 1)

第三部分:历史资料对比信息

1、本市历史资料的积累与对比分析

2、与非本市历史资料的对比分析

3、评价系统与预警系统

国民经济评价与预警、社会人口评价与预警、科技评价与预警、环境生态评价与预警。

第四部分:专题调查与分析

重点工作、社会热点、民意调查、外界影响等

资料内容的变化主要在以下三个方面:

1.范围更大。包括四种范围,一是本方案的市级综合信息增加许多社会、科技、环境生态方面的情况。这一方面是为了完善统计核算内容,另一方面是力求使市统计信息局成为真正的信息中心。二是统计的界限,尤其是经济指标的界限扩大了,这些扩大界限的范围包括人口、劳动力、生产、流通、分配、收入、消费等各方面。如人口与劳动力资源情况,经常性的统计扩大到在深居住一个月以上的;商业网点扩大到所有具有商业性质的点,无论是注册登记都在统计范围之内;等等。三是增加了日报资料,以及时反映各种市场的变化情况。四是建立社会经济预警评价系统,作为经常性的反映深圳经济运行状况的综合指示。包括综合评价系统和专项评价系统。

2.分组更细。为了便于数据资料能组合出更多、更详细的信息,也为了与香港比较,方案中对有些资料的分组要求更细。如总产出、增加值、从业人员、旅游者人数等。与香港比较而分组更细的资料主要表现在进出口和价格指数上。

3.更换了一些指标。为使方案的指标内容具有一致性,取消了总产值指标,在综合和各专业统计上都分别增加了对应的总产出和增加值指标。这是因为总产值与增加值之间没有对应关系,它们分属于不同的核算体系(MPS 与 SNA)。而总产值是计划经济体制下的产物,社会总产值只描述五大物质生产部门的物质产品,不包括服务,存在对社会生产总成果统计不全的弊端,而且在国际上也缺乏可比性。而在综合和各专业都分别设立总产出就解决了上述问题。同时拟用生产指数调整的方法来反映生产成果的可比性,而取消不变价格计算产值。

从以上内容可以看出,本改革特别强调了对党政方针政策的反映,同时,也特别重视能体现在市场经济体制下经济运行状态的劳动力资源状况及就业状况统计。

四、调查方法体系

统计调查是统计工作的基础,它担负着了解统计对象情况,提供基础资料的任务。所有的统计整理、分析等都是在统计调查的基础上进行。

社会经济现象是个复杂的系统,统计调查要分别根据不同的统计对象采用不同的调查方法,恰当的调查方法才能充分满足统计的目的要求。

我市的统计调查将主要采用以下方式:一是全市有条件的调查点在统一统计标准的基础上实行计算机联网,然后直接由我局网络中心汇总和打印出统计表。例如,与海关联网,直接采集关单记录的外贸进出口情况的第一手资料,经电脑处理后,可得总量及各种分组情况资料,再经各期储存,可及时调出适合要求的各种资料。此项工作准备与国际 EDI 接轨。与出入特区的一线、二线边境站联网,直接采集通过扫描记录的进出关人员资料,然后得出总量、分组及历史资料。与大中型企业联网,直接由企业统计员根据本方案设计的资料要求将企业的第一手资料传入网络中心,由计算机分组、汇总、出报表等。联网网络准备扩大到沿海城市,沿京九城市、香港及其它国际网线。

二是对大量零散的统计单位采取抽样推断方式取得统计资料。如人口和劳动力资源情况、小型工业、小型商贸企业情况(含个体等),日报资料也将由样本推算。我们现在已经设计了人口、劳动力资源、小型工业企业、小型商贸企业、个体商贸企业等各种抽样调查实施方案,我们计划以此为突破,使我市的抽样调查上升到一个新水平。

为了规范抽样框,我们正在向市政府请示建立基本单位登记中心。

三是对专题性的资料根据情况使用抽样、典型或重点调查。重要事项,原则上遵循国家的普查制度,必要时再根据情况增加。

改革后所建立的调查体系是:以国家周期性普查为基础,以联网及抽样调查为主体,以其他调查方式为补充,实现调查方法多样化。

联网方案和抽样调查方案另有设计。

五、传输及数据处理

传输及数据处理自动化建设是统计改革的重点之一。

传输过程无纸化在前面已作了简述。所谓联网方案,实际上就是传输过程无纸化的基本框架的一部分。

数据处理自动化的要求是:根据所设计的综合资料体系的内容建立数据库,当录入资料(包括联网资料和抽样调查等搜集而录入的资料)进入数据库后,会自动按分组要求归类和汇总,资料在数据库中完整有序。当计算派生指标(包括相对数指标和平均数指标)和分析指标(包括诸如物价指数、综合经济效益得分、预警评价模型综合值等)时,敲入相应的计算公式(模型)指令就可生成我们所需要的内容,需要图示的敲入相应的指令能在屏幕上出现并打印出运行图。对于有动态联系的内容,如物价指数及其运行图,能够生成特定时期的指标值及图形,也能将各时期连接起来,生成长时期的指标值和长时期的连续图。

当要调出各种要求的资料时,敲入相应的指令也能自动生成。比如,要调出 GDP 及其结构,当命令到 GDP 的编码时,能够直接显示 GDP 总量及各部门的分布情况,有必要还要同时显示各部门的 GDP 的比重。各种指标和各种结构都能按要求得到。

传输过程无纸化和数据处理自动化的另一个要求是资料查询自动化。按规定,不同的对象所能查询到的资料从内容广度到深度都不一样,网络中心发送到不同的服务对象的终端上的内容也就不一样。各级领导所能查到的一些对外保密的资料会自动加锁,以实现方便查询与保密的有机结合。当服务内容扩大到有偿与无偿相结合的时候,有偿服务的内容要实现诸如使用磁卡式查询的收费自动化。

传输及数据处理自动化建设是一个过程，需要由点到面，逐步完善。

六、分析与服务

统计服务是统计工作的目的，然而没有统计分析，表面化的资料就无法实现有效地服务。因此，本次改革特别强调统计分析。

统计分析是统计工作的重要环节。为此，我们形成两条制度性的分析途径：一条是成立综合性的信息分析部，由各专业处室的业务骨干组成，每月召开一次分析会。要求分析部成员在日常的统计工作中，时刻关注着本专业统计资料的变化情况，并随时对所发现的新情况进行调查，同时对相关城市的资料进行了解，然后把所掌握的全部资料，包括当月的统计资料带到分析会上，形成综合性的分析报告，每月提供给市领导和向社会发布。逢季、半年、年度的分析逐步加大、加深。同时，信息分析部还根据市委、市政府及社会关注的问题定出分析计划，按进度将分析题分别安排给各处，拿出分析报告由分析部修改定稿，提供给市委、市政府等。

另一条途径是要求各专业处每月进行本专业统计资料的单项分析，每年各专业处都拿出一定数量和质量的统计分析文章。

加强分析不仅能提高统计的服务水平，还能促进统计资料和统计调查方法的不断改进和完善。

服务是统计工作的目的。加强服务首先是加强为党政领导服务。由此带动为社会服务。现在已经建立了市领导办公服务系统，我们将服务内容输入网控中心，市领导可随时根据资料的分类状况用触摸式查询到所需资料，包括数字及文字资料，也包括分析报告。同时，我们在每月上旬向市领导提供上月快报、热点信息，对比资料和进度分析报告；随时接受领导的询问。为搞好服务，我们特别成立了快速调查部，以随时搜集领导及社会各界要了解的热点、重点及一些临时需要的和深层次的信息。

服务的另一改革是在向社会公众建立信息自动查询系统，具体设想是：在公共场所设立查询点与网控中心的信息库联通，网控中心向查询点发送不需保密的资料。当某些资料，如专题调查资料，需要有偿服务时，用户可事先缴纳服务费，设定服务费帐号，然后在服务查询终端敲入本人帐号便可自动查询和计费。

此外，根据我们掌握的各种信息举行新闻发布会，借助新闻媒介发表分析报告也是搞好统计服务的重要方面。

七、组织机构与人才结构

方案的实施，需要有组织作保证。根据统计的认识规律，结合我国国情和深圳的特点，本方案提出如下组织机构模式：

1.局长是全局的中心，对市政府负责全局的一切事务，同时也拥有范围内的一切权力。局长直接主管快速调查处、分析研究和新闻发布中心，以掌握经济社会形势、统计状况、社会热点、有关专题和外界反映。

局长助理受局长委托管理有关事宜。

总统计师和总经济师直接作为局长的参谋。总统计师负责全局的方法制度及统计问题。

总经济师以统计资料为基础负责经济形势分析，对外代表局里阐述对经济形势的看法和经济形势预期。

2.副局长对局长负责，在局长的授权范围内协助局长分管日常统计工作。

3.综合规划处是全局统计工作的中心，是全局的核心，在总统计师的指导下负责全局所有统计方案的设计(包括报告方案，各种调查方案)，负责培训统计人员、负责统计法制建设及执行。本处既是实际部门，又具研究性能，故资料室放本处。全局统计工作的好坏，很大程度上取决于本处的工作业绩。因为从统计工作过程来讲，综合规划处是统计设计阶段，统计工作从此开始。因此，各业务处的工作都由综合规划处统一安排和协调。

4.基本单位登记中心负责按地理位置、与

工商、税务、民政等部门协调登记基本单位。本项工作要很好地与地理信息码结合起来,以便使统计对象系统、完整,为统计调查奠定良好的基础。

5.调查一处负责国民经济各专业的调查任务,严格按调查方案的要求,准确、及时、全面地将搜集到的资料送数据处理处。

6.调查二处负责社会、科技、环境、生态等的调查任务。考虑到社会科技、环境、生态统计在世界范围内尚属新课题,因此,调查二处应协助综合规划处设计调查方案,以保证方案的可操作性。同样,调查二处也要严格按调查方案的要求,准确、及时、全面地将搜集到的资料送数据处理处。

7.数据处理处负责联网及其资料和调查一、二处等的资料的录入、汇总。其工作也要严格按综合规划处设计方案的要求进行。本处还要负责数据库的管理、数据的传输、电脑的维护、软件的开发等。并保证及时、准确地满足局内各部门对资料的要求。

8.为适应我国统计体制的特点,特设报表处。根据上级统计部门报表的要求,从数据处理处的数据库中,由电脑完成各种报表的制作,并发送给上级统计部门。

9.国民经济核算处在数据处理处提供资料的基础上,进行国民经济核算。核算处按国家国民经济核算体系的要求,结合深圳的特点完成国民经济核算表的编制,并将核算结果按要求提供给数据处理处、分析研究室和新闻发布中心。

10.国际社会经济统计处负责搜集与分析世界各主要国家、各主要城市及全世界总体的基本情况资料,以便于比较分析和提供良好的服务。

11.快速调查处是为适应市场经济体制的要求,为满足市领导和社会各界对社会经济热点、各重点项目、各有关专题等的急需而设立的,在规划处的配合下设计调查方案,在调查一、二、处的配合下实施快速调查。

12.分析研究室在总经济师的指导下,对社会经济各方面的统计数据进行比较,同时结合其它理论和实际情况写出高水平的分析报告(或理论文章),提供给领导决策参考,或提供给社会各界参考。分析研究是统计资料的应用,也是促进统计上水平、树立统计的权威性的重要环节。

13.新闻发布中心是为适应市场经济体制的要求、转变政府职能而设立的。本中心负责资料的对外提供和交换,定期或不定期地举行新闻发布会,以为社会各界提供良好的服务。设立新闻发布中心还为了理顺统计信息发布渠道,做到公开与保密的最佳结合,保证统计信息发布的合法性和权威性。

本组织机构中的主要部分采用了矩阵式组织机构模式,它能适应我市复杂多变的社会经济环境,也为统计人员向高水平发展提供组织保证。

本组织机构有机地体现了统计认识过程,即体现了"统计设计→资料搜集→整理→分析、应用"的全过程,并避免了统计任务不协调的状况。

组织结构形成保障机制,但若没有合理的人才结构,就失去基本的条件,失去机制的原动力。所以保障改革方案的实施,还要有合理的人才结构。

统计现代化过程,是一个逐步计算机模拟自动化的过程。统计局与信息中心的合并为人才结构的合理搭配提供了基础。统计局人员了解统计工作全过程,熟悉每一个环节业务;信息中心拥有一批高素质的计算机技术人员,专业人员与技术人员有机结合才能加速统计改革进程。但仅此还不是达到改革目标的充分条件。因为,统计人员对业务的熟练没有普遍达到适应改革要求的条件,有的甚至差距很远;计算机人员不懂统计也无法设计出符合改革要求的网络及软件。因此,还需要培养或引进复合型的满足各环节要求的人才。为此,局里已在有计划的举办培训班。

八、统计法制建设

统计法制建设是保障统计改革和整个统计工作顺利进行的重要保障。

1996年,八届全国人大常委会第十九次会议,通过了《关于修改〈中华人民共和国统计法〉的决定》,标志着统计法制建设逐步走向成熟。同时,《中华人民共和国统计法实施细则》也正按修改后的《统计法》进行修改,这是各地依法进行统计的基础。1996年12月26日,深圳市人大常委会又通过了《深圳特区统计条例》,使深圳的统计工作又有了适应深圳特点的法律依据。

法律已经制定,接下来就是加大执法力度。改革后,将每年依法进行一次执法大检查,同时,随时对违法行为依法处理。

九、实施步骤与方案完善

首先在我局现有的职责范围内按照方案要求已经开始运作。包括实施联网工程和抽样调查。为使本方案能得以最终实施,局内已成立"信息资源编审委员会"和"网络管理委员会"。

编审委下设编审委办公室、基本单位登记部、信息分析部、信息联络部、快速调查部、资源管理部。

编审委办公室负责各部及业务处室的信息汇集与对外交流、软件设计及上网、出报表及对外发布。

信息分析部负责制订年度、季度、月度的分析研究计划,每月提供综合分析报告,即根据各中心、处、室所搜集的资料进行信息分析,或在重点问题和热点问题上进行专题分析。各专业处室的分析人员每月6日参加部召开的分析例会,各专业写出分析报告后立即报编审会批准印发。

信息联络部负责对外联络,包括国内信息联网、港、澳、台信息联网及国外信息联网。该部包含了大众及联络办的功能。

信息快速调查部除正常的业务调查外,增加重点信息、热点信息及其他市领导临时需要的信息的调查。每月12日开一次例会。

资源管理部负责整个信息资源及开发的规范管理。

数据登记部负责基本单位的正常登记跟踪,组织实施抽样调查及地址码等有关问题的处理。编审委各部日常代表编审委行使职能。各部相互支持,每个部都得到其他四部的资料,同时也向其他四部提供资料,各部都相互负责。

网管委下设网管委办公室、设计工程部、系统运行部、信息处理部、网络互联部。

网管办是局网络管理委员会的日常办事机构,并根据建成深圳国际信息中心的战略要求,规划、设计和建设深圳信息网(SZNET),当前要提出适应长远目标的SZNET的总体规划,将目前网络升级扩展,以形成多媒体信息传输的宽带综合业务数字网络;负责深圳信息网的运行控制和管理,联接全市其它网络系统,协调网络系统的资源分配和调配;负责以SZNET为平台的各种应用系统的开发和各种信息资源组织上网;各应用系统由各中心和各专业处室提出应用需求,网管办负责建设及项目管理和负责统计报表的日常处理工作,包括各专业的月(季)报、年报的综合处理和超级汇总工作以及各项专项调查和普查数据处理工作、定时定期组织上网;负责与上级部门网络方面的工作联系和业务往来,加强彼此之间的联系与合作;承担局网络管理委员会交办的其它各项任务。

设计工程部负责总体规划及战略规划、各子系统基本设计、各子系统项目管理、信息技术研究跟踪及有关项目管理。

系统运行部负责网络日常运行管理、各服务器管理、运行监控、调度、运行维护、设备管理,根据运行情况提出网络改造意见、线路申请、机房节假日值班。

信息处理部负责信息栏目策划与资源需求分析、资源组织上网、录入、主页制作、信息栏目监测、导航更新。

网络互联部负责现有各网络的互联、信息

源需求调研与开发、联络、推广宣传、市场开拓、业务跟踪、用户培训、开户管理。

成立“两委”是使统计上水平的需要，也是使本方案的目标最终实现的过渡形式。其次，方案批复后请市政府办公厅、市体改办、编制办负责协调和监督，并随时向市领导反映实施情况。

按照改革的目标实施深圳市统计改革，是我们坚定不移的思想，方案也将在实践中不断总结经验和完善，直到最后全面实施。

整个统计改革是一项大而复杂的系统工程，我们将积极而谨慎地试点，大胆而努力地推进，为我市的统计工作成为全国的排头作出贡献。

例表：

零售业网点情况

表 号：H6402
制表机关：深圳市统计信息局
文 号：
计量单位：

199　年

项　　目	代码	合计	1.罗湖区	2.福田区	3.南山区	4.宝安区	5.龙岗区
甲	乙	01	02	03	04	05	06
零售业合计	01						
1.国有经济	02						
2.集体经济	03						
3.个体经济	04						
4.联营经济	05						
5.股份制经济	06						
6.外商投资经济	07						
7.港澳台投资经济	08						
8.其他经济	09						
零售业中：食品饮料类	10						
日用百货类	11						
五金交电类	12						
纺织、服装类	13						

本表指标平衡关系：

(1) 主栏：01＝02＋03＋…＋09
　　　　01〉10＋11＋12＋13

(2)宾栏：01＝02＋03＋…＋06

部门负责人：　　　　填表人：　　　　上报时间：　　年　　月　　日

深圳经济特区统计条例

（1996年12月26日深圳市第二届人民代表大会常务委员会第十二次会议通过）

第一章　总　　则

第一条　为科学有效地组织深圳经济特区(以下简称特区)统计工作，促进统计现代化，规范统计管理，保障统计资料的准确性、及时性和完整性，发挥统计在国民经济和社会发展中的重要作用，根据《中华人民共和国统计法》和有关法律、法规的规定，结合特区实际情况，制定本条例。

第二条　特区各级人民政府统计机构和各部门对国民经济和社会发展情况进行统计调查、统计分析、提供统计资料和统计咨询意见、实行统计监督，适用本条例。

本条例所称特区各级人民政府统计机构(以下分别简称市、区、镇统计机构)是指各级人民政府的统计行政管理部门。

第三条　深圳市人民政府(以下简称市政府)在遵循国家统计指标体系的基础上，可以根据特区实际需要设置新的统计指标。

特区统计执行国家制定的统一的统计标准和国务院各部门制定的部门统计标准；没有国家统计标准和部门统计标准的，市政府可以制定补充性的统计标准。

第四条　市政府应当有计划地加强统计信息处理、传输技术和数据库体系的现代化建设。

市政府各部门、其他国家机关应当根据统计现代化的要求建立统计数据库，并实行计算机联网。

第五条　市、区人民政府工商、税务、民政、人事和其他有关部门在其职能范围内所记录的国家机关、社会团体、企业事业单位等统计调查对象的设立、变更、注销、编制、代码等资料应当及时、如实提供给市、区统计机构。

第六条　市统计机构应当建立社会经济情况预警评价系统，并定期向市政府提供经济和社会发展分析报告。

特区各级人民政府在编制国民经济和社会发展计划、财政预算及进行重大社会经济问题的决策时，应当要求其统计机构提供有关的咨询报告。

第七条　市、区统计机构应当开展统计咨询服务工作，充分利用可以公开的社会经济信息为企业和社会公众服务。

第八条　统计机构和统计人员依法独立行使统计调查、统计报告、统计监督的职权，不受侵犯。

国家机关、社会团体、企业事业组织和个体工商户等统计调查对象，必须依照国家法律、法规和本条例的规定，如实提供统计资料，不得虚报、瞒报、拒报、迟报，不得伪造、篡改；基层群众性自治组织和个人，有义务如实提供国家统计调查所需要的情况。

统计工作应当接受社会公众的监督。任何

单位和个人有权揭发、检举统计中弄虚作假等违法行为,对揭发、检举有功的单位和个人给予奖励。

第九条　市、区、镇人民政府及其各部门、各单位的领导人对统计机构和统计人员依照法律、法规提供的统计资料,不得自行修改;如果发现数据计算或者来源有错误,应当提出意见,由统计机构、统计人员核实订正;领导人与统计机构和统计人员的意见不一致时,可将意见同时上报,由上一级统计机构核定。

市、区、镇人民政府及其各部门、各单位的领导人不得强令或者授意统计机构、统计人员篡改统计资料或者编造虚假数据。统计机构、统计人员对领导人强令或者授意篡改统计资料或者编造虚假数据的行为,应当拒绝、抵制,依照法律、法规和统计制度如实报送统计资料,并对所报送的统计资料的真实性负责。

统计机构、统计人员依法履行职责受法律保护。各级人民政府、各部门、各单位的领导人不得对拒绝、抵制篡改统计资料或者对拒绝、抵制编造虚假数据行为的统计人员进行打击报复。

第十条　统计机构和统计人员对属于国家秘密的统计资料,必须保密;对在调查中获得的统计调查对象的个体资料应当保密,并不得用于统计以外的目的。

第二章　统计机构和统计人员

第十一条　市统计机构的主要职责是:

(一)完成国家统计调查任务,执行国家统计标准,贯彻国家统一的基本统计报表制度;

(二)监督检查统计法律、法规的贯彻实施,宣传统计法律法规,普及统计知识;

(三)统一领导和协调特区的统计和国民经济核算工作;

(四)拟定特区统计工作现代化规划和实施方案,经批准后组织实施;

(五)拟定特区统计调查计划及其调查方案,搜集、整理、提供基本统计资料,并对特区国民经济和社会发展的基本情况进行统计分析,提供统计咨询意见,实行统计监督;

(六)审查市政府各部门向社会进行的统计调查方案,管理和协调市政府各部门制发的统计调查表和统计标准;

(七)检查、核定、管理、公布、出版本市的基本统计资料,定期发布本市国民经济和社会发展情况的统计公报;

(八)建立、健全和管理特区统计信息自动化系统和统计数据库体系,组织、协调和管理市政府各部门的统计数据库网络;

(九)法律、法规规定的其他职责。

区统计机构参照前款规定负责本区的统计工作。

镇人民政府应当设立统计机构,负责本镇的统计工作。

第十二条　市、区人民政府各部门和其他国家机关,根据统计任务的需要设立统计机构或者设置统计人员,其统计业务分别受市、区统计机构的指导。

市、区人民政府的派出机构和受市、区人民政府委托在一定区域范围内承担统计归口管理工作的组织,根据统计任务的需要设立统计机构和统计人员,在市、区人民政府授权范围内负责辖区内的统计工作。

第十三条　在特区注册登记的社会团体、企业事业组织,根据执行国家统计调查和地方统计调查任务的需要设立统计机构或者设置统计人员。

第十四条　设置统计机构或者统计人员的部门、单位,应当设置统计负责人代表本部门或者本单位履行统计法律、法规规定的职责。

第十五条　在特区工作的统计人员应当具有执行统计任务所需要的专业知识,并持有市统计机构考核颁发的《统计岗位资格证书》。

参加全国统一考试,取得统计专业技术资格的人员,可以持统计专业技术资格证书申领《统计岗位资格证书》。

第十六条　统计人员应当严格遵循法律、法规的规定,恪守职业道德,准确、及时地完成统计任务,保守统计秘密。

统计人员执行职务时,有权要求有关单位和人员依照法律、法规规定,如实提供统计资料;检查统计资料的准确性,要求改正不确实的统计资料;拒绝、抵制篡改统计资料和编造虚假数据;揭发和检举统计调查工作中的违法行为。

第十七条　市、区统计机构应当设置统计调查员,并可根据统计调查工作的实际需要聘用临时统计调查员。

第十八条　市、区统计机构应当设置统计检查机构和统计检查员,负责检查各项统计法律、法规的实施情况,查处违反统计法律、法规的行为。

第三章　统计调查

第十九条　市统计机构应当拟定特区统计调查工作年度计划和中、长期计划,经批准后组织实施。

发生重大灾情或者其他不可预料的情况,市、区人民政府可以决定在原计划以外进行临时调查。

第二十条　市统计调查项目,由市统计机构拟定或者会同有关部门共同拟定,报市政府批准。

各区的统计调查项目,由区统计机构拟定或者会同有关部门共同拟定,报区人民政府批准,并报市统计机构备案。

市、区人民政府各部门的统计调查项目,调查对象属于本部门管辖系统内的,由该部门制定,报市、区统计机构备案;调查对象超出本部门管辖系统的,须报市、区统计机构批准;重要的统计调查项目,应当报市、区人民政府批准。

第二十一条　经市政府批准的统计调查属强制性统计调查,调查对象必须如实提供统计调查所需要的资料;其他属非强制性的统计调查,调查对象可以自行决定是否提供统计调查所需的资料。

第二十二条　每一调查项目必须拟定统计调查方案,并按本条例第二十条的规定报请批准或者备案。

统计调查方案应当包括以下主要内容:

(一)调查项目名称和目的;

(二)调查范围、对象和方式;

(三)调查资料所属的时间和地点;

(四)实施调查的期间、进度及质量控制方法;

(五)供调查对象填报用的统计调查表及说明书;

(六)供整理上报用的统计综合表及说明书;

(七)调查组织、调查所需人员和经费及其来源;

(八)统计调查结果公布的时间和方式。

第二十三条　全市性的统计调查不得与国家统计调查和广东省统计调查相重复;区统计调查不得与市统计调查相重复。

市、区人民政府各部门进行的统计调查不得与上级业务机构和市、区统计调查相重复。

第二十四条　市、区和市、区各部门的统计调查应当以国家周期性普查为基础,以抽样调查为主体,以必要的统计报表、重点调查、综合分析和其他科学的统计调查方法为补充,搜集、整理基本统计资料。

进行经常性的抽样调查,应当在调查前查明基本统计单位及其分布情况,按照经批准的抽样调查方案,建立科学的抽样框。

严格限制向基层单位发放全面定期的统计报表。凡通过抽样调查、重点调查、行政记录能够取得满足统计要求的统计数据的,不得制发全面定期统计报表。

第二十五条　统计调查表式应当标准化,并便于计算机处理。

统计调查表右上角应当标明制表单位名称、表号、批准或者备案的统计机构名称、文号等内容。

对违反国家规定和本条例编制发布的统计调查表,调查对象有权拒绝填报。

第二十六条　统计调查由经批准或者备案的统计调查方案中所确定的调查组织负责实施。调查组织在开始调查前,应将调查项目的名称、调查目的、调查范围、调查对象和方式、实施调查的期间等内容予以公告。

第二十七条　调查组织进行统计调查前,应当对统计调查人员就其调查权限、职责和方法进行指导。

统计调查人员进行统计调查时,必须向统计调查对象出示《统计调查员证》或者《临时统计调查员证》;未出示的,统计调查对象有权拒绝提供资料。

第二十八条　调查组织应当及时整理、分析所搜集的统计资料,编制统计调查报告。

市、区统计机构编制的统计调查报告应当分别报市、区人民政府,并报上一级统计机构备案。

市、区人民政府各部门编制的统计调查报告和执行国家或上级主管部门的统计调查任务所取得的统计资料应当报市、区人民政府,并报市、区统计机构备案。

调查组织在编制统计调查报告时,可根据需要编制专题研究报告。

第四章　统计资料的管理与公布

第二十九条　市、区、镇统计机构按各自权限统一管理地方统计调查范围内的统计资料。

市、区人民政府各部门统计调查范围内的统计资料,由各部门的统计机构或者统计负责人统一管理。

其他国家机关、社会团体、企业事业组织的统计资料,由各单位的统计机构或者统计负责人统一管理。

第三十条　国家机关、社会团体、企业事业组织等统计调查对象应当建立原始统计记录和统计台帐,健全统计资料的审核、上报、交接、归档和保密等项管理制度。任何人在规定的保存期限内均不得篡改、隐匿或者销毁原始统计记录和统计台帐。

第三十一条　通过统计调查所获得的全市性综合统计资料和市政府指定的其他统计资料,由市统计机构公布。市统计机构应当按月、季和年度定期公布国民经济和社会发展的统计资料。

区、镇统计机构公布统计调查所得的统计资料,参照前款规定执行。

市、区人民政府各部门可依法公布属于其主管的业务范围内的统计资料,但应当与上报的统计资料相一致。跨部门、跨单位的统计资料,经市、区统计机构批准后,方可公布。

市、区、镇统计数据以市、区、镇统计机构公布的统计数据为准。

公布统计资料可采用公报、新闻发布、统计出版物、电子邮件等方式。

第三十二条　已公布的统计资料,如因事实或者计算基础变更需要修正时,原公布机关应当将修正资料公布,并说明原因。

第三十三条　市区人民政府各部门和其他国家机关根据履行职责的需要,可以按有关规定要求市、区统计机构提供统计资料,市、区统计机构应当无偿提供。

第三十四条　社会团体、企业事业组织和个人可以向市、区统计机构索取已公布的统计资料,市、区统计机构可以收取工本费。

市、区统计机构按照国家有关规定,在本条例和统计制度规定之外提供统计信息咨询,实行有偿服务,其收费标准由市物价部门核定。

第五章　统计监督检查

第三十五条　市、区统计机构应当对统计法律、法规的执行及统计工作情况进行经常性的监督检查。

统计工作检查的主要内容是:

(一)统计调查计划及统计调查方案的实施

情况；

(二)原始资料与统计结果的准确程度；

(三)统计内容的完备程度；

(四)统计标准的执行情况；

(五)统计方法与技术的适当程度；

(六)与统计工作相关的计算机联网和数据库建设情况；

(七)统计资料的管理。

第三十六条　市、区统计机构应当就本行政区域内所进行的各项统计建立质量评审制度，并将评审的结果定期予以通报。

市、区统计机构和组织统计调查的其他部门应当依照统计法律、法规的规定建立内部统计监督制度。

第三十七条　市、区统计机构负责调查统计违法案件，必要时可与有关部门组成联合调查组，共同进行调查。

统计检查员进行统计违法案件调查，不得少于二人，并应当向被调查对象出示《统计检查员证》。

第三十八条　统计检查员进行调查时，有权检查、核对统计调查对象的原始资料、统计台帐和与统计有关的资料，有权就与统计有关的问题向有关单位和个人询问。

第三十九条　市、区统计机构有权向被检查单位发出《统计检查查询书》。被检查单位必须在接到查询书后15日内据实答复；逾期不答复的，按拒报论处。

第四十条　统计违法案件经调查后，确认违反统计法律、法规尚未构成犯罪的，由负责调查的市或者区统计机构依照本条例规定处理。对有关领导人或者直接责任人员需进行行政处分的，提出处分意见，随同案件材料副本按干部管理权限交有关部门处理。

确认违反统计法律、法规构成犯罪的，应当移送司法机关追究其刑事责任。

第四十一条　市、区统计机构按照本条例第四十条第一款规定，对统计违法行为提出的处理意见，应当制作《统计违法处理意见通知书》，通知有关部门或单位。有关部门或单位收到《统计违法处理意见通知书》后，应当及时处理，并将处理结果书面告知提出处理意见的统计机构；如对处理意见有异议，应于收到该通知书之日起四十日内向统计机构提出书面意见；有关部门或者单位逾期既不进行处理又未提出书面意见的，追究该部门或单位领导人的行政责任。

第四十二条　市、区统计机构依照本条例规定对违反统计法律、法规行为进行行政处罚的，应当制作《统计违法行政处罚决定书》送达当事人。

当事人对市、区统计机构的处罚决定不服的，可以依法申请行政复议，也可以直接向人民法院起诉。

第六章　法律责任

第四十三条　统计调查对象违反本条例规定，有下列违法行为之一的，分别由市、区统计机构责令限期改正，予以通报批评；情节较重的，可以依法对负有直接责任的主管人员和其他直接责任人员给予行政处分或者建议有关部门依法给予行政处分：

(一)虚报、瞒报统计资料的；

(二)伪造、篡改统计资料的；

(三)拒报或者屡次迟报统计资料的；

企业事业组织、个体工商户有前款违法行为之一的，由市或者区统计机构予以警告，并可以处以二千元以上一万元以下的罚款。但对同一当事人的同一违法行为，已按照其他法律处以罚款的，不再处以罚款。

第四十四条　抗拒、阻碍依法进行的统计调查和统计执法监督检查，或者包庇、袒护统计违法行为的，由市、区统计机构给予通报批评，责令停止违法行为，并可根据情节轻重对直接责任人和单位负责人处以一千元以上五千元以下的罚款。

第四十五条　市区镇人民政府及其有关部

门、单位的领导人,自行修改统计资料、编造虚假数据或者强令、授意统计机构、统计人员篡改统计资料或者编造虚假数据的,依法给予行政处分,并通报批评。

市、区、镇人民政府及其有关部门、单位的领导人对拒绝、抵制篡改统计资料或者对拒绝、抵制编造虚假数据行为的统计人员进行打击报复的,依法给予行政处分;给统计人员造成损害的,应当依法承担民事责任;构成犯罪的,依法追究刑事责任。

利用虚假统计资料骗取荣誉称号、物质奖励或者晋升职务的,由作出有关决定的机关或者其上级机关、监察机关取消其荣誉称号、追缴物质奖励和撤销晋升的职务。

第四十六条　统计人员参与篡改统计资料、编造虚假数据,或者虚报、瞒报、拒报统计资料的,由市或者区统计机构给予通报批评,依法给予行政处分或者建议有关部门依法给予行政处分。

第四十七条　违反本条例第二十条、第二十三条规定,擅自组织统计调查或者进行重复调查的,由市或者区统计机构责令停止调查,并给予通报批评;情节严重的,追究主要负责人的行政责任。

第四十八条　泄露国家秘密或者利用统计调查窃取国家秘密的,依照有关法律规定处罚。

利用统计调查损害社会公共利益或者进行欺诈活动的,由市或者区统计机构责令改正,没收违法所得,并可以处以违法所得额二至三倍的罚款;构成犯罪的,依法追究刑事责任。

第四十九条　统计机构、统计人员滥用职权或者泄漏统计调查对象的个体资料,造成损害的,依法承担民事责任,并对负有直接责任的主管人员和其他直接责任人依法给予行政处分;构成犯罪的,依法追究刑事责任。

第五十条　违反本条例第三十一条规定越权公布统计资料的,由市或者区统计机构责令改正,消除不良影响,并给予通报批评。

第五十一条　市、区统计机构进行欺诈性、误导性的评价或者咨询活动,造成损害的,应当依法承担民事责任,并依法对其主要负责人和直接责任人给予行政处分。

第七章　附　　则

第五十二条　市政府可以根据本条例制定实施细则。

第五十三条　本条例自 1997 年 5 月 1 日起施行。

专 项 调 查

第三次工业普查

深圳市第三次工业普查工作,从1994年10月接到广东省统计局关于开展第三次工业普查的传真件开始准备至1996年10月完成,历时两年多时间。这次工业普查,在市委、市政府的领导下,在国家、省工业普查领导小组办公室的指导和帮助下,经过全市各级工业普查办公室和广大普查人员的艰苦奋斗、积极拼搏、共同努力,高质、按时、全面地完成了各个阶段的工作任务,取得了显著成绩,作出了积极贡献。

本次普查的主要经验是:

1. 领导重视,部门密切配合,是做好普查工作的关键。

2. 培训一支业务熟悉、团结拼搏、勇于争先的普查队伍,是搞好工业普查的必要条件。

3. 加强督促检查,及时总结经验和教训,是做好工业普查的有力措施。

4. 依法普查,是做好工业普查各项工作的根本保证。

第一次农业普查

深圳市第一次农业普查按照全国农业普查方案要求和广东省农普办的统一部署,在市政府的高度重视下,于1996年4月开始,经过半年多的充分准备,在做好"人员、经费、物资、认识、宣传"五个到位的基础上,于1997年1月1日正式入户普查登记。在市、区、镇三级农业普查领导小组直接领导下,全市3000多名农业普查工作人员奋发努力,完成了入户登记、质量控制检查验收、转录抄正等工作,在确保普查登记质量的前提下,于3月12日顺利完成了全部普查表的手工汇总及数据资料的上报。6月20日止,完成了A601－A606表计算机数据的录入工作。目前除了按省农普办部署高标准做好各项工作外,已初步进入了数据的开发研究与利用工作。

一、农业普查的目的意义

这次农业普查,是一次全面了解深圳市农业和农村社会经济情况的调查。目的是摸清深圳市农业和农村生产要素的规模和结构,掌握其变化和底数,为研究确定全市国民经济发展战略规划,制定各项社会经济政策提供科学的依据。通过普查,为更充分合理开发利用一切社会资源和自然资源,推动深圳市农业和农村经济的快速和健康发展提供了丰富资料和决策依据。这对促进深圳市二次创业和保持香港繁荣稳定,将产生积极的作用。

二、农业普查的时间和范围

这次农业普查是按照国家的统一规定时间、统一调查项目、统一填表方法进行的。1996年12月31日是第一次农业普查的标准时点;1996年1月1日至12月31日是标准时期;1997年1月1日至31日是现场调查登记时间。普查共填报"四表二卡"。即"农业住户调查表"、"非农村住户类农业生产经营单位调查表"、"行政村调查表"、"乡镇调查表"和"非农乡镇企业基本情况卡片"及"农业用地卡片"。填报内容涉及面广，主要普查范围为深圳市的农村、农业、农民，具体普查他们的基本概貌，摸清他们的基本情况，以及农村、农业经济的发展因素和基本条件。

三、农业普查的方式和过程

这次农业普查采取有领导、有组织、有计划、按步骤、分阶段逐步实施的方式进行。深圳市各级农业普查领导小组是本级的领导机构，其所设各级农业普查办公室是本级普查组织实施的执行机构。普查的主要过程是：建立健全机构——制订工作计划——组织试点——普查员选聘培训——宣传发动——物资准备——摸底调查、入户登记和复查——普查质量控制检查验收——普查资料装订上报——手工汇总及其数据资料评估分析——普查事后质量抽查及评估分析——数据录入汇总——数据资料开发利用研究——资料汇编、归档、印刷——总结表彰。

四、农业普查取得的初步成果

通过普查登记、质量控制审核验收、手工汇总及其数据资料的评估分析，基本摸清了深圳市农业和农村生产要素的规模和结构，掌握了其变化和底数。取得的初步成果有如下主要几项：一是农业向多元化、企业化和专业化转变和发展。二是非农乡镇企业成为我市农村经济主产业和劳动就业的主要渠道。三是农村向着城市化转变和发展。四是农业尚有较大潜力可供发展。

五、农业普查领导机构

深圳市政府对农普工作非常重视，成立了健全的领导机构，并切实担负着全市农业普查的领导工作。深圳市农业普查领导小组组长袁汝稳(深圳市副市长)，副组长周理(市统计信息局局长)、曾曲宏、陈毓龄，成员是市有关部门和有关区政府领导。下设办公室，主任曾曲宏(兼)，副主任张光明(常务)、黄乔兰、武刚。

第一次基本单位普查

根据《国务院关于开展第一次全国基本单位普查的通知》要求，深圳市第一次基本单位普查工作从1996年4月起着手准备，到1997年4月底完成了普查登记和数据处理工作。

基本单位和人口一样，是社会经济活动的基本元素。它是指拥有一定活动场所，从事一定社会经济活动并取得社会承认的各类社会经济组织，包括拥有法人资格和不具备法人资格的产业活动单位两种形式。基本单位普查同其他普查一样，是一项重大国情国力调查，对于国家和各地政府的宏观管理与中国统计制度改革都将产生深远的影响。这次普查全国统一调查时点为1996年12月31日。

根据全国普查办的要求，深圳基本单位普查工作比其他地区早半年，从1996年4月着手准备，在征得国家同意的情况下，将普查时点提前在1996年6月30日。普查方法是根据"条块结合、分工协作"的原则，采取条条普查登记在先、块块复核补漏在后的方法进行。整个普查分为4个阶段，即从1996年8月中旬至9月中旬进行动员、培训、条条普查登记；9月中下旬由市、区两级普查办按条条普查资料加工处理，供各区复核补漏使用；10月至1997年4月，进行块块复核补漏；12月至1997年4月底，完成普查资料的审核、数据处理、汇总上报等工作。市委常委、常务副市长李德成担任此次普查小组组长，具体普查工作由统计信息局牵头组织实施。

由于市政府和市统计信息局对普查工作的高度认识和重视，因而在人力、财力、物力以及办公条件等方面得到了很大的支持与帮助。市、区两级普查经费都得到了当地财政部门的有力支持，圆满地解决了普查所需的各项费用。同时，配备了高素质、强有力的领导和业务工作人员，为普查的成功奠定了坚实的基础。1996年7月底，市、区两级已有12个系统的354个单位进行了普查试点，为全面开展普查登记摸索了经验。1996年8月15日，全市召开了有500余人参加的普查动员大会，市委常委、常务副市长李德成在会上作了重要讲话并强调指出，这次普查能否成功，关键在于普查质量的控制，各级普查单位都要建立普查工作责任制度，做到普查单位不重不漏，登记内容真实可靠，数据处理及时准确。因此，到8月底，全市600个市属及外驻机构的一级单位中下属企业较多的200多个单位都建立了普查机构，各区属近500个一级单位也建立了普查机构，普查机构工作人员达1401人。在短短的20天时间内，全市集中时间培训业务骨干7596人，为提高调查表的填报质量奠定了良好的基础。大会之后，市、区两级新闻单位积极主动配合普查动员进行宣传活动。在此期间，全市共出动宣传车197天次，悬挂宣传横幅282条，张贴标语2100余条，印发宣传资料1.1万份，制作宣传声带120盒，市级电台、电视台播放了宣传资料83天次，市级报刊上刊登了普查文章29篇次，公共电子幕墙宣传了60天次。9月，市统计信息局编程人员完成了数据处理程序的编制及其培训。

同时，市普查办公室还建立了有技术监督局、税务局、工商局等14个成员单位参与的联络员工作制度及专业统计联络员制度，促进了普查开展和统计改革的整体推进。

普查结果显示：此次普查基本上摸清了全市各行业的单位底数及其基本情况。它将为观察和分析全市基本单位的地区、行业、经济类型分布与发展变化提供可靠的基本信息；为统计改革提供全面科学的抽样框；为城市规划建设和建立地理经济信息系统提供基本的管理信息；为建立符合国际规范的现代化统计制度和加强城市现代化管理创造了条件。

居民出行调查

居民出行调查是指在规划的范围内，按一定的比例抽取居民，访问其在某天的出行情况。调查的目的是了解居民的出行特征，通过出行调查，掌握现状交通"需求"和"供应"信息。有关部门可根据调查结果，从不同的目的要求、时间空间、需求供应等不同角度进行不同的分析、推理和归纳，是进行相关的定性分析和定量分析的基础。

深圳市统计信息局和市规划国土局在1995年9月至11月联合进行了一次全市1%居民出行调查，由市人口抽样调查办公室具体组织实施调查工作。这一大规模的调查工作在市人口调查办公室的精密组织下，在各级政府领导的大力支持和广大人民群众的积极配合下，通过全市300多名调查员的辛勤努力，高标准、高质量地完成了整个调查资料收集、整理工作。为掌握全市居民的出行特征及对现状交通的"需求"和"供应"信息，指导近期及远期深圳市公共交通的需求规模和特征的预测及规划提供了重要的基础数据。

劳动力抽样调查

根据市政府的统一部署，深圳市人口调查办公室1996年10月1日开始在全市范围内进行了首次劳动力情况抽样调查。在调查时间紧、任务重、难度大的情况下，由于领导的重视和支持及各区调查办公室的密切配合，经过全市300多名调查工作人员近一个月的共同努力，圆满完成了调查工作任务，调查工作达到了预期的目的。

深圳市首次劳动力抽样调查，在全市五个区共抽取了32个镇(街道)、66个调查小区、共计调查8000户、人数22415人。本次调查基本沿用1995年1%人口抽样调查的样本并对原样本作了部分调整，从样本分布来看，覆盖面广，具有科学的代表性，从而能比较客观地反映全市城镇劳动力的结构及变化趋势，为市政府制定相关政策提供依据。

住户调查

一、调查的目的和作用

(一)了解城市居民家庭人口、就业、收入、消费、储蓄、手存现金、商品需求和住房等变化情况,为党和国家研究制定劳动力就业、工资和奖金、社会福利、货币流通、商品生产和供应等政策提供依据。

(二)利用城市住户调查资料可以推断有关指标(如人均收入、负担系数等),作为计算社会商品购买力、研究国民收入分配比例以及确定居民消费价格指数中各类商品权数的依据,可开展一系列有价值的研究活动,如研究城市居民消费结构、消费心理、收入分配、贫困线的划分等。

(三)协助党和国家桨时掌握城市居民家庭生活情况,解决居民生活中的困难、改善居民生活。

二、调查对象

在本市五个区中按随机原则抽选部分非农业居民家庭及其成员作为调查对象,包括单身户,但不包括集体户口中的单身者。

三、调查和统计单位

本调查分别以户及个人为统计单位。

四、调查内容

居民家庭人口和劳动就业状况,收入和现金支出状况,消费水平和消费结构状况,购买主要商品数量及变化情况,耐用消费品拥有量及变化情况,家庭食品消费及营养状况,家庭住户情况,实物收入状况,货币流动、储蓄、债权债务情况,各类居民家庭之间收入、消费差异情况。

五、调查户数和选户方法

深圳市从1985年开始按国家统计局城市社会经济调查总队批准的样本规模确定为100户记帐户。从1995年开始,为了提高调查资料对当地的代表性而增加了100户记帐户,共200户记帐户。

调查户的抽选工作严格按照随机原则在全体非农业居民家庭中进行。为了保证调查样本的连续性和代表性,每年定期从一次性调查抽样框中抽选样本进行更新,每年更换百分之三十。

六、调查方法

由记帐户对其家庭的各项收支逐笔记帐,然后由调查员定期整理,按月汇总。

七、成果和影响

住户调查资料为深圳市制定最低工资标准以及最低生活保障线提供了翔实的资料,并经常在国家、省、市报刊等宣传机构发表文章,及时传递深圳市居民的收入、消费等信息。

物价调查

深圳市物价调查统计分为消费价格和工业品出厂价格调查统计,均采用抽样调查方式进行。

一、深圳市的消费价格统计

深圳市消费价格调查统计始于1984年,它是以商品价格为对象,调查研究消费领域各环节的各类商品价格、比价、差价,调查范围极其广泛,遍及国民经济各个部门,渗透到社会再生产的各个领域。

深圳市消费价格调查的主要任务是贯彻执行国家统计局城调总队制定的调查方案和统计指标体系,采用定员定点定时,经常地、系统地、直接地调查搜集和整理商品价格资料,按时编制各类物价指数,准确、及时地反映市场物价变动趋势和变动程度,并结合经济情况,开展统计分析,为各级党政领导了解市场物价情况、加强市场物价管理,研究和制定物价政策、工资政策、货币政策,为政府的宏观决策和社会各界了解市场行情提供翔实可靠的价格信息;商品零售价格指数、居民消费价格指数是衡量市场物价总水平的指标,也是测定通货膨胀程度的指标,同时也是国家考核各级政府年度政绩的重要指标。

目前深圳市消费价格调查网点共88个,有大中小型商场、百货公司、农贸市场。占2/3多的网点分布在罗湖、福田、南山三个区,约1/3的分布在宝安和龙岗两个新区;调查的代表规格商品共356种,服务项目44个。农贸市场的鲜商品是逢五逢十直接采集商品的即时成交价,工业消费品及服务项目价格,每月直接采价,月末25日为采价日,按月编制各类指数,每月2日前上报市、省和国家。目前编制的指数有:商品零售价格指数、居民消费价格指数、居民基本生活费用价格指数、农贸市场农产品成交价格指数。

二、深圳市的工业品出厂价格调查

深圳市的工业品出厂价格调查统计始于1991年,它是贯彻执行国家城调总队制定的调查方案和统计指标体系,以深圳市的主要工业产品出厂价格为对象进行直接调查统计,目的是编制主要工业产品出厂价格指数,反映深圳市主要工业产品出厂价格变动的趋势和变动幅度,用于观察和研究深圳市工业产品出厂价格变动对生产和消费及其对财政收支的影响,正确地反映深圳市工业发展的规模、水平、速度、比例和效益。目前深圳市的主要工业产品出厂价格调查网点共60个企业,共调查73种代表规格产品,包括了轻工业和重工业、生活资料和生产资料等方面的代表规格产品。按月调查收采整理主要工业产品出厂价格资料,按月编制深圳市主要工业品出厂价格指数,直接上报国家城调总队。

小型商业抽样调查

随着社会主义市场经济的发展,我国商贸企业实行无行政主管部门的改革,主管部门无法覆盖的企业越来越多,这种现象给商贸企业统计带来更大的困难。为适应新形势下经济成分多样化和利益主体多元化的社会主义市场经济的需要,全面、系统、准确地收集、整理和加工小型批发贸易业、餐饮业资料,如实地反映深圳市商贸企业市场的总规模、构成变化和发展趋势,从而为党政领导和有关部门进行宏观管理和调控提供可靠的依据,市统计信息局经贸统计处根据省统计局的文件精神对深圳市范围内的小型商业企业、餐饮业进行了抽样调查。本次抽样调查工作于1996年2月底完成,取得了宝贵的调查资料,并积累了开展抽样调查的有关经验。

个体商业抽样调查

随着改革开放的深入和市场经济的发展,个体经营在深圳市经济发展中越来越占有举足轻重的地位。尤其是个体商业和餐饮业发展更为迅速,1995年深圳市个体经济达75782个,其中个体商业有67897个,占全市总数的86.2%,因此要掌握较为准确的个体商业数据,靠全面统计难于取得。为如实反映全市个体商业发展情况,市统计信息局经贸统计处结合深圳的实际情况,于1996年7月开始了第一次个体商业抽样调查工作,并于12月顺利完成。本次调查准备精心,周密布置,取得了良好的效果。

国际游客问卷调查

国际旅游外汇收入是反映国际旅游收益的重要指标,也是衡量旅游业规模和效益的重要依据。为了准确地反映国际游客消费水平及深圳市国际旅游收益情况,深圳市统计信息局经贸统计处从实际出发,通过借鉴香港旅游统计经验,结合深圳实际情况,制定了国际游客抽样问卷式调查方案,并于1989年开始实施。该调查方案是通过抽样调查的方式,选定一些具有代表性的宾馆、酒店,以问卷的方式,访问国际过夜游客,了解其在深逗留期间的消费水平,并据以推算全市国际游客的平均消费水平，由此计算出全市总的国际旅游收益。调查问卷内容包括：过夜国际游客国籍、性别、年龄、职业、来深目的、停留天数、消费构成及水平、喜购商品及对深圳住宿设施价格、服务水平等方面的评价。

在选取样本单位时，采取分层抽样方式，其中重点选抽四星级以上的宾馆酒店。被抽中的宾馆、酒店，由经贸统计处聘请调查员（主要是总台接待人员）每月访问国际游客 30 人，并按问卷填好后，集中交来汇总整理。

开展国际游客抽样调查，一方面可以取得较为全面的资料，能够合理地反映国际游客消费水平，并以此推算旅游外汇收入，在市场经济条件下，比过去采用的全面调查统计方法更加准确与科学；另一方面，通过问卷调查，能够了国际游客的构成、喜好及对服务设施和水平的评价、对深圳的印象等各方面的情况，为管理层和有关部门制定旅游政策提供依据。

到目前为止，国际游客抽样调查已实行了七年，取得了良好的效果，基本上达到预期目的。根据抽样调查结果所撰写的统计分析受到好评，并多次为报刊杂志转载，其中《1991 年来深过夜国际游客问卷调查报告》一文在 1991 年度全省优秀统计分析报告评选中获三等奖。

1995 年国家、省统计局根据我国逐步取消外汇管制这一新政策，决定放弃旧的外汇收入统计方法，制定了国家国际游客抽样调查制度，充分肯定了深圳市开展这项调查工作的成功经验。

国民经济核算

国内生产总值核算

根据全国的部署,深圳市1986年进行国内生产总值试算工作,1987年后作为一项定期任务确定下来,至今已进行了十年。主要使用收入法:①首先从本局专业统计中取得核算所需要的资料,并参照国家和省年报方案对资料进行调整,以符合核算口径;②从市政府有关职能部门取得相关资料(如财政局的财政决算表),测算第三产业中的行政事业单位增加值;③不能从以上途径取得资料的行业(如居民服务业、金融保险业),采用直接布置调查表的方法取得资料。

由于资料取得比较困难,从1993年才开始进行支出法核算。具体做法是:①总消费中居民消费用住户调查的有关资料进行推算,社会消费用财政支出的有关资料进行推算;②总投资中的固定资产形成用本局投资处的年报资料进行核算,扣除不形成固定资产的投资。库存增加按经济类型分行业进行推算;③服务和货物的净出口是参考海关的进出口总额进行推算。由于地区间的流入流出资料难以取得,所以服务和货物的净出口是作为平衡项来处理。

生产法只在物质生产部门与收入法一起应用,开展了近十年,其他行业暂时未开展。全市五个区统一从1995年开始,进行国内生产总值核算(部分区以前也进行过国内生产总值测算)。

按照局领导的部署,从1997年1月份开始,对国内生产总值的核算由季度测算过渡到月度测算,以便及时为市领导提供服务。月度测算以相关专业统计月报为基础,进行推算。

资产负债核算

资产负债核算是整个国民经济核算体系的重要组成部分,是对社会再生产条件的经济存量的核算。我国上前资产负债核算基于部分技术上的原因,只对经济资产进行核算,而对资源资产暂时不进行核算。通过对国民资产的核算,可以摸清家底,指导决策。特别是深圳市经过十多年的经济建设,无论国家、集体还是个人,都积累了数额巨大的实物资产、金融资产与负债,形成了错踪复杂的产权、债权、债务关系。这些都是重要的要的经济实力资料,是市政府进行宏观决策与宏观调控最基本的出发点和最重要的依据之一。

深圳市资产负债核算工作,是按国家统计局的统一布置,从1995年11月开始进行编制深圳市资产负债表准备工作的。经过初期准备、疏通渠道、初步调查收集资料、试算平衡四个阶段,于1996年8月全面完成了深圳市1995年综合资产负债表以及四个机构部门资产负债表的编制,并且按要求及时上报给了国家统计局,在国家统计局的全国评比中荣获一等奖。

通过1995年综合资产负债表以及四个机构部门资产负债的编制,填补了深圳市国民经济核算存量核算的空白,初步展示了建市以来国民资产的规模与分布,以及全市整个国民经济资产负债的规模与结构。通过今后不断地完善和深度利用开发,它将在市政府进行宏观决策中发挥重要作用。

投入产出核算

投入产出核算能满足宏观经济管理的需要,为研究国民经济综合平衡、产业结构调整和制定科学合理的经济发展的规划提供全面的、系统的数据,它的这一适用、有效的特点,使它与国内生产总值核算一起成为我国最先开发应用的两项国民经济核算。深圳市从1987年开始,按国家要求编制1986年投入产出表。根据国务院文件精神,逢2、7年份编制投入产出基年表,逢0,5年份编制投入产出延长表。深圳完成了1987年和1992年投入产出基年表,1990年和1995年投入产出延长表。其结果多次受到国家、广东省投入产出领导小组的表扬和奖励,受到有关专家的高度评价,它对深圳市的经济发展规划、产业结构调整以及今后的国民经济核算都有很好的指导作用。

资金流量核算

资金流量核算的基本原理是从资金运动角度来观察社会再生产的全过程,它以社会产品生产为基础,以社会产品分配为出发点,对收入分配和社会资金运动进行核算,是新国民经济核算体系中的重要组成部分。

资金流量表的主要功能是描述国民经济各机构部门之间一定时期资金往来或交易的流量和流向,为经济分析和经济决策提供系统的数据。

资金流量表采用矩阵表式,主栏设资金流量的交易项目,即反映资金流量的各项指标;宾栏设机构部门,是资金流量核算的主体,每个机构部门下设"来源"和"运用"两栏,分别反映各种资金流量发生的性质;来源表示资金的流入,使用表示资金的流出。资金流量表分为收入分配和金融交易两部分,分别反映收入分配流量和金融交易流量。

1996年,深圳市统计信息局国民经济核算处首次编制了1995年深圳市资金流量表(收入分配部分),编表质量得到国家统计局的好评,在之后召开的资金流量表研讨会上,与会人员对此表给予了较高的评价。

经济循环帐户

经济循环帐户是中国新国民经济核算体系的重要组成部分之一,它由生产帐户、收入分配支出帐户、投资及金融帐户、资产负债帐户和国外部门帐户组成,每个帐户又划分为四个机构部门:非金融部门、金融部门、政府部门和住户部门。经济循环帐户完整地描述了整个国民经济运行过程,决定了整个国民经济体系中基本指标和基本核算问题的处理方法。经济循环帐户是科学地进行国民经济核算的有效工具,是解释复杂经济现象、分析复杂的经济问题的科学方法,是市政府了解和掌握国民经济运行状况,进行宏观经济管理的重要手段。

根据《国务院关于实施新国民经济核算体系方案的通知》的要求,为实现向新国民经济核算体系的全面过渡,深圳市于1996年9月下旬首次开展了反映深圳国民经济运行状态和结构的经济循环帐户中的30个帐户的试编工作。深圳市统计信息局核算处按国家编制帐户主要求,于1996年11月完成了生产帐户、收入分配及支出帐户、投资帐户、期末资产负债帐户的编制,填补了深圳市经济循环帐户的空白,基本实现了向新的国民经济核算体系的全面过渡。

统计资料

一、综　　合

自然概况

位置

深圳市地处广东省南部沿海,位于北回归线以南。陆域位置东经 113°46'至 114°37',北纬 22°27'至 22°52'。她东临大鹏湾,西连珠江口,南与香港新界接壤,北靠东莞、惠州两市。

深圳经济特区是深圳市的一部分。她枕山面海,山湖风光优美,东起大鹏湾背仔角,西连珠江口之安乐村,南与香港新界接壤,北靠梧桐山、羊台山脉,东西长 49 公里,南北宽平均 7 公里,是我国主要进出口岸之一。

地势

全境地势东北高,西南低,大部分为山前波状台地,间以平缓的岗地,沿海一带为滨海平原。区内最高山峰梧桐山海拔 943.7 米。

面积

全市总面积 2020 平方公里,特区面积 327.5 平方公里。整个地区低山占 9.2%,丘陵占 39.67%,台地占22.6%,阶地及平原占 26.17%。

海岸与河流

深圳西部和西南部是珠江口、伶仃洋,东部和东南部是大亚湾、大鹏湾,海岸线总长为 229.96 公里,可建深水港的有 6 处,可建中型港的有 3 处,可建小型港的有 10 多处。主要河流深圳河全长 35 公里,特区内小河密布,多汇集于深圳河,流域面积 311.8 平方公里。

气候

深圳市属于亚热带海洋性气候,雨量丰沛,日照时间长,气候温和。年平均温度为 22.4℃,最高为 36.6℃,最低为 1.4℃,无霜期 355 天。每年 5－9 月为雨季,年平均降雨量 1948.4 毫米。常年主导风向为东南风,年平均日照时数为 2120 小时,太阳年辐射量 5404.9 兆焦耳/平方米。夏秋季的台风因受到山峦阻挡,直接袭击深圳市平均每年不到一次。

1996 年深圳市国民经济和社会发展统计公报

深圳市统计信息局

1996 年是"九五"计划的开局之年,全市人民在市委、市政府的正确领导下,认真贯彻党的十四届五中、六中全会和江泽民总书记视察深圳经济特区的讲话精神,增创新优势,更上一层楼,实现了两个文明建设协调发展,经济和社会共同进步。国民经济保持适度快速增长,抑制通货膨胀成效显著,对外经济稳步发展,财政增收,金融形势稳定,证券市场交投活跃,经济结构调整步伐加快,人民生活水平继续提高,精神文明建设和社会各项事业取得新的成绩。初步测算,全市国内生产总值 950.04 亿元,比上年增长 16.4%。其中第一产业增加值 16.45 亿元,增长 2.6%;第二产业增加值 468.31 亿元,增长 16.2%;第三产业增加值 465.28 亿元,增长 16.9%。一、二、三产业的比重调整为 1.7:49.3:49.0。人均国内生产总值2.70万元,比上年增长 12.4%。存在的主要问题和困难是:国有企业改革虽有所进展,但转换企业经营机制尚未有大的突破,部分市属国有企业经济效益不理想;对外贸易和利用外资难度加大,企业对政策调整的适应能力不强。

一、农　　业

"三高"农业及"菜篮子"工程建设得到进一步加强,种植业、畜牧业、水产业及乡镇企业稳步发展。全年农业增加值 16.45 亿元,比上年增长2.6%;鲜活产品出口额 11.2 亿港元,比上年增长 10%;农村三级经济总收入 90 亿元,比上年增长 10.6%。

种植业播种面积增加。全年播种面积20.5万亩,比上年增长 6%。其中粮食播种面积1.94万亩,比上年增长 14.1%,粮食产量 0.[illegible]6 万吨,比上年增长 34.7%;蔬菜种植面积 1[illegible].7 万亩,比上年增长 3.7%(按可比口径计算 下同);蔬菜产量 19.4 万吨,比上年增长 3.4%。水果种植面积 19.6 万亩,比上年增长 5.9%,水果产量 3.7 万吨,比上年减少 9.7%。

主要畜产品产量如下:

指标名称	1996 年	比上年增长%
生猪饲养量	73(万头)	4.4
猪肉产量	4.45(万吨)	10.3
三鸟饲养量	3206(万只)	-7.9
鲜奶产量	2(万吨)	4.9
禽蛋产量	2170(吨)	10.4

水产品养殖总面积 16 万亩,其中海水养殖面积 13.6 万亩,淡水养殖面积 2.4 万亩;水产品总产量 4.1 万吨,比上年增长10.8%;海洋捕捞1.46万吨,比上年增长 10%。

造林绿化成绩显著。全年完成造林面积 5.25 万亩,其中完成荒山绿化 0.63 万亩,全民义务植树 162 万株。

乡镇企业有新的发展。农村乡镇企业是我市农村经济发展的支柱,全年乡镇企业总产值 137.5 亿元,比上年增长 13%,引进外资 5.5 亿美元,增长 27%;乡镇企业工缴费收入 9.3 亿美元,增长 7%;乡镇企业税后利润 22.[illegible] 亿元,增长13.2%。

二、工业和建筑业

工业生产持续稳定增长。全年完成工业增加值369.92亿元,比上年增长17.5%;完成镇及镇以上工业总产值1062.69亿元(按1990年不变价格计算),比上年增长18.1%。其中国有经济工业125.33亿元,增长32.8%;集体经济工业55.82亿元,增长48.2%;"三资"企业761.08亿元,增长13.7%。完成出口产品产值621.59亿元,增长21.3%。

轻工业生产发展快于重工业。镇及镇以上工业中,重工业产值505.79亿元,比上年增长8.3%,轻工业产值556.90亿元,比上年增长28.7%,轻工业增长速度高于重工业20.4个百分点。

全市实现高新技术产品产值347.61亿元(现价),占镇及镇以上工业总产值(现价)的28.7%,比上年提高8.2个百分点。已认定高新技术企业87家,高新技术项目94项,列入国家级计划项目35项。

在市场需求的导向下,产品结构进一步调整,产销衔接良好。在重点考核的60种主要工业产品中,比上年增长的有39种,占65%;比上年下降的有21种,占35%。其中增长较快的产品有:硬盘机增长121.0%,玻壳增长171.5%,VCD碟机增长10倍,摩托车增长89.2%,微型计算机增长61.1%,彩色电视机增长44.7%。

主要的工业产品产量如下:

指标名称	计算单位	1996年	比上年增长%
微型计算机	万部	31.27	61.1
硬盘机	万部	440.86	121.0
软磁盘	万片	24000	-19.0
彩色电视机	万部	540.62	44.7
玻壳(屏、锥)	万只	1122.82	171.5
彩色显像管	万部	213.65	1.7
磁头	万只	4875	-3.2
袖珍计算器	万部	1546.18	25.1
程控交换机	万线	331.74	23.3
集成电路	万块	22471.16	54.4
光纤光缆	芯公里	97338	20.2
液晶显示器件	万片	6460.14	11.1
房间空调器	万部	13.43	3.7
电话机	万部	4080.8	4.6
摩托车	万辆	7.17	89.2
自行车	万辆	140.52	-34.8
表	万只	28667.91	16.8
钟	万只	3121.63	-4.9
照相机	万架	1636.74	548.0
收录机	万部	3195.52	40.8
电风扇	万台	818.76	-9.8
服装	万件	38195.75	47.3
皮鞋	万双	9541.21	-8.7
平板玻璃	万重量箱	272.12	0.2
发电量	亿千瓦时	187.39	13.4

工业经济效益提高。全市独立核算工业经济效益综合指数为154.0%,比上年提高4.6个百分点,工业资金利税率6.98%,比上年提高0.69个百分点,全员劳动生产率(按增加值计算)51698元/人,比上年增长3.7%。

全年实现建筑业增加值98.39亿元,比上年增长10.5%。国有建筑企业单位工程实现竣工产值672万元,比上年增长17.1%,全员劳动生产率64181元/人(按施工产值计算),与上年基本持平。

三、固定资产投资

固定资产投资适度稳定增长,投资结构进一步改善,重点建设项目进展顺利。

全年完成全社会固定资产投资327.53亿元,比上年增长18.7%。其中:国有及外商单位投资293.13亿元,增长17.2%;城乡集体投资26.28亿元,增长41.3%;城乡私人投资8.12亿元,增长15.7%。

在国有及外商投资中,基本建设投资156.92亿元,增长12.0%;更新改造投资11.38亿元,增长61.5%;房地产开发投资124.83亿元,增长21.1%。在基本建设投资中,工业投资41.26亿元,增长27.8%,占基建投资的

26.3%,比重比上年提高3.3个百分点。

35项重点项目全年完成投资59.10亿元,其中已竣工并投产的项目有:超大规模集成电路、南玻超薄浮法玻璃、福田农产品批发市场、沃尔玛商场,福利、微利、商品房也大部分交付使用。工程进展顺利的项目有:西部电厂、低温常压液化石油气储存工程、碘酸钾制剂生产线、啤酒三期扩建工程、机荷高速公路、中心医院、广深公路西乡——机场立交桥、大容量局用交换机、前湾电厂、国宾馆、深圳北客技站、平湖编组站、电脑硬盘驱动器生产线、沙井“三高”水产基地、同富裕工程。

全年新增加的主要生产能力及效益有:火力发电机组装机容量30万千瓦、输电电路长度41公里、变电设备能力63万千伏安、平板玻璃10万重量箱/年、大中规模半导体集成电路5万块/年,啤酒10万吨/年,新建公路7公里,增加市内电话自动交换机6万门,长途自动电话交换设备2.5万路端,城市自来水管道97公里,城市永久性桥梁15座。

全年基本建设施工项目394个,其中新开工项目110个,全部建成投产项目152个。全社会新增固定资产254.97亿元。

四、交通运输和邮电通讯

全年运输邮电业完成增加值75.49亿元,比上年增长19.5%。邮电通信能力加强,交通运输的紧张情况得到缓解。深圳机场已开通国内航线76条,现有运营航线53条,开通国际航线5条。客运、货运都比上年度有所增长,航空运输日益繁忙。

全社会运输量如下:

指标名称	计算单位	1996年	比上年增长%
全社会货运量	万吨	3647.0	3.0
#铁路	万吨	213.1	-3.2
公路	万吨	2810.0	3.3
水路	万吨	620.0	3.7
民航	万吨	3.9	8.3
全社会客运量	万人	8281.2	0.2
#铁路	万人	754.7	-21.7
公路	万人	7100.0	3.0
水路	万人	200.0	1.0
民航	万人	226.5	8.3
港口货物吞吐量	万吨	3020.5	-1.9
机场旅客吞吐量	万人次	434.6	5.5
机场行邮货物吞吐量	万吨	9.0	13.9

全年远洋运输货运量330万吨,与上年基本持平,货物周转量177.6亿吨公里,增长4.2%。

邮电业快速发展。全年完成邮电业务量46.23亿元(按1990年不变价格计算),比上年增长25.3%;电话交换机总容量达145.86万门,比上年增长3.5%;全市电话达到数78.[illegible]9万户,比上年增长14.0%;全市移动电话达到数24.31万户,比上年增长64.2%;全市邮电局所达418处,比上年增长11.5%。

五、国内贸易和市场物价

商贸企业运行良好。全市批发零售贸易业商品购进总额442.7亿元,比上年增长8.1%,商品销售总额489.1亿元,比上年增长2.1%。国内消费品市场销售稳定,全年社会消费品零售总额342.27亿元,比上年增长13.9%。国有零售商业在全市零售业销售中仍起龙头作用,商业企业经济效益有所回升。

新建和改建了一批大中型零售商场项目,主要有“岁宝”、“中百惠”、“金轮”、“南国”、“万佳第二分店”等。同时,零售业引进外资取得新进展,和全球最大的零售企业美国沃尔玛百货公司合资的沃尔玛超级购物广场、山姆会员店,以及与欧洲最大的零售企业法国乐福公司合资的乐荣超市等已开业。

由于市场繁荣,商品充裕,全年物价变动相对稳定,物价涨幅继1995年再创新低。商品零售物价总指数为103.9%,涨幅比年初确定的控价目标低6.1个百分点,比全国低2.2个百分点,实现了“高增长,低通胀”的目标。

各类价格比上年上涨幅度如下:

指 标 名 称	涨幅(%)
1、商品零售价格	3.9
2、居民消费价格	7.7
(1)食品类	5.2
#粮食	4.6
肉禽及制品	6.9
(2)衣着类	9.6
(3)家庭设备及用品	5.8
(4)医疗保健	10.8
(5)交通和通讯工具	-1.2
(6)娱乐教育文化用品	5.5
(7)居住	14.7
(8)服务项目	10.7

六、对外经济和旅游

对外贸易继续保持增长态势,但增长速度减缓。全年进出口总额达390.53亿美元,比上年增长0.7%;其中出口总额212.08亿美元,增长3.3%;进口总额178.46亿美元,下降2.2%。对外贸易顺差进一步扩大,达33.62亿美元,比上年增长47.1%。在各种贸易方式出口额中,一般贸易出口额17.62亿美元,下降27.9%;"三来一补"贸易出口额75.13亿美元,增长1.7%;进料加工贸易出口额114.50亿美元,增长9.0%。深圳外贸出口总额在全国大中城市中已连续四年位居榜首。

全年实际利用外资24.22亿美元,比上年增长39.6%,创历史最高水平。其中外商直接投资20.51亿美元,增长56.6%。全年协议利用外资16.80亿美元,比上年下降53.3%。外资投向主要集中于工业领域,签订合同金额为16.94亿美元,占全市协议利用外资的73.8%。

旅游业仍然处于低谷,但国内游客保持增长势头。全年全市宾馆、酒店共接待过夜游客512.02万人,比上年下降5.6%,其中国内游客360.55万人,比上年增长0.9%。

七、财政、金融和保险

财税部门继续贯彻适度从紧的财政政策,进行税收征管体制改革,进一步完善财政体制,财政收入持续增长,财政支出增速加快,基本满足了各项建设事业的需要。

全年完成预算内财政收入131.75亿元,剔除证券交易印花税增长的特殊性因素,比上年增长15.5%,呈适度增长态势。各主要税种增幅均超过一成,工商税收收入完成102.49亿元,剔除证券交易印花税因素,比上年增长13.9%。企业所得税完成14.89亿元,增长25.6%。

财政支出坚持建设性支出和经常性支出并重,支出结构比较合理。全市预算内财政支出138.04亿元,比上年增长47.8%。其中基建支出52.67亿元,比上年增长75.2%;文教卫生事业费22.15亿元,比上年增长34.8%;行政管理费7.00亿元,比上年增长33.3%;公检法支出12.31亿元,比上年增长35.4%。

金融业认真落实适度从紧的金融政策,压缩库存现金,积极组织货币回笼,信贷总量控制与信贷结构调整相结合,优化信贷投向,对主导行业和支柱产业实行信贷倾斜,实现了紧中有活,促进了经济持续、稳健发展,推动了经济结构的调整和优化。年末全市国内金融机构各项存款余额1533.46亿元,各项贷款余额965.20亿元,分别比年初增长27.4%和21.9%。存差568.26亿元,比年初扩大156.33亿元,增长38.1%。全年货币净回笼55.71亿元,是货币回笼数量较多的一年。全年累计办理企业商业票据承兑67亿元、贴现111亿元、再贴现69亿元。

金融市场进一步开放和完善,运作逐步规范。全年批准设立外资银行分行和金融机构代表处3家,使总数达到54家。金融机构资金拆借累计发生额568.06亿元,比上年增长61%。保险市场稳步发展,全年承保金额5703.86亿元,保费收入29.66亿元,已决赔款8.27亿元。证券市场交投活跃,全年总成交金额13949亿元,其中股票成交额12217亿元。上市公司237家,比上年增加102家。深交所挂牌股票

270只，其中A股227只，B股43只，总发行股本439.54亿元，总流通股本158.76亿元。

八、科技、教育、文化和卫生

科技事业持续发展。全年登记鉴定科技成果106项，其中达到国际先进水平19项，国内首创或先进水平71项。计算机及其软件、通信、微电子及其基础元器件、新材料、生物工程和光电一体化等七大高新技术产业新成果65项，占总数的61%。科技成果应用率高达90%以上，社会效益和经济效益十分显著，成为我市经济快速发展的增长点。全市落实科技三项经费7500万元，科技贷款5200万元，支持了150多个科技项目。全年完成无形资产评估32项，评估价值近7亿元。专利申请创历史新高，达1405件，专利授权923项，专利文献检索895件。

教育事业全面发展。制定了《关于加快深圳教育改革和发展的若干意见》和《深圳市教育事业发展"九五"计划》，教育强市的蓝图日益清晰。增加教育投入，改善了中小学办学条件。全市共有幼儿园380所，比上年增加31所，在园儿童6.88万人，比上年增长9.9%；共有中小学345所，比上年增加9所，中学在校学生7.69万人，小学在校学生17.1万人，分别比上年增长7.6%和8.8%；中等专业学校在校学生0.38万人，高等学校在校学生0.65万人，分别比上年增长9.1%和22.7%。高考工作取得优异成绩，录取率达87.9%，比上年提高8.2个百分点。

文化事业繁荣，文化设施建设速度加快。深圳书城建成投入使用，并成功举办了第七届全国书市。关山月美术馆、深圳画院、深圳戏院等建设项目进展顺利。文艺创作和表演水平有了较大提高，并取得丰硕成果，粤剧《情系中英街》和电视剧《琴童的遭遇》双双荣获全国"五个一工程"奖。全市共有文化事业机构29个，其中公共图书馆4座，馆藏书总量152.8万册(件)，比上年增加8.3万册(件)；拥有广播电台2座，电视中心台1座，有线电视台4座，广播和电视人口覆盖率分别为98%和99%；图书出版印数324.8万册，杂志出版印数1121万册。报纸出版印数31583万印张。

卫生事业健康发展，医疗条件进一步改善。全市共有医疗机构1422所(包括个体医疗疹所和农村卫生所)，其中医院69所，比上年增加[illegible]所；卫生机构病床7455张，比上年增设731张，其中医院病床7196张，增设556张；卫生技术人员1.47万人，比上年增长17.7%，其中医生和护师、护士分别为0.73万人和0.47万人，比上年增长20.1%和15.4%。市急救中心建设工程完工，进入设备、人员配备阶段，市儿童医院、市人民医院门诊综合大楼主体工程、市中心医院、市妇幼保健医院住院楼等工程项目取得实质性进展。医疗分级管理工作进一步加强，预防治病能力不断提高，甲、乙类传染病比上年同期下降16.1%。全市中心卫生院以上35间医疗保健机构全部创建为"爱婴医院"，四个月母乳喂养率比创建前提高了200%，被广东省评为"爱婴城市"。全市卫生系统科研立项[illegible]4项，比上年增加90.9%，获省级以上立项课题13项，实现了零的突破。

九、城市建设和环境保护

城市规划水平有新的提高，城市功能日趋完善。完成了城市总体规划的修编和福田中心区的规划论证。

全市用电量101.32亿千瓦小时，比上年增长10.9%。其中特区内用电量54.05亿千瓦小时。全市自来水日供应能力328.2万吨，供水总量64743万吨。其中特区内自来水日供应能力184.2万吨，供水总量35655万吨。全市用水普及率95%，其中特区内用水普及率100%。特区内液化石油气供气总量30.3[illegible]万吨，其中家庭用量12.40万吨，液化石油气普及率77.7%。

全市建成区面积299.5平方公里，其中特区内建成区面积101平方公里。特区内年末实有道路长度737公里,下水道排水管长度2092公里,污水日处理能力17万吨。

全市年末实有公共汽车及专线车1510辆,"的士"8505辆,大中小巴3512辆。

环境综合治理成效显著。积极防治废水、废气、固体废弃物和噪声污染,取缔关停了一批小制革、小印花、小电镀企业;整治乱摆卖、乱张贴、乱搭建等现象,恢复城市绿地;对市区16条道路进行了大修改造,城市道路交通状况得以改善。

全市城市污水处理率10.4%,工业废水处理率99.2%,主要饮用水源水库水质达标率95.8%,固体废物综合利用率82.7%,区域环境噪声年平均值58.0分贝,城市交通噪声平均值71.8分贝。特区内建成区绿化覆盖面积4454公顷,绿化覆盖率44.1%,垃圾粪便无害化处理率100%。

十、人口和人民生活

人口总量稳步增长,户籍人口在总人口中所占比重有所增加,特区内人口增长速度快于特区外,且特区内人口重心移向福田中心区。家庭户规模进一步趋向"夫妇加孩子组成的"核心家庭。全市年末常住人口358.48万人,比上年增长3.9%,其中特区内160.30万人,增长6.0%,特区外198.18万人,增长2.2%。

全市户籍人口103.38万人,比上年增加4.22万人,占常住人口的28.8%;暂住人口255.10万人,比上年增加9.14万人,占常住人口的71.2%。

户籍人口自然增长仍然保持较低水平,人口出生率稳步下降。户籍人口出生率13‰,死亡率2.09‰,自然增长率为10.91‰;人口出生率比上年下降0.23个千分点,人口自然增长率下降0.54个千分点。

城市居民收入稳定增长,生活继续改善。根据200户户籍居民家庭抽样调查资料,城市居民家庭年人均生活费收入为14943.48元,扣除物价因素后,比上年实际增长18.1%(下同);年人均消费性支出13044.03元,比上年实际增长9.7%。消费层次提高,投向于教育、交通和通讯、医疗保健、个人消费等方面的支出增长较快,所占比重上升。其中教育支出增长46.1%,交通和通讯支出增长44.8%,医疗保健支出增长44.7%。农民人均纯收入5415元,比上年实际增长11.3%。城乡居民储蓄存款大幅度增长,年末储蓄存款余额582.23亿元,比年初增长24.8%。

劳动就业稳定增长。年末全市从业人员255.48万人,比上年增加10.56万人。其中城镇职工89.13万人,增加0.38万人;城镇私营和个体从业人员49.33万人,增加3.67万人;镇和村办各类企业从业人员102.55万人,增加2.82万人。全年通过实施再就业工程,安置失业员工和富余人员1.84万人。

职工工资水平继续提高。全年全市城镇职工工资总额128.46亿元,比上年增长19.4%;职工年平均工资14507元,扣除物价因素后,比上年实际增长9.7%。

社会保险覆盖面不断扩大,截至1996年末,全市有68万职工参加了失业保险;55.6万人参加了基本养老保险;24.9万人参加了医疗保险;185万人参加了工伤保险。

城乡居民居住条件进一步改善。全年城镇新建住宅490.49万平方米,农村新建住宅75.37万平方米。

注:①本公报各项统计数据为初步统计数;

②国内生产总值及增加值、人均国内生产总值绝对数按现行价格计算,增长速度均按可比价格计算;

③农业1996年统计范围较上年扩大,包含了市内农业生产企业,各项指标增长速度均按可比口径计算;

④人口指标根据1996年市公安局年报数计算。

国内生产总值及构成 （亿元）

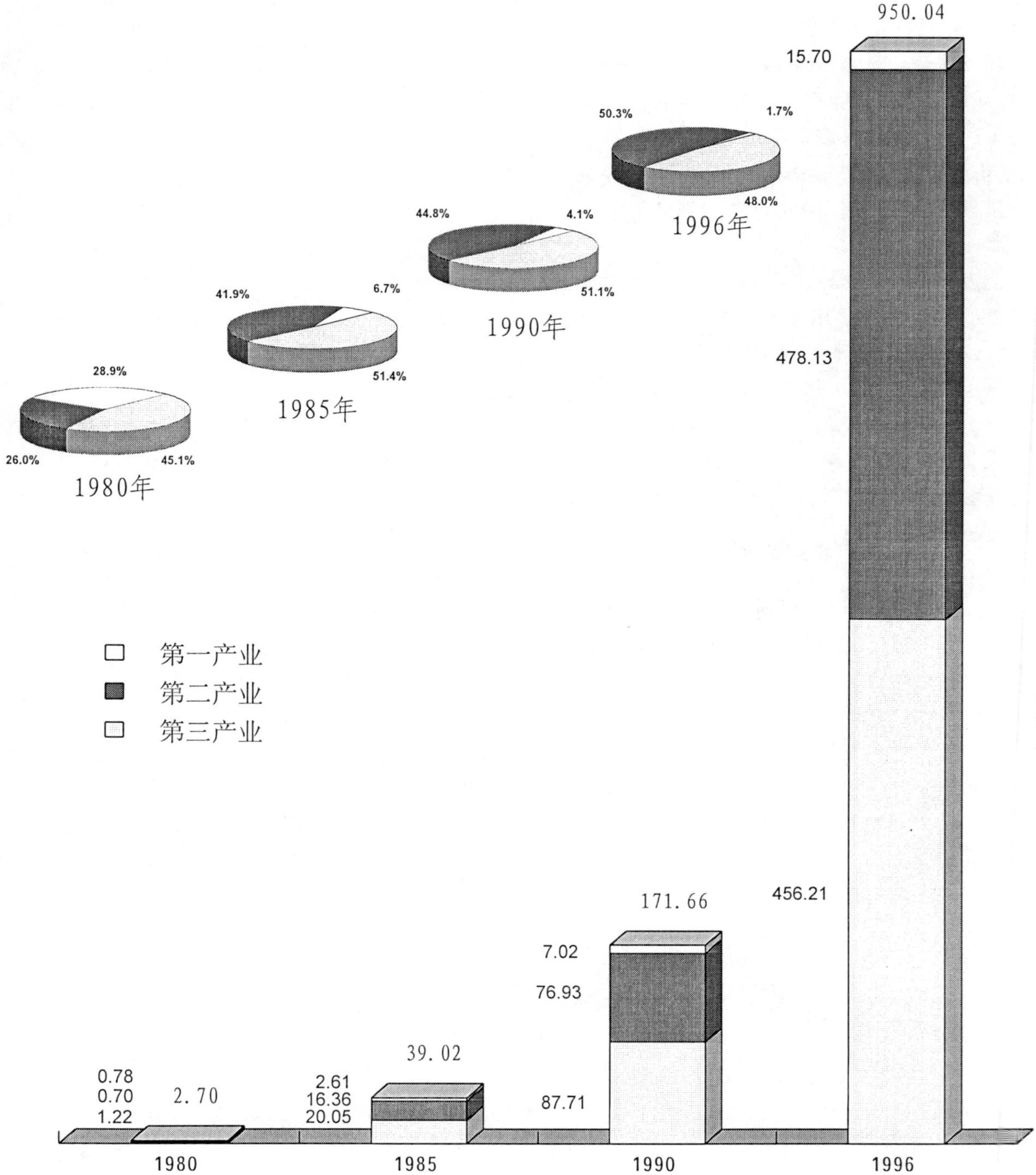

农、轻、重总产值及构成 （亿元）

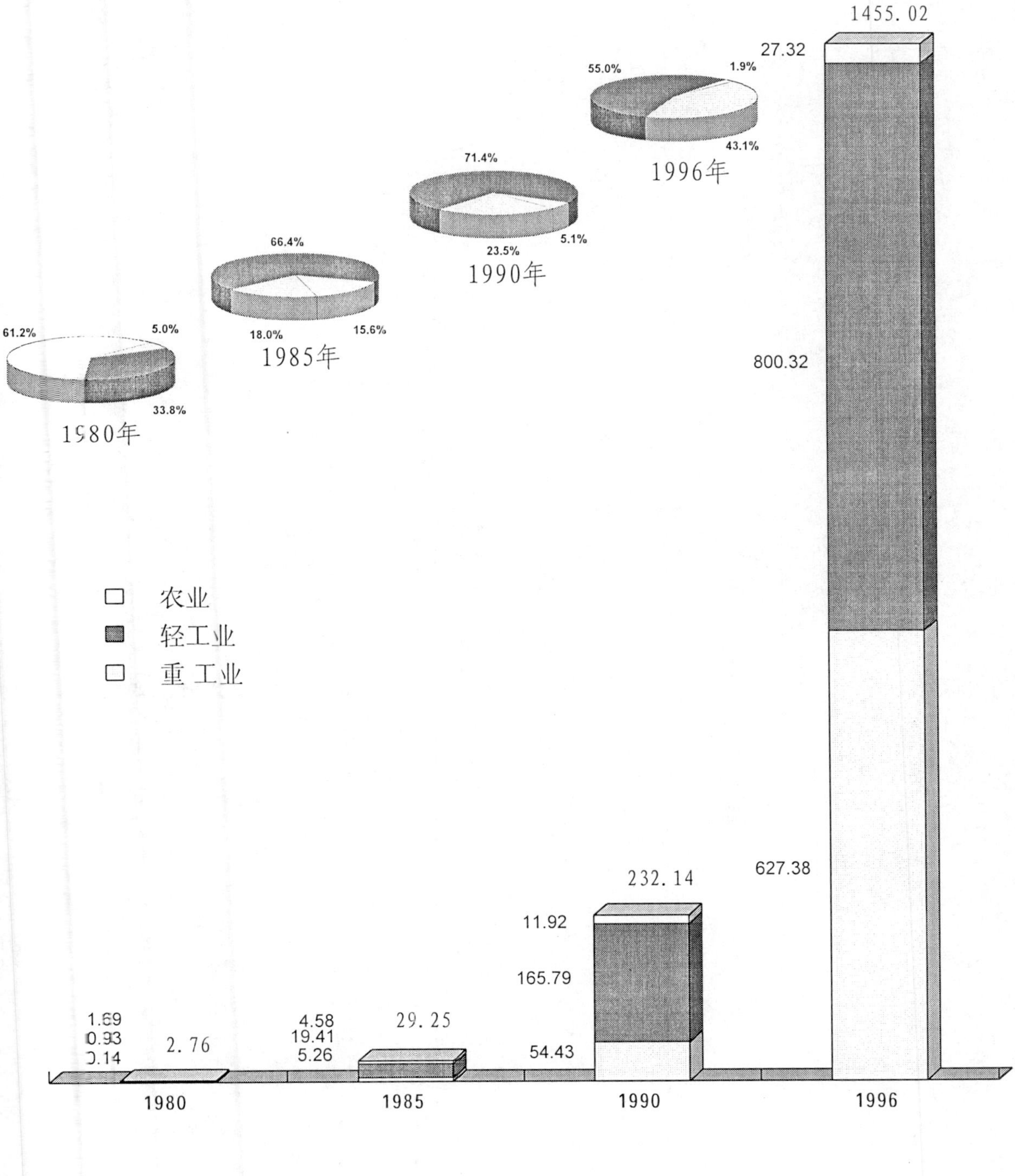

表1-1　全市行政区划

(1996年底)

市辖区名称	街道办事处(镇)数(个)	居委会数(个)	村委会数(个)	街道办事处(镇)名称
全市合计	**43**	**348**	**211**	
一、特　区	23	102		
福田区	7	102		园岭、南园、福田、华富、沙头、梅林、香蜜湖街道办事处。
罗湖区	9	134		蛟湖、桂园、南湖、黄贝、笋岗、翠竹、盐田、梅沙街道办事处及沙头角镇。
南山区	7	65		蛇口、南山、南头、西丽、沙河、招商、粤海街道办事处。
二、宝安、龙岗区	20	47	211	
宝安区	10	31	125	西乡、沙井、福永、松岗、观兰、龙华、石岩公明镇及新安、光明街道办事处。
龙岗区	10	16	86	龙岗、坪地、坑梓、坪山、葵涌、大鹏、南澳横岗、布吉、平湖镇。

表1-2　土地面积和人口密度

(1996年)

区、县名称	土地面积(平方公里)	常住人口(万人)	户籍人口	暂住人口	平均每平方公里人口(人)
全　　市	**2 020**	**358.48**	**103.38**	**255.10**	**1 775**
一、特　　区	327.5	160.30	63.28	97.02	4 895
福田区	68.8	60.27	23.20	37.07	8 761
罗湖区	139.2	61.88	29.52	32.36	4 445
南山区	119.5	38.15	10.56	27.59	3 192
二、宝安、龙岗区	1 692.5	198.18	40.10	158.08	1 171
宝安区	751.6	111.56	23.58	87.98	1 484
龙岗区	940.9	86.62	16.52	70.10	921

表1－3　主要年份国民经济

指标	单位	1979年 全市	1979年 特区	1980年 全市	1980年 特区
一、年末常住人口	万人	31.41		33.29	9.41
1.户籍人口	万人	31.26		32.09	8.41
2.暂住人口	万人	0.15		1.20	1.00
二、年末社会劳动者人数	万人	13.95		14.89	
1.职工人数	万人	4.02		4.86	2.65
国有经济单位职工	万人	3.37		4.05	2.65
城镇集体经济单位职工	万人	0.65		0.81	
其他各种经济单位职工	万人				
2.城镇个体劳动者	万人	0.41		0.38	
3.镇村劳动者	万人	9.52		9.65	
三、国内生产总值	万元	19 638		27 012	
人均国内生产总值	元	606		835	
四、全社会固定资产投资总额	万元	5 938		12 877	11 294
#基本建设*	万元	4 988		12 487	11 294
房地产开发	万元				
更新改造	万元	90		390	
城镇集体	万元	860			
农村集体	万元				
五、预算内财政收支					
1.财政收入	万元	1 721		3 043	3 043
2.财政支出	万元	2 971		4 003	4 003
六、金　融					
1.银行各项存款余额	亿元	1.01		2.03	
2.银行各项贷款余额	亿元	0.75		1.35	
3.银行现金净投放、回笼(－)	亿元	0.95		0.70	
七、居民消费价格总指数(上年＝100)	%				105.[illegible]
#服务项目	%				100.[illegible]
商品零售价格总指数	%				105.[illegible]
八、全部职工工资总额	万元	2 952		4 366	2 69[illegible]
1.国有经济单位	万元	2 505		3 691	2 69[illegible]
2.城镇集体经济单位	万元	447		675	
3.其他各种经济单位	万元				
九、农　业					
1.农业总产值	万元	13 106		16 938	5 2[illegible]

和　社　会　主　要　指　标

1985年		1990年		1995年		1996年	
全　市	特　区	全　市	特　区	全　市	特　区	全　市	特　区
88.15	46.98	201.94	100.98	345.12	151.18	358.48	160.30
47.86	23.19	68.65	39.53	99.16	59.96	103.38	63.28
40.29	23.79	133.29	61.45	245.96	91.22	255.10	97.02
32.61	21.34	109.22	59.85	244.92	100.64	255.48	
22.66	19.31	55.41	47.59	88.75	74.67	89.13	
16.84	14.00	33.85	27.10	40.17	33.70	41.07	
2.60	2.14	5.25	4.72	10.75	6.11	9.53	
3.22	3.17	16.31	15.38	37.83	34.85	38.52	
0.64		3.36	2.40	45.66	25.60	49.33	
9.31		50.43	9.86	110.04		116.59	
390 222		1 716 665		7 956 950		9 500 446	
4 809		8 724		23 381		27 005	
333 235	288 174	579 222	536 587	2 758 243	2 033 878	3 275 270	2 520 317
276 125	260 108	427 134	420 711	1 401 235	1 035 169	1 569 208	1 269 179
		67 842	66 778	1 030 368	919 175	1 248 251	1 121 145
2 105	2 105	24 661	24 661	70 484	45 428	113 836	68 794
12 497	8 168	5 671	4 296	105 322	22 634	180 285	50 044
26 518	10 979	20 243		80 645		82 477	
62 894	59 645	217 037	194 961	880 174	754 222	1 317 490	
58 651	53 418	198 073	180 459	934 041	786 696	1 380 376	
30.26		194.69		1202.93		1 553.46	
53.70		238.62		786.34		965.20	
4.27		(－)11.42		(－)71.59		(－)55.71	
	122.5		101.6		112.4		107.7
	117.2		127.7		118.1		110.7
	123.2		97.7		110.8		103.9
51 912	46 070	227 392	199 609	1 076 083	947 900	1 284 558	1 146 233
38 465	33 553	140 935	118 263	545 013	469 341	679 349	586 662
4 795	4 008	16 966	15 073	76 685	49 606	81 807	71 588
8 652	8 509	69 491	66 273	454 385	428 953	523 402	487 983
45 821	5 011	119 205	12 703	232 653	17 293	273 246	45 994

表 1-3 续表 1

指标	单位	1979年 全市	1979年 特区	1980年 全市	1980年 特区
2.主要农产品产量					
粮食	吨	132 584		126 461	13 950
花生	吨	6 877		7 323	507
蔬菜	吨	8 639		14 593	2 954
水果	吨	2 401		2 280	1 026
三鸟饲养量	万只	99.59		160.90	34.00
水产品产量	吨	7 039		7 667	3 985
十、工业					
1.工业总产值 *	万元	7 128		10 632	
2.主要工业产品产量					
电视机	万台				
#彩色电视机	万台				
录放音机	万台				
电话机	万部				
微型计算机	台				
自行车	万辆				
印染布	万米				
中空玻璃	平方米				
发电量	万千瓦小时	609		437	
3.全部独立核算工业企业全员劳动生产率 *	元/人				
4.全部独立核算工业企业主要财务指标					
固定资产原价年末数	万元				
固定资产净值年平均余额	万元				
流动资产年平均余额	万元				
产品销售收入	万元				
利润总额	万元				
十一、运输邮电					
1.货运量	万吨				
铁路	万吨				
公路	万吨				
水运	万吨				
民航	万吨				
2.机场货物吞吐量	万吨				
3.客运量	万人				
铁路	万人				
公路	万人				
水运	万人				
民航	万人				

1985年		1990年		1995年		1996年	
全　　市	特　　区	全　　市	特　　区	全　　市	特　　区	全　　市	特　　区
94 465	2 096	81 018	332	4 887		6 586	
5 208	141	6 107	82	613		735	
162 898	26 735	227 346	35 381	147 171	14 502	193 966	57 331
6 420	813	39 986	3 937	40 914	1 999	36 961	2 233
1 305.20	33.51	3 330.80	141.30	3 483.00	107.05	3 206.59	339.43
16 762	3 308	38 587	5 407	37 394	10 761	41 183	13 338
246 662	200 869	2 202 180		12 264 893	9 191 035	14 276 969	9 927 237
48.10		259.06	259.06	418.12	411.06	587.69	428.61
48.10		228.67	228.67	373.50	373.16	540.62	390.61
324.02		33 135.00	1 794.00	2 270.12	1 266.99	3 195.43	903.95
123.22		1 019.21	738.93	3 902.49	3 308.40	4 080.80	2 978.39
1575		17 622	17 622	194 131	193 531	312 687	312 687
4.31		128.20	107.20	215.56	191.62	140.52	76.87
5 271		9 212	1 598	20 991	19 645	22 543	15 252
		26 901	2 690	126 201	126 201	153 701	153 701
1 012		31 065	28 878	1 652 038	1 567 445	1 873 881	1 781 997
				49 880		59 047	
32 309	67 192	840 416	734 636	8 439 471		9 167 584	
71 763	58 298	672 638	586 944	6 818 213		7 202 827	
		796 984	738 086	5 938 873		7 097 384	
155 281	130 266	2 003 944	1 858 245	10 808 061		11 838 119	
14 331	11 842	120 690	105 740	510 479		790 044	
		1 349		3 541.6		3 646.9	
		147		220		213	
		1 055		2 720		2 810	
		147		598		620	
				3.6		3.9	
				7.90		9.00	
		8 833		8 261		8 281	
		803		963		755	
		7 845		6 890		7 100	
		185		198		200	
				209		227	

表1－3续表2

指　　标	单　位	1979年		1980年	
		全　市	特　区	全　市	特　区
4.机场旅客吞吐量	万人				
5.港口货物吞吐量	万吨				
6.邮电业务总量	万元				
十二、社会消费品零售总额	万元	11 259		19 615	11 762
十三、利用外资					
1.签订协议(合同)项目	项	169		303	142
2.协议利用外资额	万美元	2 984		27 122	21 881
3.实际利用外资额	万美元	1 537		3 264	2 657
十四、进出口贸易额＊	万美元	1 676		1 751	
1.出口贸易总额	万美元	930		1 124	
2.进口贸易总额	万美元	746		627	
十五、教　　育					
1.学　　校					
高等学校	所				
在校学生	人				
中等专业学校	所	1		1	1
在校学生	人	80		142	142
普通中学	所	24		24	7
在校学生	人	13 686		12 296	3 718
职业中学	所				
在校学生	人				
小　　学	所	226		238	39[illegible]
在校学生	人	47 022		49 168	10 884
2.幼 儿 园	所	90		52	11[illegible]
在园儿童	人	4 587		3 377	1 729
十六、卫　　生					
1.机构数	个	62		74	4[illegible]
＃医　　院	个	25		24	[illegible]
2.床位数	张	597		643	25[illegible]
＃医院病床	张				
3.卫生工作人员数	人	1 214		1 335	73[illegible]
＃卫生技术人员	人	988		1 088	57[illegible]
＃医　　生	人	364		444	24[illegible]

注:1.本表价值指标均按当年价格计算；2.全部独立核算工业企业全员劳动生产率按增加值当年价计算；3.基本建设口径数,1995－1996年为九龙海关口径数。6.1996年实行新的卫生统计报表制度,将个体诊所和乡村卫生站计入机构。

1985年		1990年		1995年		1996年	
全市	特区	全市	特区	全市	特区	全市	特区
				412		435	
		1 292		3 080		3 021	
		55 356		368 945		462 261	
265 642	217 273	667 580	552 311	2 593 269	2 078 803	2 970 519	2 481 130
1 203	605	796	602	1 638	909	999	667
1 026 477	97 485	69 344	51 601	359 654	237 741	168 000	120 692
32 925	32 427	51 857	47 654	173 545	104 456	242 242	170 760
130 632		547 110		3 876 960		3 905 342	
56 340		299 581		2 052 736		2 120 781	
74 292		247 529		1 824 224		1 784 561	
2	2	2	2	2	2	2	2
3 206	3 206	3 964	3 964	5 291	5 291	6 493	6 493
7	7	8	7	7	5	8	6
1 661	1 661	2 897	2 666	3 490	2 811	3 741	2 947
38	16	49	24	62	37	71	42
35 334	17 334	46 473	27 272	71 540	42 181	76 949	45 506
3	3	7	7	19	11	19	11
2 105	1 813	8 581	4 623	9 903	7 894	10 258	8 068
258	66	263	80	274	102	274	101
70 277	31 846	111 711	56 300	157 210	85 558	170 983	90 486
79	44	228	103	349	193	380	205
14 338	6 106	36 041	23 169	62 571	40 749	68 769	41 173
215	165	354	298	506	399	1 422	849
31	13	38	19	63	37	69	41
1 885	1 295	3 192	2 244	6 724	4 210	7 455	4 804
1 885	1 295	3 108	2 160	6 640	4 126	7 196	4 610
4 861	3 877	8 619	6 892	15 591	10 966	17 925	12 198
3 857	2 996	6 996	5 546	12 449	8 699	14 652	9 907
1 863	1 477	3 426	2 764	6 050	4 289	7 266	4 851

投资 1979－1985 年含商品房投资；4.工业总产值含村及村以下办工业产值；5.进出口贸易额 1990 年以前为市贸发局

表1-4　主要年份国民经济和社会主要指标发展速度

指　　标	1996年为下列各年(%)				
	1979年	1980年	1985年	1990年	1995年
一、年末常住人口数	1 141.3	1 076.8	406.7	177.5	103.9
#户籍人口	330.7	322.2	216.0	150.6	104.3
暂住人口	170 066.7	21 258.3	633.2	191.4	103.7
二、年末社会劳动者人数	1 831.4	1 715.8	783.4	233.9	104.3
#职　工	2 217.2	1 834.0	393.3	160.9	100.4
城镇个体劳动者	12 031.7	12 981.6	7 707.8	1 468.2	108.0
镇村劳动者	1 224.7	1 208.2	1 252.3	231.2	106.0
三、国内生产总值	15 085.6	9 272.0	1 207.4	438.6	116.4
第一产业	303.5	294.7	154.2	101.7	102.6
第二产业	83 076.0	47 256.0	2 071.1	495.7	116.6
第三产业	13 276.5	6 337.2	856.1	404.0	116.5
人均国内生产总值	1 389.7	852.6	278.4	245.4	112.6
四、农业总产值	295.5	345.9	224.1	111.7	114.2
耕地面积	14.4	15.6	22.6	27.3	116.4
五、工业总产值	147 520.2	98 908.2	3 858.8	564.0	117.5
#镇及镇以上工业总产值	150 648.1	108 148.2	3 426.7	510.9	118.7
#轻工业	80 713.1	59 764.7	1 943.4	320.9	114.3
重工业	596 820.2	358 689.3	10 034.2	1 044.2	122.7
六、固定资产投资额	55 157.8	23 732.1	982.9	565.5	118.2
竣工住宅建筑面积	10 757.8	3 170.1	406.2	308.8	116.6
七、全社会客运量				93.8	100.3
全社会货运量				270.3	103.0
港口货物吞吐量	30 210.0	10 070.0	923.9	233.8	98.1

注：本表按可比口径计算。

表 1-4 续表

指　　标	1996年为下列各年(%)				
	1979年	1980年	1985年	1990年	1995年
邮电业务总量	192 809.4	140 021.4	15 109.3	824.3	123.7
八、社会消费品零售总额	26 380.3	15 142.3	1 118.1	444.9	114.5
九、外贸进出口总额	81 262.0	77 762.7	1 042.6	248.9	100.7
#出口总额	96 619.9	79 917.2	1 594.6	299.9	103.3
进口总额	64 458.0	76 735.7	647.3	194.3	97.8
十、实际利用外资金额	15 760.7	7 421.6	735.7	467.1	139.6
十一、预算内财政收入	98 267.6	55 581.2	2 688.9	779.2	149.7
预算内财政支出	46 492.6	34 515.7	2 355.1	697.4	147.8
十二、普通高等学校在校学生数			202.5	163.8	122.7
中等专业学校在校学生数	4 676.3	2 634.5	225.2	129.1	107.2
普通中学在校学生数	562.2	625.8	217.8	165.6	107.6
小学在校学生数	363.6	347.8	243.3	153.1	108.8
幼儿园在园儿童数	1 499.2	2 036.4	479.6	190.8	109.9
十三、医院数	276.0	287.5	222.6	181.6	109.5
医疗机构床位数	1 248.7	1 159.4	395.5	233.6	110.9
#医院病床			381.8	231.5	108.4
卫生技术人员	1 483.0	1 346.7	379.9	209.4	117.7
#医生	1 996.2	1 636.5	390.0	212.1	120.1
十四、职工年平均货币工资	1 886.5	1 481.8	600.0	337.1	118.2
职工年平均实际工资	299.9	247.4	159.5	177.5	109.7
农民年人均纯收入	3 562.5	2 590.9	722.0	277.1	119.9
城市居民人均生活费收入			842.7	390.1	127.2
城乡居民储蓄存款余额	156 808.5	109 072.7	7 278.9	1 013.5	124.8

表 1-5　各时期国民经济和社会主要指标年平均增长速度

单位:%

指　　标	"六五"时期	"七五"时期	"八五"时期	1979-1996年	1980-1996年
一、年末常住人口数	21.5	18.0	11.3	15.4	16.0
#户籍人口	8.3	7.5	7.6	7.3	7.6
暂住人口	101.9	27.0	13.0	54.9	39.8
二、年末社会劳动者人数	17.0	27.3	17.5	18.7	19.4
#职　工	36.1	19.6	9.9	20.0	19.9
城镇个体劳动者	11.0	39.3	68.5	32.5	35.5
镇村劳动者	-0.7	40.2	16.9	15.9	16.9
三、国内生产总值	50.3	22.4	30.4	34.3	32.7
第一产业	13.8	8.7	-0.2	6.7	7.0
第二产业	86.9	33.1	33.6	48.5	46.9
第三产业	49.2	16.2	28.2	33.3	29.6
人均国内生产总值				16.7	14.[illegible]
四、农业总产值	9.1	14.9	-0.4	6.6	8.[illegible]
耕地面积	-7.1	-3.8	-25.2	-10.8	-11.[illegible]
五、工业总产值	91.3	46.9	36.9	53.6	53.[illegible]
#镇及镇以上工业总产值	99.4	46.3	33.9	53.8	54.[illegible]
#轻工业	98.4	43.4	22.9	48.3	49.1
重工业	104.5	57.2	53.4	66.8	66.3
六、固定资产投资额	91.7	11.7	36.6	45.0	40.8
竣工住宅建筑面积	50.8	5.6	21.5	31.7	24.1
七、全社会客运量			-1.3		
全社会货运量			21.3		
港口货物吞吐量				39.9	3[illegible].4

注:本表按可比口径计算。

表 1－5 续表　　单位：%

指　　标	"六五"时期	"七五"时期	"八五"时期	1979－1996 年	1980－1996 年
邮电业务总量	56.1	78.9	46.1	56.0	57.3
八、社会消费品零售总额	68.4	20.2	31.2	38.8	36.9
九、外贸进出口总额	136.9	33.2	19.8	48.3	51.6
＃出口总额	118.8	39.7	23.8	49.8	51.9
进口总额	159.9	27.2	14.7	46.3	51.5
十、实际利用外资金额	58.8	9.5	27.3	34.7	30.9
十一、预算内财政收入	83.3	28.1	39.1	50.0	48.4
预算内财政支出	71.1	27.6	36.4	43.5	44.1
十二、普通高等学校在校学生数		4.3	5.9		
中等专业学校在校学生数	63.5	11.8	3.8	25.4	22.7
普通中学在校学生数	23.5	5.6	9.0	10.7	12.1
小学在校学生数	7.4	9.7	7.1	7.9	8.1
幼儿园在园儿童数	33.5	20.2	11.7	17.3	20.7
十三、医院数	5.3	4.2	10.6	6.2	6.8
医疗机构床位数	24.0	11.1	16.1	16.0	16.6
＃医院病床		10.5	16.4		
卫生技术人员	28.8	12.6	12.2	17.2	17.6
＃医生	33.2	13.0	12.0	19.3	19.1
十四、职工年平均货币工资	19.8	12.2	23.3	18.9	18.4
职工年平均实际工资	9.2	－2.1	10.1	6.7	5.8
农民年人均纯收入	29.1	21.1	18.2	23.4	22.6
城市居民人均生活费收入		16.7	23.7		
城乡居民储蓄存款余额	71.8	48.3	52.0	54.2	54.8

表 1－6　主要年份国民经济主要比例关系

单位：%

项　　目	1979 年	1980 年	1985 年	1990 年	1995 年	1996 年
一、国内生产总值中三次产业比例						
第一产业	37.0	28.9	6.7	4.1	1.6	1.7
第二产业	20.5	26.0	41.9	44.8	52.4	50.3
第三产业	42.5	45.1	51.4	51.1	46.0	48.0
二、工农业总产值中农、轻、重比例						
农　业	64.8	61.4	15.7	5.1	1.9	1.9
轻工业	31.2	33.6	66.4	71.4	53.2	55.0
重工业	4.0	5.0	17.9	23.5	44.9	43.1
三、工业总产值中轻重工业比例						
轻工业	88.5	87.1	78.7	75.3	54.2	56.1
重工业	11.5	12.9	21.3	24.7	45.8	43.9
四、农业总产值中五业的比例						
种植业	49.6	40.8	34.1	31.6	25.1	25.[illegible]
林　业	0.6	0.4	3.0	1.4	0.9	1.[illegible]
牧　业	12.2	12.9	31.5	44.1	54.0	51[illegible]
副　业	34.3	39.5	14.2	2.7	1.4	2[illegible]
渔　业	3.3	6.4	17.2	20.2	18.6	19[illegible]
五、固定资产投资额比例						
基本建设	84.0	97.0	82.9	73.7	50.8	47.9
更新改造	1.5	3.0	0.6	4.3	2.6	[illegible].5
房地产开发				11.7	37.4	3[illegible].1
城镇集体	14.5		3.8	1.0	3.8	[illegible].5
六、基建投资中工业、交通运输和邮电通讯业比例						
工　业	31.9	43.1	21.4	56.0	23.0	[illegible].3

表 1-6 续表

单位:%

项　　目	1979 年	1980 年	1985 年	1990 年	1995 年	1996 年
交通运输和邮电通讯业	5.7	12.0	7.9	17.6	22.1	23.1
七、全社会货运量比例						
铁　路				10.9	6.2	5.8
公　路				78.2	76.8	77.1
水　运				10.9	16.9	17.0
航　空					0.1	0.1
八、财政收入与国内生产总值比例	8.8	11.3	16.1	12.6	11.1	13.9
九、财政支出主要项目比例						
基建支出	30.0	45.3	53.4	39.3	32.2	38.2
企业挖潜改造资金	1.1	1.1	2.1	7.0	4.6	4.9
城市维护费	2.8	5.5	9.9	3.8	4.0	3.5
科教文卫事业费	16.9	17.5	16.2	12.8	18.1	16.0
行政管理费	11.5	15.1	3.6	4.3	5.6	5.1
公检法支出			3.1	4.6	9.7	8.9
十、社会劳动者三次产业比例						
第一产业				6.1	1.8	1.6
第二产业				69.8	66.0	64.6
第三产业				24.1	32.2	33.8
十一、社会劳动者人数各经济类型人数所占比例						
职　工	28.8	32.6	69.5	50.7	36.2	34.9
#国有经济单位	24.2	27.2	51.6	31.0	16.4	16.0
城镇集体经济单位	4.7	5.4	8.0	4.8	4.4	3.7
城镇个体劳动者	2.9	2.6	2.0	3.1	18.6	19.3
镇村劳动者	68.2	64.8	28.5	46.2	44.9	45.6

表 1－7　国民经济和社会主要指标平均每人水平

指　　标	单位	1979 年	1980 年	1985 年	1990 年	1995 年	1996 年
一、国内生产总值	元	606	835	4 809	8 724	23 381	27 005
二、农业总产值	元	405	524	565	606	684	777
三、工业总产值 *	元	220	329	3 040	11 192	36 039	40 583
四、预算内财政收入	元	53	94	775	1 103	2 586	3 745
五、社会消费品零售总额	元	348	606	3 274	3 393	7 620	8 443
六、职工年平均货币工资	元	769	979	2 418	4 304	12 276	14 507
七、城市居民生活费收入	元			1 773	3 831	11 746	14 94[illegible]
八、农民纯收入	元	152	209	750	1 954	4 517	5 41[illegible]
九、城乡居民储蓄存款余额	元	118	160	907	2 845	13 515	16 2[illegible]
十、市区居住面积(特区)	平方米	6.60	6.84	9.35	10.91	13.79	14.[illegible]
十一、生活用水量(特区)	吨				59	89	[illegible]9
生活用电量	度				237	370	4[illegible]1
十二、每万人拥有公共交通车辆(特区) *	辆			63	40	78	[illegible]5
十三、每百人拥有电话机	部				9.4	23.6	2[illegible].6
十四、每万人拥有商业零售网点	个				89	200	[illegible]82
十五、每万人拥有医生	人	12	13	21	17	18	20
每万人拥有医院病床	张			21	15	19	20
十六、市区绿化覆盖面积(特区)	平方米			30.2	25.4	25.6	27.8
市区道路面积(特区)	平方米			7.9	6.5	5.7	7.0

注:1.村及村以下办工业产值包括在工业总产值中； 2.公共交通车辆包括公共汽车、的士、中小巴。

表1－8　平均每天主要社会经济活动

项　　目	单　位	1995年		1996年	
		全　市	特　区	全　市	特　区
一、每天创造的财富					
工农业总产值	万元	34 240	25 228	39 864	27 324
＃工业总产值	万元	33 602	25 181	39 115	27 198
国内生产总值	万元	21 800		26 029	
预算内财政收入	万元	2 411	2 066	3 610	
二、每天主要产品产量					
啤　酒	吨	278	278	343	343
卷　烟	箱	286	286	326	326
自行车	辆	5 906	5 250	3 850	2 106
表	万只	67.24	46.34	78.54	25.85
照相机	架	6 920	964	44 842	7 521
电风扇	台	24 859	15 847	22 432	82
电话机	部	106 918	90 641	111 803	81 600
电视机	部	11 455	11 262	16 101	11 743
＃彩　电	部	10 233	10 224	14 812	10 702
录放音机	部	62 195	34 712	87 546	24 766
电子计算器	台	63 395	39 453	42 361	12 656
微型计算机	台	532	530	857	857
三、每天消费量					
社会消费品零售总额	万元	7 105	5 695	8 137	6 798
四、每天服务量					
用电量	万千瓦小时	2 503	1 176	2 779	1 484
供水量	万吨	157	93	177	98
液化石油气销售量	吨		569		831
铁路客运量	万人	2.6		2.1	
公路客运量	万人	18.9		19.5	
公共汽车客运人数	万人次		74.2		78.6
邮寄函件	万件	55.0		53.9	
长途电话	万张	117.1		145.1	
电　报	份	6 727		5 778	
看电影	万人次	1.8	0.6	1.2	0.5
五、每天人口变动					
出生人口	人	35	20	36	20
死亡人口	人	5	…	6	2
迁入人口	人	115	76	100	79
迁出人口	人	9	2	17	7

注：1.本表价值指标按当年价格计算；2.村及村以下办工业产值包括在工业总产值中。

表 1－9　历年国内生产总值

单位：万元

年份	国内生产总值	第一产业	第二产业	工业	建筑业	第三产业	人均国内生产总值（元）
1979	19 638	7 273	4 017	2 313	1 704	8 348	606
1980	27 012	7 803	7 036	3 726	3 310	12 173	835
1981	49 576	13 343	16 019	8 311	7 708	20 214	1 417
1982	82 573	18 960	31 439	9 540	21 899	32 174	2 02[illegible]
1983	131 212	22 614	55 848	22 466	33 382	52 750	2 51[illegible]
1984	234 161	25 932	106 606	51 802	54 804	101 623	3 50[illegible]
1985	390 222	26 111	163 586	102 137	61 449	200 525	4 8[illegible]
1986	416 451	32 907	163 185	106 606	56 579	220 359	4 5[illegible]
1987	559 015	465 19	220 463	164 445	56 018	292 033	5 [illegible]9
1988	869 807	57 005	359 230	274 787	84 443	453 572	6 [illegible]7
1989	1 156 565	68 615	505 361	400 579	104 782	582 589	6 [illegible]10
1990	1 716 665	70 220	769 319	644 947	124 372	877 126	8 [illegible]24
1991	2 366 630	80 836	1 126 084	928 846	197 238	1 159 710	1[illegible] 746
1992	3 173 194	105 914	1 522 432	1 176 087	346 345	1 544 848	1[illegible] 707
1993	4 492 889	110 089	2 455 282	1 832 121	623 161	1 927 518	[illegible] 165
1994	6 151 933	137 817	3 365 175	2 648 856	716 319	2 648 941	[illegible] 514
1995	7 956 950	129 243	4 169 346	3 262 764	906 582	3 658 361	[illegible]3 381
1996	9 500 446	157 036	4 781 274	3 823 872	957 402	4 562 136	[illegible]7 005

注：工业增加值和第三产业增加值根据第三次工业普查和第三产业普查作了调整。

表 1－10　历年国内生产总值构成

单位：%

年份	国内生产总值	第一产业	第二产业	工业	建筑业	第三产业
1979	100.0	37.0	20.5	11.8	8.7	42.5
1980	100.0	28.9	26.0	13.8	12.2	45.1
1981	100.0	26.9	32.3	16.8	15.5	40.8
1982	100.0	23.0	38.1	11.6	26.5	38.9
1983	100.0	17.2	42.6	17.1	25.5	40.2
1984	100.0	11.1	45.5	22.1	23.4	43.4
1985	100.0	6.7	41.9	26.2	15.7	51.4
1986	100.0	7.9	39.2	25.6	13.6	52.9
1987	100.0	8.3	39.4	29.4	10.0	52.3
1988	100.0	6.6	41.3	31.6	9.7	52.1
1989	100.0	5.9	43.7	34.6	9.1	50.4
1990	100.0	4.1	44.8	37.6	7.2	51.1
1991	100.0	3.4	47.6	39.2	8.4	49.0
1992	100.0	3.3	48.0	37.1	10.9	48.7
1993	100.0	2.5	54.6	40.8	13.8	42.9
1994	100.0	2.2	54.7	43.1	11.6	43.1
1995	100.0	1.6	52.4	41.0	11.4	46.0
1996	100.0	1.7	50.3	40.2	10.1	48.0

表 1-11　国内生产总值指数

（定基指数，1979 年＝100）　　　　单位：%

年份	国内生产总值	第一产业	第二产业	工业	建筑业	第三产业	人均国内生产总值
1979	100.0	100.0	100.0	100.0	100.0	100.0	100.0
1980	162.7	103.0	175.8	163.3	197.0	209.5	163.0
1981	250.2	132.0	445.6	406.5	512.1	307.9	231.8
1982	396.4	182.2	730.5	415.5	1 266.1	504.9	314.7
1983	627.5	192.8	1 181.7	869.2	1 713.0	873.5	389.3
1984	1 003.3	198.8	2 347.6	2 003.6	2 932.6	1 392.7	486.6
1985	1 249.4	196.8	4 011.2	4 383.4	3 378.4	1 550.9	499.1
1986	1 283.1	231.8	4 269.3	4 825.1	3 324.3	1 537.1	457.7
1987	1 609.0	242.0	5 767.9	7 226.5	3 287.7	1 882.1	499.0
1988	2 186.6	225.1	8 306.0	10 603.7	4 398.9	2 547.1	527.7
1989	2 595.5	280.0	11 472.9	15 030.4	5 423.9	2 678.4	488.[illegible]
1990	3 439.1	298.5	16 760.4	22 789.5	6 508.7	3 286.1	566.[illegible]
1991	4 677.1	312.8	23 700.4	31 743.9	10 023.4	4 358.6	688.[illegible]
1992	6 229.9	313.7	30 607.2	38 297.6	17 530.9	6 090.4	808.[illegible]
1993	8 098.9	318.1	43 079.0	52 846.0	26 471.7	7 310.3	944.[illegible]
1994	10 536.7	300.3	58 366.2	74 928.7	30 204.2	9 124.2	1 083.[illegible]
1995	12 960.1	295.8	71 248.7	92 642.5	34 871.6	11 396.1	1 234[illegible]
1996	15 085.6	303.5	83 076.0	110 244.6	36 789.5	13 276.5	1 389[illegible]
年均增长%	**34.3**	**6.7**	**48.5**	**51.0**	**41.6**	**33.3**	**16[illegible]**

注：本表按可比价格计算。

表 1-12　国内生产总值指数

(环比指数,上年=100)

单位:%

年份	国内生产总值	第一产业	第二产业	工业	建筑业	第三产业	人均国内生产总值
1980	162.7	103.0	175.8	163.3	197.0	209.5	163.0
1981	153.8	128.2	253.5	248.9	259.9	146.9	142.2
1982	158.4	138.0	163.9	102.2	247.2	164.0	135.8
1983	158.3	105.8	161.8	209.2	135.3	173.0	123.7
1984	159.9	103.1	198.7	230.5	171.2	159.4	125.0
1985	124.5	99.0	170.9	218.8	115.2	111.4	102.6
1986	102.7	117.8	106.4	110.1	98.4	99.1	91.7
1987	125.4	104.4	135.1	149.8	98.9	122.4	109.0
1988	135.9	93.0	144.0	146.7	133.8	135.3	105.8
1989	118.7	124.4	138.1	141.7	123.3	105.2	92.5
1990	132.5	106.6	146.1	151.6	120.0	122.7	116.1
1991	136.0	104.8	141.4	139.3	154.0	132.6	121.5
1992	133.2	100.3	129.1	120.6	174.9	139.7	117.5
1993	130.0	101.4	140.7	138.0	151.0	120.0	116.8
1994	130.1	94.4	135.5	141.8	114.1	124.8	114.7
1995	123.0	98.5	122.1	123.6	115.5	124.9	113.9
1996	116.4	102.6	116.6	119.0	105.5	116.5	112.6

注:本表按可比价格计算。

表 1－13　主要年份分行业国内生产总值

(按当年价格计算)　　单位:万元

行业类别	1990年	1991年	1994年	1995年	1996年
国内生产总值	1 716 665	2 366 630	6 151 933	7 956 950	9 500 446
第一产业(1.农业)	70 220	80 836	137 817	129 243	157 036
第二产业	769 319	1 126 084	3 365 175	4 169 346	4 781 274
2.工　业	644 947	928 846	2 648 856	3 262 764	3 823 872
3.建筑业	124 372	197 238	716 319	906 582	957 402
第三产业	877 126	1 159 710	2 648 941	3 658 361	4 562 136
4.农林牧渔服务业	3 508	5 798	10 861	19 789	21 51[illegible]
5.地质勘探、水利管理业	5 807	6 291	9 536	33 392	34 12[illegible]
6.交通运输、仓储、邮电通讯业	139 807	187 989	407 407	567 166	760 4[illegible]
7.批发和零售贸易、餐饮业	190 186	282 276	697 466	885 934	1 118 0[illegible]
8.金融保险业	240 157	266 849	590 167	874 259	1 095 5[illegible]
9.房地产业	91 396	155 372	431 032	587 430	702 4[illegible]4
10.社会服务业	114 079	136 498	281 317	359 376	412 [illegible]4
11.卫生、体育、社会福利事业	13 508	16 004	35 761	100 630	106 [illegible]2
12.教育、文艺、广播电影电视事业	21 840	27 830	60 919	74 625	130 [illegible]00
13.科学研究和综合技术服务业	4 736	5 219	14 304	31 454	24 [illegible]45
14.国家机关、政党机关和社会团体	38 681	46 388	65 018	73 651	103 [illegible]27
15.其　他	13 421	23 196	45 153	50 655	5[illegible] 506

二、人口和劳动力

1996年深圳常住人口结构特征及变化趋势

本文通过对1996年10月1日进行的全市劳动力抽样调查的汇总和分析，得到了深圳市1996年末人口结构及特征状况，在与1990年7月1日人口普查和1995年10月1日1%人口抽样调查相关数据的对比后，可以清晰地看到1996年深圳人口的一些变化趋势。

一、人口总量

1996年末常住人口358.48万人。

人口总量的构成特征是：暂住人口在总人口中仍占主流，但户籍人口在总人口中所占比重比上年有所增加，特区内增长速度快于特区外。

人口总量的变动趋势：人口总量增长速度放缓，户籍人口总量增长速度快于暂住人口。

表1. 人口总量变动情况

单位：万人

	1996年	1995年	1990年	1996年比1995年增长(%)	1996年比1990年年均增长(%)
常住人口	358.48	345.12	201.94	3.87	10.04
户籍人口	103.38	99.16	68.65	4.26	7.06
暂住人口	255.10	245.96	133.29	3.72	11.43

表2. 常住人口

单位：万人

	1996年	1995年	1990年
全市合计	358.48	345.12	201.94
特区内	160.30	151.18	100.98
罗湖区	61.88	58.63	47.19
福田区	60.27	55.90	31.37
南山区	38.14	36.66	22.42
特区外	198.18	193.94	100.97
宝安区	111.56	111.15	——
龙岗区	86.62	82.79	——

表3. 人口密度

单位：人/平方公里

	1996年	1995年	1990年
全市合计	1775	1708	999
特区内	4895	4616	3083
罗湖区	4445	4212	3390
福田区	8761	8125	4560
南山区	3192	3068	1876
特区外	1171	1146	596
宝安区	1484	1479	——
龙岗区	921	880	——

二、人口分布与人口密度

变动趋势：各区人口密度随人口增长继续增加。

特征：特区内人口密度增加快于特区外，从人口的地域分布看，特区内人口重心继续移向福田中心区。

三、家庭户及家庭规模

变动趋势：家庭户的户数及家庭户人口不断增加。

特征：家庭户规模(即每户人口数)趋于小型化，显示出由"夫妇加孩子"组成的核心家庭越来越多。

表 4.　家庭户及家庭规模

	1996 年	1995 年	1990 年
家庭户(万户)	72.5	71	25.74
家庭户人口(万人)	235	230	90.08
家庭户规模(人/户)	3.24	3.25	3.50

四、性别

变动趋势:人口性别比正常,继续保持女性人口略多于男性人口的性别构成。

特征:总体看全市人口性别构成中是女性略多,但地区差异显著,其中,特区内男性人口多于女性人口,特区外女性人口多于男性人口。

表 5.　人口性别构成

	1996 年	1995 年	1990 年
男性占常住人口比重(%)	49.83	50.82	49.95
推算人数(万人)	178.64	175.38	83.28
女性占常住人口比重(%)	50.17	49.18	50.05
推算人数(万人)	179.85	169.74	83.45
性别比(女性=100)	99.31	103.32	99.80

五、年龄

变动趋势:人口平均年龄呈增长趋势,平均年龄比 1990 年增加 2.92 岁,人口年龄构成正向合理方向修正。

年龄结构及特征:人口年龄结构类型仍然属于年轻型人口,其中,20—34 岁的人口接近总人口一半,占总人口的 48.98%。60 岁以上老年人口比重不断上升。

表 6.　人口平均年龄

	1996 年	1995 年	1990 年
常住人口平均年龄(岁)	28.70	27.63	25.78
男	28.68	27.58	26.50
女	28.72	27.69	25.06
暂住人口平均年龄(岁)	25.95	——	23.92
男	27.03	——	——
女	24.91	——	——

表 7.　人口年龄构成

年龄别(岁)	在总人口中所占比重(%)		
	1996 年	1995 年	1990 年
总　计	100	100	100
0—14	15.16	15.40	14.63
15—19	9.86	9.30	19.08
25—29	16.62	17.30	13.2[illegible]
30—34	12.29	11.90	7.53
35—39	6.97	6.80	5.71
40—44	6.73	5.90	3.72
45—49	4.13	3.50	2.4[illegible]
50—54	2.28	2.00	2.1[illegible]
55—59	1.92	1.90	1.7[illegible]
60 岁以上	5.58	4.60	3.4[illegible]

六、人口受教育程度

变动趋势:高中以上文化程度人口明显增加,其中,大专以上受教育程度人口增长幅度最大。初中及以下文化程度的人口比例明显下降。

特征:受教育程度人口的地区分布不均衡,以受大专以上教育程度人口为例,特区内这一人口比例明显高于特区外。与此相应,初中及以下文化程度的人口比例特区内明显低于特区外。

与兄弟省市相比,每十万人中大专以上学历人口数高于天津市和广州市,低于北京市和上海市。

表 8.每十万人中接受过各种教育的人口

受教育程度	1996 年	1995 年	1990 年	1996 年比 1995 年增减(%)	19[illegible]年比 19[illegible]年增[illegible](%)
大专以上	8176	7046	4467	16.04	[illegible]3.03
高中	21834	20856	19194	4.69	[illegible]3.75
初中	40285	40445	43528	-0.40	-7.45
小学	19021	19789	21589	-3.88	-11.89

表9. 每十万人中大中专以上学历人口数的地区比较

	北京市	上海市	天津市	广州市	深圳市
人　数	13352	9045	6278	6373	7046

七、在业人口素质

特征:在业人口的文化素质从整体看能达到国家“七五”时期普及九年义务教育的要求,人口的平均受教育年限是9.8年(初中),与深圳“九五”规划要求普及十二年(高中)义务教育相比,还有差距。

就现状而言,特区内在业人口的文化素质明显高于特区外。

表10. 各种受教育程度人口占在业人口的比重

单位:%

	全市	特区内	特区外
大专以上	10.13	22.15	4.45
高中	23.80	38.59	16.85
初中	52.35	31.58	62.13
小学	12.62	7.09	15.23
不识字或识字很少	1.10	0.59	1.34

表11. 各种专业技术职称(等级)人员占在业人口的比重

单位:%

	全市	特区内	特区外
高级	0.66	1.79	0.14
中级	5.03 *	9.66	1.11
初级	10.83 *	7.22 *	2.34 *
无	83.48	81.33	96.41

八、在业人口

在业人口占总人口的比重为69.8%,据此估算1996年全市在业人口超过247.64万人。

注:1、带 * 号的是评估数,根据1996年劳动力调查和1995年全市人力资源普查数据经评估后求得。

2、在业人口 = 总人口 — 0至14岁人口 — 不在业人口

3、总人口含居住半年以下暂住人口

(深圳市人口调查办公室供稿)

全市常住人口（一）（万人）

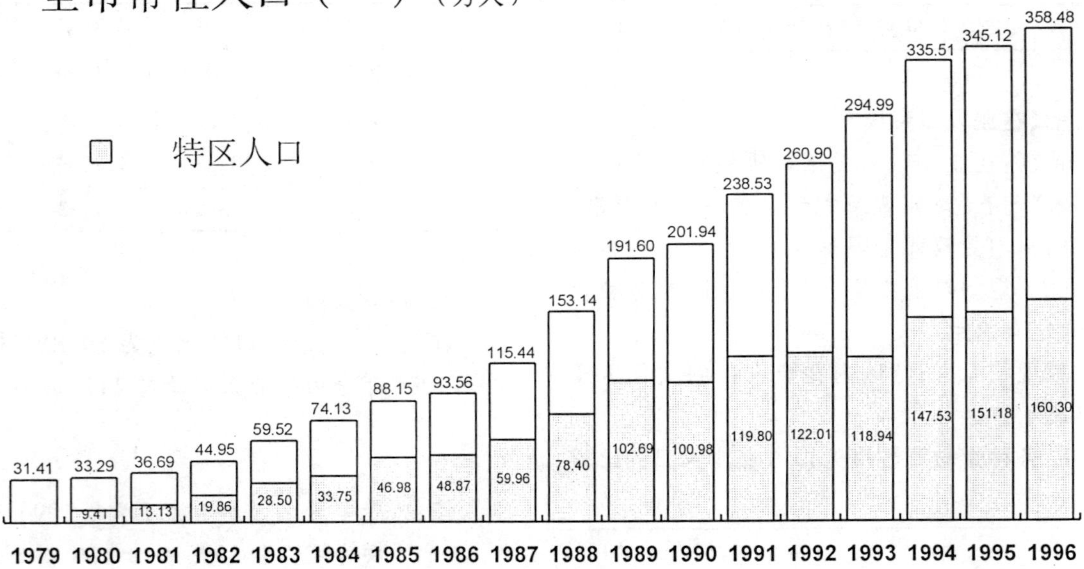

全市常住人口（二）（万人）

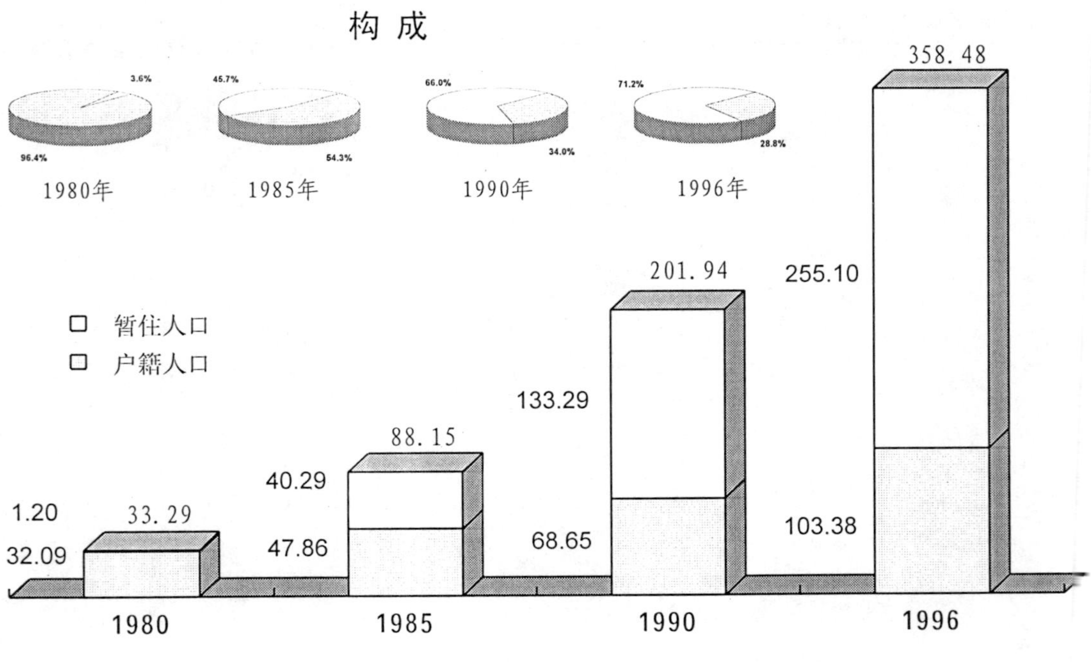

社会劳动者（万人）

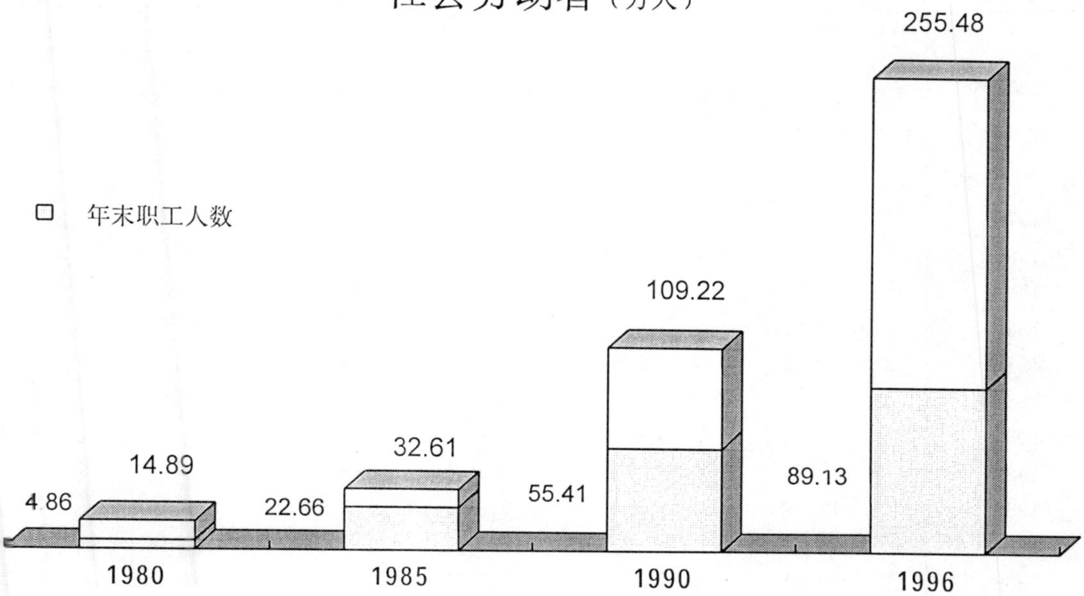

全市人口出生率、死亡率、自然增长率

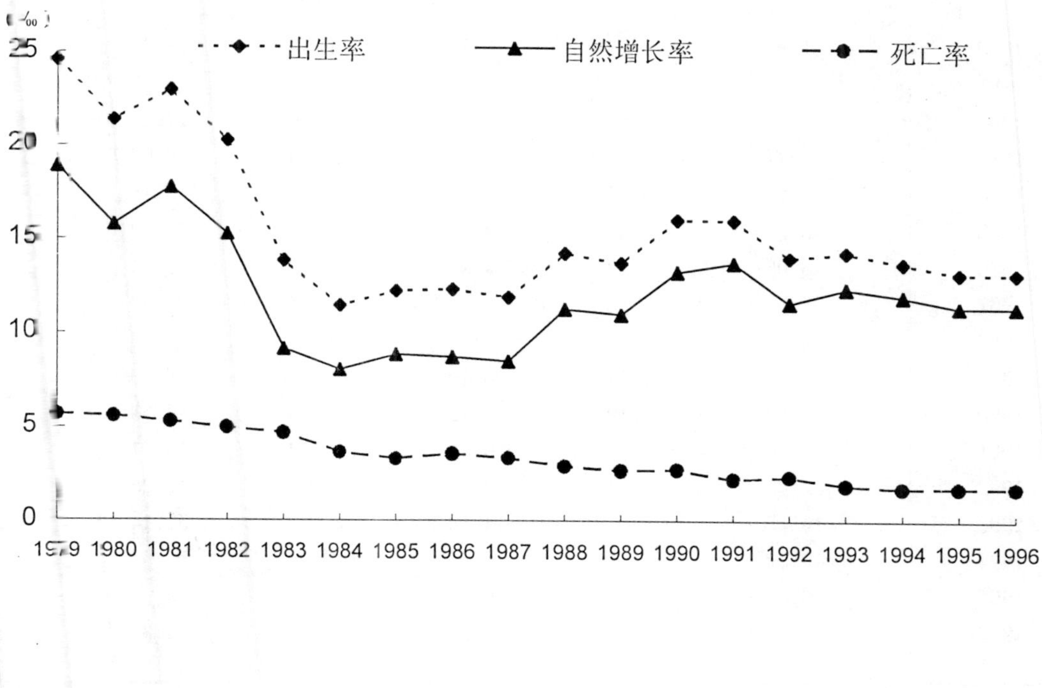

表 2-1 历年户数、人口、出生、死亡、自然增长

年　　份	一、年末户籍人口户数(万户)	1.农业户	2.非农业户	二、年末常住人口数(万人)	1.户籍人口	2.暂住人口
全　　市						
1979	7.62	6.06	1.56	31.41	31.26	0.15
1980	7.82	5.95	1.87	33.29	32.09	1.20
1981	8.20	6.16	2.04	36.69	33.39	3.30
1982	8.61	5.95	2.66	44.95	35.45	9.50
1983	9.25	5.83	3.42	59.52	40.52	19.00
1984	10.32	5.88	4.44	74.13	43.52	30.61
1985	11.27	5.84	5.43	88.15	47.86	40.2[illegible]
1986	12.41	5.92	6.49	93.56	51.45	42.1[illegible]
1987	13.88	6.06	7.82	115.44	55.60	59.8[illegible]
1988	15.30	5.92	9.38	153.14	60.14	93.0[illegible]
1989	16.51	6.12	10.39	191.60	64.82	126.[illegible]
1990	18.19	6.52	11.67	201.94	68.65	133.[illegible]
1991	19.56	6.65	12.91	238.53	73.22	165.[illegible]1
1992	21.81	5.67	16.14	260.90	80.22	180.68
1993	24.32	6.43	17.89	294.99	87.69	207.[illegible]0
1994	26.74	6.86	19.88	335.51	93.97	241.54
1995	28.67	7.70	20.97	345.12	99.16	245.96
1996	30.35	8.06	22.29	358.48	103.38	25[illegible].10
特　　区						
1980	1.87	0.88	0.99	9.41	8.41	[illegible].00
1981	2.49	1.04	1.45	13.13	9.83	[illegible].30
1982	2.87	0.99	1.88	19.86	12.86	[illegible].00
1983	3.41	0.98	2.43	28.50	16.50	[illegible].00
1984	4.21	0.96	3.25	33.75	19.14	14.61
1985	5.23	0.99	4.24	46.98	23.19	[illegible]3.79
1986	6.06	1.08	4.98	48.87	25.74	[illegible]3.13
1987	7.16	1.13	6.03	59.96	28.69	[illegible]1.27
1988	8.33	1.15	7.18	78.40	32.19	46.21
1989	9.24	1.14	8.10	102.69	36.20	66.49
1990	10.68	1.19	9.49	100.98	39.53	61.45
1991	11.77	1.25	10.52	119.80	43.21	76.59
1992	12.82		12.82	122.01	47.28	74.73
1993	14.15		14.15	118.94	52.14	66.80
1994	15.32		15.32	147.53	56.52	91.01
1995	16.35		16.35	151.18	59.96	91.22
1996	17.20		17.20	160.30	63.28	97.02

表 2－1 续表 1

年份	三、年末户籍人口按性别分 1.男性(万人)	2.女性(万人)	四、年末户籍人口按农业非农业分 1.农业人口(万人)	2.非农业人口(万人)	五、户籍户平均每户人口(人)	六、年平均人口(万人) 按常住人口计算	按户籍人口计算
全市							
1979	14.26	17.00			4.10		
1980	14.69	17.40			4.10	32.35	31.68
1981	15.51	17.88			4.07	34.99	32.74
1982	16.67	18.78			4.12	40.82	34.42
1983	20.50	20.02			4.38	52.24	37.99
1984	22.01	21.51			4.22	66.83	42.02
1985	24.32	23.54			4.25	81.14	45.69
1986	26.13	25.32	25.00	26.45	4.15	90.86	49.66
1987	28.22	27.38	24.99	30.61	4.01	104.50	53.53
1988	30.49	29.64	25.17	34.96	3.93	134.29	57.87
1989	32.89	31.93	25.48	39.34	3.93	172.37	62.48
1990	34.92	33.73	25.65	43.00	3.77	196.77	66.74
1991	37.27	35.95	26.23	46.99	3.74	220.24	70.94
1992	41.19	39.03	22.83	57.39	3.68	249.72	76.72
1993	45.25	42.44	23.61	64.08	3.61	277.95	83.96
1994	48.62	45.35	24.41	69.56	3.51	315.25	90.83
1995	51.37	47.80	24.39	74.77	3.46	340.32	96.57
1996	53.64	49.75	24.47	78.91	3.41	351.80	101.27
特区							
1980					4.49		
1981					3.95	11.27	9.12
1982					4.48	16.50	11.35
1983					4.84	24.18	14.68
1984					4.55	31.13	17.82
1985					4.43	40.37	21.17
1986	14.19	11.55	4.18	21.56	4.25	47.93	24.47
1987	15.64	13.05	4.17	24.52	4.01	54.42	27.22
1988	17.31	14.88	4.19	28.00	3.87	69.18	30.44
1989	19.36	16.84	4.34	31.86	3.92	90.54	34.19
1990	21.10	18.42	4.46	35.07	3.77	101.84	37.86
1991	22.99	20.22	4.55	38.66	3.67	110.40	41.37
1992	25.25	22.03		47.28	3.69	120.91	45.25
1993	27.90	24.24		52.14	3.69	120.48	49.71
1994	30.24	26.28		56.52	3.69	133.24	54.33
1995	32.09	27.88		59.96	3.67	149.36	58.24
1996	33.81	29.47		63.28	3.68	155.74	61.62

表 2－1 续表 2

年　　份	七、出生人口数（人）	八、出生率（‰）	九、死亡人口数（人）	十、死亡率（‰）	十一、自然增长人数（人）	十二、自然增长率（‰）
全　　市						
1979	7 962	24.60	1 856	5.70	6 106	18.90
1980	6 775	21.40	1 773	5.60	5 002	15.80
1981	7 544	23.00	1 732	5.30	5 812	17.80
1982	6 974	20.30	1 707	5.00	5 267	15.30
1983	5 295	13.90	1 793	4.70	3 502	9.20
1984	5 005	11.50	1 606	3.69	3 399	8.09
1985	5 606	12.27	1 533	3.36	4 073	8.91
1986	6 143	12.37	1 794	3.61	4 349	8.76
1987	6 399	11.95	1 822	3.40	4 577	8.55
1988	8 290	14.32	1 720	2.97	6 570	11.35
1989	8 615	13.79	1 713	2.74	6 902	11.05
1990	10 755	16.11	1 859	2.79	8 896	13.33
1991	11 408	16.08	1 607	2.27	9 801	13.81
1992	11 277	14.07	1 840	2.40	9 437	11.67
1993	12 054	14.36	1 619	1.93	10 435	12.43
1994	12 509	13.77	1 590	1.75	10 919	12.02
1995	12 776	13.23	1 719	1.78	11 057	11.45
1996	13 170	13.00	2 116	2.09	11 054	10.91
特　　区						
1980	1 561	20.10	338	4.40	1 223	15.80
1981	2 186	24.00	412	4.50	1 774	19.50
1982	2 460	21.70	412	3.60	2 048	18.00
1983	1 872	12.80	414	2.80	1 458	10.01
1984	1 937	10.12	414	2.16	1 523	8.54
1985	2 698	12.74	412	1.95	2 286	10.79
1986	3 010	12.31	584	2.39	2 426	9.92
1987	3 078	11.31	583	2.14	2 495	9.17
1988	4 669	15.34	482	1.58	4 187	13.75
1989	4 763	13.93	404	1.18	4 359	12.75
1990	6 665	17.60	479	1.21	6 186	16.33
1991	7 096	17.15	369	0.89	6 727	16.26
1992	6 417	14.18	510	1.13	5 907	13.05
1993	7 093	14.27	217	0.44	6 876	13.83
1994	7 020	12.92	183	0.34	6 837	12.5[illegible]
1995	7 293	12.52	158	0.27	7 135	12.2[illegible]
1996	7 214	11.71	784	1.27	6 430	10.4[illegible]

表2-2　全市常住人口指数

单位:%

年　份	定基指数 (以1979年为100)			环比指数 (以上年为100)		
	年末常住人口	户籍人口	暂住人口	年末常住人口	户籍人口	暂住人口
1979	100.0	100.0	100.0			
1980	106.0	102.7	800.0	106.0	102.7	800.0
1981	116.8	106.8	2 200.0	110.2	104.1	275.0
1982	143.1	113.4	6 333.3	122.5	106.2	287.9
1983	189.5	129.6	12 666.7	132.4	114.3	200.0
1984	236.0	139.2	20 406.7	124.5	107.4	161.1
1985	280.6	153.1	26 860.0	118.9	110.0	131.6
1986	297.9	164.6	28 073.3	106.1	107.5	104.5
1987	367.5	177.9	39 893.3	123.4	108.1	142.1
1988	487.6	192.4	62 000.0	132.7	108.2	155.4
1989	610.0	207.4	84 520.0	125.1	107.8	136.3
1990	642.9	219.6	88 860.0	105.4	105.9	105.1
1991	759.4	234.2	110 206.7	118.1	106.7	124.0
1992	830.6	256.6	120 453.3	109.4	109.6	109.3
1993	939.2	280.5	138 200.0	113.1	109.3	114.7
1994	1 068.2	300.6	161 026.7	113.7	107.2	116.5
1995	1 098.8	317.2	163 973.3	102.9	105.5	101.8
1996	1 141.3	330.7	170 066.7	103.9	104.3	103.7
年平均增长率%	**15.4**	**7.3**	**54.9**			

表 2-3　计划生育情况

(1996 年户籍人口)

指标名称	单位	全市合计	(1)特区	福田区	罗湖区	南山区	(2)宝安区	(3)龙岗区
节育率	%	89.91	89.91	90.46	93.54	85.74	88.98	85.86
计划生育率	%	95.34	95.34	97.02	97.89	97.94	91.64	93.16
一孩率	%	84.43	84.43	92.36	92.26	89.88	77.54	70.37
独生子女领证人数(期末数)	人	67 142	60 954	24 911	25 904	10 139	3 992	2 196
独生子女领证率	%	30.45	30.45	50.47	38.32	41.91	8.25	7.09
已婚育龄妇女人数	人	198 276	128 621	44 646	63 235	20 740	43 072	26 583

表 2-4　社会劳动者人数

(1996 年)

单位:人

项目	社会劳动者合计	职工	#女性	国有经济单位	城镇集体经济单位	其他各种经济单位	城镇个体劳动者	镇村劳动者	其他社会劳动者
总计	**2 554 810**	**891 261**	**411 022**	**410 669**	**95 345**	**385 247**	**493 303**	**1 165 866**	**4 380**
按隶属关系分									
1.中央属	81 330	80 933	25 629	79 539	236	1 158			397
2.广东省属	39 893	39 878	10 626	39 620	164	94			15
3.深圳市属	2 058 481	397 793	178 435	287 302	92 617	17 874	493 303	1 165 866	1 519
4.其他	375 106	372 657	196 332	4 208	2 328	366 121			2 449

注:私营企业作城镇个体劳动者统计。

表 2-5 全市按行业分的社会劳动者人数

(1996年)

单位:人

项目	社会劳动者合计	1.年末职工人数	2.城镇个体劳动者	3.镇村劳动者	4.其他劳动者
一、按三次产业分					
第一产业	41 900	9 402	955	31 528	15
第二产业	1 649 911	504 602	108 014	1 034 541	2 754
第三产业	862 999	377 257	384 334	99 797	1 611
二、按国民经济行业分					
1.农、林、牧、渔业	41 900	9 402	955	31 528	15
2.采掘业	1 338	902	147	281	8
3.制造业	1 538 461	408 607	106 523	1 020 942	2 389
4.电力、煤气及水的生产和供应业	10 727	8 672		1 993	62
5.建筑业	99 385	86 421	1 344	11 325	295
6.地质勘查业、水利管理业	1 957	1 868		74	15
7.交通运输、仓储及邮电通信业	58 918	50 275	1 704	6 781	158
#交通运输业	38 894	30 260	1 704	6 781	149
8.批发和零售贸易、餐饮业	429 571	103 843	302 652	22 704	372
#零售贸易业	21 688	21 635			53
餐饮业	53 278	13 110	40 114		54
9.金融、保险业	28 297	28 264			33
10.房地产业	30 593	29 627		804	162
11.社会服务业	123 102	56 017	58 329	8 445	311
#居民服务业	10 955	1 233	9 710		12
12.卫生、体育和社会福利业	22 005	19 996		1 790	219
#卫生	17 895	17 682			213
13.教育、文化艺术和广播电影电视业	30 550	28 538		1 900	112
#教育	23 494	23 403			91
14.科学研究和综合技术服务业	5 478	5 348			130
15.国家机关、政党机关和社会团体	38 963	38 922			41
16.其他行业	93 565	14 559	21 649	57 299	58

表2-6　历年社会劳动者人数

单位:万人

年份	年末社会劳动者合计	1.年末职工人数	国有单位职工	城镇集体单位	其他单位	2.城镇个体劳动者	3.镇村劳动者
1979	13.95	4.02	3.37	0.65		0.41	9.52
1980	14.89	4.86	4.05	0.81		0.38	9.65
1981	15.36	5.31	4.51	0.80		0.13	9.92
1982	18.49	8.28	7.00	1.28		0.11	10.17
1983	22.37	12.57	10.10	1.22	1.25	0.22	9.58
1984	27.26	18.33	14.14	2.15	2.04	0.50	8.43
1985	32.61	22.66	16.84	2.60	3.22	0.64	9.31
1986	36.04	25.88	18.97	2.68	4.23	0.93	9.23
1987	44.30	32.29	22.04	3.55	6.70	1.10	10.91
1988	54.53	41.74	28.04	4.53	9.17	1.69	11.10
1989	93.65	48.24	30.34	4.85	13.05	2.19	43.22
1990	109.22	55.41	33.85	5.25	16.31	3.36	50.4[illegible]
1991	127.37	64.89	38.77	6.76	19.36	3.57	58.9[illegible]
1992	148.98	71.10	38.85	7.99	24.26	9.04	68.8[illegible]
1993	209.74	78.11	41.45	5.42	31.24	28.53	103.1[illegible]
1994	223.05	82.29	38.71	8.28	35.30	32.77	107.[illegible]
1995	244.92	88.75	40.17	10.75	37.83	45.66	110.[illegible]
1996	255.48	89.13	41.07	9.53	38.53	49.33	116.[illegible]

注:1.从1994年起年末社会劳动者合计包括其他劳动者约0.4万人;2.城镇个体劳动者含私营企业人员。

表2－7　社会劳动者人数指数

(环比指数,上年＝100)　　单位：%

年份	年末社会劳动者合计	1.年末职工人数	国有单位职工	城镇集体单位	其他单位	2.城镇个体劳动者	3.镇村劳动者
1980	106.7	120.9	120.2	124.6		92.7	101.4
1981	103.2	109.3	111.4	98.8		34.2	102.8
1982	120.4	155.9	155.2	160.0		84.6	102.5
1983	121.0	151.8	144.3	95.3		200.0	94.2
1984	121.9	145.8	140.0	176.2	163.2	227.3	88.0
1985	119.6	123.6	119.1	120.9	157.8	128.0	110.4
1986	110.5	114.2	112.6	103.1	131.4	145.3	99.1
1987	122.9	124.8	116.2	132.5	158.4	118.3	118.2
1988	123.1	129.3	127.2	127.6	136.9	153.6	101.7
1989	171.7	115.6	108.2	107.1	142.3	129.6	389.4
1990	116.6	114.9	111.6	108.2	125.0	153.4	116.7
1991	116.6	117.1	114.5	128.8	118.7	106.3	116.8
1992	117.0	109.6	100.2	118.2	125.3	253.2	116.9
1993	140.8	109.9	106.7	67.8	128.8	315.6	149.8
1994	106.3	105.4	93.4	152.8	113.0	114.9	104.4
1995	109.8	107.9	103.8	129.8	107.2	139.3	102.2
1996	104.3	100.4	102.2	88.7	101.9	108.0	106.0
年均增长率%	**18.7**	**20.0**	**15.8**	**17.1**	**30.2**	**32.5**	**15.9**

三、工　　业

深圳市第三次工业普查公报

深圳市工业普查办公室

根据国务院的决定，深圳市第三次全国工业普查于1995年着手准备，1996年1月1日正式实施工业企业普查登记。在省、市和各级政府高度重视的统一领导下，在有关部门的直接参与和支持下，各工业企业和生产单位积极配合，经过各级工业普查机构和全市广大普查人员日以继夜的辛勤努力，仅用了近两年时间，圆满完成了普查方案的设计、普查工作试点、社会宣传动员、整顿企业管理基础工作、普查业务培训、清查企业调查单位、普查表的填报审核上报等一系列工作，普查事后数据质量抽查评估结果表明，这次工业普查数据质量的总体误差率为0.73‰，达到了预期的质量控制目标。目前主要普查数据的全市计算机处理工作已完成，现将普查主要结果公布如下：

一、工业经济规模与实力

普查结果表明，自1985年第二次全国工业普查以来，工业经济总量规模迅速扩大，发展水平大大提高。到1995年末，我市工业企业和生产单位（含村及村以下工业）为9696个，比1985年增加8349个，从业人员1383877人，比1985年增长18.5倍数。1995年全部工业增加值为326.28亿元，按可比价格计算，比1985年增长14.8倍，占全市国内生产总值的41.0%，工业在整个国民经济中仍居于主导地位。全部工业总产值现价计算为1226.49亿元，按1990年不变价计算为1047.22亿元，比1985年增长32.85倍，年均增长41.8%，与建特区的“六五”时期相比，近十年的工业经济增长速度也是最高的。

工业经济实力进一步增强。1995年我市的工业总产值和增加值居全国大中城市的第7位，一些重要工业产品的生产能力和产量占国内和世界市场的重要位置。以技术密集型为主的深圳电子及通信设备制造业是工业的主导行业，它不仅是我市工业的主力军，同时也是我国重要的电子产品生产基地，并创出了一批技术水平较高的名优和拳头产品。如计算机温盘磁头年产量居世界第三位、钟表产量占世界的四分之一，液晶显示器、软盘片、数字仪表产量占全国的一半以上，微电机、光纤光缆、和程控交换机、电视机、电子计算机、音响的产量都在全国占有相当大的比重。

工业品的国际市场竞争力提高，1995年我市工业企业产品出口交货值达608.62亿元，比1985年增长54.8倍，出口交货值占工业总产值的比重由1985年的32.3%上升到58.4%；制造业制成品出口交货值达570.24亿元，占出口产品的比重由1985年的33.5%提高到61.09%；原材料和初级矿业产品出口交货值的38.38亿元，由36.2%下降至35.04%。

二、工业所有制结构

1985年以来，我市所有制结构呈现出国有工业比重下降，非国有工业比重上升为主要特证的多种经济成份并存的格局。普查结果显示:在能源、原材料等基础产业、高新技术行业工业中,国有工业占有重要地位,如电力工业占4.8%,化学工业占6.7%,电子工业占4.9%,仪器仪表工业占12.5%。普查结果也显示出,国有工业生产要素比重明显高于产出额比重,非国有工业在全部工业中的比重显著上升,但其生产要素比重明显低于产出额比重(见表1)。

三、工业产业结构

深圳十年来,工业产业结构演进的基本趋势是:由劳动密集型、向技术密集型和资金密集型转变,新兴产业和高新技术行业比重不断上升,一些传统产业的比重相应下降,产业结构由初级逐步向高级化发展(见表2)。

四、工业劳动者状况

工业劳动者队伍不断壮大。1995年,我市工业企业和生产单位的从业人员为139.34万人,比1985年增长18.6倍;其中乡镇工业从业人员11.69万人,占8.4%,"三资"工业从业人员33.79万人,占24.25%。工业从业人员占全社会劳动者比重1985年为31.32%,1995年为48.99%,上升了17.67个百分点。

按经济类型划分,在乡及乡以上工业企业中:国有工业从业人员6.47万人,占11.06%,集体工业15.85万人,占27.10%;私营工业0.09万人,占0.15%;联营工业1.15万人,占1.97%;股份制工业0.87万人,占1.49%;"三资"工业33.79万人,占57.77%;其他工业0.27万人,占0.46%。

工程技术人员、管理人员比重上升,中青年职工队伍壮大。在乡及乡以上工业企业中,从业人员58.49万人,占全部工业的42.0%,工程技术人员3.85万人,占6.58%,管理人员5.17万人,占8.84%,服务及其他人员2.62万人,占4.48%。与1985年相比,工程技术人员比重上升了2.6个百分点,管理人员比重下降了0.65个百分点,服务及其他人员比重上升了2.2个百分点。

从职工年龄构成看,20及20岁以下的12.33万人,占21.8%,21至35岁的38.98万人,占66.64%,36至50岁的5.67万人,占9.69%,51岁以上的1.08万人,占1.85%。

职工文化、技术素质显著提高。在乡及乡以上工业企业中,大专以上文化程度的4.02万人,占6.87%,中专程度的2.12万人,占3.63%,技工程度的2.51万人,占4.29%,高中程度的18.58万人,占31.77%,初中程度的27.04万人,占46.23%,小学程度及以下的3.8万人,占6.5%。与1985年第二次全国工业普查相比,大专以上文化程度的职工比例提高了3.4个百分点,中专、技工及高中提高了13.24个百分点,初中以下的下降了25.5个百分点。在已评定技术职务的专业技术人员中,高级技术职务的4195人,占0.85%,中级技术职务的18263人,占3.15%初级技术职务的32172人,占5.54%。

1995年工业企业从业人员平均工资为9130元,按可比价格计算,比1985年增长296%,平均每年递增14.8%,职工的生活条件逐年有显著的改善和提高。

五、工业装备水平

工业装备水平显著提高。1995年末,我市工业固定资产原价为1005.79亿元,比1985年增长121倍。从业人员人均装备72295元,比1985年人均装备增长5.2倍。工业机器设备固定资产净值占固定资产原值的比重为43.99%,根据对我市2061个独立核算工业企业主要工业生产设备的普查,目前我市工业企业拥有自动化及半自动化生产线877条,机械手3259台。

在已安装使用的设备中,90年代出厂的占33..9%,80年代出厂的占65.0%,70年代以前出厂的占1.1%,与1985年对应的出厂年代相比分别上升了33.9个百分点、4.2个百分点和下降了37.1个百分点。

进口设备占89.2%,其中90年代出厂的占30.5%,80年代出厂的占68.5%,70年代以前出厂的占1%。

国产设备占10.8%,其中90年代出厂的占62.2%,80年代出厂的占36.3%,70年代以前出厂的占1.5%。

一些基础工业、高新技术产业和支柱产业中的专业生产设备出厂年代新,技术水平先进。如发电设备90年代出厂的占55.4%,属于国际水平的占54.5%,电子及通信设备90年代出厂的占91.0%,属于国际水平的占61.5%。

一些轻纺工业设备不算陈旧,80至90年代占相当大的比重。如纺织印染工业专用设备90年代出厂的占56.75%,80年代出厂的占37.1%,70年代以前出厂的占6.15%,缝纫工业专用设备90年代出厂的占31.8%,80年代出厂的占68.2%,70年代以前出厂的没有,皮革工业专业设备90年代出厂的占39.55%,80年代的占56.16%,70年代以前出厂的占4.29%,文教、工艺品工业专用设备90年代出厂的占77.4%,80年代出厂的占16.1%,70年代以前出厂的占6.5%,食品工业专业设备90年代出厂的占90.1%,80年代出厂的占9.9%。

六、工业科技活动情况

企业科技投入力度加大,科技产出成效显著,"七五"时期以来,工业企业的科技投入逐步显著增加,技术合作开发和创新活动逐步展开。据对我市大中型工业企业的普查,1995年企业拥有技术开发机构77个,平均每1.5个企业有1个;技术开发人员4079人,占企业技术人员的37.75%。当年投入技术开发及技术活动经费达35758万元,占产品销售收入的比重为0.72%,完成技术开发和研究发展项目(课题)421个。科技活动的积极投入,带来了可喜的产出成果。1995年新产品销售收入达79.8亿元,占全部销售收入的16.18%,实现利税8.28亿元。其中高新技术产品销售收入85.25亿元,高技术性收入430万元,占全部技术性收入的0.44%。今年完成科技著作1种,论文66篇,获技术开发成果奖14项。

七、企业生产经营状况

据对乡及乡以上和年产品销售收入在100万元以上的村办、合作经营、私营和个体工业的3186个普查单位的调查,1995年工业固定资产原价为1005.8亿元,流动资产752.6亿元,产品销售收入1252.7亿元,利润总额73.9亿元,全年实际上缴税金26.99亿元,从业人员的劳动报酬108.5亿元。

经济效益不够理想、经济运行质量有待提高。1995年乡及乡以上工业企业实现工业增加值286.97亿元,按可比价格计算,比上年增长25.6%,产品销售收入1080.8亿元,比上年增长32.1%。实现利税82.18亿元,比上年增长3.8%,企业全员劳动生产率(按增加值计算)49880元/人,比上年提高22.5%。反映产出规模的主要指标比上年均有一定的增长,但产出效率还不够高,企业盈利水平有所下降。1995年实现利润62.71亿元,比上年下降了10.3%;成本费用利润率比上年提高2.2个百分点;总资产利税率下降1.1个百分点;资金占用不合理,互相拖欠,周转困难。1995年末流动资产655.12亿元,占资产总计的43.23%;流动负债595.79亿元,流动比率为110%,属于普通型,表明企业偿债能力还可以。到1995年末企业资产总计为1515.4亿元,负债总额980.4亿元,资产负债率为64.7%,比上年下降了2.5个百分点。经营状况不佳,亏损上升。1995年亏损企业亏损总额11.66亿元,比上年增加4.38亿元,亏损额相当于实现利润的14.19%,综合亏损面34.26%,上升了9.[illegible]个百分点。在40个大类行业中,出现净亏损的行业有1个。

生产能力利用率还不够高。普查资料表明,目前我市有35.1%的工业产品的生产能力利用率在60%以下,最低的只有6.9%,说明还有很大的潜力。

产品质量总体水平提高。据对100种主要工业产品质量状况的普查,1995年达到国际先进水平的优等品占32%,达到国际一般水平的一等品占22%,达到国内标准的合格品占46%,工业产品质量综合等级品率为90%。一些产品的实物质量水平,如电视机平均无故障工作小时、软磁盘、程控交换机、液晶显示器、光纤光缆、自行车、电子计算机、计算机温盘磁头、微电机等,已达到世界先进水平。

主要工业技术经济指标进一步提高。主要表现在:①主要生产设备的利用率提高。发电设备平均利用小时4.39小时,水泥窑运转率达到55.82%,②单位产品综合能耗下降。发电标准煤耗361.48克/千瓦时。③单位产品原材料消耗降低。每重量箱平板玻璃耗纯咸为11.9公斤,④原材料利用率提高。铝材、棉纱、棉布、造纸等一些技术经济指标达到先进水平。

八、国有工业企业基本情况

由于清产核资重新界定产权,重估价以及土地入帐等因素,1995年末,国有工业资产总额达到186.7亿元,比上年增长12.5%,比1985年增长47倍,国有工业增加值34.5亿元,占全部工业的12.03%;产品销售收入130.2亿元,占全部工业的12.05%;实现利税12.69亿元,占全部工业的15.44%;上交税金1.5亿元,占全部工业的40.18%。"八五"期间,国有工业在市场经济中,一些企业由于结构调整和机制转换,历年遗留负担沉重等诸因素,发展速度低于非国有工业。1995年国有工业企业生产比上年增长0.05%,而同期集体工业增长7.9%,"三资"等其他类型工业增长28.78%,实现利润50.5亿元,比上年上升12.8%;企业亏损额高达9.14亿元,占全部工业亏损额的78.38%,比上年增加53.9%,综合亏损面达至34.8%。企业债务负担沉重,1995年末国有工业资产负债率52.5%。国有工业离退休人员相当于在职职工人数3.3%,支付离退休金及福利费2954万元,相当于当年实现利润的4.2%,企业内部及社会负担高于非国有工业。

九、大中型工业企业基本情况

1995年,我市大中型工业企业121个;其中大型企业70个,中型企业51个。大中型工业企业的个数占全市工业企业数的5.87%,大中型企业拥有职工92699人,占全部工业职工人数的15.96%。大中型企业的资产占全部工业资产的58.8%,而工业增加值、销售收入分别占全部工业的48.9%和45.6%。上交利税总额占全部工业的63.2%。

与1985年相比,大中型工业的规模有了很大的发展,企业个数增加95个,资产增加158倍。工业增加值增长133倍,平均年递增63%。实现利税增长39倍,年平均递增45%。

在主要工业行业中,大中型企业占有重要地位。大中型企业增加值占同行业增加值的比重;机械电子工业为35.1%,电力工业为32.3%,化学工业为0.5%,纺织工业为0.7%,交通运输设备制造业为2.5%。

从生产规模水平看,到1995年末,我市已拥有年产电视机100万台以上的企业1个,年产自行车100万辆以上的企业1个。

1995年,大中型工业企业拥有工程技术人员10806人,占职工总数的11.7%,远高于小型企业5.6%的比重.从职工的文化素质看,大专以上文化程度的占14.2%,中专、技工及高中文化程度的占50.73%;从技术职务看,具有高级技术职务的占1.45%,中级技术职务的占5.42%,初级技术职务的占7.48%,均高于小型企业的水平。大中型企业不仅技术力量强,设备比较先进,1995年末主要生产设备,90年代出厂的占13.8%,80年代出厂的占86%,70年代出厂的占0.2%。

大中型工业企业规模效益优势比较显著。总资产贡献率9.6%,比小型企业高3.4个百分点;成本费用利润率为 8.9%,比小型企业高 5 个百分点;全员劳动生产率为 151810 元,比小型企业高 4.02 倍;流动资产周转率为 1.63 次,比小型企业慢了 0.37 次;资本保值增值率 120.8%,比小型企业高 8.3 个百分点。

十、"三资"企业状况

1995 年末,我市"三资"工业企业为 1396 个,比 1985 年增加 1308 个,其中外商投资工业企业 269 个,占 19.28%;港澳等投资工业为 1129 个,占 80.72%;合资企业 845 个占 60.5%;合作企业 289 个,占 20.7%;独资企业 262 个,占 18.8%。

"三资"工业企业资本金为 255.4 亿元,其中中方资本金 103.58 亿元,占 40.6%,港澳等工商业者资本金 111.1 亿元,占 43.5%外国资本金为 136.1 亿元,占 53.3%。资金到位率高,年末累计客商协议投资 139.4 亿元,实际投资额 174.5 亿元,为协议投资额的 125.2%,实收资本 249.8 亿元,占企业注册资本金的 97.8%,其中中方投资占 41.68%,港澳等工商业者占 43.13%,外国投资占 10.8%。

"三资"工业企业从业人员 337884 人,占全市独立核算工业企业职工总数的 57.77%在"三资"企业中,港澳等人员占 0.4%,外方人员占 0.09%。

从"三资"企业的行业分布来看,从事轻工业的占 47.5%,从事重工业的占 52.5%。主要分布在电子行业、食品加工行业、电气机械及器材行业和服装行业。

1995 年,"三资"企业工业增加值为 224.7 亿元,占全部工业增加值的 78.3%,工业总产值为 884.22 亿元,比 1985 年增长 94 倍,平均每年递增 58%;销售收入 870.1 亿元,占全部工业的 80.5%,其中国内销售 272.33 亿元,占 31.3%,外销 597.77 亿元,占 68.7%,其中销往美国占 7.3%,日本占 22.1%,北美及大洋洲国家占 7.4%;"三资"工业企业外汇收支差额为 22.3 亿美元,其中进口用汇 73.35 亿美元,出口创汇 95.6 亿美元;实现利税 58.13 亿元,占全部工业的 70.74%,上交税金 11.2 亿元,占全部工业的 54.5%;每百元销售收入实现利润为 5.4 元,比国有企业低 2.4 元;职工人均工资 10513 元,比内资企业高 3254 元。"三资"企业收益分配结构与投资结构不对称,中方股利仅占 48.3%,港澳等工商业者占 40.7%,外国投资者占 5.7%。

第三次全国工业普查我市获取直接数据信息近 600 万笔,除公报发布的主要普查数据外,深圳市第三次工业普查办公室将陆续编纂出版《深圳市第三次工业普查资料汇编》和《深圳市工业普查专题分析文集》。

1996年深圳工业生产情况

1996年,全市工业企业积极建立规范化的现代企业制度,以市场为导向,依靠科技进步,不断优化产业结构和产品结构,实现了工业生产的持续、稳定、健康发展。1996年全市工业企业达9667个(其中村及村以下工业企业7248个),完成现价工业总产值1427.70亿元,其中镇及镇以上企业完成工业总产值1211.88亿元。按可比价格(1990年不变价)计算,全市完成工业总产值1230.32亿元,比上年增长17.5%,其中镇及镇以上工业总产值1068.40亿元,比上年增长18.7%。工业在全市经济活动中仍居重要地位,1996年全市工业增加值达382.39亿元,占全市国内生产总值的40.2%。

1996年深圳工业保持了外向型的特点。全年镇及镇以上工业出口产品产值(按1990年不变价计算,下同)为620.89亿元,占全市镇及镇以上工业总产值的58.1%;外商投资(含港、澳、台)工业企业1335个,完成工业产值873.71亿元,比上年增长16.3%,占全市镇及镇以上工业总产值的81.8%。

大中型工业企业的骨干作用突出。1996年全市大中型企业122个,职工年平均人数88918人,占全市职工年平均人数的15.8%;创造工业总产值464.70亿元,占全市镇及镇以上工业总产值的43.5%;全员劳动生产率(按增加值计算,下同)184957元/人,是全市独立核算工业企业全员劳动生产率的3.1倍。

重工业发展快于轻工业。近年来深圳市政府拟定的重视高新技术和基础工业的政策措施已见成效,工业结构迅速调整,改变了以轻工业为主的格局,行业分布随之变化。

主要行业分布情况:

电子及通信设备制造业是深圳的支柱工业,共有企业383个,职工年平均人数144048人,完成产值547.06亿元,比上年增长15.1%,占全市镇及镇以上工业总产值的51.2%。主要产品电视机产量比上年增长40.6%、录放音机产量增长40.8%、微型计算机增长61.1%。电气机械及器材制造业是全市工业的第二行业,有企业149个,职工年平均人数35288人,创造产值48.57亿元,占全市镇及镇以上工业总产值的4.5%。主要产品有空调器、电风扇、排油烟机、灯饰灯具等。

食品加工业为全市工业的第三行业,有企业45个,职工年平均人数4505人,创造工业产值44.07亿元,占全市镇及镇以上工业总产值的4.1%。

金属制品业为深圳工业的第四行业,有企业179个,职工年平均人数25249人,实现工业产值38.55亿元,占全市镇及镇以上工业总产值的3.6%。

仪器仪表及文化、办公用机械制造业为全市工业的第五行业,有企业156个,职工年平均人数20234人,实现工业产值33.46亿元,占全市镇及镇以上工业总产值的3.1%。

服装及其他纤维制品制造业为全市工业的第六行业,有企业270个,职工年平均人数63443人,实现工业产值33.15亿元,占全市镇及镇以上工业总产值的3.1%。

医药制造业为深圳工业的第七行业,有企

业32个,职工年平均人数6102人,实现工业产值32.68亿元,占全市镇及镇以上工业总产值的3.1%。

非金属矿物制品业为深圳工业的第八行业,有企业59个,职工年平均人数8489人,实现工业产值28.30亿元,占全市镇及镇以上工业总产值的2.6%。

塑料制品业为深圳工业的第九行业,有企业181个,职工年平均人数40292人,实现工业产值28.29亿元,占全市镇及镇以上工业总产值的2.6%。

交通运输设备制造业为深圳工业的第十行业,有企业110个,职工年平均人数10351人,实现产值26.55亿元,占全市镇及镇以上工业总产值的2.5%。

(工业交通统计处供稿,执笔:沈[illegible])

主 要 工 业 产 品 产 量

发电量（亿千瓦小时）

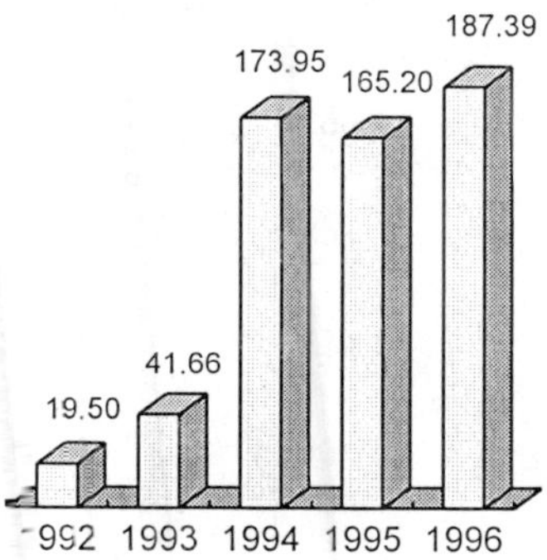

卷烟（万箱）

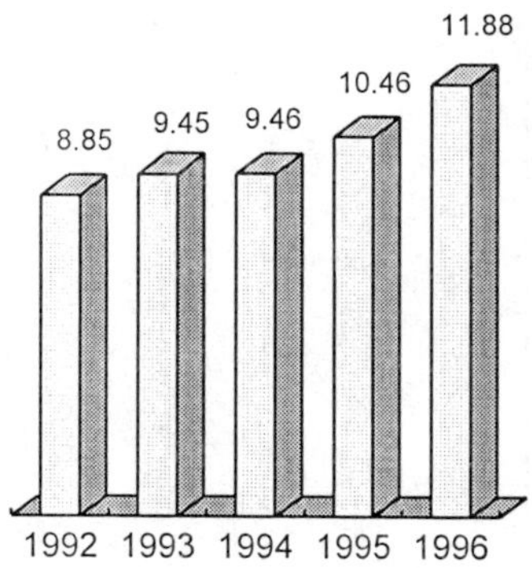

录放音机（万台）

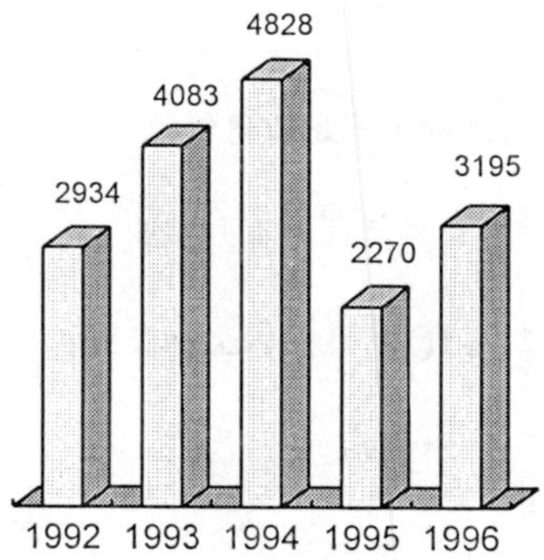

自行车（万辆）

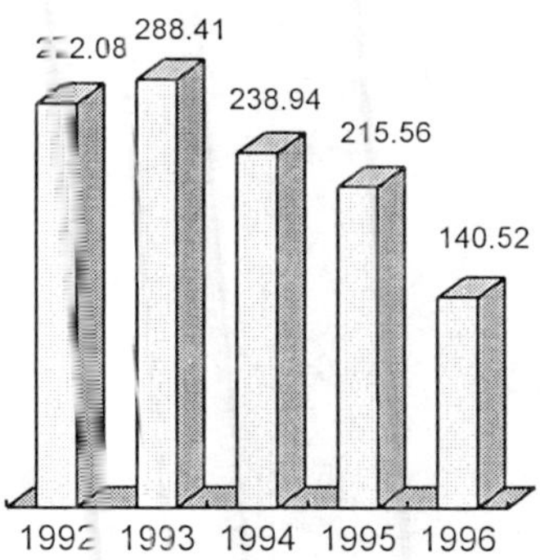

彩色电视机（万台）

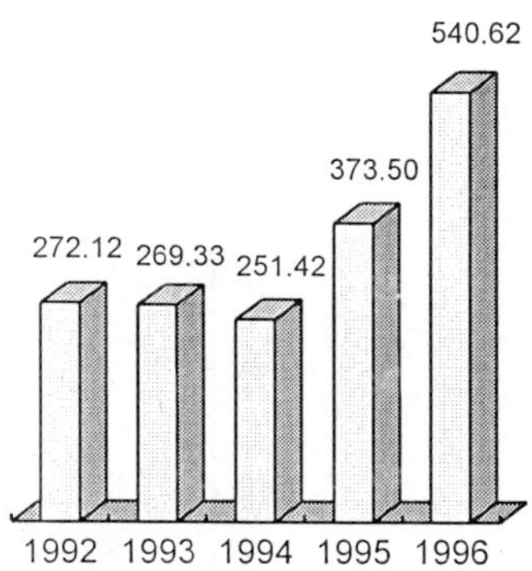

电话机（万部）

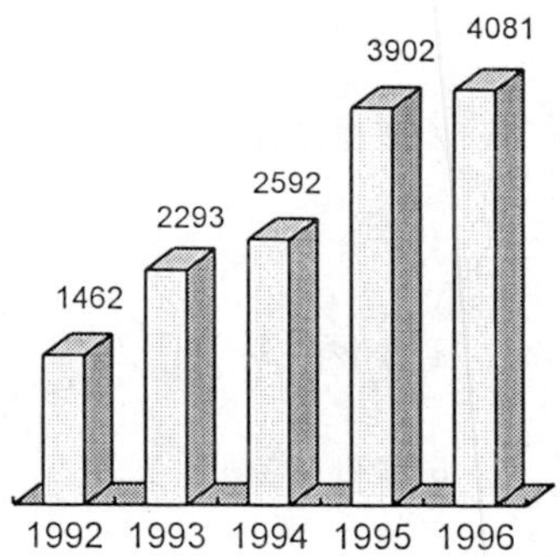

塑料制品（万吨）

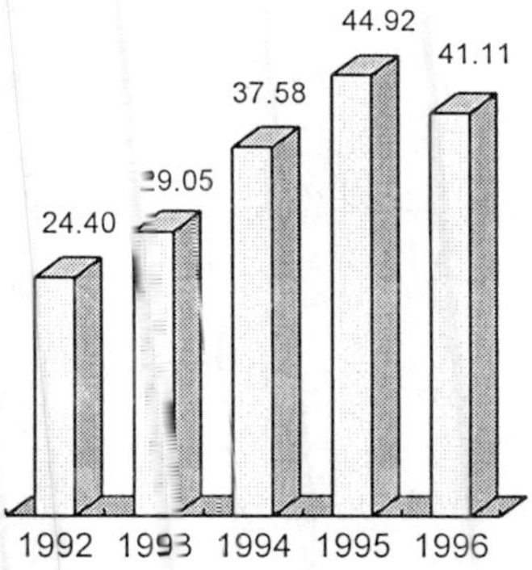

微型计算机（万台）

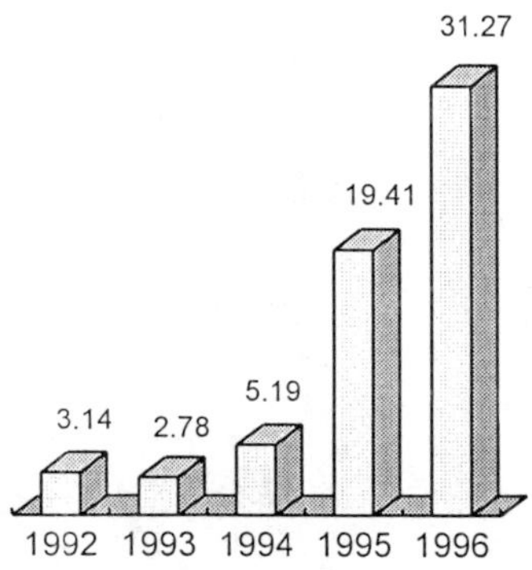

表（万只）

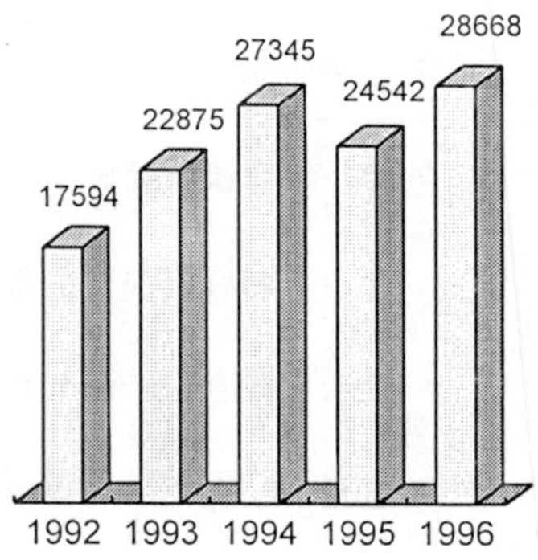

表3-1　工　业　企　业　单　位　数

单位:个

项　　目	1995年		1996年	
	全　市	特　区	全　市	特　区
一、全部工业企业单位数	**9 696**	**2 078**	**9 667**	
#村及村以下办工业	7 103		7 248	
二、总计(镇及镇以上办工业)	**2 593**	**2 078**	**2 419**	**1 752**
#内联企业	77		64	49
(一)按经济类型分				
1.国有经济	583	491	541	455
①中央企业	64	62	62	55
②地方企业	519	429	479	400
2.集体经济	475	363	399	246
3.私营经济	6	4	11	5
4.联营经济	77	65	64	49
5.股份制经济	46	43	51	42
6.外商投资经济	267	161	261	136
①中外合资经营企业	167	123	163	104
②中外合作经营企业	53	18	50	14
③外资企业	47	20	48	18
7.港、澳、台投资经济	1 129	950	1 074	819
①与大陆合资经营企业	678	656	587	532
②与大陆合作经营企业	236	194	243	174
③港、澳、台独资企业	215	100	244	113
8.其他经济	10	1	18	

表 3－1 续表 1　　单位:个

项目	1995年		1996年	
	全市	特区	全市	特区
(二)按轻、重工业分				
1.轻工业	1 689	1 333	1 554	1 089
以农产品为原料	837	701	760	567
以非农产品为原料	852	632	794	522
2.重工业	904	745	865	663
采掘工业	11	8	12	9
原料工业	77	63	70	50
加工工业	816	674	783	604
(三)按企业规模分				
1.大型企业	70	65	71	65
2.中型企业	51	44	51	40
3.小型企业	2 472	1 969	2 297	1 647
(四)按工业行业分				
1.煤炭采选业				
2.石油和天然气开采业				
3.黑色金属矿采选业				
4.有色金属矿采选业				
5.非金属矿采选业	11	8	12	9
6.其他矿采选业				
7.木材及竹材采运业				
8.食品加工业	41	27	45	25
9.食品制造业	38	33	44	37
10.饮料制造业	34	28	27	21
11.烟草加工业	1	1	1	1
12.纺织业	90	78	90	64
13.服装及其他纤维制品制造业	337	290	270	224

表3-1续表2　　单位:个

项目	1995年		1996年	
	全市	特区	全市	特区
14.皮革、毛皮、羽绒及其制品业	108	86	83	54
15.木材加工及竹材、藤、棕、草制品业	12	11	21	18
16.家具制造业	32	28	28	22
17.造纸及纸制品业	52	39	54	32
18.印刷业、记录媒介的复制	67	57	62	45
19.文教体育用品制造业	111	70	107	53
20.石油加工及炼焦业	1	1	1	1
21.化学原料及化学制品制造业	84	69	77	56
22.医药制造业	30	28	32	30
23.化学纤维制造业	7	4	9	4
24.橡胶制品业	18	13	15	10
25.塑料制品业	180	122	181	111
26.非金属矿物制品业	74	62	59	42
27.黑色金属冶炼及压延加工业	6	5	7	3
28.有色金属冶炼及压延加工业	10	9	10	9
29.金属制品业	183	138	179	127
30.普通机械制造业	41	35	36	28
31.专用设备制造业	62	55	56	50
32.交通运输设备制造业	65	49	110	8[illegible]
33.电气机械及器材制造业	153	109	149	9[illegible]
34.电子及通信设备制造业	423	361	383	30[illegible]
35.仪器仪表及文化、办公用机械制造业	168	144	156	12[illegible]
36.其他制造业	126	101	85	[illegible]
37.电力蒸汽热水的生产和供应业	17	11	17	[illegible]
38.煤气生产和供应业	2	2	2	[illegible]
39.自来水的生产和供应业	9	4	11	[illegible]

表3-2　工业企业职工平均人数

单位:人

项目	1995年		1996年	
	全市	特区	全市	特区
总计(镇及镇以上办工业)	**575 347**	**338 634**	**563 703**	**303 251**
#内联企业	11 222	8 904	9 817	7 310
(一)按经济类型分				
1.国有经济	64 784	39 777	57 030	34 256
①中央企业	7 956	6 677	9 617	7 943
②地方企业	53 738	33 100	47 413	26 313
2.集体经济	156 767	43 329	138 425	38 440
3.私营经济	942	86	373	138
4.联营经济	11 222	8 904	9 817	7 310
5.股份制经济	8 222	7 323	24 478	7 791
6.外商投资经济	80 458	52 072	82 649	46 354
①中外合资经营企业	36 601	26 912	37 917	26 407
②中外合作经营企业	15 229	7 536	14 999	6 840
③外资企业	28 628	17 624	29 733	13 107
7.港、澳、台投资经济	250 507	184 473	250 931	168 962
①与大陆合资经营企业	135 827	125 315	124 150	108 750
②与大陆合作经营企业	51 483	36 496	50 603	36 135
③港、澳、台独资企业	63 197	22 662	76 178	24 077
8.其他经济	2 445	2 445		

表 3－2 续表 1

单位:人

项　　目	1995 年		1996 年	
	全　市	特　区	全　市	特　区
(二)按轻、重工业分				
1.轻　工　业	416 078	219 774	385 775	190 454
以农产品为原料	158 568	112 874	152 362	99 099
以非农产品为原料	257 510	106 900	233 413	91 355
2.重　工　业	159 269	118 860	177 928	112 79[illegible]
采掘工业	892	720	1 049	86[illegible]
原料工业	13 806	11 988	13 489	10 19[illegible]
加工工业	144 571	106 152	163 390	101 74[illegible]
(三)按企业规模分				
1.大型企业	73 377	68 481	73 947	68 6[illegible]
2.中型企业	16 986	14 407	14 971	11 6[illegible]
3.小型企业	484 984	255 746	474 785	222 9[illegible]
(四)按工业行业分				
1.煤炭采选业				
2.石油和天然气开采业				
3.黑色金属矿采选业				
4.有色金属矿采选业				
5.非金属矿采选业	892	720	1 049	[illegible]
6.其他矿采选业				
7.木材及竹材采运业				
8.食品加工业	4 608	3 605	4 505	3 [illegible]7
9.食品制造业	5 077	4 083	6 040	3 [illegible]7
10.饮料制造业	4 492	3 674	3 980	3 [illegible]0
11.烟草加工业	383	383	378	[illegible]78
12.纺　织　业	15 432	11 092	17 752	9 [illegible]12
13.服装及其他纤维制品制造业	71 744	57 922	63 443	51 [illegible]74

表3-2续表2　　单位:人

项　　目	1995年		1996年	
	全　市	特　区	全　市	特　区
14.皮革、毛皮、羽绒及其制品业	39 560	17 328	36 012	15 034
15.木材加工及竹材、藤、棕、草制品业	3 643	3 643	3 096	3 096
16.家具制造业	4 046	3 536	3 645	3 016
17.造纸及纸制品业	3 468	2 819	4 667	2 161
18.印刷业、记录媒介的复制	5 536	4 655	7 252	4 090
19.文教体育用品制造业	91 856	15 052	73 533	11 027
20.石油加工及炼焦业	69	69	69	69
21.化学原料及化学制品制造业	9 089	6 280	8 775	5 605
22.医药制造业	4 712	4 281	6 102	5 657
23.化学纤维制造业	2 587	1 896	2 567	1 985
24.橡胶制品业	5 892	1 827	7 556	992
25.塑料制品业	38 882	12 385	40 292	10 785
26.非金属矿物制品业	9 333	7 979	8 489	5 907
27.黑色金属冶炼及压延加工业	726	586	729	386
28.有色金属冶炼及压延加工业	1 269	940	1 461	986
29.金属制品业	25 857	12 592	25 249	12 453
30.普通机械制造业	4 154	2 192	3 568	1 527
31.专用设备制造业	5 780	4 642	5 125	4 566
32.交通运输设备制造业	12 121	7 432	10 351	6 213
33.电气机械及器材制造业	31 031	13 925	35 288	15 014
34.电子及通信设备制造业	134 437	107 862	144 048	97 254
35.仪器仪表及文化、办公用机械制造业	16 684	13 338	20 234	15 291
36.其他制造业	14 192	5 491	11 003	2 741
37.电力蒸汽热水的生产和供应业	5 642	4 837	5 440	4 637
38.煤气生产和供应业				
39.自来水的生产和供应业	2 153	1 568	2 005	1 341

表3-3 工业总产值

（按当年价格计算） 单位:万元

项目	1995年		1996年	
	全市	特区	全市	特区
一、村及村以下办工业总产值	**1 722 790**		**2 158 176**	
二、镇及镇以上办工业总产值	**10 542 103**	**9 191 035**	**12 118 793**	**9 927 237**
内联企业产值	125 542	103 027	144 459	115 583
(一)按经济类型分				
1.国有经济	968 654	814 012	1 087 930	916 985
①中央企业	215 674	205 747	413 963	385 502
②地方企业	752 980	608 265	673 967	531 483
2.集体经济	382 492	236 245	523 517	355 273
3.私营经济	19 282	16 057	7 066	5 732
4.联营经济	125 542	103 027	144 459	115 583
5.股份制经济	193 427	114 673	282 709	174 038
6.外商投资经济	3 179 554	2 858 120	3 776 304	2 999 521
①中外合资经营企业	1 785 232	1 654 160	2 461 264	2 202 752
②中外合作经营企业	253 007	134 160	249 482	97 610
③外资企业	1 141 314	1 069 800	1 065 558	699 159
7.港、澳、台投资经济	5 662 713	5 044 580	6 293 312	5 360 105
①与大陆合资经营企业	4 260 570	4 131 575	4 332 265	4 089 770
②与大陆合作经营企业	617 193	497 693	741 525	591 250
③港、澳、台独资企业	784 949	415 312	1 219 522	679 085
8.其他经济	10 439	4 321	3 496	

表 3-3 续表 1　　(按当年价格计算)　　单位:万元

项目	1995年		1996年	
	全市	特区	全市	特区
(二)按轻、重工业分				
1.轻工业	5 298 872	4 364 291	5 982 524	4 577 887
以农产品为原料	2 194 658	1 885 971	2 534 908	2 019 896
以非农产品为原料	3 104 214	2 478 320	3 447 616	2 557 991
2.重工业	5 243 231	4 826 744	6 136 269	5 349 350
采掘工业	12 019	9 222	9 413	7 680
原料工业	1 283 252	1 200 467	1 405 181	1 279 807
加工工业	3 947 960	3 617 055	4 721 675	4 061 863
(三)按企业规模分				
1.大型企业	4 151 872	4 070 255	5 136 730	5 038 250
2.中型企业	433 875	382 949	529 111	415 644
3.小型企业	5 956 356	4 737 831	6 452 952	4 473 344
(四)按工业行业分				
1.煤炭采选业				
2.石油和天然气开采业				
3.黑色金属矿采选业				
4.有色金属矿采选业				
5.非金属矿采选业	12 019	9 222	9 413	7 680
6.其他矿采选业				
7.木材及竹材采运业				
8.食品加工业	569 713	490 009	749 202	604 644
9.食品制造业	100 829	78 675	115 801	72 159
10.饮料制造业	114 846	94 110	133 878	114 969
11.烟草加工业	41 903	41 903	51 980	51 980
12.纺织业	256 706	220 512	250 487	170 179
13.服装及其他纤维制品制造业	472 713	406 453	437 189	373 304

表 3－3 续表 2　　(按当年价格计算)　　单位:万元

项　　目	1995 年		1996 年	
	全　市	特　区	全　市	特　区
14.皮革、毛皮、羽绒及其制品业	162 771	116 261	140 687	85 551
15.木材加工及竹材、藤、棕、草制品业	68 098	68 063	73 479	73 343
16.家具制造业	29 822	28 647	32 627	29 634
17.造纸及纸制品业	133 419	113 193	153 526	102 852
18.印刷业、记录媒介的复制	114 609	106 067	174 007	136 795
19.文教体育用品制造业	281 630	157 488	287 076	123 812
20.石油加工及炼焦业	9 635	9 635	8 839	8 839
21.化学原料及化学制品制造业	225 491	203 812	209 428	168 872
22.医药制造业	237 232	230 063	346 656	337 934
23.化学纤维制造业	49 631	32 047	44 927	40 177
24.橡胶制品业	29 322	17 582	71 636	11 077
25.塑料制品业	306 349	187 688	343 905	193 160
26.非金属矿物制品业	273 944	264 528	279 918	257 925
27.黑色金属冶炼及压延加工业	65 321	52 796	85 333	47 652
28.有色金属冶炼及压延加工业	54 817	47 554	62 537	51 882
29.金属制品业	368 581	276 123	445 577	313 143
30.普通机械制造业	92 188	45 935	75 740	28 128
31.专用设备制造业	109 904	92 902	156 042	141 490
32.交通运输设备制造业	281 060	201 759	329 394	198 891
33.电气机械及器材制造业	437 012	259 392	521 119	215 798
34.电子及通信设备制造业	4 285 449	4 116 150	4 823 676	4 416 183
35.仪器仪表及文化、办公用机械制造业	112 537	87 109	404 190	377 319
36.其他制造业	152 601	118 124	115 132	63 640
37.电力蒸汽热水的生产和供应业	1 021 471	966 651	1 121 264	1 067 186
38.煤气生产和供应业	8 831	8 831	640	620
39.自来水的生产和供应业	61 649	41 751	63 488	40 421

表3-4 工业总产值

（按1990年不变价格计算）　　单位:万元

项目	1995年		1996年	
	全市	特区	全市	特区
总计(镇及镇以上办工业)	**9 001 241**	**8 068 294**	**10 683 961**	**9 058 539**
#出口产品产值	5 125 219	4 114 829	6 208 851	4 806 509
#外商来料加工产值	391 041	274 982	385 064	241 809
内联企业产值	124 597	104 225	138 174	116 771
(一)按经济类型分				
1.国有经济	850 120	731 264	1 087 137	935 752
①中央企业	270 177	260 768	562 165	521 162
②地方企业	579 943	470 496	524 972	414 591
2.集体经济	335 825	233 082	480 850	360 126
3.私营经济	19 220	17 367	8 555	7 656
4.联营经济	124 597	104 225	138 174	116 771
5.股份制经济	147 088	94 832	229 709	143 420
6.外商投资经济	3 055 810	2 825 210	3 935 207	3 375 792
①中外合资经营企业	2 146 334	2 053 354	2 970 995	2 744 502
②中外合作经营企业	212 727	123 381	190 916	82 929
③外资企业	696 749	648 475	773 296	548 361
7.港、澳、台投资经济	4 459 202	4 057 994	4 801 846	4 119 022
①与大陆合资经营企业	3 223 225	3 133 705	3 152 308	2 956 082
②与大陆合作经营企业	514 133	433 971	583 560	481 428
③港、澳、台独资企业	721 844	490 318	1 065 978	681 513
8.其他经济	9 379	4 320	2 483	

表 3－4 续表 1　　（按 1990 年不变价格计算）　　单位:万元

项　　目	1995 年		1996 年	
	全　市	特　区	全　市	特　区
(二)按轻、重工业分				
1.轻　工　业	4 328 698	3 682 918	4 948 519	3 858 433
以农产品为原料	1 529 964	1 335 057	1 885 562	1 501 286
以非农产品为原料	2 798 735	2 347 861	3 062 957	2 357 147
2.重　工　业	4 672 543	4 385 376	5 735 442	5 200 106
采掘工业	10 040	7 622	8 521	7 037
原料工业	330 882	295 569	373 286	310 224
加工工业	4 331 621	4 353 207	5 353 635	4 882 844
(三)按企业规模分				
1.大型企业	3 487 290	3 424 765	4 225 356	3 662 222
2.中型企业	320 674	290 322	421 677	331 214
3.小型企业	5 193 277	4 353 207	6 036 928	5 065 102
(四)按工业行业分				
1.煤炭采选业				
2.石油和天然气开采业				
3.黑色金属矿采选业				
4.有色金属矿采选业				
5.非金属矿采选业	10 040	7 622	8 521	7 037
6.其他矿采选业				
7.木材及竹材采运业				
8.食品加工业	362 239	319 843	440 701	338 023
9.食品制造业	72 340	60 030	92 971	60 943
10.饮料制造业	74 409	65 353	114 996	97 03[illegible]
11.烟草加工业	30 322	30 322	34 459	34 459
12.纺　织　业	156 830	134 146	189 079	131 39[illegible]
13.服装及其他纤维制品制造业	329 428	277 605	331 476	287 37[illegible]

表 3-4 续表 2　　(按 1990 年不变价格计算)　　单位:万元

项　目	1995 年		1996 年	
	全　市	特　区	全　市	特　区
14.皮革、毛皮、羽绒及其制品业	123 511	92 361	114 127	69 452
15.木材加工及竹材、藤、棕、草制品业	58 645	58 613	53 241	53 121
16.家具制造业	21 944	21 143	26 207	23 803
17.造纸及纸制品业	89 466	75 633	121 756	80 984
18.印刷业、记录媒介的复制	96 312	92 042	148 743	123 775
19.文教体育用品制造业	231 170	139 149	236 916	105 551
20.石油加工及炼焦业	7 516	7 516	5 165	5 165
21.化学原料及化学制品制造业	280 764	261 999	252 857	221 534
22.医药制造业	220 803	214 228	326 752	316 946
23.化学纤维制造业	40 858	25 544	39 369	34 130
24.橡胶制品业	20 237	12 438	50 036	12 073
25.塑料制品业	238 885	153 493	282 882	176 591
26.非金属矿物制品业	190 987	184 620	282 993	267 226
27.黑色金属冶炼及压延加工业	27 184	20 295	61 875	31 770
28.有色金属冶炼及压延加工业	42 243	34 733	51 918	41 876
29.金属制品业	318 269	257 721	385 470	296 771
30.普通机械制造业	69 454	38 537	66 284	27 521
31.专用设备制造业	105 347	92 915	130 263	119 600
32.交通运输设备制造业	222 885	170 060	265 513	174 391
33.电气机械及器材制造业	382 283	251 444	485 685	199 816
34.电子及通信设备制造业	4 751 221	4 609 735	5 470 557	5 181 041
35.仪器仪表及文化、办公用机械制造业	120 784	101 741	334 639	316 491
36.其他制造业	134 207	110 459	97 357	59 403
37.电力蒸汽热水的生产和供应业	145 471	131 343	157 739	151 248
38.煤气生产和供应业	6 382	6 382	640	620
39.自来水的生产和供应业	18 805	9 229	22 772	11 383

表3-5　镇及镇以上工业总产值构成

(按当年价格计算)　　单位:%

项　　目	1995年		1996年	
	全　市	特　区	全　市	特　区
总计(镇及镇以上办工业)	**100.0**	**100.0**	**100.0**	**100.0**
#出口产品产值	57.0	55.0	48.3	47.9
#外商来料加工产值	4.8	3.9	2.9	2.2
内联企业产值	1.2	1.1	1.2	1.2
(一)按经济类型分				
1.国有经济	9.2	8.9	9.0	9.0
①中央企业	2.0	2.2	3.4	3.9
②地方企业	7.1	6.6	5.6	5.1
2.集体经济	3.6	2.6	4.3	3.4
3.私营经济	0.2	0.2	0.1	0.1
4.联营经济	1.2	1.1	1.2	1.2
5.股份制经济	1.8	1.2	2.3	1.8
6.外商投资经济	30.2	31.1	31.2	30.4
①中外合资经营企业	16.9	18.0	20.3	22.3
②中外合作经营企业	2.4	1.5	2.1	1.0
③外资企业	10.8	11.6	8.8	7.1
7.港、澳、台投资经济	53.7	54.9	51.9	54.2
①与大陆合资经营企业	40.4	45.0	35.7	41.4
②与大陆合作经营企业	5.9	5.4	6.1	6.0
③港、澳、台独资企业	7.4	4.5	10.0	6.9
8.其他经济	0.1	…	…	

表 3－5 续表 1　　(按当年价格计算)　　单位:%

项目	1995 年		1996 年	
	全市	特区	全市	特区
(二)按轻、重工业分				
1.轻工业	50.3	47.5	49.4	46.0
以农产品为原料	20.8	20.5	20.9	20.3
以非农产品为原料	29.4	27.0	28.4	25.7
2.重工业	49.7	52.5	50.6	54.0
采掘工业	0.1	0.1	0.1	0.1
原料工业	12.2	13.1	11.6	12.9
加工工业	37.4	39.4	39.0	41.0
(三)按企业规模分				
1.大型企业	39.4	44.3	42.4	46.1
2.中型企业	4.1	4.2	4.4	4.2
3.小型企业	56.5	51.5	53.2	49.7
(四)按工业行业分				
1.煤炭采选业				
2.石油和天然气开采业				
3.黑色金属矿采选业				
4.有色金属矿采选业				
5.非金属矿采选业	0.1	0.1	0.1	0.1
6.其他矿采选业				
7.木材及竹材采运业				
8.食品加工业	5.4	5.3	6.2	6.1
9.食品制造业	1.0	0.9	1.0	0.7
10.饮料制造业	1.1	1.0	1.1	1.2
11.烟草加工业	0.4	0.5	0.4	0.5
12.纺织业	2.4	2.4	2.1	1.7
13.服装及其他纤维制品制造业	4.5	4.4	3.6	3.7

表3－5续表2　　(按当年价格计算)　　单位:%

项　　目	1995年		1996年	
	全市	特区	全市	特区
14.皮革、毛皮、羽绒及其制品业	1.5	1.3	1.2	0.9
15.木材加工及竹材、藤、棕、草制品业	0.6	0.7	0.6	0.7
16.家具制造业	0.3	0.3	0.3	[illegible]
17.造纸及纸制品业	1.3	1.2	1.3	[illegible]
18.印刷业、记录媒介的复制	1.1	1.2	1.4	[illegible]
19.文教体育用品制造业	2.7	1.7	2.4	[illegible]
20.石油加工及炼焦业	0.1	0.1	0.1	0.1
21.化学原料及化学制品制造业	2.1	2.2	1.7	[illegible]
22.医药制造业	2.3	2.5	2.9	[illegible]
23.化学纤维制造业	0.5	0.3	0.4	[illegible]
24.橡胶制品业	0.3	0.2	0.6	[illegible]
25.塑料制品业	2.9	2.0	2.8	1.9
26.非金属矿物制品业	2.6	2.9	2.3	2.6
27.黑色金属冶炼及压延加工业	0.6	0.6	0.7	0.5
28.有色金属冶炼及压延加工业	0.5	0.5	0.5	0.5
29.金属制品业	3.5	3.0	3.7	3.1
30.普通机械制造业	0.9	0.5	0.6	0.3
31.专用设备制造业	1.0	1.0	1.3	1.4
32.交通运输设备制造业	2.7	2.2	2.7	1.9
33.电气机械及器材制造业	4.1	2.8	4.3	2.2
34.电子及通信设备制造业	40.7	44.8	39.8	44.7
35.仪器仪表及文化、办公用机械制造业	1.1	0.9	3.3	3.8
36.其他制造业	1.4	1.3	0.9	0.6
37.电力蒸汽热水的生产和供应业	9.7	10.5	9.3	10.8
38.煤气生产和供应业	0.1	0.1		
39.自来水的生产和供应业	0.6	0.5	0.5	0.4

表 3－6　历年全部工业总产值

单位:万元

年份	按当年价格计算				按 1990 年不变价格计算			
	总计	轻工业	重工业	总计中:村及村以下工业	总计	轻工业	重工业	总计中:村及村以下工业
1979	7 128	6 307	821	1 067	8 340	7 379	961	1 248
1980	10 632	9 265	1 367	2 188	12 439	10 840	1 599	2 560
1981	26 692	25 172	1 520	2 410	31 230	29 451	1 779	2 820
1982	38 833	34 453	4 380	2 621	45 435	40 310	5 125	3 067
1983	75 993	61 513	14 480	3 952	88 912	71 970	16 942	4 624
1984	172 132	137 698	34 434	5 329	201 395	161 107	40 288	6 235
1985	246 662	194 108	52 554	5 449	318 832	261 673	57 159	7 043
1986	340 227	266 318	73 909	9 773	427 658	347 488	80 170	12 284
1987	558 311	433 738	124 573	10 584	686 604	547 786	138 818	13 022
1988	1 012 739	779 258	233 481	18 964	1 061 274	817 717	243 557	19 871
1989	1 477 470	1 080 785	396 685	33 295	1 565 899	1 129 343	436 556	35 288
1990	2 202 180	1 657 859	544 321	71 820	2 181 298	1 576 658	604 640	65 291
1991	3 153 966	2 233 705	920 261	102 700	2 966 566	2 060 031	906 535	102 700
1992	4 347 007	2 971 348	1 375 659	179 471	4 150 227	2 712 118	1 438 109	143 574
1993	6 778 008	4 575 096	2 202 912	305 000	5 785 416	3 818 374	1 967 042	300 048
1994	10 637 396	6 134 019	4 503 377	1 038 190	8 012 802	4 859 275	3 153 527	782 896
1995	12 264 893	6 651 811	5 613 082	1 722 790	10 472 223	5 483 887	4 988 336	1 470 982
1996	14 276 969	8 003 206	6 273 763	2 158 176	12 303 185	6 461 208	5 841 977	1 619 224

表 3－7　历年镇及镇以上工业总产值

单位:万元

年份	按当年价格计算			按 1990 年不变价格计算		
	总计	轻工业	重工业	总计	轻工业	重工业
1979	6 061	5 240	821	7 092	6 131	961
1980	8 444	7 077	1 367	9 879	8 280	1 599
1981	24 282	22 762	1 520	28 410	26 631	1 779
1982	36 212	31 832	4 380	42 368	37 243	5 125
1983	72 041	57 561	14 480	84 288	67 346	16 942
1984	166 803	132 369	34 434	195 160	154 872	40 288
1985	241 213	188 659	52 554	311 789	254 630	57 159
1986	330 454	256 545	73 909	415 374	335 204	80 170
1987	547 722	423 150	124 572	673 582	534 764	138 818
1988	993 775	760 294	233 481	1 041 403	797 846	243 557
1989	1 503 905	1 089 694	414 211	1 593 916	1 138 071	455 845
1990	2 104 696	1 570 896	533 800	2 091 218	1 541 965	549 253
1991	3 077 749	2 156 668	921 081	2 887 972	1 980 792	907 130
1992	4 198 920	2 824 688	1 374 232	4 040 272	2 616 368	1 423 904
1993	6 803 152	4 504 130	2 299 022	5 519 012	3 598 959	1 920 053
1994	9 599 206	5 087 069	4 512 137	7 229 906	4 072 929	3 156 977
1995	10 542 103	5 298 872	5 243 231	9 001 241	4 328 698	4 672 543
1996	12 118 793	5 984 696	6 134 097	10 683 961	4 948 519	5 735 442

表 3－8　全部工业总产值指数

单位：%

年　　份	定基指数(以1979年为100) 全部工业	轻工业	重工业	全部工业中：村及村以下工业	环比指数(以上年为100) 全部工业	轻工业	重工业	全部工业中：村及村以下工业
1979	100.0	100.0	100.0	100.0				
1980	149.1	146.9	166.4	205.1	149.1	146.9	166.4	205.1
1981	374.5	399.1	185.1	226.0	251.1	271.7	111.3	110.2
1982	544.8	546.3	533.3	245.8	145.5	136.9	288.1	108.8
1983	1 066.1	975.3	1 763.0	370.5	195.7	178.5	330.6	150.8
1984	2 414.8	2 183.3	4 192.3	499.6	226.5	223.9	237.8	134.8
1985	3 822.9	3 546.2	5 947.9	564.3	158.3	162.4	141.9	113.0
1986	5 127.8	4 709.1	8 342.4	984.3	134.1	132.8	140.3	174.4
1987	8 232.7	7 423.6	14 445.2	1 043.4	160.5	157.6	173.2	106.0
1988	12 725.1	11 081.7	25 344.1	1 592.2	154.6	149.3	175.5	152.6
1989	18 775.8	15 304.8	45 427.3	2 827.6	147.6	138.1	179.2	177.6
1990	26 154.7	21 366.8	62 917.8	5 231.7	139.3	139.6	138.5	185.0
1991	35 570.3	27 917.5	94 332.5	8 229.2	136.0	130.7	149.9	157.3
1992	49 762.9	36 754.6	149 647.1	11 504.3	139.9	131.6	158.6	139.[illegible]
1993	69 369.5	51 746.5	204 686.9	24 042.3	139.4	140.8	136.8	209.[illegible]
1994	96 076.8	65 852.8	328 150.6	62 732.1	138.5	127.3	160.3	260.3
1995	125 566.2	74 317.5	519 077.6	117 867.2	130.7	112.9	158.2	187.[illegible]
1996	147 520.2	87 562.1	607 906.0	129 745.5	117.5	117.8	117.1	110.[illegible]
年平均增长率%	**53.6**	**49.0**	**66.9**	**52.4**				

注：本表按可比价格计算。

表 3－9　镇及镇以上工业总产值指数

单位：%

年　　份	定基指数(以1979年为100) 镇及镇以上工业	轻工业	重工业	环比指数(以上年为100) 镇及镇以上工业	轻工业	重工业
1979	100.0	100.0	100.0			
1980	139.3	135.1	166.4	139.3	135.1	166.4
1981	400.6	434.4	185.1	287.6	321.6	111.3
1982	597.4	607.5	533.3	149.1	139.8	288.1
1983	1 188.5	1 098.5	1 763.0	198.9	180.8	330.6
1984	2 751.8	2 526.0	4 192.3	231.5	230.0	237.8
1985	4 396.3	4 153.2	5 947.9	159.8	164.4	141.9
1986	5 856.9	5 467.4	8 342.4	133.2	131.6	140.3
1987	9 497.8	8 722.3	14 445.2	162.2	159.5	173.2
1988	14 684.2	13 013.3	25 344.1	154.6	149.2	175.5
1989	22 474.8	18 562.6	47 434.4	153.1	142.6	187.2
1990	29 487.0	25 150.3	57 154.3	131.2	135.5	120.5
1991	40 720.8	32 307.8	94 394.4	138.1	128.5	165.2
1992	56 969.4	42 674.4	148 169.0	139.9	132.1	157.0
1993	77 820.2	58 701.0	199 797.4	136.6	137.6	134.8
1994	101 944.5	66 431.7	328 509.6	131.0	113.2	164.4
1995	126 921.1	70 603.5	486 216.8	124.5	106.3	148.0
1996	150 648.1	80 713.1	596 820.2	118.7	114.3	122.7
年平均增长率%	**53.8**	**48.3**	**66.8**			

注：本表按可比价格计算。

表3-10　历年主要工业产品产量

年　份	石　料（万立方米）	自来水生产量（万吨）	发电量（万千瓦小时）	小麦粉（吨）	面制品（吨）	畜肉制品（吨）	罐　头（吨）	啤　酒（吨）
全　市								
1979			609				721	
1980			437				1 072	
1981			608				2 272	
1982			1 152				926	
1983			1 322				911	
1984			1 261				659	
1985			1 012				2 100	
1986	197.95	7 051	3 130			3 037	5 752	
1987	270.41	8 617	4 408			2 326	14 362	
1988	328.58	13 060	2 508	16 794	4 366	3 687	24 328	
1989	388.55	19 962	1 124	17 285	4 253	4 543	37 016	
1990	517.14	19 736	31 065	21 155	1 399	3 116	19 227	
1991	315.17	24 446	107 727	35 151	2 723	605	3 768	
1992	412.10	23 785	195 007	44 302	3 931	13 436	3 706	57 256
1993	321.25	30 335	416 568	72 252	4 552	2 793	8 484	76 715
1994	481.30	43 425	1 739 463	75 536	4 225	8 881		82 128
1995	295.89	50 151	1 652 038	92 977	2 740	19 387	5 544	101 425
1996	264.51	53 691	1 873 881	219 700	2 084	12 250	619	125 302
特　区								
1980								
1981								
1982								
1983								
1984								
1985								
1986	195.63	7 051	1 810			534	5 752	
1987	229.59	7 998	3 240			1 110	14 362	
1988	285.84	12 080	1 871	16 794	4 316	2 269	24 328	
1989	278.71	15 663	604	17 285	4 253	2 516	37 016	
1990	264.59	17 534	28 878	21 155	1 399	3 116	19 227	
1991	185.59	18 975	95 390	32 151	2 723	605	3 768	
1992	222.25	20 391	130 916	44 302	3 931	615	3 706	57 256
1993	295.89	25 473	371 845	72 252	4 552	560	6 314	76 715
1994	328.17	31 897	1 676 043	75 536	4 075			82 128
1995	164.70	34 680	1 567 445	92 977	2 740	8 815	5 544	101 425
1996	193.09	35 555	1 781 997	219 700	2 084	3 128	9	125 302

主:本表含来料加工。

表 3－10 续表 1

年　份	卷　烟（箱）	化学纤维（吨）	棉　纱（吨）	布（万米）	印染布（万米）	服　装（万件）	磁　带（亿米）	塑料制品（吨）
全　市								
1979								
1980								
1981								
1982								
1983								
1984	5 514				4 321	649		
1985	9 100				5 271	1 004		
1986	10 445		4 227		5 731	7 988	45.46	16 419
1987	15 000	3 731	8 403	280	6 655	8 008	181.03	28 572
1988	50 451	4 190	10 326	925	6 708	12 828	71.09	44 359
1989	60 765	4 451	6 069	380	8 344	9 931	71.47	73 945
1990	76 164	5 050	6 927	631	9 212	29 333	16.61	103 779
1991	86 000	7 694	2 592	1 872	14 869	16 437	32 551.00	233 094
1992	88 500	7 637	4 404	30 484	16 161	18 857	…	244 000
1993	94 515	14 194	3 540	3 907	22 918	27 026	0.09	290 508
1994	94 583	19 768	186	2 674	7 627	36 314	16.27	375 757
1995	104 560	22 348		4 413	20 991	25 938	13.76	449 183
1996	118 824	17 576		106	22 543	38 196	8.33	411 132
特　区								
1980								
1981								
1982								
1983								
1984								
1985								
1986	10 445		4 227			2 957	9.76	13 054
1987	15 000		8 403		339	3 149	14.51	25 709
1988	50 451		10 326	665	287	7 294	25.62	34 350
1989	60 765		6 069	288	828	7 397	9.07	36 670
1990	76 164		6 927	368	1 598	19 472	…	69 217
1991	86 000	645	2 430	1 872	6 505	12 520	11 795.79	66 436
1992	88 500	846	4 404	29 935	7 892	15 821		221 125
1993	94 515	6 321	3 290	3 900	18 918	17 504		105 729
1994	94 583	3 002	72	2 530	1 818	13 764		87 469
1995	104 560	11 473		4 303	19 645	22 623	0.46	378 98[illegible]
1996	118 824	13 924			15 252	16 688	1.35	84 03[illegible]

表 3－10 续表 2

年　　份	水　泥 (万吨)	水泥制品 (万吨)	成品钢材 (吨)	中空玻璃 (平方米)	铝　材 (吨)	自行车 (万辆)	表 (万只)	照相机 (万架)
全　　市								
1979	2.15							
1980	1.96							
1981	0.94							
1982	2.46							
1983	3.59							
1984	6.82					2.03	339.68	
1985	10.35					4.31	3 447.58	
1986	18.71	4.33	47 556		5 566	14.13	11 020.66	160.15
1987	24.22	12.01	35 400	11 080	6 805	41.29	11 688.16	44.24
1988	26.25	10.27	10 020	8 760	6 808	60.39	11 014.49	348.25
1989	25.23	7.20	41 667	21 196	7 399	82.01	8 318.00	159.96
1990	22.28	6.14	56 481	26 901	10 799	128.20	10 060.00	519.95
1991	28.17	13.14	65 073	34 605	14 361	257.78	9 646.00	423.12
1992	29.53	12.88	61 300	8 482	18 985	272.08	17 593.65	813.76
1993	31.40	9.89	60 599	60 859	21 540	288.41	22 875.39	1 247.89
1994	37.53	3.20	86 538	116 935	19 618	238.94	27 344.89	1 277.61
1995	30.09	3.49	93 090	126 201	19 633	215.56	24 542.05	252.57
1996	25.17	2.33	100 000	153 701	25 356	140.52	28 667.91	1 636.74
特　　区								
1980								
1981								
1982								
1983								
1984								
1985								
1986		3.60	47 556		5 250	14.13	1 842.56	15.79
1987		8.46	35 400	6 983	6 005	41.29	3 684.15	44.24
1988		10.04	10 020	8 760	5 666	60.39	2 366.49	348.25
1989		7.04	41 667	6 359	6 346	82.01	3 889.00	153.96
1990		5.85	56 481	2 690	9 726	107.20	3 611.00	112.20
1991		12.62	65 073	12 112	12 974	210.78	3 597.00	30.12
1992		11.82	61 300	2 969	16 906	272.08	11 973.65	33.88
1993		9.89	60 599	60 859	17 521	249.57	7 629.57	115.24
1994		3.20	86 538	116 935	17 049	170.43	19 767.04	15.58
1995		2.59	93 090	126 201	16 988	191.62	16 912.62	35.20
1996		1.78	100 000	153 701	19 654	76.87	9 436.90	274.52

表 3－10 续表 3

年　份	电风扇（万台）	电话机（万部）	微型计算机（台）	电视机（万台）	＃彩电（万台）	录放音机（万台）	电子计算器（万台）	电子元件（万只）
全　市								
1979								
1980							2.06	
1981				6.59	0.70	31.95	0.48	
1982				3.40	0.62	41.44	3.73	
1983			71	3.23	1.23	54.22	3.73	
1984	0.57	9.77	4 357	18.98	18.25	219.92	162.81	
1985	40.87	123.22	1 575	48.10	48.10	324.02	196.60	
1986	66.60	144.75	6 617	75.80	61.39	451.17	189.90	15 58[illegible]
1987	248.01	498.94	2 728	128.09	101.64	1 707.40	581.58	7 82[illegible]
1988	368.60	815.76	2 788	182.06	155.90	1 303.73	1 505.22	73 31[illegible]
1989	323.31	926.10	15 955	157.22	137.38	2 361.00	2 014.00	112 92[illegible]
1990	379.30	1 019.21	17 622	259.06	228.67	3 135.00	1 791.00	309 6[illegible]
1991	407.58	1 360.80	62 440	308.90	288.08	3 260.00	2 520.00	332 6[illegible]
1992	152.73	1 461.59	31 357	301.06	272.12	2 934.00	2 226.81	522 2[illegible]
1993	433.59	2 292.50	27 836	317.48	269.33	4 083.47	2 906.56	708 1[illegible]
1994	1 132.43	2 592.38	51 877	274.53	251.42	4 828.24	3 214.58	1 561 9[illegible]
1995	907.35	3 902.49	194 131	418.12	373.50	2 270.12	2 313.90	9 681 [illegible]
1996	818.76	4 080.80	312 687	587.69	540.62	3 195.43	1 546.18	1 403 [illegible]7
特　区								
1980								
1981								
1982								
1983								
1984								
1985								
1986	9.92	42.68	6 617	74.71	60.30	366.54	154.09	12 [illegible]36
1987	20.01	246.18	2 728	128.07	101.62	1 108.80	281.58	6 [illegible]31
1988	92.60	545.93	2 788	182.06	155.90	762.93	738.22	71 [illegible]79
1989	106.22	587.62	15 955	157.22	137.38	1 515.00	945.00	7[illegible] [illegible]81
1990	130.89	738.93	17 622	259.06	228.67	1 794.00	693.00	16[illegible] [illegible]96
1991	125.95	933.26	62 440	308.90	288.08	1 586.00	1 671.00	30[illegible] [illegible]90
1992	95.73	905.50	31 357	301.06	272.12	1 830.41	1 686.81	41[illegible] 833
1993	66.25	1 585.81	15 651	310.82	269.33	768.41	968.06	36[illegible] 308
1994	76.10	1 494.22	51 877	248.56	248.44	1 324.76	1 150.38	44[illegible] 523
1995	578.40	3 308.40	193 531	411.06	373.16	1 266.99	1 440.02	9 50[illegible] 578
1996	2.98	2 978.39	312 687	428.61	390.61	903.95	461.96	81[illegible] 839

表 3-11　全部独立核算工业企业总产值及增加值

(1996年)

单位:企业数:个　产　值:万元

项　　目	企业数	总产值		工业增加值(现行价、生产法)
		按1990年不变价计算	按现行价计算	
总　　计	**1 833**	**10 610 999**	**12 028 135**	**3 328 472**
(一)按轻、重工业分				
1.轻　工　业	1 121	4 894 871	5 914 838	1 558 565
以农产品为原料	545	1 860 123	2 502 071	705 761
以非农产品为原料	576	3 034 748	3 412 766	852 804
2.重　工　业	712	5 716 128	6 113 298	1 769 907
采掘工业	12	8 521	9 413	2 948
原料工业	65	372 437	1 404 315	625 783
加工工业	635	5 335 170	4 699 570	1 141 176
(二)按企业规模分				
1.大型企业	71	3 742 857	4 654 413	1 484 146
2.中型企业	51	421 677	529 111	160 459
3.小型企业	1 711	6 446 465	6 844 611	1 683 867
(三)按工业行业分				
1.煤炭采选业				
2.石油和天然气开采业				
3.黑色金属矿采选业				
4.有色金属矿采选业				
5.非金属矿采选业	12	8 521	9 413	2 948
6.其他矿采选业				
7.木材及竹材采运业				
8.食品加工业	24	436 359	743 839	166 834
9.食品制造业	34	92 013	114 675	27 202
10.饮料制造业	26	114 969	133 850	33 891
11.烟草加工业	1	34 459	51 980	31 665
12.纺　织　业	70	188 576	249 772	46 294
13.服装及其他纤维制品制造业	203	326 644	430 409	128 042

表 3－11 续表　　(1996 年)　　单位:企业数:个　产　值:万元

项　　目	企业数	总产值 按 1990 年不变价计算	总产值 按现行价计算	工业增加值（现行价、生产法）
14.皮革、毛皮、羽绒及其制品业	62	111 815	137 791	42 600
15.木材加工及竹材、藤、棕、草制品业	8	52 317	72 295	24 461
16.家具制造业	17	25 719	31 929	8 268
17.造纸及纸制品业	32	119 985	151 126	41 505
18.印刷业、记录媒介的复制	47	146 751	171 490	59 752
19.文教体育用品制造业	71	234 268	283 443	75 575
20.石油加工及炼焦业	1	5 165	8 839	1 030
21.化学原料及化学制品制造业	66	250 784	206 656	61 747
22.医药制造业	31	326 737	346 636	135 534
23.化学纤维制造业	7	39 231	44 719	12 180
24.橡胶制品业	13	49 924	71 490	19 495
25.塑料制品业	127	273 190	332 933	106 291
26.非金属矿物制品业	54	282 682	279 456	97 663
27.黑色金属冶炼及压延加工业	5	61 845	85 293	13 474
28.有色金属冶炼及压延加工业	10	51 918	62 537	14 050
29.金属制品业	128	378 480	436 792	110 213
30.普通机械制造业	32	64 681	73 648	19 935
31.专用设备制造业	50	123 915	148 115	44 824
32.交通运输设备制造业	53	257 367	321 550	94 494
33.电气机械及器材制造业	119	481 493	516 120	130 948
34.电子及通信设备制造业	350	5 466 887	4 818 435	1 042 599
35.仪器仪表及文化、办公用机械制造业	102	329 914	397 705	113 571
36.其他制造业	52	94 905	111 965	32 073
37.电力蒸汽热水的生产和供应业	17	157 739	1 121 264	554 437
38.煤气生产和供应业				
39.自来水的生产和供应业	9	21 746	61 971	29 879

表 3－12　全部独立核算工业企业销售产值

（按当年价格计算，1996 年）　　单位：万元

项目	全部独立核算工业销售产值	国有经济工业	集体经济工业	外商投资工业	港澳台投资工业
总计	**11 674 589**	**1 006 286**	**478 928**	**3 720 198**	**6 060 085**
(一)按轻、重工业分					
1.轻工业	5 711 272	412 063	205 008	1 511 804	3 376 095
以农产品为原料	2 410 547	237 666	66 725	607 528	1 420 545
以非农产品为原料	3 300 725	174 397	138 284	904 276	1 955 550
2.重工业	5 963 317	594 223	273 920	2 208 394	2 683 989
采掘工业	9 563	2 590		1 649	1 587
原料工业	1 374 100	163 311		114 414	1 085 093
加工工业	4 579 654	428 322	273 920	2 092 331	1 597 309
(二)按企业规模分					
1.大型企业	4 522 318	353 029	232 594	1 312 300	2 568 005
2.中型企业	498 613	77 329	2 398	126 755	235 005
3.小型企业	6 653 658	575 928	243 936	2 281 143	3 257 075
(三)按工业行业分					
1.煤炭采选业					
2.石油和天然气开采业					
3.黑色金属矿采选业					
4.有色金属矿采选业					
5.非金属矿采选业	9 563	2 590		1 649	1 587
6.其他矿采选业					
7.木材及竹材采运业					
8.食品加工业	724 637	33 354		185 783	468 144
9.食品制造业	112 608	48 783	11	28 291	31 524
10.饮料制造业	132 474	15 860	1 584	30 871	58 229
11.烟草加工业	51 983	51 983			
12.纺织业	247 295	2 107	6 636	37 093	201 321
13.服装及其他纤维制品制造业	404 972	22 694	40 126	63 666	278 113

表 3－12 续表　　（按当年价格计算,1996 年）　　单位:万元

项　　目	全部独立核算工业销售产值	国有经济工业	集体经济工业	外商投资工业	港澳台投资工业
14.皮革、毛皮、羽绒及其制品业	124 664	13 706	11 939	7 537	91 482
15.木材加工及竹材、藤、棕、草制品业	74 728	3 563		1 765	69 399
16.家具制造业	32 656		5 347	1 422	25 888
17.造纸及纸制品业	145 184	895	469	44 620	99 199
18.印刷业、记录媒介的复制	164 015	12 827	613	33 035	110 561
19.文教体育用品制造业	281 755	61	64 144	30 665	186 73[illegible]
20.石油加工及炼焦业	8 960			8 960	
21.化学原料及化学制品制造业	201 365	20 406	61	24 817	145 79[illegible]
22.医药制造业	320 363	50 001	122	187 275	79 8[illegible]
23.化学纤维制造业	38 195	1 100			35 6[illegible]5
24.橡胶制品业	70 610	454			70 1[illegible]5
25.塑料制品业	332 348	29 103	19 767	61 756	218 [illegible]2
26.非金属矿物制品业	256 488	11 414	1 647	62 383	170 [illegible]6
27.黑色金属冶炼及压延加工业	82 915			33 145	49 [illegible]90
28.有色金属冶炼及压延加工业	57 944	11 199		21 051	25 [illegible]94
29.金属制品业	423 631	40 710	34 028	178 393	124 [illegible]54
30.普通机械制造业	74 614	3 601	669	12 028	57 [illegible]88
31.专用设备制造业	133 940	7 146	1 073	9 943	58 673
32.交通运输设备制造业	328 819	90 730	276	29 444	144 [illegible]36
33.电气机械及器材制造业	487 957	37 708	11 196	193 464	231 279
34.电子及通信设备制造业	4 701 200	264 463	255 489	2 270 648	1 80[illegible] 088
35.仪器仪表及文化、办公用机械制造业	388 997	13 004	7 799	114 896	24[illegible] 426
36.其他制造业	102 893	27 969	3 238	7 253	[illegible] 321
37.电力蒸汽热水的生产和供应业	1 097 569	142 301		38 347	9[illegible] 921
38.煤气生产和供应业					
39.自来水的生产和供应业	59 251	46 555	12 696		

表3－13　全部独立核算工业企业基本情况

(1996年)　　单位:万元

项　　目	全部独立核算工业企业	国有经济工业	集体经济工业	外商投资工业	港澳台投资工业
企业单位数(个)	1 833	314	144	248	1 018
#亏损企业	640	113	29	84	381
工业总产值(1990年不变价)	10 610 999	1 058 048	450 817	3 933 240	4 795 424
工业总产值(现行价)	12 028 135	1 052 853	484 463	3 773 716	6 286 717
工业增加值(生产法)	3 328 472	401 188	197 965	724 394	1 869 405
资本金合计	3 960 396	409 972	416 675	827 826	2 110 500
#外商资本金	1 774 477	8 521	45 765	520 278	1 191 156
流动资产合计	8 096 963	1 153 058	420 808	1 771 079	4 277 607
#产　成　品	642 746	100 243	14 152	123 761	363 827
流动资产年平均余额	7 097 384	1 053 237	335 226	1 555 159	3 782 041
固定资产合计	7 847 009	880 720	505 213	893 877	5 347 867
固定资产原价合计	9 167 584	891 861	537 682	1 211 371	6 285 282
累计折旧	2 021 641	238 192	101 673	393 616	1 228 797
#本年折旧	543 609	52 144	20 219	96 888	363 008
固定资产净值年平均余额	7 202 827	571 883	423 628	832 409	5 209 943
资产总计	17 093 174	2 176 352	1 047 793	2 872 837	10 200 586
流动负债合计	7 078 689	929 025	399 901	1 487 438	3 928 317
长期负债合计	3 567 067	188 429	79 664	212 978	3 041 789
所有者权益合计	6 447 418	1 058 899	568 229	1 172 420	3 230 481
产品销售收入	11 838 119	1 316 565	438 447	3 715 850	5 961 012
#产品销售税金及附加	46 908	22 450	4 439	3 189	9 977
管理费用	655 636	93 297	53 166	196 421	276 548
#税金	14 400	1 673	1 643	3 899	6 104
盈利企业利润总额	918 849	102 222	69 058	197 235	487 640
亏损企业亏损总额	128 805	18 895	1 461	50 592	53 603
利税总额	790 045	83 327	67 597	146 644	434 037
全部职工年平均人数(人)	563 703	57 030	138 425	82 649	250 931

表3－14　独立核算大中型工业企业基本情况

（1996年）　　单位：万元

项　　目	合　　计	大　　型	中　　型
企业单位数(个)	122	71	51
＃亏损企业	24	17	7
工业总产值(1990年不变价)	4 164 534	3 742 857	421 677
工业总产值(现行价)	5 183 525	4 654 413	529 111
工业增加值(生产法)	1 644 604	1 484 146	160 459
资本金合计	1 549 699	1 237 153	312 546
＃外商资本金	549 611	418 607	131 004
流动资产合计	3 792 834	3 428 547	364 287
＃产　成　品	221 219	183 097	38 123
流动资产年平均余额	3 328 442	2 981 209	347 233
固定资产合计	5 218 532	4 848 186	370 346
固定资产原价合计	5 958 329	5 494 521	463 808
累计折旧	1 226 576	1 087 596	138 980
＃本年折旧	333 920	306 352	27 568
固定资产净值年平均余额	4 759 550	4 487 146	272 404
资产总计	9 453 110	8 649 829	803 281
流动负债合计	3 275 588	2 952 276	323 312
长期负债合计	3 036 534	2 951 449	85 085
所有者权益合计	3 140 988	2 746 105	394 884
产品销售收入	5 101 175	4 594 933	506 242
＃产品销售税金及附加	25 816	21 715	4 101
管理费用	226 552	193 638	32 914
＃税金	4 878	4 150	728
财务费用	309 937	290 873	19 064
盈利企业利润总额	514 602	455 596	59 006
亏损企业亏损总额	27 747	23 979	3 768
利税总额	486 855	431 617	55 238
全部职工年平均人数(人)	88 918	73 947	14 971

表 3－15　全部独立核算工业企业主要财务指标

（1996年）　　单位：万元

项　　目	企业单位数（个）	#亏损企业	资本金合计	#外商	流动资产合计	#产成品	流动资产年平均余额
总　　计	**1 833**	**640**	**3 960 396**	**1 774 477**	**8 096 963**	**642 746**	**7 097 384**
(一)按轻、重工业分							
1.轻　工　业	1 121	413	2 286 475	1 175 703	4 318 458	394 671	3 814 671
以农产品为原料	545	220	1 040 461	536 113	1 872 820	140 936	1 623 037
以非农产品为原料	576	193	1 246 015	639 590	2 445 638	253 735	2 191 634
2.重　工　业	712	227	1 673 921	598 774	3 778 505	248 075	3 282 713
采掘工业	12	6	17 096	5 150	16 546	1 192	16 913
原料工业	65	17	685 639	189 455	1 214 137	22 718	1 012 559
加工工业	635	204	971 186	404 169	2 547 822	224 166	2 253 241
(二)按企业规模分							
1.大型企业	71	17	1 237 153	418 607	3 428 547	183 097	2 981 209
2.中型企业	51	7	312 546	131 004	364 287	38 123	347 233
3.小型企业	1 711	616	2 410 698	1 224 866	4 304 129	421 527	3 768 942
(三)按工业行业分							
1.煤炭采选业							
2.石油和天然气开采业							
3.黑色金属矿采选业							
4.有色金属矿采选业							
5.非金属矿采选业	12	6	17 096	5 150	16 546	1 192	16 913
6.其他矿采选业							
7.木材及竹材采运业							
8.食品加工业	24	8	113 706	82 600	703 550	26 016	601 955
9.食品制造业	34	16	32 155	18 256	52 085	7 462	48 313
10.饮料制造业	26	16	154 534	87 816	81 519	8 951	80 617
11.烟草加工业	1		20 488		33 393		31 542
12.纺　织　业	70	27	130 529	66 628	161 720	18 349	140 682
13.服装及其他纤维制品制造业	203	87	169 793	73 507	266 840	41 112	243 319

主：本表数据包含了广东核电站资料。

表 3－15 续表 1　　(1 9 9 6 年)　　单位:万元

项　　目	企业单位数(个)	#亏损企业	资本金合计	#外商	流动资产合计	#产成品	流动资产年平均余额
14.皮革、毛皮、羽绒及其制品业	62	21	70 260	32 799	67 429	5 566	60 510
15.木材加工及竹材、藤、棕、草制品业	8	5	20 859	14 764	50 714	8 238	43 484
16.家具制造业	17	4	12 410	6 967	31 166	4 548	29 574
17.造纸及纸制品业	32	7	53 701	17 994	136 455	12 482	87 283
18.印刷业、记录媒介的复制	47	19	91 190	40 750	114 733	7 663	94 360
19.文教体育用品制造业	71	19	192 013	107 579	246 904	17 307	187 622
20.石油加工及炼焦业	1		5 408	2 433	9 101	567	7 426
21.化学原料及化学制品制造业	66	18	69 921	37 876	184 466	16 783	157 492
22.医药制造业	31	12	221 225	116 603	284 207	11 289	259 326
23.化学纤维制造业	7	3	41 428	9 509	45 424	5 087	38 992
24.橡胶制品业	13	4	40 996	38 850	33 419	2 021	46 400
25.塑料制品业	127	35	170 260	99 437	200 362	18 977	197 290
26.非金属矿物制品业	54	20	116 962	41 583	206 211	30 698	190 661
27.黑色金属冶炼及压延加工业	5	4	32 118	20 975	47 754	4 365	37 448
28.有色金属冶炼及压延加工业	10	3	24 144	12 128	34 628	4 684	35 399
29.金属制品业	128	44	171 017	68 038	283 488	23 677	262 527
30.普通机械制造业	32	7	31 400	21 463	40 661	4 633	38 917
31.专用设备制造业	50	20	67 727	18 633	195 079	17 652	167 773
32.交通运输设备制造业	53	17	149 779	65 936	417 646	25 383	354 225
33.电气机械及器材制造业	119	38	190 488	118 214	335 461	57 074	317 361
34.电子及通信设备制造业	350	110	715 222	285 609	2 360 295	217 993	2 055 173
35.仪器仪表及文化、办公用机械制造业	102	48	140 449	92 551	267 015	25 685	270 042
36.其他制造业	52	21	78 443	39 037	94 363	17 293	85 769
37.电力蒸汽热水的生产和供应业	17	1	571 829	130 792	1 038 054		855 715
38.煤气生产和供应业							
39.自来水的生产和供应业	9		42 850		56 279		53 277

表 3－15 续表 2　　(1996年)　　单位:万元

项　　目	固定资产合计	固定资产原价合计	累计折旧	#本年折旧	固定资产净值年平均余额	资产总计
总　计	**7 847 009**	**9 167 584**	**2 021 641**	**543 609**	**7 202 827**	**17 093 174**
(一)按轻、重工业分						
1.轻　工　业	2 508 668	3 011 760	747 223	176 495	2 111 523	7 443 986
以农产品为原料	1 029 314	1 264 594	303 541	71 548	853 014	3 166 479
以非农产品为原料	1 479 353	1 747 165	443 682	104 947	1 258 509	4 277 507
2.重　工　业	5 338 342	6 155 825	1 274 418	367 114	5 091 304	9 649 188
采掘工业	19 559	27 447	9 978	1 561	17 566	37 718
原料工业	4 075 213	4 532 392	797 765	251 740	3 860 990	5 495 010
加工工业	1 243 570	1 595 985	466 675	113 814	1 212 748	4 116 461
(二)按企业规模分						
1.大型企业	4 848 186	5 494 521	1 087 596	306 352	4 487 146	8 649 829
2.中型企业	370 346	463 808	138 980	27 568	272 404	803 281
3.小型企业	2 628 478	3 209 255	795 065	209 690	2 443 277	7 640 064
(三)按工业行业分						
1.煤炭采选业						
2.石油和天然气开采业						
3.黑色金属矿采选业						
4.有色金属矿采选业						
5.非金属矿采选业	19 559	27 447	9 978	1 561	17 566	37 718
6.其他矿采选业						
7.木材及竹材采运业						
8.食品加工业	161 158	193 982	37 901	9 206	133 342	902 237
9.食品制造业	51 032	67 805	17 702	4 593	46 947	110 525
10.饮料制造业	138 271	156 704	28 811	7 413	73 008	244 145
11.烟草加工业	17 416	28 257	12 400	2 279	8 198	51 104
12.纺　织　业	171 514	216 004	58 806	12 985	154 168	355 108
13.服装及其他纤维制品制造业	162 632	208 026	55 699	11 307	149 858	481 023

表 3-15 续表 3　　(1996年)　　单位:万元

项　　目	固定资产合计	固定资产原价合计	累计折旧	#本年折旧	固定资产净值年平均余额	资产总计
14.皮革、毛皮、羽绒及其制品业	67 386	82 722	16 922	3 865	64 871	142 735
15.木材加工及竹材、藤棕、草制品业	43 723	52 568	12 848	2 214	38 321	105 599
16.家具制造业	17 740	22 032	4 976	926	15 154	50 765
17.造纸及纸制品业	56 163	74 414	19 070	4 870	50 031	197 798
18.印刷业、记录媒介的复制	117 936	141 484	40 002	9 953	98 033	254 792
19.文教体育用品制造业	181 010	216 440	45 600	11 095	169 683	453 394
20.石油加工及炼焦业	2 086	5 701	3 615	304	2 148	11 187
21.化学原料及化学制品制造业	77 008	108 179	36 297	7 559	67 748	270 175
22.医药制造业	106 377	117 779	25 022	7 346	108 322	492 147
23.化学纤维制造业	62 562	71 147	10 053	1 280	58 997	118 037
24.橡胶制品业	43 458	60 051	16 768	3 761	42 970	79 156
25.塑料制品业	179 260	228 923	64 377	13 428	156 183	407 875
26.非金属矿物制品业	259 238	354 501	112 499	23 263	351 442	519 723
27.黑色金属冶炼及压延加工业	24 660	37 823	13 236	1 592	23 963	75 259
28.有色金属冶炼及压延加工业	19 906	23 171	9 425	1 731	13 911	58 358
29.金属制品业	209 027	233 118	53 800	16 529	175 044	539 69[illegible]
30.普通机械制造业	21 261	29 989	9 042	2 381	20 119	69 60[illegible]
31.专用设备制造业	49 853	60 240	15 854	4 195	41 339	290 27[illegible]
32.交通运输设备制造业	196 012	212 265	47 429	11 321	153 876	668 27[illegible]
33.电气机械及器材制造业	185 505	234 696	68 176	17 532	163 668	575 42[illegible]
34.电子及通信设备制造业	915 835	1 134 189	325 869	79 022	775 818	3 523 8[illegible]
35.仪器仪表及文化、办公用机械制造业	135 932	164 678	32 457	9 939	115 525	445 3[illegible]
36.其他制造业	50 241	57 014	15 670	2 701	41 945	157 2[illegible]
37.电力蒸汽热水的生产和供应业	3 952 969	4 364 463	739 285	242 418	3 753 776	5 178 2[illegible]
38.煤气生产和供应业						
39.自来水的生产和供应业	150 281	181 774	62 053	15 043	116 853	226 2[illegible]

表 3－15 续表 4　　　　(1996 年)　　　　单位:万元

项　　目	流动负债合计	长期负债合计	所有者权益合计	产品销售收入	#产品销售税金及附加	管理费用
总　　计	**7 078 689**	**3 567 067**	**6 447 418**	**11 838 119**	**46 908**	**655 636**
(一)按轻、重工业分						
1.轻　工　业	3 713 314	493 040	3 237 632	5 774 956	38 886	326 994
以农产品为原料	1 678 720	235 251	1 252 509	2 394 041	26 125	141 419
以非农产品为原料	2 034 594	257 789	1 985 123	3 380 915	12 762	185 574
2.重　工　业	3 365 375	3 074 027	3 209 786	6 063 163	8 022	328 642
采掘工业	18 790	10	18 918	15 759	73	6 036
原料工业	1 294 311	2 607 324	1 593 375	1 638 695	2 271	65 447
加工工业	2 052 273	466 693	1 597 494	4 408 708	5 678	257 160
(二)按企业规模分						
1.大型企业	2 952 276	2 951 449	2 746 105	4 594 933	21 715	193 638
2.中型企业	323 312	85 085	394 884	506 242	4 101	32 914
3.小型企业	3 803 101	530 533	3 306 430	6 736 944	21 092	429 084
(三)按工业行业分						
1.煤炭采选业						
2.石油和天然气开采业						
3.黑色金属矿采选业						
4.有色金属矿采选业						
5.非金属矿采选业	18 790	10	18 918	15 759	73	6 036
6.其他矿采选业						
7.木材及竹材采运业						
8.食品加工业	685 820	63 668	152 749	695 390	287	19 127
9.食品制造业	65 272	14 225	31 028	114 545	96	10 144
10.饮料制造业	99 907	48 668	95 570	139 311	2 667	9 014
11.烟草加工业	10 676	1 651	38 776	51 983	18 201	3 081
12.纺　织　业	154 989	40 361	159 758	243 446	502	14 951
13.服装及其他纤维制品制造业	239 382	15 692	225 949	415 149	1 154	33 661

表 3－15 续表 5　　(1996 年)　　单位:万元

项　　目	流动负债合计	长期负债合计	所有者权益合计	产品销售收入	#产品销售税金及附加	管理费用
14.皮革、毛皮、羽绒及其制品业	60 682	5 153	76 901	139 638	376	11 659
15.木材加工及竹材、藤、棕、草制品业	71 145	7 141	27 314	83 901	105	3 916
16.家具制造业	24 541	4 625	21 599	31 656	197	2 743
17.造纸及纸制品业	113 832	13 323	70 643	153 172	565	5 086
18.印刷业、记录媒介的复制	123 203	26 064	105 525	154 711	1 261	12 913
19.文教体育用品制造业	163 593	37 593	252 208	271 123	2 436	15 701
20.石油加工及炼焦业	3 615		7 572	11 083	9	568
21.化学原料及化学制品制造业	138 560	5 067	126 547	204 632	552	18 534
22.医药制造业	158 520	21 098	312 528	299 645	859	23 332
23.化学纤维制造业	44 771	28 124	45 142	50 635	52	2 592
24.橡胶制品业	25 375	188	53 593	62 590	103	1 524
25.塑料制品业	166 798	23 406	217 672	327 972	591	23 259
26.非金属矿物制品业	167 279	225 292	127 153	236 053	1 543	29 509
27.黑色金属冶炼及压延加工业	44 777	7	30 475	79 064	690	2 648
28.有色金属冶炼及压延加工业	28 597	2 665	27 096	59 408	144	2 522
29.金属制品业	248 137	36 653	254 904	417 889	910	25 514
30.普通机械制造业	29 877	3 704	36 019	75 360	115	5 349
31.专用设备制造业	125 196	23 871	141 208	125 132	659	14 884
32.交通运输设备制造业	289 601	54 152	324 520	344 319	6 909	17 805
33.电气机械及器材制造业	310 916	25 374	239 137	507 479	1 694	32 442
34.电子及通信设备制造业	1 953 608	216 270	1 354 017	4 574 302	2 494	214 669
35.仪器仪表及文化、办公用机械制造业	271 536	15 848	157 993	404 808	505	22 659
36.其他制造业	88 235	3 798	65 207	130 657	115	10 565
37.电力蒸汽热水的生产和供应业	1 112 939	2 596 508	1 468 833	1 356 335	960	49 92[illegible]
38.煤气生产和供应业						
39.自来水的生产和供应业	38 522	6 868	180 867	60 973	84	9 307

表 3－15 续表 6　　　　(1996年)　　　　单位:万元

项　　目	#税金	盈利企业利润总额	亏损企业亏损总额	利　税总　额	全部职工年平均人数(人)
总　　计	**14 400**	**918 849**	**128 805**	**790 045**	**563 703**
(一)按轻、重工业分					
1.轻　工　业	8 411	349 022	84 140	264 882	385 775
以农产品为原料	4 159	150 141	33 161	116 981	152 362
以非农产品为原料	4 252	198 880	50 979	147 901	233 413
2.重　工　业	5 988	569 828	44 665	525 163	177 928
采掘工业	186	757	1 289	－533	1 049
原料工业	750	246 100	4 690	241 410	13 489
加工工业	5 052	322 971	38 685	284 286	163 390
(二)按企业规模分					
1.大型企业	4 150	455 596	23 979	431 617	73 947
2.中型企业	728	59 006	3 768	55 238	14 971
3.小型企业	9 522	404 247	101 058	303 190	474 785
(三)按工业行业分					
1.煤炭采选业					
2.石油和天然气开采业					
3.黑色金属矿采选业					
4.有色金属矿采选业					
5.非金属矿采选业	186	757	1 289	－533	1 049
6.其他矿采选业					
7.木材及竹材采运业					
8.食品加工业	310	11 403	4 143	7 260	4 505
9.食品制造业	155	3 934	3 873	61	6 040
10.饮料制造业	146	19 932	3 157	16 775	3 980
11.烟草加工业	186	4 626		4 626	378
12.纺　织　业	602	12 811	6 526	6 285	17 752
13.服装及其他纤维制品制造业	542	18 451	5 642	12 809	63 443

表 3－15 续表 7　　(1996 年)　　单位:万元

项　目	#税金	盈利企业利润总额	亏损企业亏损总额	利税总额	全部职工年平均人数(人)
14.皮革、毛皮、羽绒及其制品业	146	8 366	1 364	7 001	36 012
15.木材加工及竹材、藤、棕、草制品业	99	3 681	1 488	2 193	3 095
16.家具制造业	149	2 912	129	2 783	3 6[illegible]5
17.造纸及纸制品业	146	10 162	515	9 647	4 6[illegible]7
18.印刷业、记录媒介的复制	289	11 362	5 416	5 946	7 252
19.文教体育用品制造业	457	22 260	1 452	20 808	73 [illegible]33
20.石油加工及炼焦业	18	1 317		1 317	69
21.化学原料及化学制品制造业	717	18 777	1 438	17 340	8 775
22.医药制造业	1 196	56 095	1 841	54 254	3 102
23.化学纤维制造业	23	2 022	6 183	－4 161	2 567
24.橡胶制品业	46	7 302	395	6 907	7 556
25.塑料制品业	1 273	20 925	4 409	16 516	10 292
26.非金属矿物制品业	400	27 619	12 214	15 405	8 489
27.黑色金属冶炼及压延加工业	48	719	1 930	－1 211	729
28.有色金属冶炼及压延加工业	70	2 861	139	2 722	1 461
29.金属制品业	881	38 076	7 366	30 710	25 249
30.普通机械制造业	38	3 348	585	2 763	3 568
31.专用设备制造业	182	23 556	5 450	18 105	5 125
32.交通运输设备制造业	1 116	11 026	1 657	9 369	10 351
33.电气机械及器材制造业	906	28 648	20 562	8 086	35 288
34.电子及通信设备制造业	2 917	283 439	22 943	260 496	144 048
35.仪器仪表及文化、办公用机械制造业	420	12 936	5 240	7 696	20 234
36.其他制造业	207	7 474	1 324	6 151	11 003
37.电力蒸汽热水的生产和供应业	441	233 110	135	232 976	5 440
38.煤气生产和供应业					
39.自来水的生产和供应业	92	8 943		8 943	2 005

表 3－16　全部独立核算工业企业主要经济效益指标

(1996年)

指标名称	企业亏损面(%)	产品销售率(%)	资金利税率(%)	成本费用利润率(%)	流动资产周转率(次)	全员劳动生产率(元/人)	工业增加值率(%)
总　计	**34.9**	**97.1**	**5.5**	**7.2**	**1.7**	**59 046.5**	**27.7**
(一)按经济类型分							
1.国有经济	36.0	95.6	5.1	7.0	1.3	70 346.9	38.1
①中央企业	29.1	93.7	7.3	7.3	1.5	128 266.9	29.9
②地方企业							
2.集体经济	20.1	98.9	8.9	19.4	1.3	14 301.2	40.9
3.私营经济	33.3	159.6	92.3	175.4	2.2	135 919.6	81.4
4.联营经济	27.9	93.6	6.3	11.2	0.9	48 212.1	33.3
5.股份制经济	33.3	94.4	11.8	15.9	1.2	33 957.3	29.5
6.外商投资经济	33.9	98.6	6.1	4.1	2.4	87 647.0	19.2
①中外合资经营企业	38.9	96.9	6.6	4.9	2.2	127 676.3	19.7
②中外合作经营企业	20.0	99.0	3.8	2.6	2.4	37 578.2	22.8
③外资企业	28.3	102.3	5.4	2.9	2.9	61 857.2	17.3
7.港、澳、台投资经济	37.4	96.4	4.8	7.8	1.6	74 498.8	29.7
①与大陆合资经营企业	37.8	95.7	4.8	9.6	1.4	107 287.1	30.7
②与大陆合作经营企业	36.2	98.3	5.0	2.9	3.0	40 048.6	27.4
③港、澳、台独资企业	37.4	97.9	5.1	5.1	1.7	43 946.7	27.6
8.其他经济							
(二)按轻、重工业分							
1.轻　工　业	36.8	96.6	4.5	4.8	1.5	40 400.9	26.4
以农产品为原料	40.4	96.3	4.7	5.2	1.5	46 321.3	28.2
以非农产品为原料	33.5	96.7	4.3	4.6	1.5	36 536.3	25.0
2.重　工　业	31.9	97.5	6.3	9.5	1.8	99 473.2	29.0
采掘工业	50.0	101.6	－1.5	－2.5	0.9	28 099.1	31.3
原料工业	26.2	97.8	5.0	17.5	1.6	463 921.2	44.6
加工工业	32.1	97.4	8.2	6.9	2.0	69 843.7	24.3
(三)按企业规模分							
1.大型企业	23.9	97.2	5.8	10.4	1.5	200 704.0	31.9
2.中型企业	13.7	94.2	8.9	11.9	1.5	107 179.8	30.3
3.小型企业	36.0	97.2	4.9	4.8	1.8	35 465.9	24.6

表 3－17　按行业分的全部独立核算工业企业全员劳动生产率

(1996 年,按增加值计算)　　单位:元/人

行业	全部独立核算工业	国有经济工业	集体经济工业	外商投资工业	港澳台投资工业
总　计	**59 046.5**	**70 346.9**	**14 301.2**	**87 647.0**	**74 498.8**
1.煤炭采选业					
2.石油和天然气开采业					
3.黑色金属矿采选业					
4.有色金属矿采选业					
5.非金属矿采选业	28 099.1	16 649.6		29 463.7	26 206.7
6.其他矿采选业					
7.木材及竹材采运业					
8.食品加工业	370 330.5	58 029.6		250 205.5	682 173.4
9.食品制造业	45 036.6	89 988.5	11 333.3	78 052.4	21 057.7
10.饮料制造业	97 716.8	36 905.3	20 479.2	142 385.6	150 025.5
11.烟草加工业	837 701.1	837 701.1			
12.纺　织　业	26 078.1	51 203.3	3 897.3	21 950.1	37 650.1
13.服装及其他纤维制品制造业	20 182.1	10 862.4	11 056.7	28 224.1	24 339.2
14.皮革、毛皮、羽绒及其制品业	11 829.5	5 273.8	5 266.8	14 920.1	18 219.5
15.木材加工及竹材、藤、棕、草制品业	79 007.1	44 614.4		322 173.9	80 789.3
16.家具制造业	22 681.8		12 098.7	17 308.4	32 910.0
17.造纸及纸制品业	88 932.7	38 632.9	18 484.8	76 792.0	106 739.6
18.印刷业、记录媒介的复制	82 393.7	55 241.0	27 814.8	110 270.9	81 953.[illegible]
19.文教体育用品制造业	10 277.7	5 892.9	3 926.6	21 943.2	24 615.4
20.石油加工及炼焦业	149 260.9			149 260.9	

注:本表为当年价格,外商投资工业包括广东核电站。

表 3－17 续表　(1996 年,按增加值计算)　单位:元/人

行业	全部独立核算工业	国有经济工业	集体经济工业	外商投资工业	港澳台投资工业
21.化学原料及化学制品制造业	70 367.3	57 997.6	12 000.0	173 347.9	65 572.0
22.医药制造业	222 114.1	114 653.4	21 750.0	474 506.2	145 964.8
23.化学纤维制造业	47 446.8	43 927.7			55 892.5
24.橡胶制品业	25 800.8	724.0			29 046.9
25.塑料制品业	26 380.2	22 831.5	6 618.5	43 931.0	48 039.3
26.非金属矿物制品业	115 046.5	51 011.6	33 327.4	80 879.2	161 270.4
27.黑色金属冶炼及压延加工业	184 825.8			140 870.3	244 578.8
28.有色金属冶炼及压延加工业	96 166.3	40 510.3		169 970.3	90 896.1
29.金属制品业	43 650.5	46 535.2	12 440.6	90 367.2	46 923.0
30.普通机械制造业	55 870.8	25 854.2	28 894.7	97 260.5	57 283.2
31.专用设备制造业	87 461.3	53 967.6	3 353.8	36 032.5	81 782.0
32.交通运输设备制造业	91 289.8	97 473.7	17 266.7	63 245.8	70 318.9
33.电气机械及器材制造业	37 108.3	55 060.8	14 936.7	39 419.2	36 023.5
34.电子及通信设备制造业	72 378.6	56 350.0	65 487.6	109 478.8	83 127.2
35.仪器仪表及文化、办公用机械制造业	56 128.9	16 902.9	5 872.9	111 153.3	68 418.2
36.其他制造业	29 149.4	157 410.8	5 238.0	33 679.1	25 671.8
37.电力蒸汽热水的生产和供应业	1 019 184.9	806 769.2		294 935.1	1 211 544.4
38.煤气生产和供应业					
39.自来水的生产和供应业	149 022.4	158 248.9	119 221.5		

表 3－18　城乡联营工业和城乡个体工业主要指标

项　　目	单　位	1995年			1996年		
		合　计	轻工业	重工业	合　计	轻工业	重工业
一、城镇联营工业							
户　　数	户	4	4		20	20	
从业人员	人	2 501	2 501		600	600	
工业总产值(现行价)	万元	1 068	1 068		1 023	1 023	
上交税金	万元	94	94		28	28	
自有资金	万元	1 009	1 009		61	61	
二、农村联营工业							
户　　数	户	62	62		58	58	
从业人员	人	7 293	7 293		2 881	2 881	
工业总产值(现行价)	万元	7 982	7 982		2 976	2 976	
上交税金	万元	312	312		49	49	
自有资金	万元	6 783	6 783		130	130	
三、城镇个体工业							
户　　数	户	12	8	4	19	19	
从业人员	人	36	26	10	830	830	
工业总产值(现行价)	万元	79	50	29	10 113	10 113	
上交税金	万元	4	3	1	126	126	
自有资金	万元	16	7	9	4 332	4 332	
四、农村个体工业							
户　　数	户	30	10	20	65	65	
从业人员	人	700	350	350	3 269	3 269	
工业总产值(现行价)	万元	1 250	1 135	115	7 193	7 193	
上交税金	万元	20	10	10	151	151	
自有资金	万元	240	20	220	3 081	3 081	

表 3－19　村办工业企业主要指标

项　　目	单　位	1995年			1996年		
		合　计	轻工业	重工业	合　计	轻工业	重工业
企业单位数	个	6 995	6 753	242	7 086	6 768	318
工业总产值(1990年不变价)	万元	1 462 120	1 148 562	313 558			
工业总产值(现行价)	万元	1 712 411	1 345 178	367 233	2 136 871	1 999 377	137 [illegible]4
产品销售收入	万元	1 710 659	1 336 252	374 407	2 097 142	1 961 562	135 580
产品销售税金及附加	万元	16 186	12 350	3 836	20 235	19 167	1 068
应交所得税	万元	6 719	6 663	56	15 230	14 922	308
利 润 总 额	万元	110 365	91 758	18 607	215 701	202 751	12 950
固定资产原价年末数	万元	1 599 176	1 282 982	316 194	1 608 375	1 507 022	101 353
流动资产年末数	万元	969 697	741 234	228 462	680 540	655 811	24 729
年末全部从业人员	万人	79.8	70.2	9.6	868 654	831 081	37 573

四、运输、邮电

1996年深圳交通运输业生产情况

1996年是国家继续实行适度从紧货币政策的一年。在此情况下,深圳市1996年国民经济主要指标仍呈两位数增长。但与1995年比较国内生产总值增幅不大,需求不旺,经济运行中新旧矛盾并存的状况没有得到根本改变。受国家宏观调控政策和深圳市国民经济发展态势影响,全市交通、邮电业生产情况基本正常,发展平缓。交通运输行业固定投资完成情况良好,建设资金到位情况正常,交通基础设施基本完成投资计划。独立核算运输企业的客运、货运比上年有不同程度增长,但交通运输监测点企业除民航外,铁路、公路、水路、港口生产指标均有所下降。

一、货运生产

1996年深圳市铁路、公路、水路、民航运输完成货运量3647万吨,完成货物周转量2328753万吨公里。其中公路完成货运量2810万吨,比上年增长3.3%,完成货物周转量219000万吨公里,比上年增长5.7%;水路完成货运量620万吨,比上年增长3.7%,完成货物周转量2080000万吨公里,比上年增长4.6%;独立核算运输企业货运量也有微幅增长。但全市从事公路货运监测点企业普遍下降,其主要原因是:①大多数企业都是老牌国有企业,这些企业底子薄,负担重,货运成本较高,与异地车辆和军车竞争乏力,丧失了不少多年开辟的货运市场。②货源不足,企业车辆残旧,更新改造资金不足,导致车辆停驶较多。③社会货运市场管理未能走上规范轨道,单车承包和车辆挂靠造成不少企业对运输生产管理不力,特别是深圳车辆转手频繁,大多数不到运政部门办理转户手续,车辆去向不明,管理难度因而加大。

深圳水路货运稳步发展,运力不断增加,规模不断扩大,经营水平不断提高,航线不断伸展。沿海、内河货运货源基本稳定,但远洋运力明显不足,其主要原因是:企业资金不足,致使企业只能购置二手远洋货船。这些货船船龄较大,技术性能偏低,经常需停航检修,严重影响揽货信誉。

深圳市海运业务有其得天独厚的地理优势,随着"九七"香港回归,深圳航运业的发展将更加迅速。建议有关部门对航运企业采取扶持政策,实行企业集团化与经营多元化,加快航运技术改造步伐,调整并优化船队结构,大力发展深圳的地方船队,加快培养航运技术人才,以促进航运市场进一步发展。

二、客运生产

1996年深圳市铁路、公路、水路、民航运输完成客运量8281万人,完成客运周转量827693万人公里。其中公路完成客运量7100万人,比上年增长3.1%,完成客运周转量409000万人公里,比上年增长1.0%;民航完成客运量227万人,比上年增长8.6%,完成客运周转量293688万人公里,比上年增长10.2%;水路客运量与上年基本持平。独立核算企业完成客运情况基本正常,有增有降,其中下降比较大的是铁路客运比上年下降21.6%,其主要原因:一方面是民航和公路运输将旅客分流。广深高速公路开通后,不断有豪华大巴加入公路客运。据初步统计,现在每天广深高速公路客运大巴车辆有150多辆,这些车辆以其方便、舒适、快捷和各种优质服务吸引旅客,这是铁路客运量下降的主要原因;另一方面,随着生活水平的提高,越来越多的深圳居民出差、旅游、探亲都倾向乘坐飞机,深圳机场的旅客吞吐量比上年增长5.6%。

1996年,全市交通运输监测点企业的客运量比上年都有不同程度下降。其主要原因是:在激烈的市场竞争中,不少企业先后退出了公路长途客运的竞争,转向经营短途中小巴和的士客运。也有一些企业靠自身实力和多年经营经验,集中精力,跨省发展长途客运。从专业客运的发展来看,全市客运市场要向规范化、集团化、专业化发展,需加大设备更新资金的投入,开辟客运新航线,同时要加大管理力度,以建立一支服务优良,安全有保障,方便舒适的客运队伍。建议政府管理机构对有一定实力,已形成一定规模的运输企业给予适当的扶持,对那些设备破旧、管理混乱、经营亏损、服务差的企业实行改造、兼并,对个别确实很差的企业应予破产,以促进交通运输业的发展。

三、邮电、通讯生产

1996年深圳邮电、通讯产业继续保持发展趋势。在特区各行各业对内对外不断发展业务的情况下,深圳邮电、通讯业固定投资13.7亿元,使通讯设备不断更新,生产经营范围不断扩大,服务质量和水平明显提高,更加充分地发挥了其行业的潜力和经济效益。

1996年深圳邮电业务量完成46.23亿元,比上年增长25.3%,营业业务收支差额21.3亿元。全市电话交换机总容量145.86万门,比上年增长3.5%。市话年末到达数54.80万户,比上年增长12.9%。移动电话用户已达24.31万户,比上年增长64.2%。全市邮电局(所)已达418处,比上年增长11.5%。全市电话机数91.72万门,比上年增长12.8%,其中市话机数65.65万门,比上年增长11.7%。

由于深圳特区邮电、通讯事业的迅速发展,业务能力不断提高,从而改变了市民的消费观念,改善了市民的日常生活,为广大市民带来了更多的方便。

四、港口吞吐量生产

1996年全市港口货物吞吐量完成3022.5万吨,比上年减少近60吨,下降1.9%。其中外贸货物吞吐量完成1643万吨,比上年减少112吨,下降6.3%。在过去几年,深圳市港口的货物吞吐量都是逐年递增,1996年度由于受大环境影响,房地产业仍处于不甚景气状态,加上空港和陆路运输业的不断发展,造成港口运输货源的减少。例如,石油、建筑三大材料、化肥等货物吞吐量分别比上年减少110万吨、100万吨和121万吨,从而使港口货物吞吐量出现下降。

(工业交通统计处供稿,执笔:黄丟添)

1996年深圳民用车辆和船舶拥有量情况

1996年是实施"九五"计划的第一年,深圳国民经济继续保持平稳快速增长,交通运输业作为生产与流通的桥梁,为全市经济的发展发挥了积极的作用。在过去的一年,全市民用车辆和船舶的拥有量,随着市场经济的发展,体制改革的深化,总的来说有增有减,结构基本合理。

一、机动车辆总数减少,民用运输车辆增加,整体结构合理

1996年末,全市机动车辆拥有量221885辆,比1995年度下降3.6%,其中摩托车类下降幅度最大,为33.1%。下降的主要原因,一是摩托车违章行为严重,交通事故频繁,交通管理部门对摩托车新入户采取了严格的限制措施。二是目前我市投入行驶的摩托车大部分购买于八十年代中后期,到现在已经残旧,大都已到报废期,在车辆年审中,凡不符合规定的一律给予销户,从而使摩托车数量入少出多,因而下降。

在摩托车数量大幅度下降的同时,民用其他车辆却长足发展。1996年底,全市民用汽车拥有量达172051辆,比上年增长13.1%,其中载客汽车87974辆,增长16.6%;小汽车80635辆,增长17.3%;专用载货汽车1866辆,增长101.0%;特种汽车2508辆,增长106.3%。民用汽车的增长,反映了随着全市经济平稳快速发展,市政道路设施建设日益完善,从而带动了交通运输业的发展。

二、私人车辆拥有量总数减少,但档次提高

1996年末,全市私人机动车辆拥有量57108台,比上年减少3.4%,主要是摩托车类减少所致,而私人的客车、货车和小汽车分别增长113.8%、161.0%、114.0%。

私人汽车的快速增长,一方面反映了人们的消费观念有了根本的转变,消费水平也逐渐拉开档次。另一方面反映了交通运输业也象工商业一样,正朝着多种经济成分并存的方向推进,以适应社会主义市场经济发展的需要。

三、水上运输船只、机动船只增加,驳船减少

1996年末,全市水上运输船只已发展到156艘,净载重量744799吨,载客量3373客位。船只总量比上年减少5.5%,其中机动船只107艘,比上年的96艘增加11艘,增长11.5%;驳船49艘,比上年的69艘减少20艘,减少29.0%。机动船中:客船17艘,货船75艘,拖船15艘,分别比上年增长6.3%、13.6%和7.1%。机动船只总量的增加和驳船数量的缩减,这是深圳水上运输业发展的需要,是合理的结构调整。随着深圳港口码头建设规模的不断扩大和设施的完善,远洋运输业务的扩展,机动船只将会逐年增加。

(工业交通统计处供稿,执笔:黄培添)

全社会货运量（万吨）

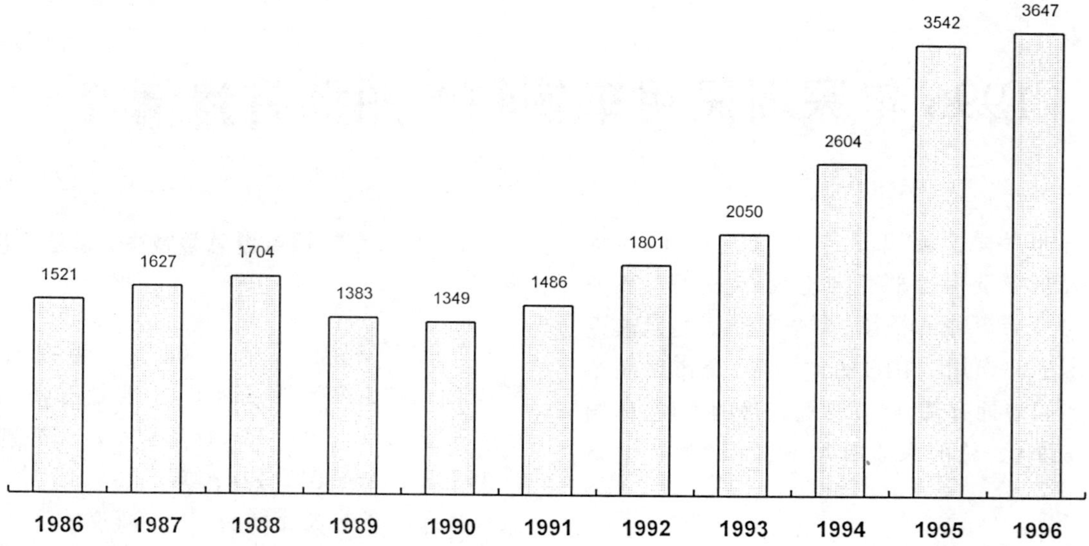

全社会客运量（万人）

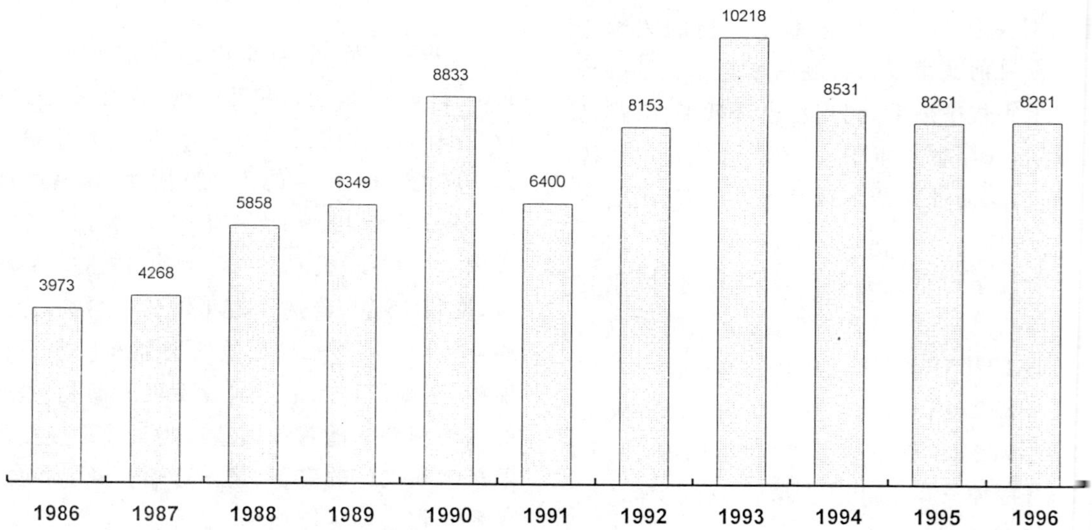

港口货物吞吐量（万吨）

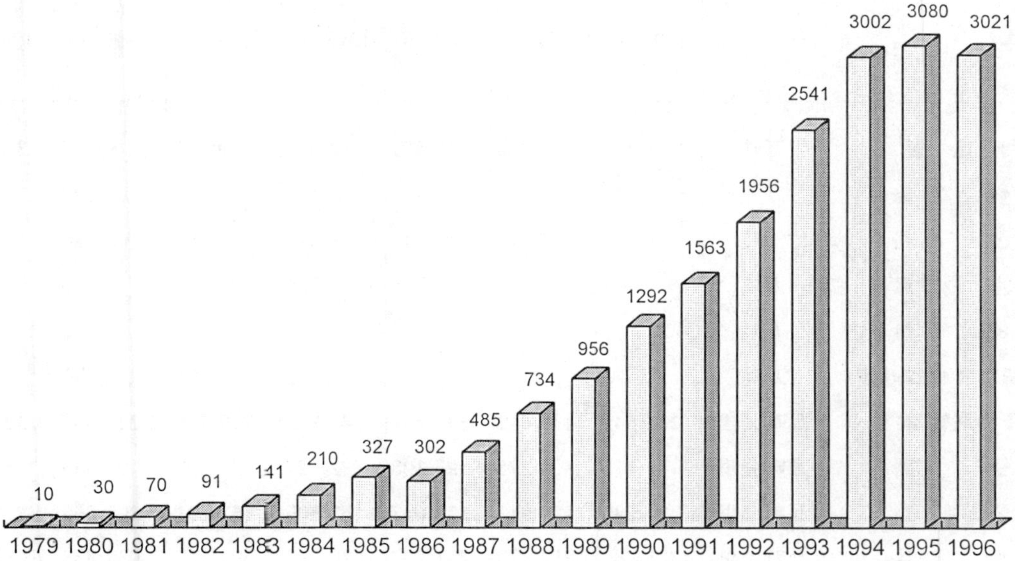

全市电话交换机总容量和电话机总数

□ 电话交换机总容量（万门）
□ 电话机总数（万部）

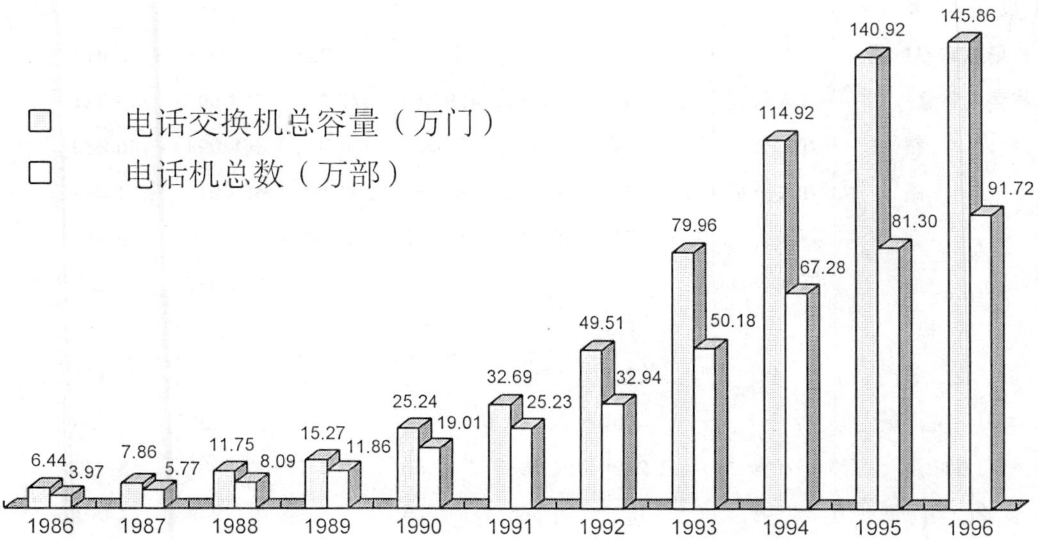

表 4-1　全社会客货运输(吞吐)量

项　　目	单　位	1990 年	1991 年	1992 年	1993 年	1994 年	1995 年	1996 年
一、货　运　量	**万吨**	**1 349**	**1 486**	**1 801**	**2 050**	**2 603.7**	**3 541.6**	**3 646.9**
1.铁　　路	万吨	147	160	171	150	201	220	213
2.公　　路	万吨	1 055	1 179	1 415	1 574	2 060	2 720	2 810
3.水　　运	万吨	147	147	215	326	340	598	620
4.民　　航	万吨					2.7	3.6	3.9
二、机场货物吞吐量	**万吨**				**2.58**	**3.75**	**7.90**	9.00
三、货物周转量	**万吨公里**	**257 545**	**435 662**	**545 857**	**743 878**	**779 791**	**2 228 384**	**2 328 753**
1.铁　　路	万吨公里	1 175	1 278	25 108	22 021	28 323	26 635	24 078
2.公　　路	万吨公里	35 085	120 911	139 047	151 565	152 891	207 260	219 000
3.水　　运	万吨公里	221 285	313 473	381 702	570 292	594 517	1 989 338	2 080 000
4.民　　航	万吨公里					4 060	5 151	5 676
四、客　运　量	**万人**	**8 833**	**6 400**	**8 135**	**10 218**	**8 531**	**8 261**	**8 28[illegible]**
1.铁　　路	万人	803	977	1 160	1 148	1 180	963	75[illegible]
2.公　　路	万人	7 845	5 206	6 716	8 810	6 996	6 890	7 10[illegible]
3.水　　运	万人	185	217	259	260	200	198	20[illegible]
4.民　　航	万人					155	209	22[illegible]
五、机场旅客吞吐量	**万人**				**255**	**319**	**412**	**43[illegible]**
六、旅客周转量	**万人公里**	**267 865**	**186 682**	**409 660**	**477 794**	**790 097**	**820 721**	**827 69[illegible]**
1.铁　　路	万人公里	6 424	7 818	170 505	170 992	168 094	140 382	115 9[illegible]
2.公　　路	万人公里	252 167	168 724	226 155	293 102	406 916	404 860	409 0[illegible]
3.水　　运	万人公里	9 274	10 140	13 000	13 700	12 000	9 080	9 10[illegible]
4.民　　航	万人公里					203 087	266 399	293 6[illegible]3
七、港　　口								
1.泊　位　数	个	24	28		62	106	113	1[illegible]3
#万　吨　级	个	10	12		11	26	26	[illegible]5
2.货物吞吐量	万吨	1 292	1 563	1 956	2 541	3 002	3 080	3 0[illegible]1
#蛇　口　港	万吨	180	565	656	821	949	1 001	7[illegible]8
赤　湾　港	万吨	358	426	431	601	717	777	[illegible]3
妈　湾　港	万吨	8	95	148	163	137	149	[illegible]0
盐　田　港	万吨	6	12	32	75	21	58	[illegible]9

表4－2 全社会客货运输和邮电业务量及其指数

年　　份	货运量（万吨）	货物周转量（万吨公里）	客运量（万人）	旅客周转量（万人公里）	港口货物吞吐量（万吨）	邮电业务总量（万元）
一、绝对值						
1979					10	138
1980					30	190
1981					70	340
1982					91	420
1983					141	567
1984					210	923
1985					327	1 761
1986	1 521	150 321	3 973	85 129	302	2 633
1987	1 627	141 355	4 268	140 598	485	4 880
1988	1 704	217 165	5 858	188 199	734	14 826
1989	1 383	357 633	6 349	217 832	956	21 293
1990	1 349	257 545	8 833	267 865	1 292	55 356
1991	1 486	435 662	6 400	186 682	1 563	84 927
1992	1 801	545 857	8 153	409 660	1 956	114 492
1993	2 050	743 878	10 218	477 794	2 541	174 045
1994	2 603.7	779 791	8 531	790 097	3 002	259 432
1995	3 541.6	2 228 384	8 261	820 721	3 080	368 945
1996	3 646.9	2 328 753	8 281	827 693	3 021	462 261
二、指数(上年＝100)						
1980					300.0	137.7
1981					233.3	178.9
1982					130.0	123.5
1983					154.9	135.0
1984					148.9	162.8
1985					155.7	190.8
1986					92.4	149.5
1987	107.0	94.0	93.1	165.2	160.6	185.3
1988	104.7	153.6	137.3	133.9	151.3	303.8
1989	81.2	164.7	108.4	115.7	130.2	143.6
1990	97.5	72.0	139.1	123.0	135.1	151.7
1991	110.2	169.2	72.5	69.7	121.0	153.4
1992	121.2	125.3	127.1	219.4	125.1	134.8
1993	113.8	136.3	125.6	116.6	129.9	152.0
1994	127.0	104.8	81.5	161.2	118.1	149.1
1995	136.0	285.8	96.8	103.9	102.6	142.2
1996	103.0	104.5	100.2	100.8	98.1	125.3

注：1.邮电业务总量1989年以前按1980年不变价格计算，1990年以后按1990年不变价格计算；2.本表指数按可比口径计算。

表 4-3　全社会民用车辆和运输船舶拥有量

项目	单位	1996年
民用车辆总计	**辆**	**221 885**
一、民用汽车	辆	172 051
载客量	客位	838 615
载重量	吨位	229 924
1.载客汽车	辆	87 974
载客量	客位	838 615
#大型	辆	7 339
载客量	客位	265 912
2.普通载货汽车	辆	77 580
载重量	吨位	212 570
#大型	辆	33 777
载重量	吨位	158 752
3.专用载货汽车	辆	1 866
载重量	吨位	17 354
4.其他专用汽车	辆	2 123
5.特种汽车	辆	2 508
二、轮胎式拖拉机	辆	4
三、摩托车	辆	49 762
四、货挂车	辆	65
五、电车	辆	3

项目	单位	1996年
民用运输船舶总计	**艘**	**156**
一、机动船艘数	艘	107
载客量	客位	3 373
净载重量	吨位	721 005
总功率	千瓦	331 258
1.客船艘数	艘	1[illegible]
载客量	客位	3 37[illegible]
2.货船艘数	艘	[illegible]
净载重量	吨位	721 0[illegible]5
3.拖船艘数	艘	[illegible]5
功率	千瓦	15 [illegible]8
二、驳船艘数	艘	[illegible]9
净载重量	吨位	23 [illegible]94

表 4－4　邮　电　通　讯　网

项　　　目	单位	1990 年	1991 年	1992 年	1993 年	1994 年	1995 年	1996 年
邮电局、所	处	84	90	92	194	301	375	418
#自　办	处	69	75	76	77	71	76	77
邮路长度(单程)	公里	1 707	1 034	777	13 362	14 157	22 319	24 032
农村投递线路(单程)	公里	1 391	2 008	2 293	1 291	3 617		
邮运汽车	辆	26	26	25	19	80	79	116
长话电路	路	3 526	4 553	6 828	11 861	17 654	25 240	30 284
#国际及港澳	路	999	1 292	1 831	2 671	3 391	3 630	3 630
电报电路	路	45	55	59	66	64	59	58
全市电话交换机总容量	门	252 352	326 907	495 091	799 615	1 149 190	1 409 192	1 458 614
#市话交换机总容量	门	197 721	226 220	354 419	572 735	803 874	898 648	936 721
#邮电局交换机容量	门	129 000	156 929	267 958	467 904	690 350	1 267 178	1 301 726
全市电话机总数	部	190 077	252 337	329 367	501 769	672 834	812 974	917 166
#市话话机总数	部	161 566	206 824	260 507	376 852	495 698	587 891	656 521
#接入邮电局交换机的话机	部	99 216	134 402	182 098	284 129	393 024	477 074	540 755
用户电报交换机容量	线	1 024	1 024	1 024	1 024	1 024	1 024	1 536
#实占用量	线	998	537	550	570	457	415	424

表 4－5　邮　电　业　务　量

项　　目	单位	1990 年	1991 年	1992 年	1993 年	1994 年	1995 年	1996 年
邮电业务总量(90 年不变价)	万元	55 356	84 927	114 492	174 045	259 432	368 945	462 261
#计费业务量	万元	55 033	84 542	114 038	173 545	258 683	368 093	461 063
函　　件	万件	8 927	10 806	13 034	16 725	18 061	20 059	19 682
特快专递	万件	37.42	52.80	75.55	86.89	107.43	151.78	206.54
机要文件	万件	1.54	1.51	1.50	1.36	1.52	1.73	1.53
包　　件	万件	131.12	118.94	117.62	128.31	164.75	193.46	259.90
汇　　票	万张	432.95	547.56	786.27	1 028.67	1 144.75	1 221.04	1 229.87
订销报纸期发数	万份	30.25	37.40	53.75	58.91	59.28	62.12	71.52
订销报纸累计份数	万份	6 743	8 330	11 164	14 369	16 434	15 563	18 447
订销杂志期发数	万份	25.98	32.96	53.34	45.18	50.64	44.72	70.21
订销杂志累计份数	万份	327.51	415.50	579.92	614.89	570.21	658.81	679.24
电　　报	万份	285.52	330.64	408.02	386.71	299.36	245.52	210.90
长途电话	万张	5 587	8 600	12 830	21 094	32 532	42 739	52 963
市话年末到达数	户	97 471	130 984	175 542	281 871	401 664	485 374	548 030
#住宅电话	户	66 842	90 178	117 735	186 292	255 390	315 004	358 980
农话年末到达数	户	25 337	41 683	64 546	115 761	162 019	207 717	241 865
长话直拨有权用户	户	59 254	83 789	130 437	203 841	288 165	451 738	604 514
#直拨国际港澳的	户	55 725	77 024	120 349	159 341	222 682	376 136	453 634
无线寻呼用户	户	22 528	41 006	91 904	116 923	115 191	224 349	233 76[illegible]
移动电话用户	户	2 647	4 977	15 713	31 256	53 208	148 069	243 06[illegible]
传真用户	户	2 876	3 948	4 962	6 518	9 611	13 654	15 82[illegible]
邮政储蓄年末收储余额	万元	3 860	6 675	19 912	25 736	44 344	108 318	140 74[illegible]
集邮业务	万枚	377.26	978.23	1 085.95	1 408.25	1 963.49	1 383.44	1 950.4[illegible]

表4-6　独立核算运输邮电企业财务状况

(1996年)　　单位:万元

指标名称	总计	1.国有经济	2.集体经济	3.其他经济类型*
企业个数(个)	89	53	10	26
#亏损企业(个)	23	12	4	7
资本金合计	1 030 678	711 641	4 292	314 745
流动资产合计	882 717	752 453	4 329	125 935
固定资产合计	1 824 017	1 230 545	4 571	588 901
固定资产原值合计	1 792 641	1 207 219	8 168	577 254
累计折旧	420 696	311 762	4 434	104 500
#本年折旧	106 662	82 334	512	23 816
资产合计	3 010 790	2 109 436	12 442	888 912
流动负债合计	511 394	310 257	2 994	198 143
长期负债合计	487 629	206 279	48	281 302
所有者权益合计	1 975 768	1 558 290	9 401	408 077
营运业务收入	1 003 442	860 853	4 599	137 990
营运业务成本	475 234	400 148	3 213	71 873
营运费用	16 747	15 956	122	669
营运税金及附加	39 387	35 133	142	4 112
营运业务利润	463 860	403 918	1 121	58 821
管理费用	99 445	65 321	1 304	32 820
#税金	1 539	935	18	586
利润总额	361 542	342 422	232	18 888

注:其他经济类型包括股份制经济、港澳台投资经济。

五、农　业

1996 年深圳农业生产情况

1996 年是实施“九五”计划的第一年。一年来，全市认真贯彻落实中央和省农村工作会议精神，农业生产取得了可喜的成绩。“三高”农业及“菜篮子”工程建设得到进一步加强，种植业、畜牧业、水产业及乡镇企业稳步发展。全年农业总产值 10.3 亿元(按 1990 年不变价)，计算增长 5.5%(按可比口径计算，下同)。鲜活产品出口额 11.2 亿港元，增长 10%。农村三级经济总收入 90 亿元，增长 10.6%。

一、1996 年农业生产情况

农作物播种面积增加，产量普遍提高。全年农作物播种面积 20.5 万亩，比上年增长 6.1%。其中粮食播种面积 1.94 万亩，比上年增长 14.1%，粮食产量 0.66 万吨，比上年增长 34.7%；蔬菜播种面积 16.7 万亩，比上年增长 3.7%，产量 19.4 万吨，比上年增长 3.3%；水果种植面积 19.6 万亩，比上年增长 5.9%，水果产量 3.7 万吨，受自然因素影响，比年减少 9.7%。

畜牧业发展不平衡。受市场价格因素影响，生猪饲养量增加，家禽饲养量减少。当年生猪收购价格比较稳定，而且稳中有升，出口价平均每头(约 90 公斤重)1703 元，内销 913 元，分别上升 4.5%和 5.1%。全年生猪饲养量 90 万头，比上年增长 28.5%；猪肉产量 4.5 万吨，比上年增长 10.3%。由于鸡的饲料价格上涨过快，而出口活鸡的价格下跌，许多养鸡户感到无利可图而放弃养鸡的生产经营，不少个体鸡场倒闭。全年家禽饲养量为 3206 万只，比上年减少 7.9%，其中鸡饲养量 2998 万只，比上年减少 8.6%。

水产养殖面积和产量增加。全市水产养殖面积 16 万亩，比上年增长 7.4%；总产量 4.[illegible]万吨，比上年增长 10.8%；海洋捕捞 1.46 万吨，增长 10%。

绿化造林成绩显著。全年完成造林面积 5.25 万亩，其中荒山绿化 0.63 万亩，全民义务植树 162 万株，均全面超额完成省下达任务。

乡镇企业有新的发展。乡镇企业是深圳市农村经济发展的支柱，全年实现乡镇企业总产值 155.4 亿元，比上年增长 13.2%；引进外资 5.5 亿美元，增长 27%；乡镇企业工缴费收入 6.2 亿美元，增长 1.6%；税后利润 22.7 亿元，增长 13.2%。

二、农业生产工作主要特点

(一)各级政府高度重视农业生产

市委、市政府不断加强对农业生产工作的领导，始终把农业列入重要议事日程。3 月份召开了全市农村和农业工作会议，颁布了《关于加强农村工作和加快农业发展的若干意见》。6 月份，市人大常委会颁布了《关于加强农业保护区管理的若干规定》。9 月份，市政府召开了全市农业暨菜篮子工程建设工作会议，总结部署农业和菜篮子工程建设工作。市主要领导多次深入农村了解情况，到农业基地进行考察，现场办公，及时解决问题。为了鼓励企业兴办农业项目，市政府在土地使用、水电收费、引进人才、出口配额等方面制定了一系列的优惠政策。为了确保农业的持续发展,市对各区、镇政府负责人实行责任制考核,即采取量化的方法,按照各区、镇对农业的重视程度、资金投入量、长远发展规划等指标逐项打分。市政府对建立市区镇三级农业体系,加快农业企业化步伐;加强对资源的保护,保证农业的持续发展;调动各方面积极性,增加对农业的投入;抓好流通环节,稳定市场物价;依靠科技进步,提高农业现代化水平等方面都有明确要求,各级政府和有关部门正在贯彻落实,有的已取得成效。

龙岗区政府为了解决非农建设用地闲置和耕地丢荒的问题,制定五项优惠政策:凡灭荒复耕通过验收合格者,给予每亩50元的奖励。非农建设用地在灭荒复耕期间免交土地使用费,丢荒耕地承包者免交2年土地承包费。外来人员从事灭荒复耕者,免收暂住人口管理费。灭荒复耕所需化肥、种子、农药、水电,可优先供应并按最低价格收费。区镇农技部门为灭荒复耕提供免费技术咨询与指导。

(二)大力发展'三高"农业

市政府历来重视高产、高质、高效"三高"农业的发展。在筹集资金、合理安排项目、引进农业科技人才、保护农业用地、制定扶持农业企业优惠政策等方面都采取了一系列切实可行的措施。1996年,市财政对鲜活产品生产投入的扶持资金达4400万元,比上年增长46.7%。同时还安排了高级蔬菜基地建设项目资金1000万元,西部2万亩鱼塘改造工程资金5000万元。

新建成保护性栽培设施菜地168.1亩,全市已拥有保护性栽培设施的菜场共16个,总面积达530.6亩。

建立了一批优质龙眼生产基地。确定南山区西丽果场和光明林果公司果场作为果园建设示范基地,规范设施建设和栽培技术,为全市水果基地建设和管理积累经验。逐步对部分品种退化的老果园进行改造。全市已完成果园改造5300亩,并在宝安区公明镇规划了550亩果园改造示范区。全年南山区西丽办事处投资600万元,高标准改造1000亩老荔枝树;投资300万元高标准建设200亩优质蔬菜基地;投资200万元建立特种动物养殖场。

市政府十分重视抓肉猪规模生产。决定新增8万头生猪生产线,已有4条建成投入生产。

三、农业生产工作存在的问题

农业基础设施较薄弱,良种繁育基地少,技术推广和检疫机构不健全,较难适应现代农业生产的需要。

另外,农业的产销衔接不够,流通环节费用偏高,"丰产"不增收的情况比较普遍,影响生产者的积极性。

(固定资产投资统计处供稿,执笔:黄健梅)

农村社会总产值及构成（亿元）

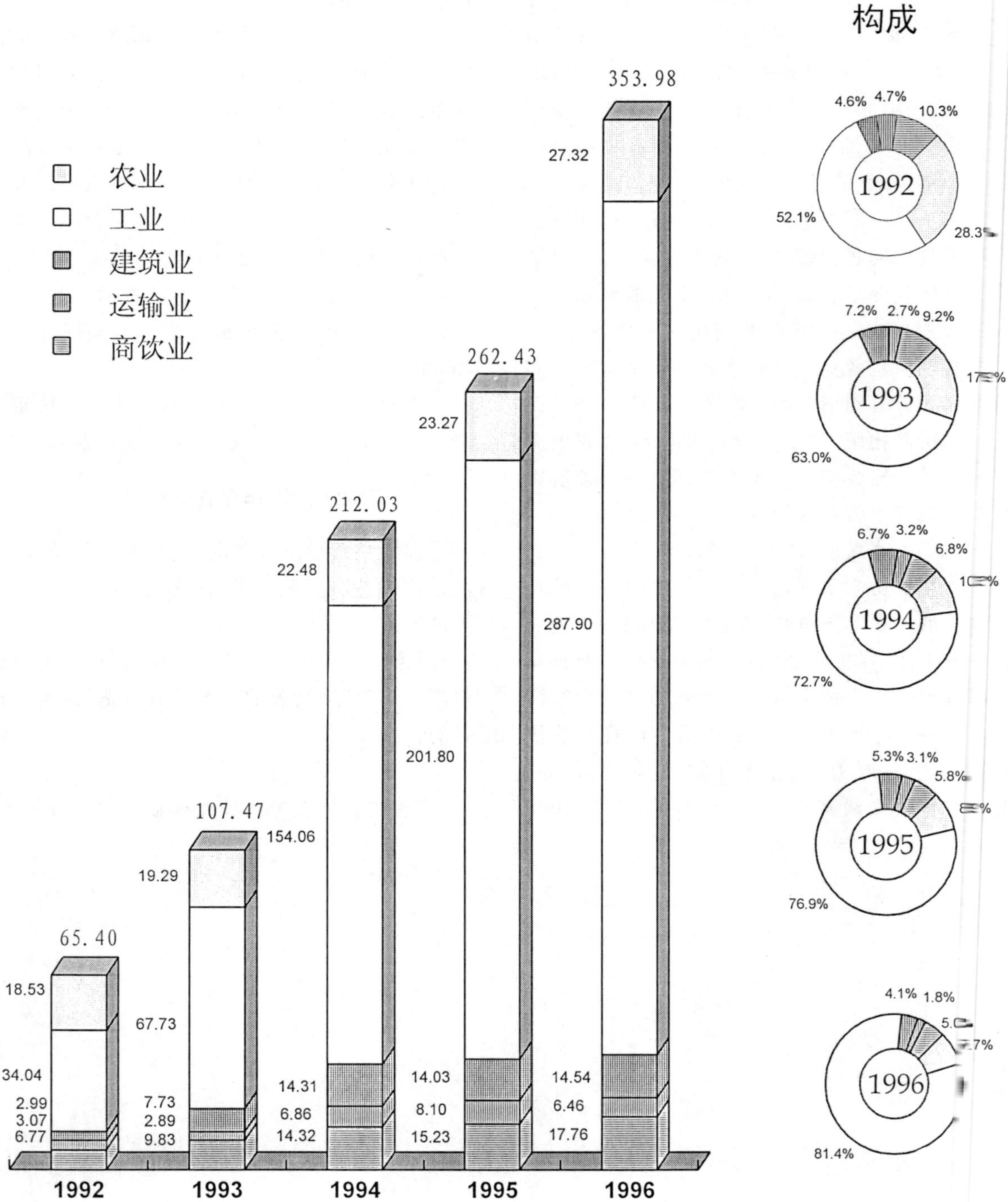

主 要 农 产 品 产 量

粮食（万吨）

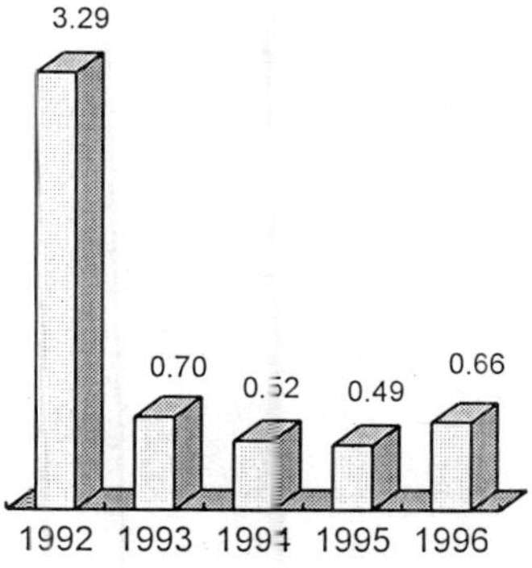

蔬菜（万吨）

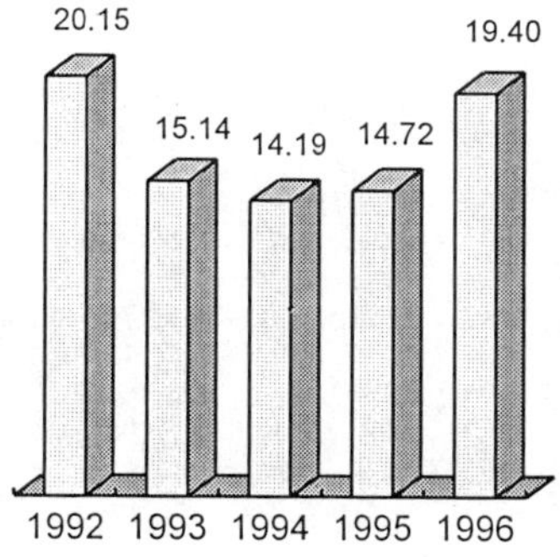

荔枝（万吨）

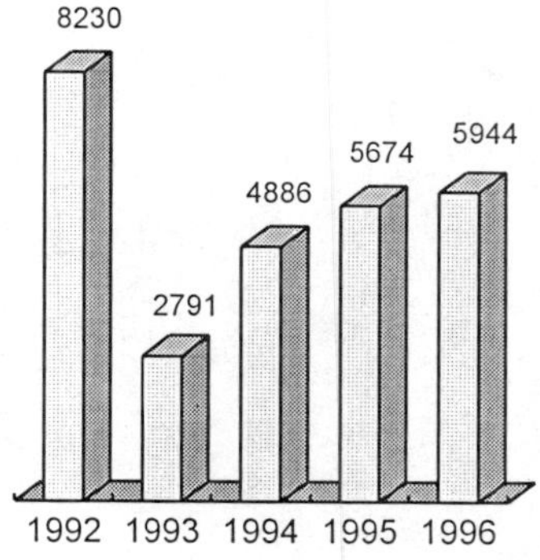

柑桔橙（万吨）

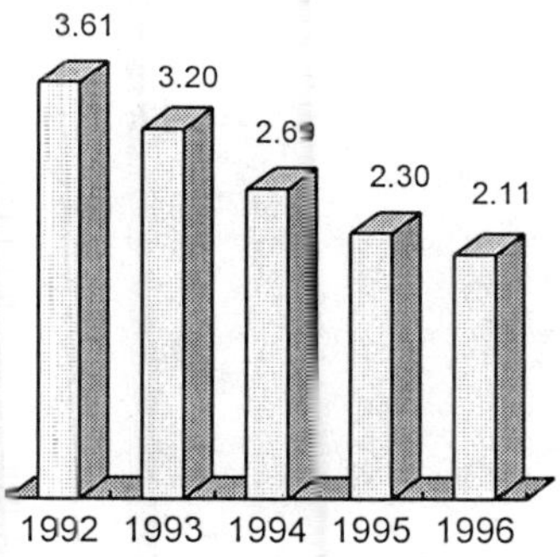

三鸟饲养量（万只）

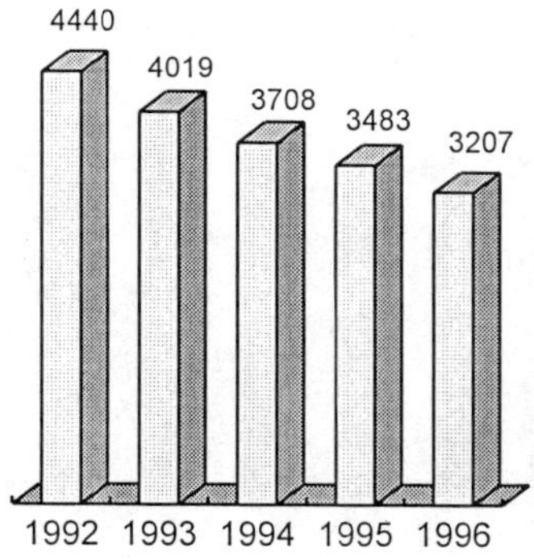

肉猪出栏量（万头）

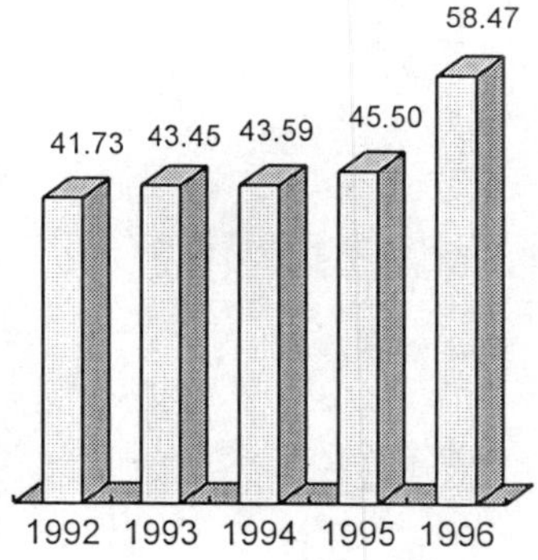

牛奶产量（万吨）

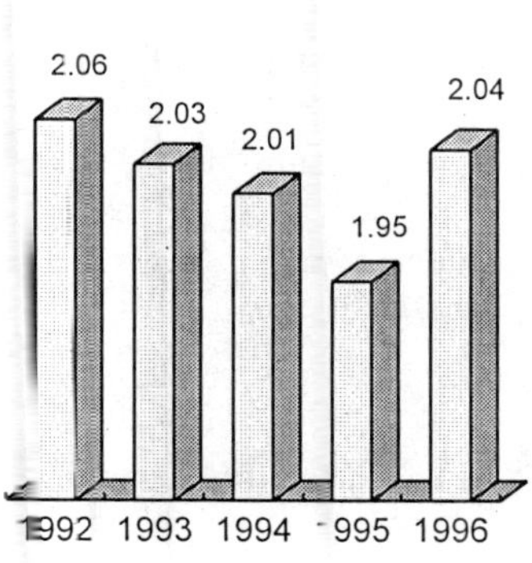

鲜蛋产量（吨）

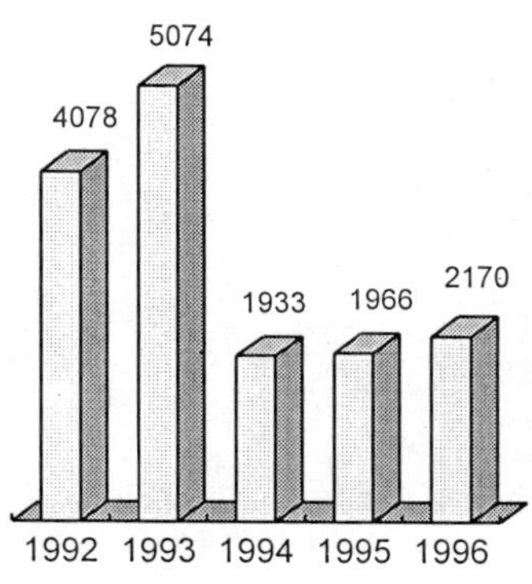

水产品产量（万吨）

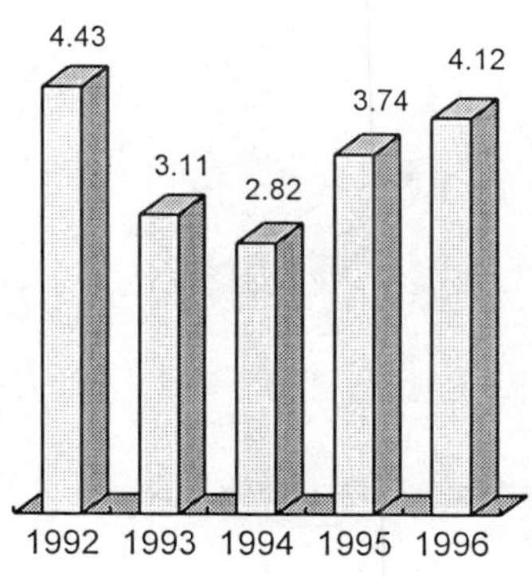

表5－1　农村基本情况

项　　目	单位	1990年	1991年	1992年	1993年	1994年	1995年	1996年
一、农村基层组织								
镇人民政府	个	18	18	18	18	18	18	18
村民委员会	个	250	249	249	202	205	204	208
二、乡镇户数、人口								
总　户　数	户	90 143	93 954	136 068	126 696	114 228	123 173	123 618
＃农业户数	户	65 185	66 516	95 198	64 345	68 550	66 630	69 78[illegible]
总　人　口	人	342 015	364 936	511 930	391 469	374 450	392 002	393 97[illegible]
＃农业人口	人	252 760	268 961	374 596	236 337	243 749	243 881	240 68[illegible]
三、农业企业个数	**个**					**74**	**77**	
四、农村社会基础设施								
自来水受益村	个				355	200	200	
通汽车村数	个				402	204	204	
通电话村数	个				415	204	204	
五、劳动力资源总数	**人**				**118 855**	**123 848**	**135 157**	**146 8[illegible]**
1.劳动力年龄内的人口数	人				117 123	122 130	132 821	144 2[illegible]
＃上学的学生数	人				4 542	4 399	5 247	6 2[illegible]
丧失劳动力的人口数	人				1 071	1 226	1 735	1 4[illegible]
2.不足劳动年龄而参加劳动的人口数	人				447	714	665	9[illegible]
3.超过劳动年龄而参加劳动的人口数	人				2 356	2 230	3 406	3 1[illegible]
六、乡镇劳动力合计	**人**	**120 381**	**123 650**	**128 531**	**117 619**	**116 523**	**129 359**	**140 [illegible]5**
＃农业劳动力	人	50 038	46 690	42 882	30 515	26 798	26 950	27 [illegible]4

表 5－1 续表

项　　　目	单位	1990 年	1991 年	1992 年	1993 年	1994 年	1995 年	1996 年
1.按性别分								
男劳动力	人	53 568	56 104	58 027	54 460	53 852	61 080	65 620
女劳动力	人	66 813	67 546	70 504	63 159	62 671	68 279	74 885
2.按行业分								
种植业	人	37 568	34 816	30 332	18 521	14 055	13 551	
林　业	人	607	667	427	478	225	993	
牧　业	人	3 948	3 395	3 247	3 991	5 104	4 690	27 154
副　业	人				2 064	2 848	3 504	
渔　业	人	7 915	7 812	8 640	5 461	4 566	4 212	
工　业	人	36 503	37 921	40 230	40 686	43 111	48 032	49 056
#镇办工业	人	11 471	11 884	12 167	8 865	8 947	13 242	
村办工业	人	16 211	19 540	21 601	24 380	26 177	26 264	
村以下办工业	人	5 683	5 757	6 462	7 441	7 987	8 526	
建筑业	人	1 605	1 036	1 186	1 261	1 677	1 865	2 329
交通运输和邮电通讯业	人	3 991	4 404	5 201	5 364	5 464	5 963	6 396
商饮业和物资供销仓储业	人	6 759	7 702	8 900	8 795	7 877	8 374	10 166
房地产公共事业居民咨询服务业	人	402	402	225	95	375	571	
卫生体育和社会福利事业	人	989	946	1 012	1 562	1 599	1 977	
教育文化艺术和广播电视事业	人	717	989	1 033	1 199	1 475	2 172	
科学研究和综合技术服务事业	人	34	46	33	16	35	35	
金融保险业	人	151	221	202	283	483	590	
镇经济组织管理劳动力	人	2 354	2 367	2 752	2 204	3 225	2 703	
其他劳动力	人	16 838	20 926	25 111	25 639	24 404	30 127	45 404
#外出劳动力	人	16 488	16 028	10 655		7 623	8 444	11 448
七、外来劳动力	人					**1 350 801**	**1 263 040**	**1 381 028**

注：1996 年种植业、林业、牧业、副业、渔业合计 27 154（原表以括号合并）。

表5-2　农 村 社 会 总 产 值

（按当年价格计算）　　单位：万元

年份	社会总产值合计	一、农业	二、工业	三、建筑业	四、运输业	五、批发零售贸易业、饮食业	1.批发零售贸易业	2.饮食业
全市								
1986	128 123	49 552	27 894	37 922	5 185	7 570		
1987	173 819	73 772	35 294	48 419	5 410	10 924	6 824	4 100
1988	219 171	99 404	62 836	29 696	8 312	18 924	11 689	7 235
1989	260 967	108 016	92 201	19 482	6 784	34 484	23 687	10 797
1990	352 042	119 205	181 062	15 282	8 173	28 320	18 714	9 606
1991	429 495	143 063	212 410	21 744	10 691	41 587	19 806	21 781
1992	654 033	185 298	340 396	29 948	30 691	67 698	38 014	29 684
1993	1 074 752	192 880	677 295	77 299	28 942	98 336	54 988	43 348
1994	2 120 309	224 776	1 540 618	143 114	68 607	143 194	84 368	58 826
1995	2 624 317	232 653	2 018 001	140 325	81 014	152 324	82 657	69 667
1996	3 539 775	273 246	2 878 987	145 378	64 601	177 563	96 966	80 597
特区								
1986	28 487	7 621	6 507	9 415	1 954	2 990		
1987	44 240	12 946	8 973	15 810	1 963	4 548		
1988	61 157	17 146	18 837	13 404	2 186	9 584	5 917	3 66[illegible]
1989	61 247	11 110	27 732	11 235	1 661	9 509	6 159	3 35[illegible]
1990	97 079	12 703	64 715	8 143	1 606	9 912	6 099	3 81[illegible]
1991	82 326	12 783	42 628	14 739	1 393	10 783	6 296	4 48[illegible]
1992	107 439	16 232	65 736	14 717	1 095	9 657	6 042	3 61[illegible]
1993	36 843	11 498	20 514	4 237	306	358	358	
1994	12 537	12 537						
1995	17 293	17 293						
1996	45 994	45 994						

表5-3　农村社会总产值构成

（按当年价格计算）　　单位：%

年　份	社会总产值构成	一、农业	二、工业	三、建筑业	四、运输业	五、批发零售贸易业、饮食业	1.批发零售贸易业	2.饮食业
全　市								
1986	100.0	38.7	21.8	29.6	4.0	5.9		
1987	100.0	42.4	20.3	27.9	3.1	6.3		
1988	100.0	45.3	28.7	13.6	3.8	8.6	5.3	3.3
1989	100.0	41.4	35.3	7.5	2.6	13.2	9.1	4.1
1990	100.0	33.9	51.4	4.3	2.3	8.1	5.3	2.8
1991	100.0	33.3	49.5	5.0	2.5	9.7	4.6	5.1
1992	100.0	28.3	52.1	4.6	4.7	10.3	5.8	4.5
1993	100.0	17.9	63.0	7.2	2.7	9.2	5.1	4.1
1994	100.0	10.6	72.7	6.7	3.2	6.8	4.0	2.8
1995	100.0	8.9	76.9	5.3	3.1	5.8	3.1	2.7
1996	100.0	7.7	81.3	4.1	1.8	5.0	2.7	2.3
特　区								
1986	100.0	26.8	22.8	33.0	6.9	10.5		
1987	100.0	29.3	20.3	35.7	4.4	10.3		
1988	100.0	28.0	30.8	21.9	3.6	15.7	9.7	6.0
1989	100.0	18.1	45.3	18.3	2.7	15.6	10.1	5.5
1990	100.0	13.1	66.7	8.4	1.6	10.2	6.3	3.9
1991	100.0	15.5	51.8	17.9	1.7	13.1	7.6	5.5
1992	100.0	15.1	61.2	13.7	1.0	9.0	5.6	3.4
1993	100.0	31.2	55.6	11.5	0.8	0.9	0.9	
1994	100.0	100.0						
1995	100.0	100.0						
1996	100.0	100.0						

表5-4　历　年　农　业　总　产　值

（按当年价格计算）　　　　单位：万元

年　份	农业总产值	1.种植业	2.林　业	3.牧　业	4.副　业	5.渔　业
全　市						
1979	13 106	6 494	85	1 598	4 496	433
1980	16 938	6 913	69	2 186	6 686	1 084
1981	24 181	8 515	153	5 677	7 967	1 869
1982	26 929	9 402	281	7 540	6 962	2 744
1983	29 083	10 930	207	7 832	6 714	3 400
1984	40 416	13 931	912	10 346	7 332	7 895
1985	45 821	15 641	1 371	14 444	6 490	7 875
1986	49 552	18 947	1 259	17 132	1 258	10 956
1987	73 772	26 631	1 678	28 869	2 255	14 339
1988	99 404	32 296	1 315	42 202	3 739	19 852
1989	108 015	31 412	1 253	54 389	1 951	19 010
1990	119 205	37 622	1 716	52 550	3 274	24 043
1991	143 063	40 697	4 097	63 117	4 127	31 025
1992	185 297	57 458	5 637	81 532	4 335	36 334
1993	192 880	49 977	3 519	94 969	5 909	38 506
1994	224 776	54 363	2 334	110 150	5 607	52 322
1995	232 653	58 407	2 207	125 623	3 243	43 173
1996	273 246	70 642	2 989	141 464	6 071	52 080
特　区						
1980	5 210					
1981	4 515	2 218	22	1 131	442	70[illegible]
1982	4 451	2 637	10	557	434	8[illegible]
1983	4 792	2 752	21	1 255	349	4[illegible]
1984	5 747	2 587	19	749	104	2 28[illegible]
1985	5 011	2 092	510	531	307	1 5[illegible]
1986	7 621	2 650	746	1 130	337	2 7[illegible]3
1987	12 946	5 748	1 028	1 773	450	3 9[illegible]7
1988	17 146	6 452	523	4 600	299	5 271
1989	11 110	3 984	218	3 896	320	2 6[illegible]2
1990	12 703	4 212	284	3 041	1 599	3 5[illegible]7
1991	12 783	3 366	389	3 355	1 913	3 7[illegible]0
1992	16 232	4 142	553	5 398	2 307	3 8[illegible]3
1993	11 498	3 213	176	4 379		3 [illegible]30
1994	12 537	3 608	287	4 415		4 [illegible]27
1995	17 293	4 777	95	5 414	77	6 [illegible]30
1996	45 994	15 819	97	21 555	87	8 [illegible]36

注：本表不含村及村以下办工业产值。

表5－5　历年农业总产值构成

（按当年价格计算）　　单位:%

年份	农业总产值	1. 种植业	2. 林业	3. 牧业	4. 副业	5. 渔业
全市						
1979	100.0	49.6	0.6	12.2	34.3	3.3
1980	100.0	40.8	0.4	12.9	39.5	6.4
1981	100.0	35.2	0.6	23.5	33.0	7.7
1982	100.0	34.9	1.0	28.0	25.9	10.2
1983	100.0	37.6	0.7	26.9	23.1	11.7
1984	100.0	34.5	2.3	25.6	18.1	19.5
1985	100.0	34.1	3.0	31.5	14.2	17.2
1986	100.0	38.2	2.6	34.6	2.5	22.1
1987	100.0	36.1	2.3	39.1	3.1	19.4
1988	100.0	32.5	1.3	42.5	3.7	20.0
1989	100.0	29.1	1.2	50.3	1.8	17.6
1990	100.0	31.6	1.4	44.1	2.7	20.2
1991	100.0	28.4	2.9	44.1	2.9	21.7
1992	100.0	31.0	3.0	44.0	2.4	19.6
1993	100.0	25.9	1.8	49.2	3.1	20.0
1994	100.0	24.2	1.0	49.0	2.5	23.3
1995	100.0	25.1	0.9	54.0	1.4	18.6
1996	100.0	25.9	1.1	51.8	2.2	19.0
特区						
1980						
1981	100.0	49.1	0.5	25.0	9.8	15.6
1982	100.0	59.2	0.2	12.5	9.8	18.3
1983	100.0	57.4	0.4	26.2	7.3	8.7
1984	100.0	45.0	0.4	13.0	1.8	39.8
1985	100.0	41.7	10.2	10.6	6.1	31.4
1986	100.0	34.8	9.8	14.8	4.4	36.2
1987	100.0	44.4	7.9	13.7	3.5	30.5
1988	100.0	37.6	3.1	26.8	1.8	30.7
1989	100.0	35.9	1.9	35.1	2.9	24.2
1990	100.0	33.2	2.2	23.9	12.6	28.1
1991	100.0	26.3	3.0	26.3	15.0	29.4
1992	100.0	25.5	3.4	33.3	14.2	23.6
1993	100.0	27.9	1.5	38.1		32.5
1994	100.0	28.8	2.3	35.2		33.7
1995	100.0	27.6	0.6	31.3	0.4	40.1
1996	100.0	34.4	0.2	46.9	0.2	18.3

注:本表不含村及村以下办工业产值。

表 5-6　历年农业总产值及其指数

年份	农业总产值(万元)		指数 (%)	
	现价	1990 年不变价	定基指数(以 1979 年为 100)	环比指数(以上年为 100)
1979	13 106	34 815	100.0	
1980	16 938	29 742	85.4	85.4
1981	24 181	35 434	101.7	119.1
1982	26 929	38 287	110.0	108.1
1983	29 083	37 662	108.2	98.4
1984	40 416	38 518	110.7	102.3
1985	45 821	45 912	131.9	119.2
1986	49 552	53 484	153.7	116.5
1987	73 772	59 791	171.8	111.8
1988	99 404	71 363	205.2	119.4
1989	108 015	79 998	230.0	112.1
1990	119 205	92 121	265.0	115.2
1991	143 063	100 703	289.6	109.3
1992	185 297	99 895	287.3	99.2
1993	192 880	92 772	266.9	92.9
1994	224 776	89 172	256.1	96.1
1995	232 653	90 081	258.7	101.0
1996	273 246	102 873	295.5	114.2
年平均增长率%			**6.6**	

注:本表指数按可比价计算。

表 5-7　农　业　总　产　值

(按 1990 年不变价计算)

项目	单位	1995 年		1996 年	
		全市	特区	全市	特区
农业总产值	**万元**	**90 081**	**10 059**	**102 873**	**20 251**
种植业	万元	21 924	2 472	24 570	5 591
林　业	万元	455	39	606	40
牧　业	万元	46 958	2 596	49 583	7 520
副　业	万元	3 030	77	3 252	74
渔　业	万元	17 714	4 875	24 862	7 026
农业总产值构成	%	**100.00**	**100.00**	**100.00**	**100.00**
种植业	%	24.34	24.58	23.88	27.60
林　业	%	0.51	0.38	0.59	0.20
牧　业	%	52.13	25.81	48.20	37.14
副　业	%	3.36	0.77	3.16	0.36
渔　业	%	19.66	48.46	24.17	34.7[illegible]

注:本表不含村及村以下办工业产值。

表5-8 农业增加值

(按当年价格计算,1996年)　　单位:万元

项目	合计	种植业	林业	牧业	副业	渔业
全市						
一、农业总产出	273 246	70 642	2 989	141 464	6 071	52 080
二、农业中间消耗	116 209	24 588	768	69 805	1 972	19 076
1.农业中间物质消耗	102 685	19 943	654	64 084	1 373	16 631
2.对非物质生产部门的劳务支出	13 524	4 645	114	5 721	599	2 445
三、农业增加值	157 037	46 054	2 221	71 659	4 099	33 004
特区						
一、农业总产出	45 994	15 819	97	21 556	87	8 435
二、农业中间消耗	20 706	5 242	56	10 188	47	5 173
1.农业中间物质消耗	18 017	4 245	36	8 877	26	4 833
2.对非物质生产部门的劳务支出	2 689	997	20	1 311	21	340
三、农业增加值	25 288	10 577	41	11 368	40	3 262

表5-9 农业商品产值

(按当年价格计算,1996年)

项目	农业总产值(万元)		农业商品产值(万元)		商品率(%)	
	全市	特区	全市	特区	全市	特区
总计	**273 246**	**45 994**	**250 183**	**45 494**	**91.6**	**98.9**
种植业	70 642	15 819	64 502	15 616	91.3	98.7
林业	2 989	97	1 210	89	40.5	91.8
牧业	141 464	21 556	129 310	21 360	91.4	99.1
副业	6 071	87	6 039	87	99.4	100.0
渔业	52 080	8 435	49 122	8 342	94.3	98.9

表 5-10　历年耕地面积及变动情况

单位:万亩

年　份	一、年末实有耕地面积	1. 水旱田	2. 旱地	平均每个农业人口有耕地(亩)	平均每个农业劳动力有耕地(亩)	二、当年增加的耕地面积	三、当年减少的耕地面积
全　市							
1979	53.21	41.01	12.20				1.19
1980	49.01	37.56	11.45				4.20
1981	45.98	35.08	10.90				2.83
1982	43.91	33.67	10.24				2.69
1983	42.99	32.87	10.12				1.30
1984	40.14	30.66	9.48				2.97
1985	33.94	25.40	8.54				6.30
1986	32.91	24.90	8.01	1.38	5.83	1.41	2.43
1987	30.98	23.48	7.50	1.24	5.50	0.27	2.21
1988	29.46	22.76	6.70	1.17	5.37	0.11	1.62
1989	28.25	21.80	6.45	1.12	5.69	0.16	1.37
1990	28.01	21.75	6.26	1.11	5.60	0.12	0.36
1991	22.67	16.95	5.72	0.84	4.86	0.03	4.93
1992	15.50	10.26	5.24	0.41	1.21	0.03	7.26
1993	9.05	6.06	2.99	0.38	0.77	0.06	6.61
1994	6.86	4.96	1.90	0.28	2.56	0.23	2.42
1995	6.58	4.86	1.72	0.27	2.44	0.13	0.41
1996	7.66	5.46	2.20	0.32	2.82	1.38	0.30
特　区							
1980	6.07	4.66	1.41				0.89
1981	5.29	4.03	1.26				0.78
1982	4.21	3.23	0.98				1.12
1983	3.93	2.91	1.02				0.41
1984	3.01	2.38	0.63				0.91
1985	1.85	1.39	0.46				1.08
1986	2.68	2.12	0.56	0.67	4.83	1.05	0.24
1987	2.40	1.79	0.61	0.58	3.77		0.36
1988	2.25	1.75	0.50	0.54	4.67	0.06	0.2[illegible]
1989	1.84	1.42	0.42	0.45	3.23		0.4[illegible]
1990	1.78	1.39	0.39	0.44	2.51	0.05	0.1[illegible]
1991	1.31	0.27	1.04	0.24	2.43		0.4[illegible]
1992	1.18	0.21	0.97	0.08	0.53	0.01	0.1[illegible]
1993	0.84	0.15	0.69				0.23
1994	0.44	0.09	0.35				0.33
1995	0.44	0.10	0.34			0.05	0.0[illegible]
1996	1.54	0.68	0.86			1.09	0.0[illegible]

表 5-11　**耕地面积指数**

单位:%

年份	定基指数(以1979年为100)			环比指数(以上年为100)		
	耕地面积	水旱田	旱地	耕地面积	水旱田	旱地
1979	100.0	100.0	100.0			
1980	92.1	91.6	93.9	92.1	91.6	93.9
1981	86.4	85.5	89.3	93.8	93.4	95.2
1982	82.5	82.1	83.9	95.5	96.0	93.9
1983	80.8	80.2	83.0	97.9	97.6	98.8
1984	75.4	74.8	77.7	93.4	93.3	93.7
1985	63.8	61.9	70.0	84.6	82.8	90.1
1986	61.8	60.7	65.7	97.0	98.0	93.8
1987	58.2	57.3	61.5	94.1	94.5	93.6
1988	55.4	55.5	54.9	95.1	96.9	89.3
1989	53.1	53.2	52.9	95.9	95.8	96.3
1990	52.6	53.0	51.3	99.2	99.8	97.1
1991	42.6	41.3	46.9	80.9	77.9	91.4
1992	29.1	25.0	43.0	68.4	60.5	91.6
1993	17.0	14.8	24.5	58.4	59.1	57.1
1994	12.9	12.1	15.6	75.8	81.8	63.5
1995	12.4	11.9	14.1	95.9	98.0	90.5
1996	14.4	13.3	18.0	116.4	112.3	127.9
年平均增长率%	-10.8	-11.2	-9.6			

表 5－12　历年农业生产条件

年份	一、农业机械总动力(万瓦特)	大中型农用拖拉机		小型(含手扶)拖拉机		大中小型拖拉机机引农具(部)
		台	万瓦特	台	万瓦特	
1979	8 827	357	1 192	1 665	1 245	2 894
1980	12 405	376	1 252	1 466	1 192	2 630
1981	15 607	312	1 035	1 740	1 395	2 057
1982	20 325	323	990	1 987	1 695	2 519
1983	21 330	313	1 035	2 203	1 875	2 843
1984	22 657	257	892	2 057	1 762	1 787
1985	23 422	183	697	1 857	1 597	1 780
1986	19 880	143	539	1 771	1 485	1 213
1987	19 175	117	415	1 814	1 544	1 220
1988	17 313	89	322	1 822	1 530	80
1989	18 241	88	316	1 820	1 537	35
1990	13 456	82	290	1 751	1 478	48
1991	14 741	59	200	1 586	1 348	695
1992	16 038	36	111	1 528	1 310	1 176
1993	9 654	10	31	584	509	252
1994	6 373	7	17	399	354	
1995	4 034	3	13	246	207	
1996	4 000					

表 5－12 续表 1

年份	农用排灌动力机械		农用水泵(台)	农产品加工机械(万瓦特)	农用载重汽车	
	台	万瓦特			辆	万瓦特
1979	3 100	1 801	1 391	1 097	335	2 05[illegible]
1980	2 985	1 792	1 657	1 148	522	2 86[illegible]
1981	2 322	1 486	1 408	1 244	765	5 60[illegible]
1982	2 566	1 488	1 586	1 402	1 184	9 72[illegible]
1983	1 955	1 253	1 229	1 124	1 225	10 39[illegible]
1984	1 847	1 237	1 045	1 005	1 380	12 18[illegible]
1985	1 671	1 088	1 093	1 108	1 437	13 10[illegible]
1986	1 583	952	1 064	1 011	1 385	11 59[illegible]
1987	1 602	1 055	86	814	1 216	11 21[illegible]
1988	1 570	1 029	88	815	937	9 28[illegible]
1989	1 479	980	827	873	950	9 9[illegible]
1990	1 662	2 546	809	1 042	1 053	8 7[illegible]
1991	1 521	898	986	1 053	1 083	8 8[illegible]
1992	1 490	918	951	712	969	8 8[illegible]
1993	546	366	246	383	788	4 8[illegible]
1994	336	378	140	340	525	2 4[illegible]
1995	238	262	118	122	250	1 5[illegible]
1996						

表 5－12 续表 2

年份	机动运输船		当年实际机耕面积(亩)	二、镇、村办水电站		农村用电量(万千瓦小时)
	艘	万瓦特		座	装机容量(万千瓦)	
1979	112	449	245 771		182	920
1980	190	785	180 424		227	925
1981	298	1 244	121 243		407	1 126
1982	256	975	80 061		626	2 915
1983	256	1 130	111 201		219	4 357
1984	203	634	89 683		230	7 483
1985	125	453	82 815		208	6 350
1986	72	341	65 823	6	1 585	12 204
1987	71	206	60 866	9	1 772	13 347
1988	259	518	62 506	8	1 667	14 332
1989	143	151	54 607	10	1 724	22 748
1990	19	68	79 891	5	759	24 997
1991	62	170	77 978	6	1 217	29 672
1992	64	175	75 895	13	3 854	70 610
1993	27	65		5	103	67 904
1994				2	54	125 044
1995	3	12	3 712	2	40	113 348
1996				3	560	135 786

表 5－12 续表 3

年份	三、化肥施用量(吨)	平均每亩耕地化肥施用量(公斤)	四、农药施用量(吨)	平均每亩耕地农药施用量(公斤)	五、有效灌溉面积(亩)	六、旱涝保收高产稳产农田(亩)
1979	15 952		429		436 520	364 000
1980	13 009		254		437 208	367 200
1981	11 248		188		400 720	339 290
1982	18 441		651		262 361	184 823
1983	11 744		637		258 583	182 026
1984	12 096		429		237 073	168 508
1985	8 066		314		205 426	123 686
1986	6 216	18.89	431	1.31	202 194	135 021
1987	7 061	22.79	479	1.55	171 480	115 915
1988	17 381	61.07	407	1.38	171 175	120 156
1989	21 405	57.77	507	1.79	169 505	97 968
1990	18 270	65.23	563	1.81	169 868	97 004
1991	20 839	91.92	566	2.50	131 084	86 351
1992	16 666	107.52	392	2.53	88 747	50 698
1993	12 273	135.59	312	3.45	15 090	5 890
1994	12 265	178.79	263	3.83	17 924	12 873
1995	15 504	235.59	679	10.32	28 671	16 319
1996	21 654	282.70	1 027	13.41		

表5－13　历年农作物播种面积

单位：亩

年份	一、农作物总播种面积	1. 粮食作物合计	稻谷	旱粮	薯类	2. 大豆
全市						
1979	953 300	758 100	683 701	4 940	55 095	6 587
1980	808 500	646 000	601 200	4 818	38 663	8 198
1981	728 400	576 000	546 383	2 130	27 457	8 873
1982	739 500	536 000	506 264	2 517	27 219	10 004
1983	711 300	536 400	505 800	2 900	27 700	7 578
1984	705 078	507 255	476 623	2 596	28 036	7 833
1985	625 716	379 247	352 631	3 926	22 690	6 619
1986	632 747	363 895	337 810	3 330	22 755	6 354
1987	617 290	331 531	303 047	3 573	24 911	5 228
1988	607 146	284 545	261 966	3 209	19 370	1 819
1989	591 309	280 930	260 163	1 870	18 897	3 896
1990	573 090	261 454	240 736	2 541	18 177	3 465
1991	523 174	194 055	170 960	3 566	19 529	3 817
1992	355 244	103 946	87 880	2 718	13 348	1 932
1993	191 711	21 361	12 131	2 519	6 711	323
1994	163 838	16 136	5 265	4 842	6 029	40[illegible]
1995	164 870	16 970	6 513	3 643	6 814	20[illegible]
1996	205 078	19 448	5 886	4 118	9 444	
特区						
1980	85 400	73 300	70 719	45	2 536	2[illegible]
1981	77 200	64 500	62 753	245	1 502	5[illegible]
1982	67 600	51 400	50 317		1 056	
1983	62 200	38 100	37 400		700	2[illegible]
1984	53 945	26 699	25 914			
1985	45 012	12 399	11 230		1 169	
1986	47 705	9 123	8 206		917	
1987	50 461	5 661	4 734	20	907	
1988	49 855	2 666	2 028		638	
1989	39 689	2 317	1 681		636	
1990	34 955	1 459	951		508	
1991	33 603	827	296	48	483	
1992	29 132	576	257		319	
1993	15 060	234	185		49	
1994	12 552					
1995	11 726					
1996	44 925					

表 5－13 续表　　　　单位：亩

年　份	3. 经济作物合计	花生	糖蔗	木薯	4. 其它作物合计	#蔬菜	二、茶叶面积	三、水果面积	柑桔橙	荔枝
全　市										
1979	165 800	107 148	29 615	26 479	22 813	14 798		55 604	6 248	18 600
1980	125 500	100 186	11 611	12 452	28 802	15 712		56 701	8 169	19 760
1981	119 200	96 606	11 858	10 307	24 327	17 935		55 353	7 476	21 021
1982	125 200	97 152	15 476	12 147	68 296	44 020		56 040	6 331	25 399
1983	95 103	65 700	13 278	13 852	72 219	66 048		85 897	15 154	4 687
1984	91 147	68 523	10 394	11 114	98 843	86 037		85 567	11 204	39 384
1985	85 356	61 095	10 626	7 787	154 494	139 353		108 418	16 889	44 979
1986	89 810	60 765	9 097	6 994	172 688	160 467		168 790	38 698	70 782
1987	84 466	57 508	8 440	5 320	196 065	185 202		218 396	59 358	91 744
1988	77 678	51 331	7 544	5 486	240 104	223 191		236 876	69 972	100 912
1989	71 134	51 120	6 950	4 518	235 349	217 929		245 516	71 429	107 979
1990	67 306	52 035	6 412	4 255	240 865	231 308		256 110	72 632	109 477
1991	63 530	49 146	6 102	3 961	261 772	244 591		254 021	73 350	111 324
1992	31 910	30 545		1 169	217 456	201 422		227 207	60 844	104 390
1993	12 118	9 579		114	157 909	144 468		191 838	50 147	92 227
1994	5 022	4 544		60	142 640	133 284	460	188 411	44 124	97 613
1995	5 031	3 965		124	142 849	135 212	3 003	185 285	36 267	98 358
1996	6 151	4 675		625	179 479	167 063	2 976	195 926	32 532	111 332
特　区										
1980	8 600	7 561	598	441	3 471	3 308		12 133	843	9 055
1981	7 608	6 840	444	263	5 042	4 970		12 173	742	9 361
1982	5 214	4 907	277	30	10 986	10 944		10 350	787	8 114
1983	3 051	2 800	236	15	21 029	21 021		11 887	656	9 362
1984	2 716	2 553	72		24 530	24 530		11 559	469	9 641
1985	1 793	1 744	49		30 820	26 443		13 367	652	10 359
1986	1 593	1 477	33		36 989	36 989	54	15 908	1 444	10 639
1987	1 774	1 386			43 026	42 980	90	20 815	3 003	12 327
1988	1 377	1 377			45 812	45 812	40	24 011	4 240	13 272
1989	1 228	1 228			36 144	26 102	90	31 063	4 432	18 535
1990	783	778	5		32 713	32 443	100	32 655	3 753	18 439
1991	402	372		30	32 374	31 512	140	33 065	3 625	21 586
1992	255	255			28 301	27 176	320	33 966	4 630	21 307
1993	152	152			14 674	14 444	400	32 729	4 115	20 451
1994					12 552	12 552		2 460	238	1 392
1995					11 726	11 726	620	35 480	3 556	19 644
1996					44 925	44 925	660	42 411	5 175	25 378

表5-14　历年主要农业产品产量

单位:吨

年　份	1. 粮食	稻谷	旱粮	薯类	2. 大豆	3. 经济作物	花生	糖蔗	木薯
全　市									
1979	132 584	127 559	170	4 285	193		6 877	46 361	11 451
1980	126 461	123 022	377	3 003	455		7 323	25 154	6 759
1981	116 489	114 070	109	2 310	432		8 641	30 807	7 735
1982	124 189	121 026	117	3 046	545		9 276	50 438	11 419
1983	126 977	122 936	134	3 906	427		5 761	42 878	13 194
1984	126 960	123 205	159	3 595	464		6 060	33 585	11 445
1985	94 465	90 106	333	4 026	351		5 208	36 637	7 819
1986	92 495	88 369	339	3 787	373		5 894	37 695	9 105
1987	85 534	80 110	337	5 081	332		5 634	41 584	5 734
1988	76 263	72 114	299	3 850	299		5 275	41 650	6 298
1989	82 215	77 928	313	3 974	273		5 777	43 951	5 655
1990	81 018	75 380	477	5 161	239		6 107	44 566	4 353
1991	59 138	52 847	873	5 418	300		6 284	49 223	4 457
1992	32 906	27 924	771	4 211	177		3 874	693	1 290
1993	6 950	3 838	1 035	2 077	31		1 315		264
1994	5 166	1 660	1 830	1 676	6		652		41
1995	4 887	1 848	1 339	1 700	3		613		181
1996	6 586	1 801	2 228	2 557			735		1 183
特　区									
1980	13 950	13 750	3	197			507	998	231
1981	11 977	11 806	19	152			551	529	228
1982	10 290	10 211		79			424	586	30
1983	8 113	8 059		54			228	339	7
1984	5 925	5 865					225	115	
1985	2 906	2 731		175			141	70	
1986	2 112	2 013		99			125	53	
1987	1 265	1 179	5	81			142		
1988	564	497		67			150		
1989	500	410		90			125		
1990	332	233		99			82	8	
1991	366	68	14	284			41		
1992	319	63		256			26		
1993	99	43		56			16		
1994									
1995									
1996									

表 5－14 续表　　单位:吨

年　份	4. 其它作物	#蔬　菜	5. 茶　叶	6. 水　果	柑桔橙	荔枝
全　市						
1979		8 639		2 401	157	742
1980		14 593		2 280	388	1 127
1981		22 772		3 245	284	1 534
1982		34 484		2 866	571	798
1983		74 251		3 575	1 105	839
1984		107 820		5 752	1 579	1 829
1985		162 898		6 420	1 726	1 559
1986		151 629		13 249	3 467	3 522
1987		159 937		18 180	5 368	1 336
1988		182 190		21 324	7 931	2 366
1989		193 367		23 928	10 910	1 293
1990		227 346		39 986	23 769	4 184
1991		238 716		52 392	35 195	2 855
1992		201 517		59 505	36 082	8 230
1993		151 421		45 807	31 968	2 791
1994		141 899	2	42 744	26 949	4 886
1995		147 171	4	40 914	22 973	5 674
1996		193 966	4	36 961	21 148	5 944
特　区						
1980		2 954		1 026	45	860
1981		8 884		1 223	27	1 073
1982		12 275		498	20	414
1983		19 298		692	20	538
1984		35 625		914	22	832
1985		26 735		813	35	607
1986		30 155		2 795	81	2 128
1987		39 708		2 370	1 103	315
1988		32 554		2 073	141	1 295
1989		37 832	1	1 802	353	301
1990		35 381	1	3 937	372	2 460
1991		30 200	1	2 917	734	289
1992		26 709		5 809	1 178	1 927
1993		16 369		1 676	465	225
1994		14 279		2 460	238	1 392
1995		14 502	4	1 999	215	1 048
1996		57 331	4	2 233	241	1 405

表 5-15　历年农作物亩产量

单位:公斤

年份	1.粮食	稻谷	旱粮	薯类	2.大豆	3.经济作物	花生	糖蔗	木薯
全　市									
1979	175	187	35	78	30		64	1 569	432
1980	196	205	79	78	56		73	2 166	543
1981	202	209	51	84	49		89	2 597	750
1982	232	239	47	112	55		95	3 259	940
1983	237	243	47	141	57		87	3 229	952
1984	251	259	62	128	59		88	3 231	1 030
1985	249	256	85	178	53		85	3 448	1 004
1986	254	261	102	166	59		97	5 759	1 302
1987	258	264	94	204	64		98	4 927	[illegible]
1988	268	275	93	199	62		103	5 521	[illegible]
1989	293	300	167	210	70		113	6 324	[illegible]
1990	310	313	188	284	69		117	6 950	[illegible]
1991	305	309	245	277	79		128	7 915	[illegible]
1992	317	318	284	315	92		127	3 536	[illegible]
1993	325	316	411	309	201		137		[illegible]
1994	340	324	378	302	150		107		[illegible]
1995	288	284	368	249	150		155		[illegible]
1996	339	305	541	271			157		[illegible]
特　区									
1980	182	187	80	78			63	1 669	[illegible]
1981	186	188	78	101			80	2 093	[illegible]
1982	201	203		75			81	2 117	[illegible]
1983	213	216		77			81	1 437	[illegible]
1984	222	226					88	1 561	
1985	235	243		150			80	1 423	
1986	230	245		108			85	1 606	
1987	223	249	250	89			102		
1988	212	245		105			109		
1989	216	244		142			102		
1990	227	245		195			105	1 600	
1991	442	230	291	587			110		[illegible]
1992	399	245		730			100		
1993	423	232		1 143			105		
1994									
1995									
1996									

表 5－15 续表　　单位:公斤

年　份	4. 其它作物	#蔬　菜	5. 茶　叶	6. 水　　果	柑桔橙	荔枝
全　　市						
1979		584				
1980		929				
1981		1 269				
1982		783				
1983		1 124				
1984		1 253				
1985		1 169				
1986		945				
1987		864				
1988		816				
1989		887				
1990		983				
1991		976				
1992		1 000				
1993		1 048				
1994		1 064	4.76	467	786	
1995		1 088	6.45	414	765	
1996		1 161	6.06	345	799	
特　　区						
1980	893					
1981	1 787					
1982	1 121					
1983	918					
1984	1 452					
1985	1 011					
1986	815					
1987	924					
1988	711					
1989	1 449					
1990	1 091					
1991	958					
1992	774					
1993	1 133					
1994	1 143			485	218	
1995	1 250	1258	6	167	125	
1996	1 394	1 394	6	120	154	

表 5－16　历年畜牧业、林业、渔业

年　份	一、畜牧业							
	牛年末头数（头）	黄牛	水牛	奶牛	山羊年末头数（头）	牛奶产量（吨）	生猪饲养量（万头）	生猪年末存栏量（万头）
全　市								
1979	25 633			465		1 622	22.90	11.69
1980	24 451			2 365		2 876	15.58	8.42
1981	28 917			3 066		5 214	10.69	6.06
1982	31 301			3 233		6 852	15.61	8.51
1983	31 200			3 642		7 411	17.60	9.40
1984	30 716	18 143	8 067	4 506		9 830	18.59	8.89
1985	28 474	16 524	6 598	5 352		10 815	20.34	9.58
1986	27 685	15 432	6 049	6 204	302	12 837	25.41	12.2[illegible]
1987	26 587	14 730	5 397	6 460	278	14 237	36.02	16.9[illegible]
1988	24 759	13 451	4 544	6 764	164	13 720	52.20	21.9[illegible]
1989	24 618	13 056	4 178	7 384	305	16 729	65.28	24.45
1990	24 105	12 661	3 729	7 715	109	18 887	59.37	22.5[illegible]
1991	20 920	10 566	2 974	7 380	30	20 566	64.56	21.7[illegible]
1992	16 874	7 706	2 109	7 059		20 592	62.06	20.[illegible]
1993	11 825	3 760	958	7 107		20 255	63.45	19.[illegible]
1994	10 081	2 318	528	7 235		20 080	68.00	22.[illegible]
1995	10 316	1 959	402	7 955		19 475	70.00	24.[illegible]
1996	10 300	1 674	474	8 152		20 420	89.95	31.[illegible]
特　区								
1980	3 505						1.88	1.[illegible]
1981	3 046						1.18	1.[illegible]
1982	2 972						1.95	1.[illegible]5
1983	2 700						1.38	1.[illegible]8
1984	1 700						0.96	0.[illegible]
1985	995						0.66	0.[illegible]
1986	1 225	810	114	301		687	1.77	0.[illegible]3
1987	1 034	606	72	356		686		1.[illegible]5
1988	551	530	21				2.50	1.[illegible]0
1989	407	385	10	12		602	6.78	2.[illegible]3
1990	740	386	4	350		916	5.94	2.16
1991	463	216		247		1 038	4.87	1.34
1992	180	105		75		110	5.45	1.44
1993								2.00
1994								1.36
1995							10.28	[illegible].30
1996							25.08	1[illegible].62

表 5－16 续表 1

年份	一、畜牧业					二、造林面积（万亩）	# 人工造林
	肉猪全年出栏量（万头）	三鸟饲养量（万只）	# 上市量	鲜蛋（吨）	当年出售肉类总产量（吨）		
全市							
1979	11.21	99.59	69.71	57	6 726	1.84	1.84
1980	7.16	160.90	112.63	88	4 296	1.65	1.65
1981	4.63	321.84	257.42	119	2 778	1.38	1.38
1982	7.10	578.61	506.31	265	4 260	2.62	2.62
1983	8.20	786.79	586.40	1 352	4 920	2.37	3.37
1984	9.70	857.31	686.27	1 137	12 648	1.78	1.78
1985	10.76	1 305.20	944.32	1 085	22 932	16.85	16.85
1986	13.12	1 548.94	1 115.77	1 169	25 323	4.01	4.01
1987	19.08	1 955.78	1 371.76	805	33 935	15.38	6.50
1988	30.30	2 634.80	1 892.70	1 335	47 449	13.32	4.42
1989	40.83	3 101.80	2 291.00	1 212	65 300	5.33	3.71
1990	36.79	3 330.80	2 445.20	1 895	62 513	5.92	5.92
1991	42.80	3 950.85	3 129.47	4 046	81 549	13.10	13.10
1992	41.73	4 439.66	3 460.56	4 078	78 399	0.62	0.62
1993	43.45	4 018.81	3 459.13	5 074	87 842	0.15	0.15
1994	43.59	3 708.30	3 259.30	1 933	78 203	1.10	1.10
1995	45.50	3 483.00	2 803.00	1 966	85 176	1.85	1.85
1996	58.47	3 206.59	2 973.38	2 170	85 933	3.74	3.74
特区							
1980		34.00				0.01	
1981		72.40				0.02	
1982		95.38				0.29	
1983		38.56				0.11	
1984		34.49				0.11	
1985		33.51					
1986	1.44	63.55	58.57	34	1 912	0.26	0.26
1987	1.73	144.80	110.19	53	2 956	3.54	1.87
1988	1.50	121.80	107.70	5	1 614	2.16	2.16
1989	4.25	169.30	130.10	45	4 817	0.23	0.23
1990	3.78	141.30	121.83	500	4 408	0.60	0.60
1991	3.53	109.85	100.95	1 921	3 814	0.06	0.06
1992	4.01	474.21	164.57	2 213	3 252	0.20	0.20
1993	3.61	306.49	157.58	1 800	3 416	0.15	0.15
1994	4.00	134.66	133.00	1 200	4 088	0.10	0.10
1995	5.97	107.50	86.94	850	4 853	0.21	0.21
1996	14.46	339.43	255.53	1 065	11 641	0.15	0.15

表 5－16 续表 2

年　份	三、渔业							
	水产品生产总量（吨）	1. 海水产品	#鱼　类	2. 淡水产品	#鱼　类	养殖面积（万亩）	1. 海水面积	2. 淡水面积
全　市								
1979	7 039	6 068		971				1.1[illegible]
1980	7 667	5 315		2 352				3.2[illegible]
1981	7 410	5 048		2 362				3.5[illegible]
1982	10 406	6 128		4 278				4.2[illegible]
1983	12 303							
1984	16 086							4.6[illegible]
1985	16 762	4 485		12 277				8.8[illegible]
1986	23 654	5 595	3 716	18 059		19.33	7.88	11.4[illegible]
1987	26 889	17 363		9 526		21.16	13.40	7.[illegible]6
1988	31 535	20 923	16 515	10 612	6 860	20.92	7.53	13.[illegible]9
1989	32 148	20 153	16 454	11 995	11 995	21.36	14.18	7.[illegible]
1990	38 587	24 239	18 420	14 348	13 793	21.88	14.73	7.[illegible]
1991	41 740	12 076	8 402	29 664	29 664	16.91	7.81	9.[illegible]
1992	44 349	27 558	18 488	16 791	15 836	18.77	13.64	5.[illegible]3
1993	31 104	11 527	8 423	19 577	19 577	11.77	5.90	5.[illegible]7
1994	28 196	10 661	6 733	17 535	17 535			
1995	37 394	30 041	26 438	7 353	7 353			
1996	41 183	21 957	17 718	19 226	19 188	16.00	13.60	2.[illegible]0
特　区								
1980	3 985	2 688		1 297				2.11
1981	3 820	3 180		640				0.76
1982	3 086	2 007		1 079				1.12
1983	3 209							
1984	4 623							
1985	3 308	1 382		1 926				[illegible].13
1986	4 458	2 329	1 462	2 129		3.58	2.37	[illegible].21
1987	5 084	3 019		2 065		5.09	3.61	[illegible].48
1988	7 051	5 157	2 750	1 894	1 877	4.82	1.34	3.48
1989	5 145	3 391	2 170	1 754	1 754	4.25	3.22	[illegible].03
1990	5 407	3 914	2 154	1 493	1 478	5.12	4.12	[illegible].00
1991	5 154	3 945	3 023	1 209	1 209	1.57	1.39	[illegible].18
1992	5 592	4 391	4 143	1 201	1 201	3.54	2.88	[illegible].66
1993	3 829	3 738	2 818	91	91	0.06	0.03	[illegible].03
1994	3 660	3 348	2 547	312	312			
1995	10 761	9 632	9 054	1 129	1 129			
1996	13 338	12 195	11 210	1 143	1 120			

表 5-17　历年农村经济收益分配及指数

年份	绝对值				环比指数(以上年为100)			
	农村经济总收入(万元)	农民所得总额(万元)	农民人均所得(元)	劳平纯收入(元)	农村经济总收入(%)	农民所得总额(%)	农民人均所得(%)	劳平纯收入(%)
1979	8 617	3 469	152	350				
1980	11 196	4 650	208	482	129.9	134.0	136.8	137.7
1981	17 753	5 196	230	524	158.6	111.7	110.6	108.7
1982	22 121	8 964	393	882	124.6	172.5	170.9	168.3
1983	31 572	10 982	469	1 146	142.7	122.5	119.3	129.9
1984	55 913	15 370	656	1 573	177.1	140.0	139.9	137.3
1985	87 188	17 648	750	1 777	155.9	114.8	114.3	113.0
1986	102 522	20 786	894	2 110	117.6	117.8	119.2	118.7
1987	141 944	25 565	1 097	2 552	138.5	123.0	122.7	120.9
1988	193 185	31 016	1 317	3 040	136.1	121.3	120.1	119.1
1989	247 496	38 394	1 622	3 678	128.1	123.8	123.2	121.0
1990	297 194	46 124	1 954	4 335	120.1	120.1	120.5	117.7
1991	376 185	54 342	2 270	4 934	126.6	117.8	116.2	113.8
1992	513 527	69 252	2 833	6 041	136.5	127.4	124.8	122.4
1993	604 519	63 047	3 050	6 287	117.7	91.0	107.7	104.1
1994	689 319	81 861	3 692	7 025	114.0	129.8	121.0	111.7
1995	813 398	101 777	4 517	7 868	118.0	124.3	122.3	112.0
1996	904 268	124 269	5 415	10 761	111.2	122.1	119.9	136.8
年平均增长率%					31.5	23.4	23.4	22.33

表 5－18　农村经济收益分配情况

（1996年）

项　　目	单　位	合　计	宝　安	龙　岗
一、镇村经济总收入	**万元**	**904 268**	**483 547**	**420 721**
1.农　　业	万元	62 490	36 222	26 268
2.工　　业	万元	591 848	313 929	277 919
3.建　筑　业	万元	16 224	4 716	11 508
4.交通运输业	万元	27 934	19 810	8 12[illegible]
5.商业饮食业	万元	42 344	16 956	25 382
6.服　务　业	万元	28 448	13 270	15 1[illegible]
7.其　　他	万元	134 980	78 644	56 3[illegible]
二、镇村经济总费用	**万元**	**615 408**	**338 355**	**277 053**
其中:生产费	万元	416 270	216 450	199 820
管理费	万元	76 472	41 569	34 903
三、镇村可分配净收入总额	**万元**	**296 543**	**146 814**	**149 729**
其中:国家税金	万元	18 487	8 420	10 [illegible]67
企业各项留利	万元	90 289	35 816	54 473
乡村集体所得	万元	51 238	32 050	1[illegible] 188
农民经营所得	万元	115 664	63 285	[illegible] 379
四、农民从集体再分配收入	**万元**	**8 605**	**8 026**	**579**
五、农民所得总额	**万元**	**124 269**	**71 311**	**[illegible] 958**
六、农民人均所得	**元**	**5 415**	**6 100**	**4 703**
七、劳平收入	**元**	**10 761**	**11 128**	**10 303**
八、户平收入	**元**	**19 064**	**20 014**	**17 919**
九、粮食收入	**吨**	**6 586**	**3 840**	**2 746**

六、固定资产投资

1996年深圳固定资产投资概况

1996年,围绕经济工作总的指导思想,针对经济运行中存在的问题,深圳市适时适度地扩大固定资产投资力度,尤其加大了投资结构的调整力度,全年固定资产投资保持适度平稳的增长趋势。

一、1996年固定资产投资运行概况

(一)投资规模适度平稳增长

1996年,深圳全社会固定资产完成投资额327.53亿元,比上年增长18.7%,增幅仅回落0.7个百分点。其中:基本建设投资156.92亿元,增长12.0%;更新改造投资11.38亿元,增长61.5%;房地产开发投资124.83亿元,增长21.1%;集体经济投资26.28亿元,增长41.3%;私人经济投资8.12亿元,增长15.7%。从全年来看,投资增幅呈逐月稳步攀升的趋势,固定资产投资增长速度高于GDP增长速度2个百分点,既形成了投资对经济增长的拉动力,避免因投资需求不足导致经济增长乏力,又有效地控制了物价的涨幅,实现了宏观调控的目标。从宏观经济主要领域来判断,由于固定资产投资适度增长,使全市经济的各个方面均呈稳步、协调、健康的发展态势。

(二)投资结构进一步优化,但结构调整仍需加强

1996年,在保证固定资产投资总量适度增加的同时,注意改善投资结构和加强重点建设,从总体上看,投资结构向优化方向发展,但距合理的投资结构目标尚有差距,仍需继续努力。

——更新改造投资增长迅猛,比重有所提高。全年更新改造完成投资11.38亿元,比上年增长61.5%。更新改造投资占全社会固定资产投资的比重由1995年的2.6 %上升到1996年的3.5%。从投资用途角度观察,增产投资8.27亿元,比上年增长48.5%;节约能源投资0.22亿元,增长1.8倍;增加品种投资0.21亿元,增长23.6%;提高产品质量投资0.22亿元,增长3.4倍;其它投资2.45亿元,增长1.1倍。虽然新改造投资增长较快,但在固定资产投资中所占比重仍然不高,与深圳工业发展的需求相比还有很大差距。

——工业投资力度加大,全年完成投资49.09亿元,比上年增长36.5%。工业投资在基本建设、更新改造投资中所占比重为29.2%,比上年提高4.8个百分点。

——交通运输邮电业、商业、金融业投资持续增长。交通运输邮电业投资38.92亿元,比上年增长20.5%;商业投资11.07亿元,增长25.2%;金融业投资2.53亿元,增长34.2%。交通运输邮电业、商业、金融业投资的持续增长,将对深圳建设"商贸中心、信息中心、金融中心、运输中心"产生积极的作用。

——重点项目建设进展顺利,全年完成投资59.10亿元,为年计划的92%。已竣工并投产的项目有:超大规模集成电路、南玻超薄浮法玻璃、福田农产品批发市场、沃尔玛商场,福利、微利、商品房也大部分交付使用。工程进展顺利的项目有:西部电厂、低温常压液化石油气储存工程、碘酸钾制剂生产线、啤酒三期扩建工程、机荷高速公路、大容量局用交换机、深圳北

客技站、沙井三高水产基地等,但仍有一部分项目因资金问题未完成年度计划。

——房地产开发投资比重仍然偏大。全年房地产开发投资为124.83亿元,比上年增长21.2%,占全社会固定资产投资的比重为38.1%,比上年上升0.7个百分点。房地产开发投资规模偏大,一方面会占压大量资金,另一方面也会对房地产市场本身产生压力,同时也不利于全市产业结构的调整。

(三)资金到位率提高,资金流向渐趋合理

全市国有及外商投资单位资金到位率为97.1%,其中:基本建设为92.5%,比上年提高15.2个百分点;更新改造为85.2%,比上年提高8.9个百分点;房地产开发为103.4%,下降29.6个百分点。资金进一步流向基本建设投资和更新改造投资。

从资金来源构成看:国内贷款增长2.1%,利用外资增长25.5%、自筹资金下降1.9%、其他资金增长15.2%。尤其信贷资金管理较好,1996年基本建设贷款比上年增长13.5%,低于同期投资增长5.2个百分点,房地产开发投资贷款则下降6.3%。

(四)基本建设投资效益有所提高

1996年深圳投资部门认真贯彻国务院有关会议精神,在资金安排上继续贯彻保收尾、保竣工投产、保重点的原则,投资效益全面提高,全年全社会房屋竣工面积964.52万平方米,比上年增长15.0%。建设项目投产率38.6%,比上年提高10.7个百分点。固定资产交付使用率59.9%,比上年提高7.8个百分点。房屋建筑面积竣工率30.5%,比上年提高3.0个百分点。

二、1997年投资形势及政策取向

1997年是我国历史上不寻常的一年,香港回归祖国将给深圳的发展带来新的机遇,因此从总体来看,1997年投资发展环境的有利因素要大于不利因素,预计固定资产投资将在1996年的基础上保持持续、稳定的增长趋势。

根据深圳市经济周期发展分析,1997年是新一轮经济周期的上升期。在这一期间,固定资产投资增长应适度快于经济增长,以保证经济有一个适度的投资拉动。因此投资政策应把握好以下几个方面:

合理确定投资总量,既防止投资过多促使通货膨胀,又防止投资不足造成经济萎缩。"八五"时期,深圳GDP与投资增长的弹性系数为1:1.2,考虑到"九五"时期投资结构的改善和投资效益的提高,GDP与投资增长的比例以保持在1:1.15为宜。根据这一判断,1997年全市GDP若保持16%的增长速度,则全社会固定资产投资宜掌握在380亿元左右,增长18.4%。

科学把握投资结构,促进经济增长方式的转变。围绕两个转变,进一步优化投资结构。结合国有企业的改革改组和改造,研究出台鼓励企业技术改造的一些政策措施,利用税率、利率等经济杠杆引导投资者对企业进行技术改造。在确定重点基本建设项目的同时,也确定技术改造的重点项目,在资金方面给予倾斜,逐步变粗放经营为集约经营。"九五"期间应进一步提高更新改造的投资比重,加大工业的投资力度,尤其是高新技术产业的投资力度,继续支持对能源、交通运输、金融、信息等产业的投入。

合理调控社会资金,提高资金使用效益。不论是总量控制还是结构调整,都涉及到资金的合理流向。在目前的经济格局下,要运用行政的、法律的和经济的手段,使可用于投资的资金流向合理,流量适中,符合全市产业政策与经济发展政策。

(固定资产投资统计处供稿,执笔:朱青)

固定资产投资（亿元）

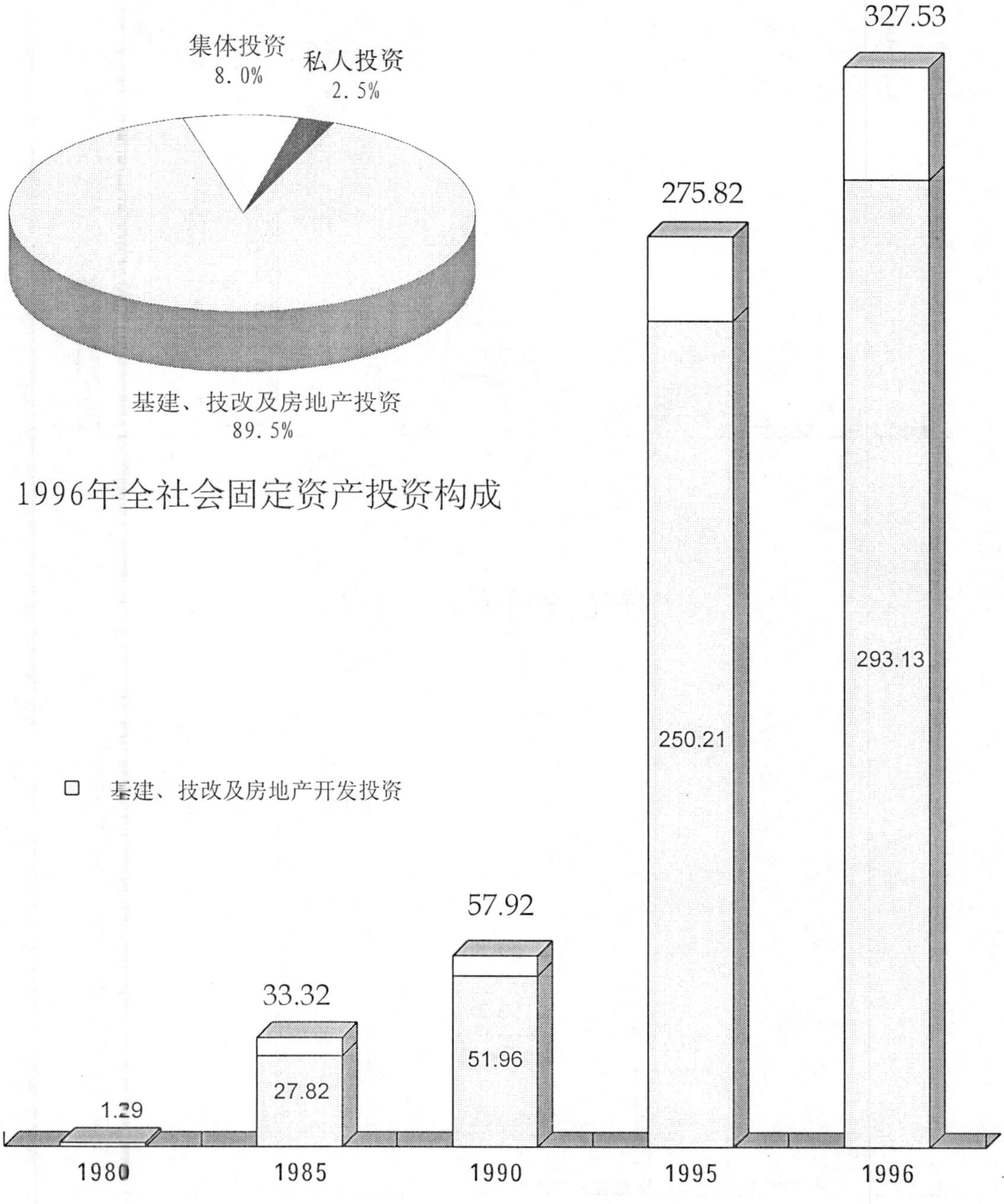

1996年全社会固定资产投资构成

基建和房地产开发投资额及其新增固定资产 （亿元）

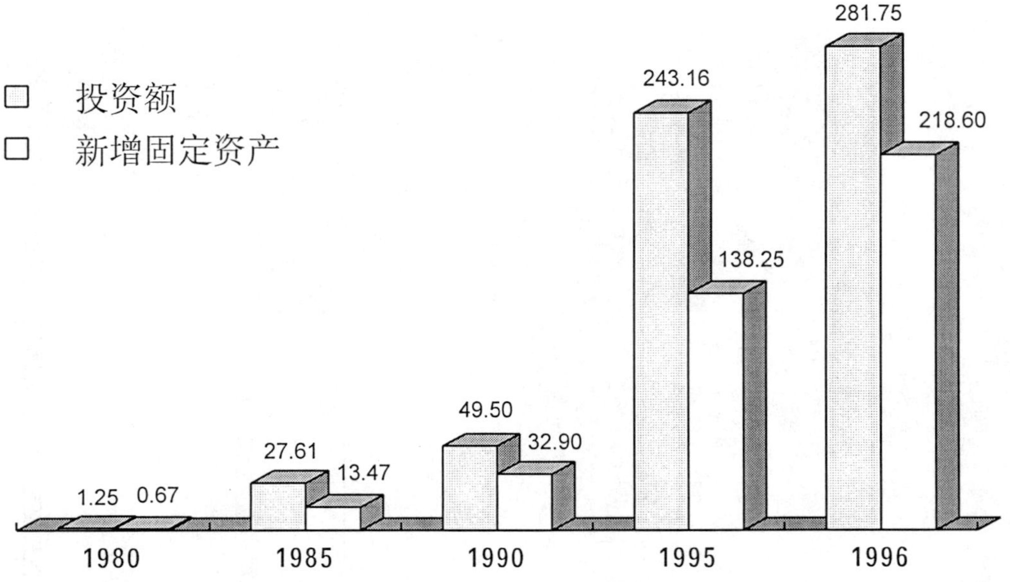

竣工住宅建筑面积 （万平方米）

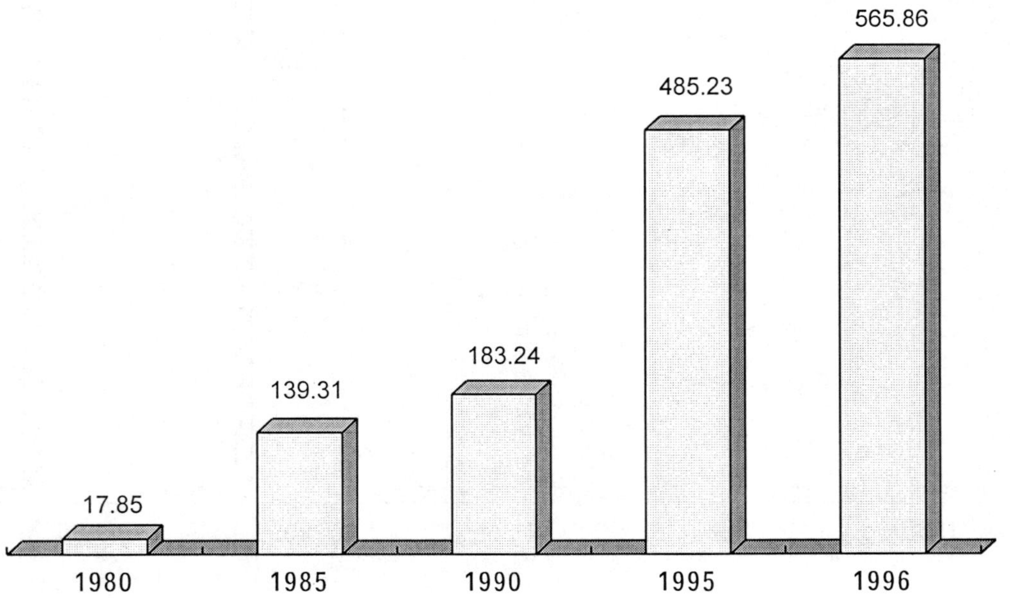

表6-1　历年全社会固定资产投资

单位:万元

年　份	全社会投资总额	基本建设	更新改造	房地产开发	城镇集体	农村集体	城镇私人	农村私人
1979	5 938	4 988	90		860			
1980	13 801	12 487	390		924			
“六五”时期	**739 561**							
1981	29 684	27 039			386	751		1 508
1982	73 750	63 265	515		262	2 447		7 261
1983	108 320	88 593	2 450		3 468	5 006		8 803
1984	194 572	155 466	700		4 770	18 926	3 438	11 272
1985	333 235	276 125	2 105		12 497	26 518	3 996	11 994
“七五时期”	**2 049 076**							
1986	248 551	191 490	10 140		4 513	28 327	2 876	9 435
1987	285 193	215 701	3 009		11 976	35 301	2 160	12 918
1988	436 191	347 307	2 572		19 327	30 351	16 724	16 116
1989	499 919	435 438	9 140		22 465	8 000	7 405	8 000
1990	579 222	427 134	24 661	67 842	5 671	20 243	10 009	10 934
“八五时期”	**9 222 065**							
1991	793 620	528 725	36 949	136 896	11 688	48 053	13 252	18 057
1992	1 410 128	741 573	44 678	342 706	27 802	195 603	13 690	44 076
1993	1 950 507	1 222 146	20 794	500 332	86 345	65 571	22 318	33 001
1994	2 309 567	1 281 065	66 191	794 754	67 058	52 311	23 660	24 528
1995	2 758 243	1 401 235	70 484	1 030 368	105 322	80 645	30 168	40 021
“九五时期”								
1996	3 275 270	1 569 208	113 836	1 248 251	180 285	82 477	29 610	51 603
累计	**15 305 711**	**8 988 985**	**408 704**	**4 121 149**	**565 619**	**700 530**	**179 306**	**309 527**

注:1.1989年以前房地产开发含在基本建设中;2.1986－1990年投资总额含国有其他投资。

表 6-2　全社会固定资产投资指数

（环比指数，上年=100）　　单位：万元

年　份	全社会投资总额	基本建设	更新改造	房地产开发	城镇集体	农村集体	城镇私人	农村私人
1980	232.4	250.3	433.3		107.4			
1981	215.1	216.5			41.8			
1982	248.5	234.0			67.9	325.8		481.5
1983	146.9	140.0	475.7		1 323.7	204.6		121.2
1984	179.6	175.5	28.6		137.5	378.1		128.0
1985	171.3	177.6	300.7		262.0	140.1	116.2	106.4
1986	74.6	69.3	481.7		36.1	106.8	72.0	78.7
1987	114.7	112.6	29.7		265.4	124.6	75.1	136.[illegible]
1988	152.9	161.0	85.5		161.4	86.0	774.3	124.[illegible]
1989	114.6	125.4	355.4		116.2	26.4	44.3	49.[illegible]
1990	115.9	98.1	269.8		25.2	253.0	135.2	136.7
1991	137.0	123.8	149.8	201.8	206.1	237.4	132.4	16[illegible].1
1992	177.7	140.3	120.9	250.3	237.9	407.1	103.3	2[illegible].1
1993	138.3	164.8	46.5	146.0	310.6	33.5	163.0	[illegible].9
1994	118.4	104.8	318.3	158.8	77.7	79.8	106.0	[illegible]1.3
1995	119.4	109.4	106.5	129.6	157.1	154.2	127.5	1[illegible]3.2
1996	118.7	112.0	161.5	121.1	171.2	102.3	98.2	[illegible]28.9

表6－3　历年全社会新增固定资产

单位:万元

年份	全社会新增固定资产	基本建设	更新改造	房地产开发	城镇集体	农村集体	城镇私人	农村私人
1979	3 201	2 243	98		860			
1980	7 753	6 654	175		924			
"六五"时期	**482 682**							
1981	19 032	16 387			386	751		1 508
1982	42 369	31 756	643		262	2 447		7 261
1983	81 902	62 576	2 049		3 468	5 006		8 803
1984	149 020	110 087	527		4 770	18 926	3 438	11 272
1985	190 359	134 696	658		12 497	26 518	3 996	11 994
"七五时期"	**1 410 599**							
1986	192 016	151 486	5 359		3 213	19 647	2 876	9 435
1987	185 758	133 910	2 602		9 460	24 285	2 160	12 918
1988	269 475	191 734	1 752		13 732	30 351	16 724	15 182
1989	334 183	332 699	5 350		21 876	8 000	7 405	8 000
1990	379 167	260 718	10 749	68 252	2 761	13 188	10 009	10 934
"八五时期"	**5 443 591**							
1991	573 793	387 315	31 324	83 594	7 551	32 700	13 252	18 057
1992	682 768	332 281	22 055	126 174	17 793	126 699	13 690	44 076
1993	1 010 590	633 055	2 711	212 568	53 096	53 841	22 318	33 001
1994	1 542 090	937 960	84 681	342 361	72 936	44 505	23 660	35 987
1995	1 634 350	729 913	36 725	652 570	77 252	67 701	30 168	40 021
"九五时期"								
1996	2 549 663	939 154	107 401	1 246 877	123 399	51 619	29 610	51 603
累计	**9 897 489**	**5 394 624**	**314 859**	**2 732 396**	**426 236**	**526 184**	**179 306**	**320 052**

注:1.1989年以前房地产开发含在基本建设中;2.1980—1990年全社会新增固定资产含国有其他部分。

表 6－4　历年全社会房屋施工建筑面积

单位:万平方米

年　份	合　计	基本建设	更新改造	房地产开　发	城镇集体	农村集体	城镇私人	农村私人
1979		29.26						
1980		52.36						
1981		96.88						
1982		250.71						
1983		368.40						
1984		644.59						
1985		1 030.94						
1986	940.39	771.29	7.00		23.10	70.11	10.03	58.8[illegible]
1987	887.21	642.48	2.10		59.80	92.29	20.00	70.5[illegible]
1988	1 161.77	888.29	1.51		74.56	100.13	34.56	62.[illegible]
1989	1 088.02	926.36	9.83		76.83	26.85	23.23	24.[illegible]
1990	775.42	408.71	22.29	228.39	18.67	38.53	27.03	31.[illegible]
1991	1 128.70	533.66	14.96	339.33	41.24	98.72	35.87	64.[illegible]
1992	1 494.09	532.45	0.93	630.35	78.27	105.64	33.80	112.[illegible]
1993	1 848.31	566.70	0.34	925.35	156.25	92.66	44.05	62.96
1994	1 998.73	704.15	0.93	932.71	125.80	142.04	37.10	56.[illegible]0
1995	2 733.57	951.68	47.07	1 371.04	101.61	158.43	41.15	62.59
1996	2 878.53	965.41	9.66	1 495.27	188.04	113.88	36.57	69.70

注:1989 年以前房地产开发含在基本建设中。

表6-5　历年全社会房屋竣工建筑面积

单位:万平方米

年　份	合　计	基本建设	更新改造	房地产开　发	城镇集体	农村集体	城镇私人	农村私人
1979		13.01						
1980		34.63						
1981		54.59						
1982		92.67						
1983		146.86						
1984		266.63						
1985		320.94						
1986	453.07	297.27	4.17		12.63	70.11	10.03	58.86
1987	464.69	240.58	0.63		40.65	92.29	20.00	70.54
1988	567.38	321.99			47.98	100.13	34.56	62.72
1989	563.01	419.52	3.32		65.17	26.85	23.23	24.92
1990	347.33	142.90	2.99	97.32	6.76	38.53	27.03	31.80
1991	504.81	166.58	4.60	116.05	18.07	98.72	35.87	64.92
1992	635.21	189.92	0.53	151.32	41.35	105.64	33.80	112.65
1993	672.89	212.91	0.34	173.28	86.69	92.66	44.05	62.96
1994	676.84	222.06	0.16	204.32	76.13	81.07	37.10	56.00
1995	838.46	262.02	19.55	311.55	54.55	87.05	41.15	62.59
1996	964.52	294.65	3.77	394.32	95.00	70.51	36.57	69.70

注:1989年以前房地产开发含在基本建设中。

表6-6 历年全社会竣工房屋价值

单位:万元

年　份	合　计	基本建设	更新改造	房地产开　发	城镇集体	农村集体	城镇私人	农村私人
1979		1 207						
1980		4 607						
1981		9 189						
1982		20 865						
1983		37 164						
1984		79 318						
1985		103 970						
1986	157 701	112 918	1 557		2 588	28 327	2 876	9 435
1987	151 670	92 746	214		8 331	35 301	2 160	12 918
1988	348 453	263 936			21 326	30 351	16 724	16 116
1989	276 535	229 764	1 450		21 916	8 000	7 405	8 000
1990	210 323	97 015	2 455	66 676	2 991	20 243	10 009	10 934
1991	308 940	108 924	13 586	99 649	7 419	48 053	13 252	18 057
1992	601 150	169 894	267	160 027	17 593	195 603	13 690	44 076
1993	640 545	228 558	490	237 913	52 694	65 571	22 318	33 001
1994	784 100	287 106	299	333 945	62 251	52 311	23 660	24 528
1995	1 343 491	359 878	20 502	753 927	58 350	80 645	30 168	40 021
1996	1 825 063	409 095	9 607	1 135 867	106 804	82 477	29 610	51 603

注:1989年以前房地产开发含在基本建设中。

表6-7　历年全社会住宅投资

单位:万元

年份	合计	基本建设	更新改造	房地产开发	城镇集体	农村集体	城镇私人	农村私人
1979		914						
1980		2 838						
1981		6 428						
1982		19 021						
1983		27 640						
1984		38 372	34					
1985		64 827	36					
1986	46 940	32 656	15		123	2 795	2 005	9 346
1987	54 629	36 269	88		745	3 483	2 000	12 044
1988	114 993	78 522			3 018	1 727	16 544	15 182
1989	123 617	101 466	189		5 734	1 744	7 125	7 359
1990	164 518	92 429	20	50 554	814	849	9 210	10 642
1991	315 480	173 346	425	100 094	4 384	7 320	11 854	18 057
1992	703 879	342 331	519	268 007	11 976	28 488	13 690	38 868
1993	582 283	161 494	100	337 090	24 286	9 550	21 412	28 351
1994	616 790	177 141		359 373	27 798	11 109	21 018	20 351
1995	795 949	187 993	2 296	487 022	37 496	15 612	28 851	36 679
1996	859 803	153 068	6 220	544 541	74 708	10 867	23 747	46 652

注:1989年以前房地产开发含在基本建设中。

表6-8　历年全社会住宅施工建筑面积

单位:万平方米

年　份	合　计	基本建设	更新改造	房地产开　发	城镇集体	农村集体	城镇私人	农村私人
1979		13.41						
1980		27.81						
1981		43.34						
1982		128.30						
1983		155.68						
1984		258.52						
1985		362.70						
1986	366.59	284.92	0.37		2.31	10.15	10.03	58.[illegible]1
1987	339.69	228.10	0.15		6.53	17.77	20.00	67.[illegible]4
1988	447.03	342.03			11.92	6.12	33.96	5[illegible].00
1989	434.43	364.58	0.99		16.46	7.32	22.65	2[illegible].43
1990	359.73	133.49	0.03	158.86	3.82	6.31	26.28	[illegible].94
1991	604.58	190.63	8.77	252.61	15.44	39.26	32.95	[illegible].92
1992	920.04	200.16	0.79	480.23	34.24	71.48	33.80	[illegible].34
1993	1 032.92	231.73	0.20	640.19	40.20	25.62	41.40	[illegible]3.58
1994	1 090.32	324.46		614.40	38.52	26.20	33.19	[illegible]3.55
1995	1 443.72	406.46	8.33	844.17	56.27	30.67	39.72	58.10
1996	1 474.14	325.21	2.33	940.61	92.49	15.01	34.56	63.93

注:1989年以前房地产开发含在基本建设中。

表6-9　历年全社会住宅竣工建筑面积

单位:万平方米

年　份	合　计	基本建设	更新改造	房地产开　发	城镇集体	农村集体	城镇私人	农村私人
1979		5.26						
1980		17.85						
1981		23.41						
1982		45.57						
1983		62.42						
1984		123.76						
1985		139.31						
1986	197.15	116.73	0.21		1.22	10.15	10.03	58.81
1987	199.09	89.58	0.15		4.45	17.77	20.00	67.14
1988	245.10	143.83			8.19	6.12	33.96	53.00
1989	236.98	169.86	0.99		13.73	7.32	22.65	22.43
1990	183.24	55.77	0.03	62.87	1.04	6.31	26.28	30.94
1991	301.08	64.25	4.60	87.13	7.97	39.26	32.95	64.92
1992	405.75	65.27	0.39	120.34	15.13	71.48	33.80	99.34
1993	371.75	110.50	0.20	128.14	12.31	25.62	41.40	53.58
1994	373.77	112.48		141.44	17.76	15.35	33.19	53.55
1995	485.23	116.87	4.43	216.38	32.19	17.54	39.72	58.10
1996	565.86	156.14	2.33	250.51	46.95	11.44	34.56	63.93

注:1989年以前房地产开发含在基本建设中。

表 6－10　历年全社会住宅竣工价值

单位:万元

年　份	合　计	基本建设	更新改造	房地产开　发	城镇集体	农村集体	城镇私人	农村私人
1979		449						
1980		2 440						
1981		4 322						
1982		9 873						
1983		15 043						
1984		37 418						
1985		38 341						
1986	54 880	40 169	44		271	3 045	2 005	9 346
1987	46 707	26 261	83		988	5 331	2 000	12 044
1988	88 625	52 663			2 400	1 836	16 544	15 182
1989	109 242	87 117	317		5 128	2 196	7 125	7 359
1990	105 056	31 272	15	50 915	478	2 524	9 210	10 642
1991	180 594	34 811	13 586	83 039	3 543	15 704	11 854	18 057
1992	256 111	37 275	159	130 010	7 517	28 592	13 690	38 868
1993	351 941	104 136	140	168 939	11 029	17 934	21 412	28 351
1994	432 365	121 501		234 568	21 112	13 815	21 018	20 351
1995	754 577	137 462	3 810	498 207	33 956	15 612	28 851	36 679
1996	918 088	180 532	6 291	597 390	52 609	10 867	23 747	46 652

注:1989 年以前房地产开发含在基本建设中。

表 6-11　全社会固定资产投资和新增固定资产

单位:万元

项目	1995年		1996年	
	全市	特区	全市	特区
全社会固定资产投资总额	**2 758 243**	**2 033 878**	**3 275 270**	**2 520 317**
1.基本建设	1 401 235	1 035 169	1 569 208	1 269 179
2.房地产开发	1 030 368	919 175	1 248 251	1 121 145
3.更新改造	70 484	45 428	113 836	68 794
4.城镇集体	105 322	22 634	180 285	50 044
5.农村集体	80 645		82 477	
6.城镇私人	30 168	11 472	29 610	11 155
7.农村私人	40 021		51 603	
全社会新增固定资产	**1 634 350**	**1 174 025**	**2 549 663**	**2 097 328**
1.基本建设	729 913	556 018	939 154	823 988
2.房地产开发	652 570	569 799	1 246 877	1 132 297
3.更新改造	36 725	15 126	107 401	87 323
4.城镇集体	77 252	21 610	123 399	42 565
5.农村集体	67 701		51 619	
6.城镇私人	30 168	11 472	29 610	11 155
7.农村私人	40 021		51 603	

表 6－12　历年基本建设各行业投资额

单位:万元

年　份	投资总额	1.农、林、牧、渔业	2.采掘业	3.制造业	4.电力、煤气及水的生产和供应业	5.建筑业	6.地质勘查业、水利管理业	7.交通运输、仓储及邮电通讯业	8.批发和零售贸易、餐饮业
1979	4 988	976		824	768	125	451	286	489
1980	12 487	657		5 112	267	248		1 500	1 176
1981	27 039	717		6 270	311	107		587	2 191
1982	63 265	2 006		6 464	327	373	170	2 795	7 563
1983	88 593	642		10 271	520	1 261	287	6 931	11 526
1984	155 466	1 666		18 319	10 937	3 979	61	10 021	24 201
1985	276 125	3 740	1 350	42 003	15 702	9 682	146	21 838	41 200
1986	191 490	2 361	381	43 535	4 423	2 962	273	15 317	19 578
1987	215 701	3 153	1 140	48 257	7 568	1 827	10 655	17 084	11 480
1988	347 307	3 956	1 472	107 970	16 243	3 771	125	32 798	22 418
1989	435 438	3 507		107 977	16 081	27 549	918	63 069	16 240
1990	427 134	2 406		150 215	89 188	8 907	4 300	75 331	8 260
1991	528 725	3 441		106 253	92 008	3 334	3 657	115 710	14 301
1992	741 573	6 797		170 753	113 037	8 758	8 651	190 132	22 706
1993	1 222 146	10 015	1 218	164 678	173 144	41 103	4 990	230 905	16 528
1994	1 281 065	9 807	750	144 517	139 951	76 569	9 449	369 072	23 262
1995	1 401 235	5 853	400	150 054	172 412	41 884	23 106	309 199	74 717
1996	1 569 208	9 780		187 407	225 157	11 608	27 241	362 857	108 689
累计	**8 988 985**	**71 480**	**6 711**	**1 470 879**	**1 078 044**	**244 047**	**94 480**	**1 825 432**	**426 525**

注:1989 年以前(含 89 年)含商品房开发投资,1990 年以后(含 90 年)不含商品房开发投资。

表 6－12 续表　　单位:万元

年　份	9. 金融、保险业	10. 房地产业	11. 社会服务业	12.卫生、体育和社会福利业	13.教育、文化艺术及广播电视业	14.科学研究和综合技术服务业	15.国家机关、政党机关和社会团体	16. 其他行业
1979	36					15		1 018
1980	77		989	192	296	40	1 331	602
1981	142	2 331	10 816	226	576	35	1 496	1 234
1982	263	4 201	19 490	544	1 482	173	3 476	13 938
1983	492	6 006	27 864	1 151	1 333	232	6 032	14 045
1984	1 728	30 344	18 006	2 336	10 917	611	11 358	10 982
1985	4 955	56 781	33 693	6 500	10 794	620	12 842	14 279
1986	7 178	25 700	20 673	3 038	14 029	994	11 417	19 631
1987	5 205	59 009	11 053	2 688	7 592	1 210	12 061	15 719
1988	245	72 845	33 854	3 889	7 766	95	28 995	10 865
1989	3 824	73 884	24 975	4 742	17 502	95	10 821	64 254
1990	227	12 380	19 758	3 769	12 140	296	6 145	33 812
1991	602	14 014	77 257	6 497	17 296		18 207	56 148
1992	510	19 650	75 044	14 145	19 238	313	7 880	83 959
1993	7 228	114 582	353 058	9 355	18 607	265	16 248	60 222
1994	8 335	76 900	280 180	9 875	25 315	9 486	42 191	55 406
1995	18 831	86 193	295 644	19 453	42 366	6 585	78 328	76 210
1996	25 269	91 997	251 501	33 664	60 704	14 605	88 310	70 419
累计	**85 147**	**746 817**	**1 553 855**	**122 064**	**267 953**	**35 670**	**357 138**	**602 743**

注:1989年以前(含89年)含商品房开发投资,1990年以后(含90年)不含商品房开发投资。

表6－13　基本建设投资构成

单位：万元

年　份	投资额	按构成分 1.建筑安装工程	2.设备、工具器具购置	3.其他费用
全　市				
1990	427 134	244 356	133 757	49 021
1991	528 725	362 110	118 015	48 600
1992	741 573	506 693	160 723	74 157
1993	1 222 146	912 874	225 947	83 325
1994	1 281 065	946 734	220 847	113 484
1995	1 401 235	1 008 297	195 853	197 085
1996	1 569 208	1 131 817	295 631	141 760
特　区				
1990	420 711	238 759	133 006	48 946
1991	517 746	351 884	117 571	48 29[illegible]
1992	733 745	499 264	160 480	74 00[illegible]
1993	1 100 934	828 645	200 003	72 28[illegible]
1994	1 100 463	800 770	193 679	106 01[illegible]
1995	1 035 169	765 994	176 131	93 0[illegible]
1996	1 269 179	883 331	281 894	103 9[illegible]

表6－14　基本建设投资财务拨款额

单位：万元

年　份	财务拨款额＊	1.国家预算内资金	2.国内贷款	3.债券	4.利用外资	5.自筹资金	市、区自筹	中央各部、各省自筹	6.其他资金
全　市									
1990	499 843	2 635	115 044		164 068	181 413	56 431	13 208	3[illegible] 683
1991	586 178	2 000	192 603		123 358	211 958			[illegible] 259
1992	768 887	500	230 860		87 252	370 673	98 904	14 984	[illegible] 602
1993	1 218 113		246 153		156 054	673 895	335 789	7 826	1[illegible] 011
1994	1 326 714		175 767	10 339	174 809	830 151	357 326	24 291	1[illegible] 648
1995	1 390 619		167 510		230 560	909 593	362 347	7 680	[illegible]2 956
1996	1 524 924		190 060		324 436	931 551	407 315	17 611	[illegible]8 877
特　区									
1990	492 538	2 635	114 615		163 164	176 224	54 934	11 473	[illegible]5 900
1991	573 837	2 000	191 610		122 950	202 711			54 566
1992	761 456	500	230 445		86 842	364 067	98 570	14 984	79 602
1993	1 067 651		213 199		150 588	575 632	283 369	7 546	[illegible]28 232
1994	1 042 383		103 446	10 339	145 663	686 971	309 358	16 291	95 964
1995	1 019 322		78 113		191 926	715 233	267 164	1 427	34 050
1996	1 257 467		168 846		266 390	773 917	337 989	9 161	48 314

表6-15　基建投资主要经济效益指标

年份	一、建设项目投产率(%)	本年施工建设项目数(个)	本年建成投产项目数(个)	二、建设项目平均建设周期(年)	本年施工项目计划总投资(万元)	本年完成投资额(万元)
全市						
1990	41.76	352	147	3.20	1 368 562	427 134
1991	41.76	376	157	3.18	1 679 975	528 725
1992	34.70	415	144	2.88	2 135 561	741 573
1993	36.44	365	133	2.84	3 469 534	1 222 146
1994	39.03	433	169	3.53	4 519 880	1 281 065
1995	27.86	384	107	4.59	6 437 126	1 401 235
1996	38.58	394	152	4.72	7 403 125	1 569 208
特区						
1990	37.74	310	117	3.22	1 355 798	420 711
1991	39.77	347	138	3.21	1 663 653	517 746
1992	33.25	397	132	2.90	2 126 139	733 745
1993	37.74	318	120	2.56	2 822 448	1 100 934
1994	38.48	369	142	3.28	3 610 047	1 100 463
1995	28.66	314	90	4.61	4 767 014	1 035 169
1996	40.48	336	136	4.87	6 176 993	1 269 179

年份	三、固定资产交付使用率(%)	本年完成投资额(万元)	本年新增固定资产(万元)	四、房屋建筑面积竣工率(%)	本年施工房屋建筑面积(万平方米)	本年竣工房屋建筑面积(万平方米)
全市						
1990	61.04	427 134	260 718	34.96	408.71	142.90
1991	73.25	528 725	387 315	31.21	533.66	166.58
1992	44.81	741 573	332 281	35.67	532.45	189.92
1993	51.80	1 222 146	633 055	37.57	566.70	212.91
1994	73.21	1 281 065	937 960	31.54	704.15	222.06
1995	52.09	1 401 235	729 913	27.53	951.68	262.02
1996	59.85	1 569 208	939 154	30.52	965.41	294.65
特区						
1990	60.65	420 711	255 155	33.74	390.34	131.69
1991	72.77	517 746	376 766	29.60	498.85	147.67
1992	44.40	733 745	325 775	34.32	514.14	176.45
1993	54.18	1 100 934	596 437	35.97	491.97	176.94
1994	74.42	1 100 463	818 910	26.92	592.05	159.38
1995	53.71	1 035 169	556 018	23.44	850.33	199.32
1996	64.92	1 269 179	823 988	30.31	877.90	266.12

表6－16 更 新 改 造 投 资

单位:万元

年　份	完成投资额	一、按国民经济行业分						
		1.农业	2.工业	3.交通运输业	4.商业	5.文化、教育和卫生事业	6.房地产、公用事业、居民和咨询业	7.其他行业
全　市								
1986	10 140		10 140					
1987	3 009		3 004			5		
1988	2 572		1 819	655	98			
1989	9 140		6 806	1 295			289	75[illegible]
1990	24 661		4 313	14 903	17			5 42[illegible]
1991	36 949	1 029	5 110	29 802		30	794	18[illegible]
1992	44 678		11 605	6 338			24 563	2 1[illegible]
1993	20 794		2 607	14 520			3 317	3[illegible]
1994	66 191		13 435	52 756				
1995	70 484		36 741	13 704			20 039	
1996	113 836		78 350	26 318	2 000	1 326	5 842	
特　区								
1986	6 296		6 296					
1987	3 009		3 004			5		
1988	1 847		1 819	28				
1989	7 399		5 065	1 295			289	750
1990	24 661		4 313	14 903	17			[illegible]428
1991	36 949	1 029	5 110	29 802		30	794	184
1992	44 678		11 605	6 338			24 563	[illegible] 172
1993	5 894		2 227				3 317	350
1994	9 430		9 430					
1995	45 428		35 998	6076			3 354	
1996	68 794		59 126	500	2 000	1 326	5 842	

表 6－16 续表　　单位:万元

年　份	二、按构成分			三、按工程用途分					四、新增固定资产
	1.建筑安装工程	2.设备、工具、器具购置	3.其他费用	1.农林牧渔业用	2.工业、建筑业用	3.商业、运输邮电业用	4.住宅	5.其他	
全　市									
1986	2 786	7 277	77						5 359
1987	513	2 261	235						2 602
1988	1 038	1 406	128						1 752
1989	3 251	5 481	408						8 350
1990	14 960	9 448	253						10 749
1991	23 038	13 023	888						31 324
1992	42 640	881	1 157						22 055
1993	16 233	2 033	2 528						2 711
1994	52 376	12 351	1 464		13 349	52 756		86	84 681
1995	36 092	30 232	4 160		35 941	19 560	2 296	12 687	36 725
1996	43 489	57 289	13 058	9 522	69 599	26 818	6 220	1 677	107 401
特　区									
1986	2 618	3 601	77						5 258
1987	513	2 261	235						2 602
1988	988	761	98						1 101
1989	2 610	4 381	408						4 049
1990	14 960	9 448	253						10 749
1991	23 038	13 023	888						31 324
1992	42 640	881	1 157						22 055
1993	2 791	1 853	1 250						2 331
1994	213	9 068	149		9 344			86	8 693
1995	15 965	29 203	260		35 498	4 380	2 196	3 354	15 126
1996	14 691	47 253	6 850	9 522	50 375	1 000	6 220	1 677	87 323

表 6－17　更新改造投资财务拨款额

单位:万元

年份	财务拨款额 *	1. 国家预算内资金	2. 国内贷款	3. 债券	4. 利用外资	5. 自筹资金	市区自筹	中央各部、各省自筹	6. 其他资金
全　市									
1986	10 140	773	6 931		716	1 446	1 092		274
1987	3 009	250	1 613		92	1 054	304		
1988	2 572		156			2 416	303		
1989	9 140		4 296		1 577	3 267	1 029		
1990	24 661		2 955		4 699	13 383	6 336		3 624
1991	38 380	70	7 119			31 191	8 343		
1992	42 817		11 295		65	19 651			11 806
1993	11 090		5 434			5 656	3 249		
1994	66 417		50 674			12 243			3 500
1995	70 309		9 501		2 908	51 815	3 604	5 980	6 085
1996	109 989		16 995		38 553	41 855	16 672		12 586
特　区									
1986	6 296	773	3 087		716	1 446	1 092		274
1987	3 009	250	1 613		92	1 054	304		
1988	1 847		74			1 773	303		
1989	7 399		2 789		1 577	3 033	1 029		
1990	24 661		2 955		4 699	13 383	6 336		3 624
1991	38 380	70	7 119			31 191	8 343		
1992	42 817		11 295		65	19 651			11 086
1993	7 041		4 634			2 407	180		
1994	9 152		100			9 052			
1995	45 503		1 353			44 150	3 354	5 980	
1996	67 728		13 798		24 125	25 855	4 221		3 95[illegible]

注:1986－1990 年为投资完成额,1991－1996 年为财务拨款额。

表 6－18　房地产开发投资

单位:万元

年份	一、 本年在建工程计划总投资	二、 本年完成投资额	住宅	按构成分 1.建筑、安装工程	2.设备、工具器具购置	3.其他费用	三、 本年新增固定资产
全市							
1990	225 423	67 842	50 554	61 822	3 515	2 505	68 252
1991	384 611	136 896	100 094	118 855	4 116	13 925	83 594
1992	961 863	342 706	268 007	248 303	14 136	80 267	126 174
1993	1 712 449	500 332	337 090	453 047	23 207	24 078	212 568
1994	2 564 503	794 754	359 373	634 953	53 323	106 478	342 361
1995	5 341 913	1 030 368	487 022	793 170	67 516	169 682	652 570
1996	5 542 370	1 248 251	544 541	922 172	123 803	202 276	1 246 877

注:1990－1993 年为商品房投资,1994－1996 年为房地产开发投资。

表 6－19　房地产开发投资财务拨款额

单位:万元

年份	财务拨款额	1.国家预算内资金	2.国内贷款	3.债券	4.利用外资	5.自筹资金	中央各部、各省自筹	企业自有资金	6.其他资金
全市									
1990	89 493		16 165		34 398	23 604	100	23 504	15 326
1991	185 497		34 199		54 700	74 049			22 549
1992	407 607		124 784		49 374	152 201		151 701	81 248
1993	674 001		130 387		66 859	321 156		313 417	155 599
1994	774 549		141 764		159 588	368 531	5 147	363 384	104 666
1995	1 478 346		314 292	20	281 422	494 097	24 035	349 400	388 515
1996	1 491 019		294 547		283 050	454 877			458 545

注:1990－1993 年为商品房,1994－1996 年为房地产开发。

表 6-20　房地产开发房屋建筑面积、价值、造价

(1996年)

项　目	单　位	合　计	住　宅	别墅、高档公寓	办公楼	商业营业用房	其　他
施工房屋建筑面积	万平方米	1 495.27	940.61	28.01	238.93	193.68	122.05
竣工房屋建筑面积	万平方米	394.32	250.51	3.29	42.50	48.58	52.73
竣工房屋价值	万元	1 135 867	597 390	12 546	220 991	197 428	120 05[illegible]
竣工房屋造价	元/平方米	2 881	2 385	3 813	5 200	4 064	2 2[illegible]

表 6-21　房地产开发房屋实际销售面积、销售额、平均价格

(1996年)

项　目	单　位	合　计	住　宅	别墅、高档公寓	个人实际销售	办公楼	商业营业用房	其　他
实际销售面积	万平方米	186.36	150.57	2.46	66.39	21.90	9.51	4.38
实际销售额	万元	1 209 162	734 774	21 402	366 671	374 693	91 260	8 435
实际销售平均价格	元/平方米	6 488	4 880	8 700	5 523	17 110	9 596	1 926

七、商业、物价

1996 年深圳商业运行概况

1996 年,深圳国民经济继续保持快速、稳定增长势头,国内生产总值等主要经济指标均保持两位数的增长速度,对商贸行业的发展起到较好促进作用。全市批发零售贸易业、餐饮业的总体运行情况平稳,商品总购进增加,增长速度加快,商品总销售稳步发展,并呈现零售环节增长,批发环节下降的趋势。但由于商品销售成本增加,商品流通费用大幅上升,资金短缺状况仍然未能得到缓解以及流动资金周转减慢,资产负债率提高等因素,致使实现利润下降,经济效益不理想。现就一年来商业的运行情况及发展前景浅析如下:

一、商业运行的基本特点

(一)零售市场向多元化方向发展　随着国民经济的健康发展,居民收入增加,商品购买力相应提高,形成了比较活跃的零售市场,各主要零售商的商品销量增多,零售额扩大。全年社会消费品零售总额达 297.02 亿元,比上年增长 14.5%,扣除物价上涨因素,实际增长 10.2%。零售市场呈现制造业、餐饮业高速增长和农贸市场增速下降;国有经济、外商投资企业快速增加和集体经济、联营经济大幅度下降;特区零售额增长和宝安、龙岗区零售额下降等反差现象,反映出在日趋激烈的市场竞争中优胜劣汰、适者生存的必然趋势,也是对零售企业的各种经营方式的大检阅,由此造就一批大规模经营及集约化经营的零售企业,这些企业在市场竞争中起着越来越重要的作用。

1.规模经营成为零售市场的发展趋势。1996 年,天虹商场、万佳购物广场、东方新世界等大中型零售商场不断发展,逐步改变了深圳零售业存在的分散、规模小的状况。世界零售商巨头沃尔玛百货公司及法国家乐福百货公司等外商涉足深圳零售市场,令零售市场增加了色彩、增添了魅力,给零售企业经营带来了更大的竞争压力和动力,一方面对促进零售商业上规模、上水平,提高其竞争能力起到积极作用。另一方面也为居民消费提供更多的选择,广大消费者得到更加优质的服务和更多的实惠。所以,国外大型零售商前来深圳投资,不管是对零售企业、对国民经济的发展,还是对满足人民生活的需要,都有积极影响。对此,政府管理部门应持积极的态度,创造宽松环境,确保外商投资企业与国内的企业一样,在公平的条件下开展竞争。从 1996 年全市零售市场的发展来看,大型外商参与市场竞争,对深圳的零售业来说,利大于弊。经过竞争,加快了商贸企业转变经营观念的步伐,增强了零售业规模经营的思想,由此提高了零售企业整体实力。据统计,免税、天虹、万佳、百佳、国商、国贸等十大零售企业在过去的一年,商品零售额均比上年有不同程度的增长,经营规模不断扩大,十家企业零售额达 38.38 亿元,占全市社会消费品零售总额的 12.9%,反映出大中型零售企业在竞争中仍然保持较好的发展势头。

2.各种类型零售企业变化大,国有经济仍是零售业主体。在全市社会消费品零售总额中,国有经济零售额达 79.59 亿元,增长 10.8%,占零售总额的 26.8%,在各种经济类型中仍占最大比重。外商投资零售企业(含港澳台经济)1996年商品零售大幅度增加,零售额达43.81亿元,增长50.0%,占社会消费品零售总额的比重由上年的11.3%上升到14.8%,在零售业中仅次于国有经济而成为第二大经济,全市前十名零售企业中,有四家企业为外商投资企业。与此相反,集体企业、联营企业在竞争中显得愈来愈不适应市场发展的要求,零售业务的拓展举步维艰,零售额分别比上年下降31.0%和22.3%。个体零售业经过多年的发展,增长速度也明显放缓,商品零售额为3.86亿元,仅增长3.0%,如扣除物价上涨因素,则呈现负增长趋势。

3.农贸市场平稳增长。1996年,全市零售行业中,不少零售企业将农产品经营作为增加服务项目,吸引顾客的重要手段,收到了良好的效果。由于零售企业调整经营结构,不少在农贸市场购物消费的顾客转向环境比较舒适的大型零售企业,农贸市场的成交量和成交额由此受到一定程度的影响。全年农贸市场的商品成交额为16610.95亿元,增长速度明显比上年减慢。其中,农民对非农业居民的商品零售额为85.62亿元,增长12.8%,增长速度比上年减少11.4个百分点,占全市社会消费品零售总额的比重由上年的29.3%下降到28.8%。

4.各类商品零售的结构变化。1996年,社会消费品零售总额中,各类商品的零售额有较大变化。其中,食品饮料类商品仍是居民的主要消费投向,其零售额一直占全市零售市场的很大比重,1996年,该类商品零售额达179.48亿元,比上年增长14.3%,占零售额总额60.4%。随着人民生活水平不断提高,对穿着打扮要求也不断更新,消费水平提高,用于该类商品的消费大幅度增加,其中,服装鞋帽类商品零售额22.04亿元,首饰类商品零售额9.93亿元,分别比上年增长54.2%和63.6%。家电的销售经过近两年徘徊后,1996年取得较大的发展,零售量大幅度增加,特别是大屏幕彩电、家庭影院、高级影视机、家用空调器等商品越来越多地进入居民家庭,成为居民主要消费支出之一,全年该类商品零售额达到11.01亿元,增长61.1%。此外,居民近年用于购买中西药品的支出呈大幅增加趋势,全年该类商品零售额10.2亿元,比上年增长54.5%,其中,在各级医院看病购买药品达5.96亿元,增长39.9%,占全市药品消费量的58.5%。

5.制造业、餐饮业的发展形势喜人。全市零售行业中,除集贸市场中农民对非农业居民的零售及各个医院的药品销售额增长幅度下降外,商、饮业及制造业均有较大幅度的增长。其中,制造业附设的零售商店近两年出现加快发展的势头,1996年商品零售额为3.56亿元,在去年增长28.0%的基础上又比上年增长56.3%,其增长速度在各个行业中排第一。餐饮业1996年的经营状况比较理想,全市各个酒家、餐馆人气足,客流量大,消费水平提高,饮食行业营业额大幅度增加,全年饮食营业额达40.5亿元,增长29.8%。商业零售额也在去年增长11.1%的基础上再增长15.5%。

6.加强宏观管理,控制物价上涨。1996年,深圳市有关部门加强管理,增加商品供应量,保障供给,运用市场运行机制,有效地抑制了物价上涨,保证了居民的实际生活水平有所提高。全年零售物价上涨3.9%,比上年下降6.9个百分点,比年初确定的10%的控价目标低6.1个百分点,其中食品类涨幅稳步回落,全年仅上升3.3%,影响度为38.2%,明显低于其他类别的影响。而工业品价格依然有明显的涨幅,其中穿着类上升11.5%,日用品类上升9.5%,书报杂志类38.1%,形成了对总指数上涨的主要推动力。

(二)批发市场的特点　1996年,全市批发零售贸易业的购销基本平衡,商品购进总额442.50亿元,比上年增长8%。其中,从批发零售贸易业企业购进153.70亿元,增长20.3%;进口商品80.42亿元,增长13.8%。但是,直接从生产企业购进的商品出现下降趋势,全年购进197.67亿元,比上年下降3.8%。其中,农产品购进9.92亿元,在去年下降24.1%的基础上再下降14.1%。在商品销售方面,批发销售的状况与零售呈反方向发展,全年批发销售322.90亿元,比上年下降4.2%。其中,出口商品95.54亿元,下降22.8%;售给生产者82.24亿元,下降8.9%。在主要商品的批发销售中,销售量增加的有粮食、布、烟、钢材和鞋等,分别增长46.4%、86%、36.5%和31.5%。下降的主要是电视机、服装、电风扇、水泥等,分别下降13.5%、74.5%、57.7%和62.5%。

(三)商业网点形成新格局　1996年全市商业网点达8.55万个,比上年略有减少,从业人员39.9万人,比上年增长26.8%。其中国有和私营企业均保持较快的增长,而个体经济则出现下降。大型商业网点发展迅猛,流通网络渐趋合理。(1)国有和集体经济发展较快,1996年拥有网点5703个,比上年增长78.1%,从业人员8.45万人,比上年增长108%;(2)由于政府放宽政策及明确私营与个体经济的划分,近年来私营企业大幅增长,1996年网点达11413个,增长108.1%,从业人员11.37万人,增长90.5%;(3)由于近年来在商业领域的外来投资不断增加,外商投资企业(含港澳台投资)不断增多,1996年网点已达665个,增幅达157.8%,尽管外商投资经济所占比重不大,但已发展成为一股不可忽视的力量;(4)加快了大型商业网点的建设步伐,1996年大型商业网点达534个,比上年增加53.4%。大型商业网点的增加,极大地改善了居民购物条件,增强了城市流通服务功能,改变了深圳建市以来缺乏大型商场的局面,开始逐步向国际化商贸中心靠拢;(5)个体经济呈萎缩趋势。随着大型商业网点的不断发展,对规模小、经营分散的个体经济造成了较大的冲击,1996年个体商业网点为67183个,比上年减少了14.6%。但个体经济依然占据全市网点的78.5%,其中占零售网点的86.8%,在全市商业经济中仍起着不可低估的作用。

(四)商业企业经济效益有待进一步提高　1996年,由于商品购进成本上升,商品流通费用增加,流动资金周转减缓,资金利润率下降,商业企业负债率上升,以致商业企业整体经济效益不理想。(1)费用水平大幅攀升。1996年,是深圳商品流通费用增加最多的一年,用于经营费用的支出为20.04亿元,比上年增长56.7%,其中运杂及装卸费2.7亿元,增长13.9%,反映出经营费用中的工资、差旅费、广告费、佣金等方面的支出呈现超常增长。用于企业经营管理的费用为29.36亿元,增长65.6%。在管理费用中,劳动、就业的社会保险费支出仅增长4.3%,但用于管理人员的工资、福利费、招待费、工会经费等方面支出额过大。此外,财务费用支出也比上年增长47.9%。由上述三项费用构成的商品流通费用总额达到61.28亿元,比上年增长59.0%,每百元商品销售费用为15.03元,增加3.73元,百元销售费用水平增长速度达33.0%。(2)商品存货周转及流动资金周转减慢。1996年,商品存货周转率为12.13%,比上年减少0.9个百分点;流动资金周转次数由上年的1.77次下降到1.66次,以致流动资金占用时间增加,所负担的费用增加,流动资金利润率下降,由上年的7.16%降至4.97%。(3)企业负债增加。由于商业企业流动资金周转减慢,资金占用较多,以及企业的应付票据、应付帐款等增加,以致企业的负债加重,流动负债增长44.3%,长期负债增长29.1%,造成商业企业资产负债率由上年的65.8%上升到69.0%。

二、当前商业存在的问题

深圳毗邻香港,和南方最大的商贸中心广州仅两小时车程,地理优势无可比拟。深圳也是全国重点旅游城市之一,每年接待数以百万计的海内外游客前来观光、度假和从事经贸活动。经过十多年的建设,深圳已形成了拥有电子通讯、食品加工、医药、服装、石化等33个行业的工业体系,发展了一批名牌产品,在全国及国际市场上占有一定的份额。因此,深圳商业的发展具有巨大的优势和潜力。但是,应该看到,深圳商业目前依然存在一些问题,亟待解决。

(一)流动资金短缺　由于商业企业竞争激烈,各项费用支出增大,经济效益不理想,加上受国家宏观政策影响,出口退税时间过长,商贸企业流动资金短缺一直是较突出的问题,对企业开展经营活动有较大的影响。

(二)商业企业规模依然偏小　尽管深圳近年来加快了大型商业网点的建设,但总体上依然处于小规模、分散和粗放式的经营方式,个体经济占据全市零售网点86%的比重,大型商场屈指可数,零售额超亿元的商场仅13家,在全国百强大型商场排序中无一上榜。

(三)市场管理力度不够　假冒、伪劣商品屡禁不止,一直是消费投诉热点之一。尽管有关部门大力开展打击制假贩假活动,但由于制假贩假获利丰厚,加上对违法经营者处罚较轻,无足痛痒,制假贩假活动没有明显收敛,致使广大消费者蒙受损失,也使合法经营者利益受损。另一方面,无证流动小贩人数剧增,问题日趋严重,对市容市貌及市场管理造成较大的影响。尽管有关部门也曾多次开展清理活动,但由于其活动范围广、行动快,来无影、去无踪,收效甚微。

(四)从业人员素质、水平有待进一步提高　由于个体从业人员占有较大的比重,其素质参差不齐,少数人道德品质败坏,欺行霸市,缺斤少两,影响了总体服务水平的提高。

三、发展商业的几点建议

(一)进一步加强宏观调控　从全国其他城市的经验来看,政府的适当调控对商业的发展具有积极作用。政府调控应该"四两拔千金",以较小的投入获得较大的效果,在税收、金融、土地政策上对商业予以支持,同时应加强商业基础设施。如储运中心、大型交易、展览场馆等的建设。

(二)加快大型商业网点建设　当前,深圳小商品市场发达,个体经济依然起主导作用,而大规模商业设施不足。因此,应进一步加快大型商业网点的建设,提高商业规模水平。(1)集中建立较大规模的百货市场、专业市场和超级市场,改变商业小而散的局面;(2)积极发展商业连锁店,发挥规模经济优势;(3)建立有特色的饮食市场,做到高档酒楼、中低档餐厅、快餐店及外国菜馆协调发展。

(三)积极引进外资,扩大对外开放程度　要把深圳建设成为阛旺发达的国际性商业城市,扩大商业的外资投入显得十分必要。应鼓励外商兴办大型现代连锁超级市场,通过引进外资提高整个深圳商业的经营管理水平,促进商业的国际化进程。吸纳全国各地和海外众多的商品进入特区市场,把特区建设成一个购物天堂,使深圳成为国内名优商品荟萃,品种门类齐全,万商云集的国际性商业城市。

(四)深化国有企业改革,促进国有企业转换机制　加快流通企业产业结构调控及股份制改造,让更多的商贸企业上市筹措资金。

(五)加强企业管理,开源节流、努力提高经济效益　提高从业人员的素质及服务水平,以适应市场经济发展的需要,在竞争中立于不败之地。

(经贸统计处供稿,执笔:钟振柔)

1996年深圳物价概况

1996年,深圳市经济呈快速增长势头,市场物价涨幅继1995年明显回落后,1996年再创新低。与上年比,居民消费价格涨幅为7.7%,零售物价涨幅为3.9%,分别较上年下降4.7个百分点和6.9个百分点。商品零售价格总指数比年初确定的10%的控价目标低6.1个百分点。物价的变动开始进入一个相对平稳的时期。全年市场物价变动的主要特点是:商品供应丰富、物价压力减缓、指数在低涨幅上稳步回落。

一、1996年物价的基本动态

(一)物价呈波浪型走势

1996年初,深圳市物价涨幅继上年末的跌势继续回落。一月零售物价仅上升1.8%,5月最高,达6.2%,以后涨幅回落,8月最低为1.5%,10月略有回升为3.7%,到12月仅升3.3%,全年物价走势基本呈波浪型走势。这种走势的形成与滞后及新涨价因素的不同影响有关。滞后因素作为一种既定的影响因素,在各月中的分布为上半年高,下半年低,各月之间有小幅波动。而作为动态影响的新涨价因素,2月开始上升,5月高达4.1%,6月下降为2.7%,9月以后涨幅有所回升,大致在3.3%左右。因此,在两者的共同影响下,形成1996年的物价走势。在影响指数的构成中,新涨价因素达3.5个百分点,滞后因素仅0.4个百分点,可见,在3.9%的物价涨幅中,新涨价因素起了主导作用。

(二)大类商品对总指数的影响程度发生变化

1996年,深圳物价涨幅走低,与各大类商品价格对总指数影响程度的变动有关。多年来,指数上涨主要受食品价格上涨拉动,1996年则相反,食品价格涨幅稳步回落,全年仅上涨3.3%,影响总指数上涨1.5个百分点,影响度为38.2%,明显低于其他类别的影响,这是物价涨幅持续回落的主要原因。与此同时,工业品价格仍有明显的涨幅,除家用电器、建材、机电产品三类指数各下降0.7%、0.3%和3.8%外,其余十大类都有不同程度上升,其中穿着类、中西药品类、书报杂志类、日用品类各上升11.5%、10.0%、38.1%和9.5%,形成了对总指数上涨的主要推动力。

(三)部分商品价格波动明显

从1996年总体价格变动情况来看,大多数商品价格是基本平稳的。但也有部分商品受各种因素的影响,价格出现较大波动。如鸡蛋在年初时达到11元/公斤,4月以后逐渐回落;猪肉价格年内也有调升,升幅7%左右,目前价格较稳;生姜价格在9月升到23元/公斤,升幅达229%,年末已明显回落。食品价格的变动,多受季节和供应的影响,当供应改善后,价格都明显回落或企稳。工业品方面,家用电器价格持续回落,尤其彩电在降低进口关税和厂家降价的冲击下,价格下降8.2%,而书报价格却坚挺上扬,其中课本价格上升44.4%。

(四)服务项目调价幅度大

由于物价压力的相对减轻,深圳市有关部门抓住时机在年内出台了一些调价项目,如7月调高公共汽车票价,由0.7元/张调至

1元/张，调幅42.9%；9月调整学杂费和保育费，幅度各为45.6%和66.7%；11月再调高水费23.5%；年底国家调整部分邮电、电讯费，其中平信、包裹调幅较高达150%和50%，但长途电话费有所下调。由于调价选择时机较好，社会反映一般。但值得注意的是，由于服务项目在零售指数中不包括而在消费价格指数中反映，致使消费价格指数涨幅较高，这是两套指数上涨幅度差距较大的原因之一。

二、影响我市物价变动的主要原因

（一）宏观经济向好　1996年国家继续执行适度从紧的财政金融政策，强调降低物价涨幅仍是各级政府工作的重点。在连续三年的调控之后，我国宏观经济取得明显成效：经济稳定增长，全国物价涨幅持续回落，各项改革继续深入。这是深圳物价涨幅得以继续回落的基本条件。

（二）市场供求平稳　市场是一只看不见的手，时刻在调剂着资源的配置，也左右着商品价格的变动。1996年深圳商品供应充足，部分商品还供过于求，这就为市场价格的稳定打下坚实的基础。而深圳市场经济较为发达，竞争激烈，在竞争中各经营者以优质低价为策略吸引顾客，其结果不仅商家得益，而且市民也得益，同时也稳住了商品价格。1996年我国农业丰收，“米袋子”、“菜篮子”供应充足，使食品率先从影响总指数上涨的龙头变为拉动总指数下降的龙头。

（三）消费稳定　消费和市场是密不可分的。1996年深圳商品零售总额较上年有15%左右的增长，居民的消费欲望比较平稳，在没有新的突出的消费热点形成、大多数商品供求平衡的情况下，消费拉动物价上升的动力不足，尤其在削减关税、两次减息后，居民的消费也未见明显增加，可见居民消费谨慎。

（四）政府措施得力　1996年，深圳市政府在生产、流通和管理上采取了一系列措施。如增加“菜篮子”的投入，建设生猪、水产养殖基地，巩固发挥蔬菜生产基地的稳产高产，使市供应得到稳定的保证。同时搞活流通，布吉、田两个批发市场继续发挥“蓄水池”作用，鲜商品不仅在农贸市场，而且在各大型商场也出售，极大地方便了群众，也稳定了物价。工物价部门加强对物价的监管，严查乱收费、短少两的欺诈行为，这一系列措施的实施，对稳物价起到了重要作用。

三、1997年物价形势预测

1997年是“九五”计划第二年，又是香港归年，相信在1996年良好开局的推动下，深市物价仍将保持小幅上升的势头。主要理由是

（一）宏观经济继续向好　1997年国家将执行适度从紧的财政金融政策，货币投放适度增长，保持物价涨幅低于经济增长水平是国家保持经济高速、平稳增长的优先选择。因此，宏观经济向好，但不会过热。

（二）有强大的物质基础，保持物价的基稳定。　经过十几年的改革开放，我国的产结构及商品供应都发生了巨大的变化，商品卖方市场迅速向买方市场转变，供求平衡或过于求的现象使物价不会发生过大的变动，居民消费处于平稳时期尤其为此。农业生产持续稳定发展，更增加了市场供给的稳定性。

（三）市场机制日趋完善，促进资源合理置，有利于价格相对稳定。　1997年，政府将不遗余力地抓好生产发展和市场建设，使产和流通更趋活跃，在市场机制作用下，平等竞争将使资源得到更合理的配置，有效促使品价格的相对稳定。

（四）从构成指数的因素分析，1997年滞影响因素较低，估计为0.4个百分点左右。因此，影响物价上升的将主要是新涨价因素。

综上所述，1997年深圳物价仍将保持稳略升的格局，但将明显低于经济增长率。预全市零售物价涨幅和消费价格涨幅将大致保在1996年的水平上。

（城调队供稿，执笔：陈少勇

社会消费品零售总额（亿元）

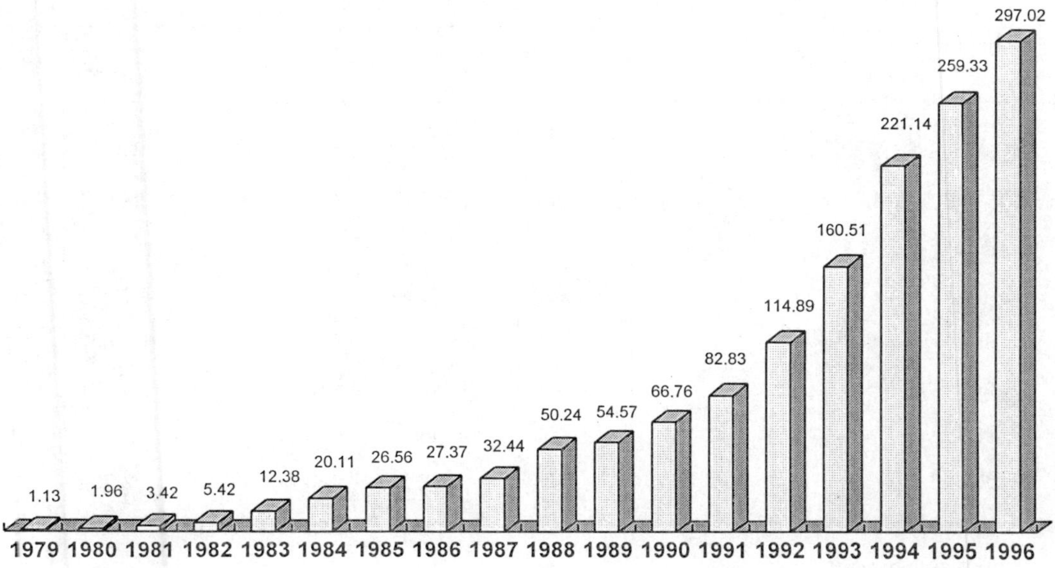

物 价 指 数（以上年为100）

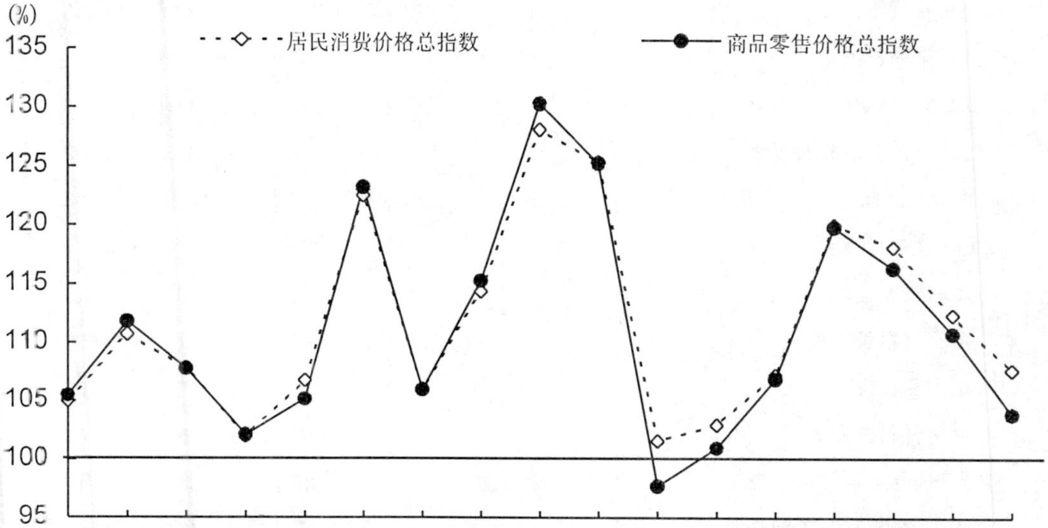

表7－1　批发零售贸易业、餐饮业机构、网点和人员情况

（1996年）

项目	机构(个) 全市	机构(个) 特区	网点(个) 全市	网点(个) 特区	人员(人) 全市	人员(人) 特区
总计						
一、批发贸易业合计	**5 261**	**4 138**	**8 097**	**6 338**	**98 943**	**78 153**
(一)按经济类型分						
1.国有经济	622	531	2 199	1 797	30 256	26 131
2.集体经济	72	41	506	278	4 587	2 310
3.私营经济	4 376	3 395	4 918	3 842	55 931	42 19[illegible]
4.联营经济	53	46	95	83	2 026	1 89[illegible]
5.股份制经济	54	48	186	163	2 733	2 46[illegible]
6.外商投资经济	25	21	35	26	574	43[illegible]
7.港澳台投资经济	57	54	152	146	2 724	2 64[illegible]
8.其他经济	2	2	6	3	112	[illegible]
(二)按国民经济行业(中类)分组						
1.食品饮料烟草批发业	2 384	2 053	3 088	2 586	35 058	28 4[illegible]
2.棉麻土畜产品批发业	3	3	10	8	156	134
3.纺织品、服装和鞋帽批发业	243	237	390	375	5 897	5 [illegible]
4.日用百货批发业	1 443	949	1 736	1 189	19 523	13 069
5.日用杂品批发业	11	9	30	23	471	[illegible]
6.五金、交电、化工批发业	383	319	536	445	7 556	6 [illegible]57
7.药品及医疗器械批发业	27	21	172	131	2 108	1 [illegible]68
8.能源批发业	38	35	165	121	2 853	2 [illegible]51
9.化工材料批发业	16	14	27	23	377	[illegible]29
10.木材批发业	4	4	21	20	226	216
11.建筑材料批发业	400	226	585	371	6 022	4 352
12.矿产品批发业	4	4	6	5	57	47
13.金属材料批发业	23	23	57	55	1 002	982
14.机械、电子设备批发业	59	54	136	123	1 716	[illegible]552
15.汽车、摩托车及零配件批发业	17	15	51	47	647	595
16.再生物资回收批发业	12	9	357	225	2 844	[illegible] 540
17.工艺美术品批发业	4	4	13	13	69	69

表 7－1 续表 1　　（1996 年）

项目	机构(个) 全市	机构(个) 特区	网点(个) 全市	网点(个) 特区	人员(人) 全市	人员(人) 特区
18.图书报刊批发业	3	3	8	8	85	85
19.农业生产资料批发业	15	11	67	28	1 326	996
20.其他类批发业	172	145	642	542	10 950	9 555
(三)按企业规模分						
1.大型	57	57	289	260	9 929	9 346
2.中型	1 144	1 104	2 314	2 169	29 349	24 207
3.小型	4 060	2 977	5 494	3 909	59 665	44 600
二、零售贸易业合计	**5 700**	**5 319**	**65 365**	**27 723**	**231 371**	**125 592**
(一)按经济类型分						
1.国有经济	213	168	1 529	1 082	24 724	18 758
2.集体经济	64	29	968	503	12 337	6 632
3.私营经济	5 332	5 054	5 601	5 183	46 285	43 464
4.个体经济			56 763	20 538	132 082	42 119
5.联营经济	23	16	75	48	2 830	2 398
6.股份制经济	22	16	112	82	4 965	4 586
7.外商投资经济	15	10	70	54	3 386	3 096
8.港澳台投资经济	29	25	240	227	4 659	4 452
9.其他经济	2	1	7	6	103	87
(二)按国民经济行业(中类)分组						
1.食品饮料和烟草零售业	1 245	1 171	23 416	15 161	66 733	40 110
2.日用百货零售业	1 791	1 749	24 984	6 408	95 662	43 024

表7-1续表2 (1996年)

项目	机构(个)		网点(个)		人员(人)	
	全市	特区	全市	特区	全市	特区
3.纺织品、服装、鞋帽零售业	955	912	12 423	2 713	36 407	18 978
4.日用杂品零售业	81	77	127	99	1 468	1 057
5.五金、交电、化工零售业	337	302	533	366	11 231	8 342
6.药品及医疗器械零售业	135	82	224	98	3 219	1 472
7.图书报刊零售业	44	27	100	66	1 095	866
8.其他零售业	1 112	999	3 558	2 812	15 556	11 743
(三)按企业规模分组						
1.大型企业	22	22	111	108	11 025	10 872
2.中型企业	106	92	1 266	1 153	17 123	15 273
3.小型企业	5 572	5 205	7 225	5 924	71 141	57 328
三、餐饮业合计	**847**	**625**	**12 029**	**4 606**	**68 651**	**42 336**
(一)按经济类型分						
1.国有经济	62	51	271	235	7 862	6 929
2.集体经济	38	30	230	171	4 775	4 105
3.私营经济	683	488	894	529	11 445	7 769
4.个体经济			10 420	3 481	35 739	15 086
5.联营经济	5	3	22	15	837	747
6.股份制经济	10	8	20	15	682	549
7.外商投资经济	16	15	26	24	1 492	1 462
8.港澳台投资经济	33	30	142	133	5 779	5 659
9.其他经济			4	3	40	30
(二)按企业规模分组						
1.大型企业	41	39	134	131	8 846	8 664
2.中型企业	59	54	111	100	5 006	4 407
3.小型企业	747	532	1 364	894	19 060	14 179

表7-2　批发零售贸易业商品购销存总额

(1996年)

单位:万元

项　　目	全市 总　计	全市 #国有批发零售贸易业	特区 总　计	特区 #国有批发零售贸易业
一、商品购进总额	**4 425 021**	**2 907 262**	**4 159 920**	**2 800 438**
1.从生产者购进	1 976 746	1 331 761	1 895 431	1 298 583
#农副产品购进	99 221	47 729	86 992	41 008
2.从批发零售贸易业购进	1 536 973	870 977	1 385 403	845 216
3.进　口	804 197	606 403	785 276	561 182
4.其　他	107 105	98 121	93 810	95 457
二、商品销售总额	**4 818 776**	**3 374 087**	**4 579 089**	**3 190 617**
1.批发合计	3 229 011	2 623 514	3 051 087	2 474 664
①对生产经营者的批发	822 440	584 737	756 658	555 896
#对农民农业生产资料批发	3 656	1 599	2 204	1 287
②对批发零售贸易业批发	1 451 141	1 250 403	1 350 192	1 180 001
③出　口	955 430	788 374	944 237	738 767
2.对居民和社会集团消费品零售	1 589 765	750 573	1 528 002	715 953
三、年末库存额	**531 385**	**317 226**	**515 188**	**304 750**

表7-3　批发零售贸易业商品分类销售和库存

(1996年)

单位:万元

项　　目	批发额		零售额		年末库存额	
	全市	特区	全市	特区	全市	特区
总　计	**3 229 011**	**3 051 087**	**1 589 765**	**1 528 002**	**531 385**	**515 188**
1.食品、饮料、烟酒类	850 200	759 144	525 515	514 737	125 114	119 045
2.服装、鞋帽类	152 274	150 869	205 303	203 586	33 148	32 639
3.纺织品类	152 500	150 802	14 854	13 516	14 440	13 701
4.中西药品类	105 039	99 004	42 354	38 213	20 753	19 039
5.化妆品类	5 328	5 328	15 613	15 068	2 983	2 882
6.书报、杂志类	2 296	1 624	10 925	10 406	3 784	3 509
7.文化体育用品类	23 487	23 402	19 851	18 821	10 048	9 836
8.日用品类	122 992	122 462	182 815	177 758	61 565	60 609
9.家用电器类	125 038	124 592	102 575	98 447	47 496	46 553
10.首　饰　类	13 268	13 268	92 503	92 015	9 828	9 673
11.石油及制品类	506 456	475 504	255 765	228 794	45 748	43 848
12.煤炭及制品类	19 187	19 187	855	855	377	377
13.黑色金属材料类	204 414	201 403	954	714	20 867	20 072
14.有色金属材料类	55 638	54 608	1 141	1 116	8 589	8 589
15.建筑材料类	65 667	58 350	5 892	5 134	15 946	15 700
16.化工材料及制品类	207 239	198 748	785	733	8 133	7 706
17.木　材　类	28 609	28 609	783	783	962	962
18.机电设备类	239 655	237 363	59 621	58 045	48 270	47 549
19.其　他　类	349 724	326 820	51 661	49 261	53 334	52 899

表7-4　国有批发零售贸易业商品分类销售和库存

(1996年)　　单位:万元

项　　目	批发额		零售额		年末库存额	
	全　市	特　区	全　市	特　区	全　市	特　区
总　　计	**2 623 514**	**2 474 664**	**750 573**	**715 953**	**317 226**	**304 750**
1.食品、饮料、烟酒类	696 358	607 557	247 599	236 500	66 949	61 461
2.服装、鞋帽类	130 562	129 157	56 253	55 569	9 969	9 778
3.纺织品类	143 021	141 323	3 609	2 938	11 367	10 738
4.中西药品类	90 640	84 605	35 905	31 792	16 588	14 889
5.化妆品类	5 326	5 326	5 089	4 807	992	946
6.书报、杂志类	2 296	1 624	9 020	8 535	3 207	2 933
7.文化体育用品类	20 534	20 534	4 382	4 022	4 003	3 901
8.日用品类	111 548	111 085	83 221	81 823	36 579	36 297
9.家用电器类	105 912	105 596	26 742	26 063	10 312	10 005
10.首　饰　类	11	11	41 726	41 255	5 881	5 736
11.石油及制品类	307 178	292 379	150 611	139 827	33 376	31 944
12.煤炭及制品类	17 795	17 795	855	855	312	312
13.黑色金属材料类	203 798	201 190	702	702	20 697	19 987
14.有色金属材料类	52 396	51 366	970	945	8 387	8 387
15.建筑材料类	61 918	55 529	2 515	2 447	14 458	14 449
16.化工材料及制品类	188 543	186 907	516	475	7 088	6 934
17.木　材　类	28 555	28 555	112	112	930	930
18.机电设备类	189 866	187 574	51 963	50 435	44 139	43 428
19.其　他　类	267 257	246 551	28 783	26 851	21 992	21 695

表 7－5　大中型批发零售贸易业商品分类销售和库存

（1996年）　　　　单位：万元

项目	批发额		零售额		年末库存额	
	全市	特区	全市	特区	全市	特区
总计	**2 952 263**	**2 803 225**	**1 135 403**	**1 090 056**	**442 983**	**433 856**
1.食品、饮料、烟酒类	754 989	674 186	316 187	309 158	97 025	92 693
2.服装、鞋帽类	136 971	136 035	118 674	117 357	27 153	26 814
3.纺织品类	136 173	136 067	13 359	12 822	12 392	12 310
4.中西药品类	90 601	90 601	37 076	36 039	16 663	16 543
5.化妆品类	5 188	5 188	15 327	14 982	2 932	2 850
6.书报、杂志类			9 849	9 803	2 864	2 862
7.文化体育用品类	18 693	18 608	16 792	16 043	7 954	7 817
8.日用品类	108 312	108 182	120 962	117 435	53 479	52 853
9.家用电器类	118 905	118 773	90 522	87 458	44 620	44 123
10.首饰类	13 268	13 268	46 076	45 669	9 161	9 09[illegible]
11.石油及制品类	500 192	470 239	249 363	225 462	43 397	42 193
12.煤炭及制品类	17 795	17 795	855	855	312	312
13.黑色金属材料类	198 412	196 391	203	203	18 794	18 28[illegible]
14.有色金属材料类	48 389	48 389	25		6 624	6 624
15.建筑材料类	52 445	45 269	2 263	2 214	9 555	9 5[illegible]
16.化工材料及制品类	198 448	192 576	248	207	7 277	7 1[illegible]
17.木材类	28 238	28 238	711	711	962	952
18.机电设备类	213 544	211 252	53 181	51 710	35 855	35 [illegible]34
19.其他类	311 700	292 168	43 730	41 928	45 964	45 [illegible]83

表7-6 批发零售贸易企业主要商品销售及库存数量

(1996年)

商品名称	单位	批发		零售		年末库存	
		全市	特区	全市	特区	全市	特区
粮食	吨	465 762	409 280	91 063	81 416	62 160	49 125
食用植物油	吨	13 951	8 945	5 148	4 758	716	606
猪及猪肉	吨	126 259	85 533	2 657	2 533	958	859
鲜蛋	吨	400	400	496	496	7	7
水产品	吨	56 875	56 130	789	516	1 173	968
盐	吨	20 579	20 569	693	544	2 923	2 908
食糖	吨	11 181	11 094	930	646	138	117
卷烟	箱	291 662	262 020	85 834	79 917	23 192	16 881
酒	吨	70 614	40 677	8 497	7 959	10 228	10 015
棉花	吨			6	6	1	1
布	百米	3 137 655	3 137 485	43 071	40 693	103 588	103 137
#棉布	百米	727 652	727 652	4 576	3 588	17 322	17 148
呢绒	百米	67	67	272	246	22	21
绸缎	百米	2 462	12	939	63	16	10
服装	百件	177 731	177 731	318 258	300 774	48 786	42 818
针织内衣裤	百件	38 585	38 585	120 776	120 127	41 458	41 329
鞋	百双	373 408	358 597	42 997	34 012	26 385	25 695
#皮鞋	百双	1 503	1 493	28 447	20 634	13 441	12 962

表 7－6 续表　　(1996 年)

商品名称	单位	批发		零售		年末库存	
		全市	特区	全市	特区	全市	特区
黄金饰品	万元	13 266	13 266	42 236	42 236	6 066	6 066
抽油烟机	台	1 381	1 347	22 145	20 351	4 775	4 437
汽车	辆	5 590	4 490	2 580	2 577	1 398	1 398
自行车	辆	268 953	259 443	42 292	26 515	10 254	7 965
摩托车	辆	7 969	7 969	1 723	432	735	608
照相机	架	264 747	254 059	23 819	20 735	9 609	9 122
电视机	台	125 769	125 643	25 826	24 341	8 993	8 732
#彩电	台	3 445	3 319	23 435	22 639	7 496	7 352
录相机	台	134	134	3 112	2 692	1 166	1 000
房间空调器	台	10 845	10 845	22 250	21 488	4 972	4 661
家用洗衣机	台	3 145	3 145	24 751	23 394	4 553	4 236
家用电冰箱	台	1 479	1 477	20 995	19 863	4 385	4 043
家用电风扇	台	443 533	435 529	62 440	54 568	25 065	23 676
煤炭	吨	380 000	380 000			10 000	10 000
汽油	吨	446 258	413 956	274 359	231 302	23 616	21 346
柴油	吨	1 325 353	1 217 998	272 506	236 174	131 285	128 114
钢材	吨	593 640	552 109	4 216	2 778	62 494	60 744
#普通小型钢材	吨	92 010	81 384	3 653	2 391	16 335	15 585
线材	吨	52 949	52 888	1		4 594	4 360
水泥	吨	301 903	281 860	4 001	1 729	21 630	20 129

表7-7　国有批发零售贸易企业主要商品销售及库存数量

（1996年）

商品名称	单位	批发		零售		年末库存	
		全市	特区	全市	特区	全市	特区
粮食	吨	414 910	358 434	88 734	79 331	61 906	48 900
食用植物油	吨	13 950	8 945	4 355	4 082	586	517
猪及猪肉	吨	122 661	81 935	2 450	2 450	460	362
鲜蛋	吨	400	400	27	27	3	3
水产品	吨	56 875	56 130	751	478	1 172	967
盐	吨	20 579	20 569	393	365	2 903	2 900
食糖	吨	11 148	11 094	405	347	97	93
卷烟	箱	240 426	210 839	71 410	66 967	16 970	10 751
酒	吨	69 439	40 165	7 562	7 427	10 046	9 922
棉花	吨			6	6	1	1
布	百米	3 089 948	3 089 828	7 708	7 051	100 535	100 384
#棉布	百米	708 123	708 123	3 557	3 487	17 151	17 133
呢绒	百米	67	67	111	111	1	1
绸缎	百米	2 462	12	913	63	10	10
服装	百件	156 594	156 594	160 055	159 372	28 190	28 119
针织内衣裤	百件	38 585	38 585	62 965	62 772	31 179	31 101
鞋	百双	361 279	346 479	23 633	23 528	21 964	21 938
#皮鞋	百双	1 493	1 493	18 843	18 814	12 344	12 337

表 7－7 续表　　(1996 年)

商品名称	单位	批发		零售		年末库存	
		全市	特区	全市	特区	全市	特区
黄金饰品	万元	9	9	39 550	39 550	3 686	3 686
抽油烟机	台	1 280	1 252	7 957	7 542	2 434	2 281
汽车	辆	4 490	4 490	2 399	2 296	1 353	1 35[illegible]
自行车	辆	261 959	252 449	21 075	16 597	6 305	5 78[illegible]
摩托车	辆	7 969	7 969	1 354	404	664	5[illegible]
照相机	架	254 053	254 053	11 608	11 573	8 020	8 0[illegible]
电视机	台	118 838	118 722	12 648	12 647	5 931	5 9[illegible]
#彩电	台	2 014	1 898	10 976	10 976	4 810	4 [illegible]
录相机	台	98	98	890	890	584	[illegible]84
房间空调器	台	10 706	10 706	9 417	9 307	3 136	3 [illegible]13
家用洗衣机	台	1 090	1 090	4 330	4 122	1 399	1 [illegible]35
家用电冰箱	台	102	102	3 728	3 643	1 341	1 [illegible]00
家用电风扇	台	419 996	419 978	24 289	22 729	19 580	19 172
煤炭	吨	320 000	320 000			10 000	10 000
汽油	吨	246 187	243 921	138 822	120 182	12 095	1[illegible] 107
柴油	吨	963 229	899 308	121 662	105 034	116 800	11[illegible] 918
钢材	吨	568 728	533 965	273	272	58 347	[illegible] 228
#普通小型钢材	吨	77 727	73 869	18	18	12 537	[illegible] 319
线材	吨	52 292	52 231	1		4 594	4 360
水泥	吨	283 760	281 860	1 642	1 542	20 119	20 115

表7－8　大中型批发零售贸易企业主要商品销售及库存数量

(1996年)

商品名称	单位	批发		零售		年末库存	
		全市	特区	全市	特区	全市	特区
粮食	吨	434 451	387 140	63 065	60 463	55 185	46 025
食用植物油	吨	8 316	8 281	3 530	3 370	643	580
猪及猪肉	吨	118 794	80 288	189	65	745	669
鲜蛋	吨	400	400	472	472	7	7
水产品	吨	55 761	55 231	397	397	974	824
盐	吨	20 569	20 569	548	525	2 908	2 907
食糖	吨	10 358	10 345	714	613	111	103
卷烟	箱	282 020	253 182	80 316	75 772	17 553	16 628
酒	吨	39 159	38 875	7 754	7 629	8 947	8 902
棉花	吨			6	6	1	1
布	百米	3 010 847	3 006 403	7 455	6 793	97 006	96 947
#棉布	百米	634 254	630 118	3 648	3 285	16 539	16 511
呢绒	百米	67	67	246	246	21	21
绸缎	百米	12	12	63	63	10	10
服装	百件	170 411	170 154	315 554	299 453	48 041	42 196
针织内衣裤	百件	37 105	37 105	114 156	113 723	21 271	21 231
鞋	百双	347 574	347 574	39 953	31 789	22 872	22 296
#皮鞋	百双	1 476	1 476	27 567	19 837	11 847	11 402

表7－8续表　　(1996年)

商品名称	单位	批发 全市	批发 特区	零售 全市	零售 特区	年末库存 全市	年末库存 特区
黄金饰品	万元	13 266	13 266	41 037	41 037	5 936	5 936
抽油烟机	台	1 080	1 052	21 073	19 824	4 228	3 986
汽车	辆	5 303	5 303	2 397	2 296	1 293	1 293
自行车	辆	250 606	250 606	29 805	21 222	6 462	5 256
摩托车	辆	7 774	7 774	1 219	295	563	475
照相机	架	264 747	254 059	23 664	20 628	9 564	9 108
电视机	台	124 439	124 439	25 111	23 889	7 766	7 565
#彩电	台	2 115	2 115	22 748	22 203	6 514	6 42[illegible]
录相机	台	134	134	3 105	2 689	1 145	97[illegible]
房间空调器	台	9 676	9 676	21 283	20 579	4 640	4 42[illegible]
家用洗衣机	台	3 063	3 063	23 935	22 944	4 380	4 11[illegible]
家用电冰箱	台	1 457	1 457	20 388	19 541	4 247	3 9[illegible]
家用电风扇	台	421 684	413 686	55 240	50 082	8 862	8 2[illegible]
煤炭	吨	320 000	320 000			10 000	10 0[illegible]
汽油	吨	443 612	412 014	270 433	230 452	22 831	20 7[illegible]
柴油	吨	1 321 352	1 213 997	268 386	235 290	130 909	127 8[illegible]
钢材	吨	565 946	531 911	149	149	58 755	58 5[illegible]
#普通小型钢材	吨	77 738	71 843			14 040	13 8[illegible]
线材	吨	52 231	52 231			4 360	4 3[illegible]
水泥	吨	243 494	225 351			20 978	19 [illegible]

表 7－9　历年社会消费品零售总额

单位：万元

年份	社会消费品零售总额	一、按行业分				
		1.批发零售贸易业	2.餐饮业	3.制造业	4.其他	#农民对非农业居民零售额
全市						
1979	11 259	9 912	833	30	484	174
1980	19 615	16 067	2 221	106	1 221	1 002
1981	34 229	29 013	2 410	609	2 197	1 913
1982	54 185	46 547	4 877	656	2 105	1 501
1983	123 794	102 693	6 909	1 802	12 390	3 401
1984	201 107	153 129	13 579	6 306	28 093	11 437
1985	265 642	208 702	20 014	4 406	32 520	13 166
1986	273 712	204 076	22 145	4 901	42 590	20 215
1987	324 364	253 039	32 773	7 462	31 090	31 090
1988	502 430	407 426	45 476	6 519	43 009	43 009
1989	545 741	411 647	59 489	6 817	67 788	67 788
1990	667 580	477 206	74 720	6 330	109 324	109 324
1991	828 341	560 044	100 147	10 999	157 151	157 151
1992	1 148 908	724 861	145 209	15 827	263 011	263 011
1993	1 605 130	1 004 775	195 970	17 351	387 034	387 034
1994	2 211 404	1 239 285	283 581	17 804	670 734	611 485
1995	2 593 269	1 376 569	312 059	22 787	881 854	759 349
1996	2 970 159	1 589 765	405 002	35 620	939 772	856 157
特区						
1980	11 762	8 813	2 065	106	778	559
1981	23 433	19 015	2 244	609	1 565	1 281
1982	44 086	37 220	4 682	656	1 528	924
1983	107 887	92 380	6 909	1 802	6 796	2 381
1984	170 973	138 168	13 579	6 306	12 920	7 090
1985	217 273	179 393	19 217	4 361	14 302	8 105
1986	220 426	164 745	20 323	4 901	30 457	12 445
1987	267 843	209 980	30 124	7 462	20 277	20 277
1988	426 630	353 690	41 099	6 519	25 322	25 322
1989	452 166	346 595	52 419	6 817	46 335	46 335
1990	552 311	395 434	66 881	6 330	83 666	83 666
1991	692 703	471 756	89 497	10 999	120 451	120 451
1992	956 606	593 630	131 012	15 805	216 159	216 159
1993	1 285 330	793 182	162 383	16 575	313 190	313 190
1994	1 808 564	1 001 057	266 760	17 404	523 343	473 517
1995	2 078 803	1 113 478	282 768	20 043	662 514	533 511
1996	2 481 130	1 303 607	336 117	31 026	810 380	680 680

注：本表数据不含商品房销售额。

表 7－9 续表　　单位:万元

年　份	二、按经济类型分								
	国有经济	集体经济	私营经济	联营经济	股份制经济	外商投资经济	港澳台投资经济	个体经济	其他经济
全　市									
1979	10 279	496							484
1980	16 863	1 611					139		1 002
1981	26 110	873					4 498	835	1 913
1982	40 837	4 153					7 174	520	1 501
1983	90 130	8 805		6 950			11 746	2 762	3 401
1984	137 994	20 709		4 867			21 659	4 441	11 437
1985	162 654	26 757		31 966			11 418	19 681	13 16[illegible]
1986	156 845	25 971		19 880			13 950	36 851	20 21[illegible]
1987	195 871	27 011		14 075			16 704	39 613	31 09[illegible]
1988	338 436	27 965		9 074			29 240	54 706	43 00[illegible]
1989	311 626	33 783		4 439			48 593	79 512	67 78[illegible]
1990	342 872	30 843		4 581			64 391	115 569	109 32[illegible]
1991	399 995	35 708		4 364			82 241	148 882	157 15[illegible]
1992	502 450	52 013		2 993		6 826	113 223	208 392	263 01[illegible]
1993	693 169	36 952		48 553	42 078	15 265	86 747	295 332	387 03[illegible]
1994	740 376	75 369	40 527	117 596	122 552	30 479	186 221	286 799	611 48[illegible]
1995	718 663	92 250	63 841	116 478	175 398	77 839	214 295	375 156	759 34[illegible]
1996	795 892	63 618	129 148	90 524	210 456	141 094	297 040	386 230	856 15[illegible]
特　区									
1980	10 098	966					139		5[illegible]
1981	16 327	598					4 498	729	1 2[illegible]
1982	32 155	3 379					7 174	454	9[illegible]
1983	78 622	5 777		6 950			11 746	2 411	2 3[illegible]
1984	128 282	8 319		4 818			21 659	805	7 0[illegible]
1985	146 168	10 749		31 644			11 418	9 189	8 1[illegible]
1986	139 281	16 412		19 880			13 950	18 458	12 4[illegible]
1987	180 318	14 190		14 075			16 647	22 336	20 2[illegible]
1988	318 726	18 330		9 074			28 910	26 268	25 3[illegible]
1989	292 046	20 525		4 439			48 593	40 228	46 3[illegible]
1990	318 486	15 831		4 581			64 391	65 356	83 6[illegible]
1991	378 256	22 121		4 364			82 241	85 270	120 4[illegible]
1992	471 060	34 023		2 993		6 826	113 223	112 322	216 1[illegible]
1993	646 579	19 501		46 843		15 265	86 747	157 205	313 [illegible]
1994	679 757	41 719	29 419	114 653	121 622	29 979	184 706	133 192	473 [illegible]
1995	648 022	66 117	47 685	110 298	162 073	74 219	206 187	230 691	533 [illegible]
1996	757 188	40 260	100 431	87 265	192 246	136 688	282 119	204 253	680 [illegible]

表7-10　社会消费品零售总额指数

年份	社会消费品零售总额(万元)	指数(%)	
		定基指数(以1979年为100)	环比指数(以上年为100)
1979	11 259	100.0	
1980	19 615	174.2	174.2
1981	34 229	304.0	174.5
1982	54 185	481.3	158.3
1983	123 794	1 099.5	228.5
1984	201 107	1 786.2	162.5
1985	265 642	2 359.4	132.1
1986	273 712	2 431.1	103.0
1987	324 364	2 880.9	118.5
1988	502 430	4 462.5	154.9
1989	545 741	4 847.2	108.6
1990	667 580	5 929.3	122.3
1991	828 341	7 357.1	124.1
1992	1 148 908	10 204.4	138.7
1993	1 605 130	14 256.4	139.7
1994	2 211 404	19 641.2	137.8
1995	2 593 269	23 032.9	117.3
1996	2 970 159	26 380.3	114.5
年平均增长率%		**38.8**	

注：根据国家新的统计制度，社会消费品零售总额不包括商品房销售额。

表7-11　批发零售贸易企业财务状况

单位:万元

项　　目	1995年	1996年
一、资　本　金		
资本金合计	641 821	919 547
1.国　　家	452 088	546 809
2.法　　人	155 283	257 070
3.个　　人	6 782	59 751
4、外　　商	27 668	55 917
二、年末资产负债		
流动资产年末合计	2 088 618	2 599 460
#存　　货	365 375	504 231
流动资产平均余额	1 931 411	2 465 637
固定资产合计	702 310	1 325 562
固定资产原价合计	658 910	1 276 917
累计折旧	149 628	287 543
#本年提取的折旧	34 529	59 457
无形及递延资产合计	62 620	156 315
资产总计	3 375 214	4 611 268
流动负债合计	2 063 954	2 978 007
长期负债合计	157 789	203 647
所有者权益合计	1 128 610	1 429 614
三、损益及分配		
商品销售收入(营业收入)	3 420 213	4 083 183
商品销售收入净额	3 411 069	4 077 601
商品销售成本(营业成本)	3 011 118	3 540 561

表7-11续表

单位:万元

项　　目	1995年	1996年
经营费用(营业费用)	127 843	200 378
#运杂及装卸费	23 680	26 973
商品销售税金及附加费	28 256	18 252
商品销售利润	243 852	318 410
代购代销收入	7 779	12 945
主营业务利润	251 631	331 355
其他业务利润	53 015	91 707
管理费用	177 282	293 636
#税金	2 907	7 783
劳动、待业保险费	4 353	4 539
财务费用	80 331	118 770
营业利润	53 357	10 656
补贴收入	8 215	18 712
投资收益	79 887	74 432
营业外收入	41 800	41 151
营业外支出	44 904	19 963
利润总额	138 355	124 988
应交所得税	14 456	21 732
四、其他		
本年应付工资	62 839	109 700
本年应付福利费	9 318	14 755
本年应交增值税	-12 081	34 998

表7-12　国有批发零售贸易企业财务状况

单位:万元

项　　目	1995年	1996年
一、资　本　金		
资本金合计	332 923	495 115
1.国　　家	244 433	388 551
2.法　　人	80 548	95 911
3.个　　人	4 714	7 504
4.外　　商	3 228	3 149
二、年末资产负债		
流动资产年末合计	1 298 758	1 865 110
#存　　货	261 411	323 589
流动资产平均余额	1 201 003	1 791 331
固定资产合计	432 590	878 260
固定资产原价合计	431 584	832 532
累计折旧	95 874	194 368
#本年提取的折旧	22 018	41 318
无形及递延资产合计	31 487	59 608
资产总计	2 039 746	3 169 767
流动负债合计	1 329 848	2 142 944
长期负债合计	120 642	148 952
所有者权益合计	569 499	877 871
三、损益及分配		
商品销售收入(营业收入)	2 594 950	2 990 207
商品销售收入净额	2 589 412	2 985 646
商品销售成本(营业成本)	2 315 119	2 641 163

表 7－12 续表　　单位:万元

项　　目	1995年	1996年
经营费用(营业费用)	90 990	136 706
#运杂及装卸费	18 649	22 485
商品销售税金及附加费	19 941	11 162
商品销售利润	163 362	196 615
代购代销收入	7 417	11 201
主营业务利润	170 779	207 816
其他业务利润	41 177	72 061
管理费用	120 650	189 479
#税　金	2 321	5 276
劳动、待业保险费	3 108	3 566
财务费用	64 339	90 716
营业利润	31 950	－313
补贴收入	7 613	17 894
投资收益	51 605	56 645
营业外收入	27 001	32 596
营业外支出	28 796	14 866
利润总额	89 373	91 951
应交所得税	8 280	15 299
四、其　他		
本年应付工资	45 543	70 704
本年应付福利费	6 532	9 135
本年应交增值税	－21 945	20 097

表 7-13　历年物价指数

年份	以上年价格为100				以1979价格为100			
	居民消费价格总指数	食品类	服务项目	商品零售价格总指数	居民消费价格总指数	食品类	服务项目	商品零售价格总指数
1979	100.0	100.0	100.0	100.0	100.0	100.0	100.0	100.0
1980	105.0	108.3	100.7	105.5	105.0	108.3	100.7	105.5
1981	110.7	117.9	101.6	111.8	116.2	127.7	102.3	117.9
1982	107.8	116.6	108.7	107.8	125.3	148.9	111.2	127.1
1983	102.0	105.9	100.9	102.1	127.8	157.7	112.2	129.8
1984	106.8	106.6	119.3	105.2	136.5	168.1	133.9	136.6
1985	122.5	128.5	117.2	123.2	167.2	216.0	156.9	168.3
1986	106.1	108.1	106.9	106.0	177.4	233.5	167.7	178.3
1987	114.4	118.7	107.4	115.3	203.0	277.1	180.1	205.6
1988	128.1	133.7	112.2	130.3	260.0	370.5	202.1	267.9
1989	125.4	126.6	125.7	125.3	326.0	469.1	254.1	335.7
1990	101.6	95.4	127.7	97.7	331.2	447.5	324.4	328.0
1991	103.0	99.2	115.4	101.0	341.2	443.9	374.4	331.3
1992	107.3	109.2	109.4	106.9	366.1	484.8	409.6	354.2
1993	120.1	122.6	120.9	119.9	439.7	594.3	495.2	424.6
1994	118.2	120.2	118.1	116.4	519.7	714.4	584.8	494.3
1995	112.4	116.7	118.1	110.8	584.1	833.7	690.6	547.7
1996	107.7	105.2	110.7	103.9	629.1	877.1	764.5	569.1

表 7-14　商品零售价格总指数

(1996年,以1995年价格为100)

项目	指数	项目	指数	项目	指数
商品零售价格总指数	**103.9**	8.干　果	113.6	七、书报、杂志类	138.1
一、食品类	103.3	9.其他食品类	108.2	八、文化体育用品类	103.[illegible]
1.粮　食	106.8	#食　糖	107.5	九、日用品类	109.3
2.油脂类	107.2	10.饮食业	95.7	十、家用电器类	99.3
3.肉禽蛋	105.0	二、饮料、烟酒类	106.0	十一、首饰类	101.4
4.水产品	105.7	三、服装、鞋帽类	111.5	十二、燃料类	101.3
5.鲜　菜	106.6	四、纺织品类	107.3	十三、建筑璜材料类	99.7
6.干　菜	118.2	五、中、西药品类	110.0	十四、机电产品类	96.2
7.鲜　果	98.9	六、化妆品类	102.6		

表 7－15　居民消费价格总指数

(1996 年,以 1995 年价格为 100)

项　　目	指　数	项　　目	指　数
居民消费价格总指数	**107.7**	三、家庭设备及用品	105.8
一、食　品	105.2	1.耐用消费品	103.8
1.粮　食	104.6	2.家庭日用杂品	111.1
#细　粮	104.5	四、医疗保健	110.8
2.油脂类	107.2	五、交通和通讯工具	98.8
3.肉禽及其制品	106.9	1.交通工具	97.7
4.蛋　类	115.5	2.通讯工具	102.1
5.水产品类	105.7	六、娱乐教育文化用品	105.5
6.菜　类	106.4	1.文娱耐用消费品	94.4
#鲜　菜	106.9	2.文化娱乐用品	120.1
7.调味品	116.1	七、居　住	114.7
8.糖　类	110.2	1.住　房	124.6
#食　糖	107.4	#房　租	152.1
9.烟草类	103.5	2.水、电、燃料	102.6
10.酒和饮料	106.7	八、服务项目	110.7
11.干鲜瓜果类	101.2	1.电讯费	99.6
#鲜果	99.5	2.邮　费	103.4
12.糕点类	111.5	3.交通费	113.4
13.奶及奶制品	114.1	4.洗理美容费	118.9
14.其他食品	111.1	5.文娱费	104.0
15.饮食业	98.3	6.学杂保育费	116.6
二、衣着类	109.6	7.修理及其他服务费	108.3
1.服　装	112.3	8.医疗保健服务	100.0
2.衣着材料	100.6		

表7-16　经济特区集市贸易价格指数

年　　份	总指数	1. 粮　食	2. 食　油	3. 鲜　菜	4. 干　菜	5. 肉禽蛋	6. 水产品	7. 鲜　果
以上年价格为100指数								
1980	108.8							
1981	121.0	122.2		134.8		113.6	123.5	104.2
1982	111.6			133.3		110.0	115.5	110.8
1983	101.6			96.1	114.8	104.0	104.6	95.2
1984	90.0	173.6		75.2		99.3	86.9	108.[illegible]
1985	114.4	100.4	109.2	124.1	102.2	109.9	113.6	124.[illegible]
1986	104.1	122.8	101.3	112.2	115.7	101.2	101.6	102.[illegible]
1987	120.1	122.2	98.5	143.9	119.3	116.4	119.4	117.0
1988	135.6	150.2	118.2	129.6	134.9	137.2	140.4	13[illegible].2
1989	122.7	143.9	128.7	124.8	116.4	104.3	113.3	12[illegible].0
1990	92.7	75.0	94.4	95.6	106.5	92.8	90.2	95.3
1991	98.3	92.6	102.4	109.0	102.0	93.6	101.8	1[illegible]3.1
1992	110.3	99.9	99.5	127.7	104.4	107.0	111.3	105.9
1993	123.7	118.5	134.7	133.0	122.9	113.6	143.5	130.2
1994	110.7	138.8	143.1	99.3	104.7	116.9	114.6	106.2
1995	113.8	119.9	110.0	112.1	104.8	113.8	111.1	116.7
1996	102.7	104.7	107.3	99.7	107.4	104.8	104.5	97.4

八、物　　资

1996年深圳原材料、能源消费和库存情况

1996年度,深圳市工业企业、建筑企业和交通运输邮电企业原材料、能源消费和库存情况大体正常,与1995年相比,有些行业的库存总值有所减少。

一、原材料、能源消费情况

1996年,全市工业、建筑和交通运输邮电企业原材料、能源消费总值为701.74亿元,其中:工业生产消费648.41亿元;建筑施工消费48.36亿元;交通运输邮电消费4.97亿元。在本年消费总值中,原材料消费608.64亿元,能源消费93.10亿元。

在工业生产消费中,原材料消费560.10亿元,能源消费88.31亿元;建筑施工消费中,原材料消费46.15亿元,能源消费2.21亿元;交通运输邮电消费中,原材料消费2.17亿元,能源消费2.79亿元。

全市原材料、能源消费按行业划分,仍以电子及通信设备制造业为主。其行业原材料、能源消费总值达241.92亿元,占全市消费总值的34.5%。充分反映了深圳在大力发展高科技和信息产业方面所花的力气。电子及通信设备制造业已成为深圳二次创业的支柱产业。

与1995年相比,原材料消费由于受宏观调控政策及经济环境的影响而有所下降。1996年原材料、能源消费总值比1995年度下降8.0%,其中原材料消费下降9.1%。原材料中,钢材消费减少11.7%,建筑业水泥减少用量11.3%。1996年能源消费总值比1995年微增0.14%,主要原因是耗煤电厂用煤增加和用油电厂用柴油增加。用煤和用柴油发电消费总值分别比1995年增长19.0%和0.4%。

二、原材料、能源库存情况

1996年底,全市原材料、能源库存总值99.58亿元,比1995年底的116.33亿元下降14.4%。其中原材料库存总值比1995年底下降14.3%;能源库存总值比1995年底下降24.7%。从分行业情况来看,塑料制品业的原材料、能源库存总值为16.53亿元,占原材料、能源库存总值全部的16.6%;电子及通信设备制造业原材料、能源库存总值为14.31亿元,占全部库存总值的14.4%;电力行业原材料、能源库存总值为16.46亿元,占全部库存总值的16.5%。三个行业的原材料、能源库存总值占全部51行业年末库存总值的47.5%。

上述三个行业与1995年底相对比,塑料制品业原材料、能源库存总值下降3.0%;电子及通信设备制造业下降50.3%;电力行业下降3.0%。电子及通信设备制造业库存的减少反映出随着社会科技进步,产品更新换代加快,交通运输日益健全,原材料、能源库存总值呈现不断下降的趋势。

(工业交通统计处供稿,执笔:袁　珣)

表 8-1　主 要 原 材 料 消 费

（1996年）

项　　目	计量单位	总　计	工　业	建筑业	交通运输邮电业
钢　　材	吨	972 794	384 077	587 609	240
#中型钢材	吨	67 519	15 599	51 760	6
小型钢材	吨	363 282	95 725	267 335	52
钢　　带	吨	22 729	22 244	485	
线　　材	吨	257 192	46 063	211 026	
中厚钢板	吨	55 591	49 477	6 058	[illegible]
薄 钢 板	吨	73 902	70 661	3 128	[illegible]
硅 钢 片	吨	34 602	34 602		
焊接钢管	吨	52 731	24 372	28 215	[illegible]
铜	吨	16 534	15 989	195	
铝	吨	29 337	29 008	283	
铅	吨	1 954	1 946		
锌	吨	1 109	1 076		
锡	吨	226	217	3	
铜　　材	吨	9 739	9 701	38	
铝　　材	吨	16 819	15 454	1 537	
硫　　酸	吨	3 133	2 412		
烧　　碱	吨	6 114	5 846		
纯　　碱	吨	42 771	42 283		
水　　泥	吨	1 856 920	31 757	1 825 163	
平板玻璃	重量箱	458 102	326 082	132 020	
原　　木	立方米	359 195	337 002	22 193	
#原木直接消费	立方米	236 490	215 485	21 005	
锯　　材	立方米	152 561	21 053	130 405	

表8－2　原材料、能源消费与库存总值

（1996年）

项　　目	企业单位数（个）	年初库存总值（万元）	本年消费总值（万元）	年末库存总值（万元）
总　　计	**2 615**	**354 738**	**7 017 401**	**995 768**
一、原材料按类值分				
1.黑色金属材料类		26 669	744 673	58 994
2.有色金属材料类		15 057	240 839	29 197
3.化　工　类		29 030	572 461	27 775
4.建　材　类		5 719	239 739	4 913
5.木　材　类		7 811	95 084	5 137
6.一次转移价值的机电设备类		171 397	1 885 816	220 516
7.其　它　类		73 261	2 261 146	625 602
二、原材料、能源按经济类型分				
1.国有经济	604	65 875	882 192	
2.集体经济	241	2 094	285 007	132 045
3.私营经济	21	81	4 506	1 796
4.联营经济	141	7 907	57 974	148
5.股份制经济	114	41 961	157 165	15 843
6.中外合资经营企业	259	76 128	1 587 443	18 072
7.中外合作经营企业	63	8 058	149 777	260 184
8.外商独资企业	53	25 426	844 398	33 578
9.港澳台与大陆合资经营企业	612	101 004	2 064 768	73 378
10.港澳台与大陆合作经营企业	280	12 288	532 140	294 121
11.港澳台独资企业	225	13 917	448 300	91 613
12.其它经济	2		3 732	74 990
三、原材料、能源按国民经济行业分				
(一)工　　业	2 222	340 787	6 434 614	961 865
1.有色金属矿采选业				
2.非金属矿采选业	16	239	1 439	579
3.食品加工业	36	8 881	354 846	31 015
4.食品制造业	46	2 787	58 862	8 879
5.饮料制造业	36	12 115	189 462	32 359
6.烟草加工业	1	5 529	5 525	46
7.纺　织　业	85	10 613	191 095	12 415

表 8－2 续表 （1996 年）

项目	企业单位数（个）	年初库存总值（万元）	本年消费总值（万元）	年末库存总值（万元）
8.服装及其他纤维制品制造业	275	16 473	383 055	26 068
9.皮革、毛皮、羽绒及其制品业	91	2 112	234 224	72 119
10.木材加工及竹、藤、棕、草制品业	15	4 020	38 199	2 260
11.家具制造业	21	326	15 618	2 712
12.造纸及纸制品业	40	15 908	63 441	14 726
13.印　刷　业	66	8 227	68 336	14 378
14.文教、体育用品制造业	81	7 855	161 949	27 18[illegible]
15.石油加工及炼焦业	1	1 449	4 495	1 35[illegible]
16.化学原料及化学制品制造业	99	6 463	142 345	15 47[illegible]
17.医药制造业	29	1 528	66 244	12 07[illegible]
18.化学纤维制造业	9	2 068	25 298	2 78[illegible]
19.橡胶制品业	18	1 322	34 721	5 44[illegible]
20.塑料制品业	147	8 530	630 809	165 25[illegible]
21.非金属矿物制品业	91	14 231	123 856	19 47[illegible]
22.黑色金属冶炼及压延加工业	9	12 936	52 574	15 34[illegible]
23.有色金属冶炼及压延加工业	11	363	33 267	84[illegible]
24.金属制品业	172	14 299	194 885	45 7[illegible]
25.普通机械制造业	46	3 929	14 516	3 2[illegible]
26.专用设备制造业	62	2 751	18 159	7 50[illegible]
27.交通运输设备制造业	50	25 241	166 949	45 9[illegible]
28.电气机械及器材制造业	124	10 040	332 053	44 1[illegible]
29.电子及通信设备制造业	327	107 273	2 419 191	143 1[illegible]
30.仪器、仪表及文化办公用机械制造业	116	3 949	41 581	8 0[illegible]
31.其它制造业	71	2 560	91 691	16 5[illegible]
32.电力、蒸汽、热水的生产和供应业	21	26 648	258 271	164 [illegible]
33.自来水的生产和供应业	10	122	17 658	[illegible]7
(二)建　筑　业	265	6 967	483 631	18 [illegible]
(三)交通运输邮电通信业	128	6 987	49 659	15 [illegible]6
(四)其　它			49 497	

表8-3　主要能源按国民经济行业分组消费量

（1996年）

项目	煤炭（吨）	焦炭（吨）	汽油（吨）	煤油（吨）	柴油（吨）	燃料油（吨）	液化石油气（吨）	电力（万千瓦时）
总计	**1 317 431**	**2 684**	**35 625**	**32 081**	**1 077 172**	**371 549**	**17 272**	**447 902**
(一)工业	1 317 075	2 603	13 088	913	1 003 951	324 755	17 272	402 968
1.有色金属矿采选业								
2.非金属矿采选业			136		2 405			272
3.食品加工业	297		75	226	4 120	6 466	1	8 179
4.食品制造业	5 078		107	10	3 107	75	1 301	2 935
5.饮料制造业	3 922	1 434	149	2	6 891	1 682	201	3 145
6.烟草加工业			64		755			464
7.纺织业			257	140	14 343	47 929	978	7 248
8.服装及其他纤维制品制造业	845		1 111	1	9 555	1 122	8	18 591
9.皮革、毛皮、羽绒及其制品业			263	11	3 508		3	7 845
10.木材加工及竹、藤、棕、草制品业			160	1	328	2 034		2 502
11.家具制造业			128	1	244			1 772
12.造纸及纸制品业	7 565		333		1 768	3 676	21	3 649
13.印刷业			245	17	1 969		5	4 776
14.文教、体育用品制造业	218		647	15	13 555			25 733
15.石油加工及炼焦业					66	12		115
16.化学原料及化学制品制造业	667		506	11	4 528	184		14 538
17.医药制造业	267	1 160	1 267	59	2 566	414		2 377
18.化学纤维制造业			30		2 861			4 300
19.橡胶制品业			20		4 887	4 096		2 493
20.塑料制品业	3 758		1 438	3	16 016	3 223		16 763
21.非金属矿物制品业	35 597		462	12	5 719	65 445	9 336	24 803
22.黑色金属冶炼及压延加工业			38		1 896			1 217
23.有色金属冶炼及压延加工业		3	84		5 161		26	3 456
24.金属制品业			875	107	6 954		594	7 539
25.普通机械制造业		6	158	45	1 672	342		1 879
26.专用设备制造业			363		1 673		487	1 726
27.交通运输设备制造业			163	43	4 143		27	4 321
28.电气机械及器材制造业			522		8 901		4 267	21 855
29.电子及通信设备制造业			2 139	68	19 729	6 173	11	75 028
30.仪器、仪表及文化办公用机械制造业			128	120	884		6	3 850
31.其它制造业			170	21	1 417	336		9 774
32.电力蒸汽热水生产和供应业	1 258 861		861		852 135	181 546		102 905
33.自来水的生产和供应业			189		195			16 918
(二)建筑业	356	81	7 905	41	17 724			32 153
(三)交通运输邮电通信业			14 632	31 127	55 497	46 794		12 781

九、财政、金融

1996 年深圳市财政预算执行情况

1996 年是"九五"计划的第一年，深圳市国民经济继续保持持续、快速、健康发展的良好势头。财税部门以此为契机，树立财税为经济、社会服务的总目标，强化征收管理，建立经济发展与财政收入同步增长的良性循环机制；优化财政支出，努力提高资金的使用效益；积极推动各项配套改革，完善财政体制；贯彻适度从紧的财政政策，严格预算约束，确保了预算平衡。全年预算执行情况良好。

一、财政收入方面

一年来，财税部门通过建立税收征、管、查新模式，加强税法宣传，优化税收服务，确保工商税收稳步增长；通过转变企业经营方式、优化资本结构、组建大型企业集团等方式培植新的财源；通过强化预算管理，加强与其他部门沟通与协作等途径确保其他各项收入及时、足额入库。

1996 年，全市预算内财政收入完成 131.75 亿元，为年度预算的 100.5%，比上年增收 43.73亿元，增长 49.7%。各主要项目完成情况如下：

工商税收完成 102.49 亿元，为年度预算的 100.4%，比上年增收 39.00 亿元，增长61.4%。1996 年，深圳市进行税收征管体制的重大改革，建立"以纳税申报和优化服务为基础，以计算机网络为依托，集中征收、重点稽查"的税收征管模式。同时，财税部门加大清理缓欠税收力度，彻底清理待解户，堵塞税款漏洞，取得良好效果，确保了全年税收任务的完成，实现了工商税收与国民经济同步增长。

营业税完成 39.02 亿元，比上年增收 4.06 亿元，增长 11.6%，是全市财力的主要支柱。

增值税地方分成部分完成 8.19 亿元，比上年增收 1.37 亿元，增长 20.1%。

个人所得税完成 8.49 亿元，比上年增收 1.84 亿元，增长 27.7%。

印花税(地方部分)完成 35.58 亿元，比上年增收 30.83 亿元，增长 6.5 倍。1996 年深圳证券交易所抓住国家宏观经济形势进一步好转、利好政策和规范性措施相继出台的契机，一方面切实加大资金投入，加强硬件基础设施建设，确保证券交易、结算、通信系统的不断升级；另一方面强化市场服务体系，加强与内地证券市场的互补和沟通，不断规范市场运作。自 1996 年第二季度以来证券市场持续活跃，证券交易印花税成倍增长，全年地方分成 34.7[illegible] 亿元，比上年增收 30.73 亿元，增长 7.6 倍，占全市财政收入增收额的 70.6%。

农牧业税和耕地占用税完成 0.48 亿元，为年度预算的 103.2%，比上年增收 0.27 亿元，增长 133.9%。农业各税大幅增长的主要原因，一是龙岗大工业区的启动带来耕地占用税的高速增长，二是随着对农业投入的加大，"三高"农业进一步发展，宝安、龙岗两区农牧业税收入亦增长较快。

企业所得税类完成 14.89 亿元，为年度预算的 101.7%，比上年增收 3.04 亿元，增长 25.7%。

国有企业上缴利润完成 1.91 亿元，为年度预算的 103.4%，比上年增收 0.61 亿元，增长 47.2%。

其他收入完成 0.79 亿元，为年度预算的 62.5%，比上年减收 54.6%。由于地产市场总体上仍未复苏，拖欠土地使用费的情况比较严重，影响了此项收入的完成。

专项收入完成 2.08 亿元，为年度预算的 103.4%，比上年增长 9.9%。其中，征收排污费收入完成 0.61 亿元，教育费附加收入完成 1.47 亿元，分别比上年增长 7.0%和 11.1%。

罚没、行政事业性收费收入完成 9.29 亿元，为年度预算的 104.6%，比上年增长 19.3%。其中，罚没收入 9.08 亿元，比上年增长 17.2%，行政事业性收费收入 0.21 亿元。1996 年深圳市加大罚没收入征管力度，并大力推行罚没、行政事业性收费收入委托银行代收制度，使此项收入管理不断规范。

二、财政支出方面

1996 年，财税部门坚持“两个确保”、“四个倾斜”的原则，即确保行政事业单位的正常经费，确保基础设施重点项目建设资金；资金安排向改革项目倾斜，向稳定市场的项目倾斜，向农业教育科技事业倾斜，向扶持新建单位的事业发展倾斜，从而优化财政支出结构，提高资金使用效益，推动了全市经济建设和各项事业的发展。

全市预算内财政支出完成 138.04 亿元，为年度调整预算的 96.4%，比上年增长 47.8%。主要支出项目完成情况如下：

基本建设支出 52.67 亿元，为年度预算的 92.6%，比上年增长 75.2%。增长的主要原因是，为迎接“九七”香港回归，加快了基础设施的建设步伐，新建改造了几个政府接持基地，加大了对龙岗大工业区、高新技术园区的投入，进一步完善了文化、教育、卫生基础设施，并清偿了一部分历年拖欠的市政工程款。

企业挖潜改造支出 6.73 亿元，为年度预算的 100.3%，比上年增长 55.3%。

科技三项费用支出 1.19 亿元，为年度预算的 100%，比上年增长 31.8%。

支援农村生产支出 1.12 亿元，为年度预算的 99.7%，比上年增长 62.0%。为支持农业发展，确保城市“菜篮子”、“米袋子”建设，1996 年深圳市加大了支农支出。从执行情况看，不仅达到了预期目的，而且带来了农牧业税的大幅增长，形成农业投入与产出的良性循环机制。

农林水利气象等部门事业费支出 0.71 亿元，为年度预算的 97.7%，比上年增长49.8%。

工业交通等部门的事业费支出 0.48 亿元，为年度预算的 97.5%，比上年增长 28.1%。

城市维护费支出 4.82 亿元，为年度预算的 99.6%，比上年增长 30.4%。随着深圳社会经济的飞速发展，以及'97 香港回归的临近，对城市基础设施的修缮、维护开支加大，同时人员经费因工资改革亦相应增支。

文教事业费支出 15.20 亿元，为年度预算的 99.9%，比上年增长 27.1%。其中，文化事业费支出 1.10 亿元，教育事业费支出 11.81 亿元，分别增长 13.2%和 29.2%。

科学事业费支出 0.71 亿元，为年度预算的 98.4%，比上年增长 40.4%。增长的主要原因一是增加对科学事业的投入，二是为促进科技进步，拨款 1000 万元设立了科技奖励基金。

其他部门事业费支出 4.98 亿元，为年度预算的 98.8%，比上年增长 19.6%。为确保各部门事业正常发展，解决支出需要与可能的矛盾，深圳市大力推行零基预算，优化支出结构。从执行结果看，其他部门事业费支出增幅低于预算内财政支出增幅，情况良好。

抚恤和社会福利救济费支出 0.54 亿元，为年度预算的 94.5%，比上年增长 20.1%。

行政管理费支出 7.00 亿元，为年度预算的 98.1%，比上年增长 33.3%。

公检法支出 12.31 亿元，为年度预算的 101.3%，比上年增长 35.4%。

价格补贴支出 0.61 亿元，为年度预算的 99.9%，比上年增长 115.9%。增长的主要原因是根据中央和省政府要求，建立粮食、副食品风险基金，增加了粮食和冻肉储备费用。

支援不发达地区支出0.52亿元，为年度预算的100%，比上年增长112.1%。1996年，深圳加大实施“同富裕工程”力度，对口扶持贫困地区，加大了这方面支出。

专项支出1.23亿元，为年度预算的100.4%，比上年下降37.1%。其中，环保补助资金支出0.57亿元，教育费附加支出1.32亿元，分别下降10.5%和49.8%。

卫生经费支出6.95亿元，为年度预算的100.7%，比上年增长55.4%。

行政事业单位离退休经费支出1.53亿元，为年度预算的98.5%。该项支出部分为社会养老保险改革支出。

其他支出17.50亿元，为年度预算的95.2%，比上年增长26.0%。

三、1996年预算执行的三个特点

特区财政管理进入转轨阶段，已开始从传统的收支管理型财政转向为经济增长和社会发展服务的公共财政。

中央级收入高速增长，增幅超过地方级收入增幅。1996年深圳市中央级收入比上年增长130.9%，高出地方级收入增幅81.2个百分点。

财政收入预算执行体现了“三个不均衡”，财政支出压力增大。所谓“三个不均衡”，一是收入进度不均衡，具体表现在各月入库进度差别较大；二是地区间收入不均衡，市本级财政收入增长整体上快于区级收入增长；三是各主要税种增幅不均衡。

（国民经济核算处供稿，执笔：徐霞）

1996 年深圳金融业概况

1996 年，深圳金融系统认真落实国家金融政策，实现了紧中有活，稳中求进，促进了国民经济持续、稳健发展。

一、金融机构通力合作，确保了货币信贷政策目标的实现，投资需求和物价涨幅得到有效控制

积极组织资金融通，保障资金有效供给。年末全市金融机构人民币存款余额达 1533 亿元，贷款余额达 965 亿元，分别比年初增长 27.4%和 21.9%，存、贷款余额在全国大中城市排名中继续保持第 4 位和第 5 位。存差 568 亿元，比年初扩大 156 亿元，存贷比控制在总行计划内。年末外汇存款余额 66 亿美元，贷款余额 71 亿美元，比年初分别增长 21%和 26%。外资金融机构存款余额 8 亿美元，贷款余额 37 亿美元，比年初分别增长 14%和 22%。

大力调整信贷结构，促进经济结构优化。全年累计发放固定资产贷款 37 亿元，其中 12 亿元用于支持西部电力、机场、高速公路、梧桐山隧道等 13 个重点建设项目，11 亿元用于支持工业企业技术改造，10 亿元用于支持高科技产业。对 9 家国家重点企业和 25 家地方重点扶持的大中型企业，全年发放流动资金贷款 60 多亿元，占全市新增贷款的 34%。对企业累计办理商业票据承兑 67 亿元、贴现 111 亿元、再贴现 69 亿元，加快主导行业和支柱产业的资金周转。

积极组织货币回笼，压缩库存现金。全年货币净回笼 56 亿元，仅次于回笼数量最多的 1995 年。各金融机构还积极认购政策银行融资券、国库券 33 亿元。

二、金融监管进一步强化，初步形成与国际惯例接轨的全方位、多层次监管模式

监管主体上，在继续加强央行监管的同时，首次把金融机构自我约束和行业自律提到了重要的位置。中国人民银行深圳分行在全国率先对 12 家国内银行内部控制制度的建立与执行情况进行了专项稽核，对 9 家法人证券公司的内部控制制度开展了全面检查，提出了整改措施。各金融机构进一步完善内部管理制度。行业自律管理取得重大突破，全市 14 家国内金融机构和 6 家保险公司分别签订了 4 个制止不正当竞争行为公约，有效地发挥了行业自律管理作用。

在监管范围和内容上，一是抓住了重点，围绕提高资产质量和防范金融风险整章建制，依法监管。中国人民银行深圳分行先后制定和完善了与《商业银行法》、《保险法》、《外资金融机构管理条例》等相配套的管理制度和办法；对部分外资金融机构资产质量分区域、分行业进行跟踪监测；资产风险管理在银行业全面实行的基础上，逐步推向证券、信托、财务等非银行金融机构；运用法律手段保障信贷资产安全，联合法院举行了“金融案件执行百日会战”，现场解决各种信贷纠纷案件。二是扩大了范围，从过去以业务合规性监管为主转向全方位风险监管。建立了金融机构主要负责人档案管理制度，并进行任职资格审查；设立了外汇业务审批程序及外汇业务从业人员考试制度,并对7家非银行金融机构外汇业务资格进行了重新登记换证;开展了商业银行所属国际业务部、房地产信贷部、信用卡业务部的清理整改工作,进一步落实了分业经营、分业管理政策;通过清理证券回购,各金融机构减少债务55亿元,收回拖欠款36亿元;对典当行、基金会、金银饰品市场、银行卡市场和彩票市场进行了全面清理整顿。

监管方式和手段上,在非现场检查、电脑操作方面进行了全面大胆探索。开发和建立健全了资产风险监管电脑联网系统、银行信贷联网系统、金融机构负责人信息管理系统、金融统计联网系统、进口报关单联网查询系统、国库收付联网系统等,初步实现了金融监管电脑化。

三、金融改革开放进一步深化,继续发挥了金融改革开放"排头兵"作用

加快农村金融体制改革。深圳农村信用联社率先与农业银行脱离了行政隶属关系;组建了农业发展银行深圳市分行。

巩固外汇体制改革成果。完成了外商投资企业银行结售汇试点;实现了经常项目下的人民币可兑换,并相应建立了人民币汇率监测与分析制度;健全了国际收支监控体系,建立了国际收支统计申报和审查、分析、预测制度。

健全金融机构组织体系。成立了华安财产保险股份有限公司,组建了建设集团财务公司,增设了100多个银行保险网点。

扩大金融对内对外开放。批准设立外资银行分行1家,外资金融机构代表处2家;准许外资银行开办结售汇业务,扩大了其业务范围;深圳发展银行香港代表处获准成立。本地金融机构在异地设立的机构网点大大增加。

四、金融市场进一步发展,运作逐步规范

货币市场迅速扩大。配合中国人民银行总行建立了全国银行间统一同业拆借市场,取消了拆借利率上限,基本实现了拆借利率市场化,全年资金拆借累计发生额568亿元,比上年增长61%。融资中心还重点拓展了票据市场,在全国率先推出了商业本票。

保险市场稳步发展。全面实行了产险、寿险的分业经营与管理,在全国率先推出保险业务员展业管理办法,对全市6000多名保险代理人进行了资格考试,合格率达93%。1996年,保险公司承保金额5822亿元,保费收入31亿元,分别比上年增长16%和8%,在全国大中城市均名列前茅。保险综合赔付率44.5%,比上年降低6.5个百分点。

外汇市场健康发展,离岸金融市场快速成长。全年银行累计结汇62亿美元,售汇85亿美元,比上年分别增长12%和13%。新批准2家银行开办离岸业务,使从事离岸业务的银行达到5家。

证券市场进一步规范。完成了证券机构脱钩工作,其中转让54家,撤销3家;积极开展了"南山"和"半岛"两家投资基金公司改制工作,形成了规范化契约型基金模式;证券公司实力大大增强,9家本地证券机构共承销股票120多只。

五、金融操作电子化进程加快,金融服务功能和效率进一步增强

金融管理电脑系统建设取得突破。建成了联通全市几乎所有金融机构的金融数据通讯网,开通了与中国人民银行总行的"快通工程",实现了信息传输网络化、信息处理自动化和信息资源共享;建立健全了中央银行信息管理系统、再贴现业务系统、货币发行处理系统、工业景气调查应用系统等,初步实现了中央银行各项业务的电脑化、现代化。

银行业务电子化迈出新步伐。招商银行在系统内实现了全国大联网和储蓄通存通兑;深圳发展银行加入了VISA国际组织;工商银行新增"电话银行"活期、定期、牡丹信用卡转帐等服务,开发出"纳税卡";农业银行开通了全国农行电子汇兑系统;中国银行开发出"支票电话银行保付业务";建设银行完成储蓄和对公业务

"百事通"多媒体咨询系统;光大银行推出"一柜通"。

现代化支付与清算系统建设进一步加强。全面启用了国际通行的普通支票;改进了电子联行系统,完成了与同城清算系统的"天地对接";研究制定了深港票据同城交换实施方案,签署了深港澳ATM联网协议并进行了试运行,推进了深港澳现代化支付与清算系统的合作。

1996年,深圳市金融业发展迅速,取得了较大成绩。全年国内金融机构人均利润30万元,共实现利润112亿元,上缴税收109亿元,保持全国领先地位。

金融业存在的主要问题:金融资产质量有所下降,不良资产比率仍高达20%;有的金融机构存在违规违章经营,有的违反已经签订的反不正当竞争公约,有的内部监督部门不健全;少数金融机构资本金不足不实,抵御风险的能力较差;经济案件仍时有发生。

(国民经济核算处供稿,执笔:徐霞)

预算内财政收支（亿元）

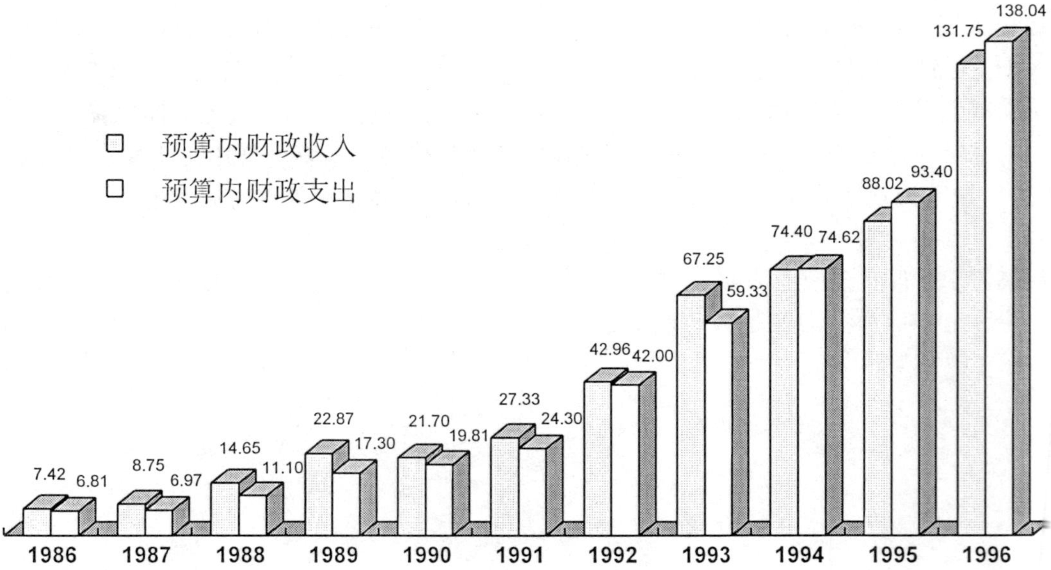

城乡居民储蓄存款余额（亿元）

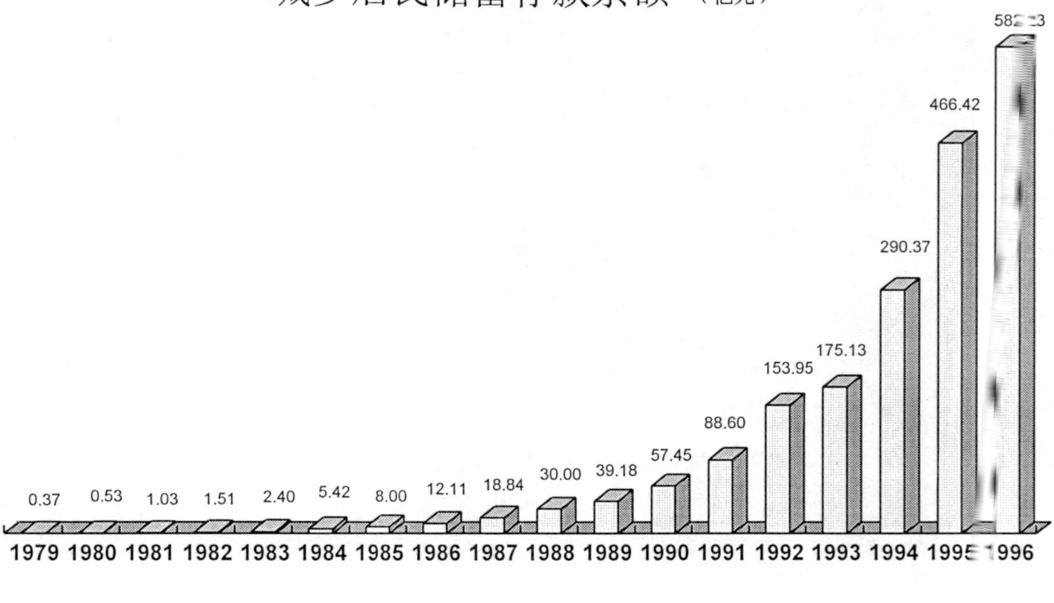

表 9-1　历年全市地方预算内财政收支

单位：万元

年份	地方预算内财政收入合计	1. 工商税收	2.农牧业税和耕地占用税	3.企业所得税	4.国有企业上缴利润	5.国有企业计划亏损补贴	6. 专款收入	7.国家能源交通基金	8.国家预算调节基金
全市									
1979	1 721	1 594	200		75				
1980	3 043	2 721	200		75				
1981	8 787	8 313	202		262				
1982	9 163	8 127	200		686				
1983	15 605	13 155	183		1 877				
1984	29 435	26 607	165	62	2 321				
1985	62 894	59 972	185	1 727	820	-650			
1986	74 160	65 644	196	3 079	2 163	-300	67		
1987	87 521	78 050	207	2 596	1 360	-300	12		
1988	146 521	131 396	456	6 042	40		151		
1989	228 668	187 200	641	3 878	15		227	13 449	4 463
1990	217 037	163 704	770	3 228	40	-300	308	12 109	3 692
1991	273 291	208 792	1 383	4 487	40	-4 528	697	12 893	5 122
1992	429 599	313 107	3 453	6 555	40	-2 695	2 154	14 916	5 680
1993	672 507	540 443	3 064	6 793	40	-848	4 505	6 972	3 358
1994	743 992	472 043	3 089	107 461	24 040	-8 855	10 669	6 417	2 730
1995	880 174	634 863	2 039	118 517	13 000	-4 875	18 912	1 404	1 501
1996	1 317 490	1 024 860	4 769	148 912	19 129	-1 847	20 775	117	81

注：本表1994年数据(因实行分税制财政体制改革)与其他年份口径不一致，不能直接对比。按可比口径计算，地方预算内财政收入1994年比上年增长42.0%。

表 9-1 续表 1　　单位:万元

年　　份	9. 其他收入	10. 所得税退税	11. 罚没收入、行政性收费收入	地方预算内财政支出合计	1. 基本建设支出	2. 企业挖潜改造资金	3. 简易建筑费	4. 科技三项费用	5. 流动资金
全　　市									
1979	2			2 971	892	34	21	2	141
1980	47			4 003	1 813	43	16	3	81
1981	10			8 411	4 194	150	1	3	
1982	150			8 815	3 292	344	145	4	10[illegible]
1983	390			15 025	5 752	391	79	15	15[illegible]
1984	280			27 954	11 467	685	300	47	
1985	840			58 651	31 297	1 258		85	
1986	3 311			68 073	34 661	945	100	120	3[illegible]4
1987	5 596			69 688	33 438	1 699		683	
1988	8 136			110 992	49 985	1 870		703	
1989	18 795			173 007	77 825	5 240	30	651	[illegible]6
1990	33 486			198 073	77 854	13 825	70	801	[illegible]0
1991	44 405			243 012	90 121	10 771	50	2 870	
1992	86 389			420 035	141 536	20 749	50	7 033	
1993	108 180			593 327	184 882	13 306		8 610	2 [illegible]00
1994	126 395			746 181	229 447	50 776		6 842	[illegible]400
1995	17 493	-231	77 551	934 041	300 560	43 335		9 065	[illegible]800
1996	7 941	-145	92 898	1 380 376	526 706	67 289	100	11 943	[illegible] 400

表 9－1 续表 2　　单位:万元

年　　份	6.支援农村生产支出	7.农林水利气象等部门的事业费	8.工业交通等部门的事业费	9.城市维护费	10.行政事业离退休经费	11.文教卫生事业费	12.科学事业费	13.其他部门的事业费	14.抚恤和社会福利救济费
全　　市									
1979	285	227	3	84		495	6		76
1980	114	148	4	219		693	9		121
1981	1 249	268	6	336		1 088	13		103
1982	559	273	23	568		1 189	17	129	78
1983	600	516	100	959		2 682	138	144	129
1984	604	420	189	1 804		5 050	115	329	183
1985	960	493	214	5 790		9 280	205	443	201
1986	961	545	342	6 466		10 521	148	980	178
1987	810	721	461	5 574		11 395	140	1 755	346
1988	1 706	872	625	4 764		16 886	815	1 330	356
1989	2 183	923	921	6 717		23 432	929	6 700	717
1990	3 270	1 286	1 184	7 470		24 220	1 135	5 743	784
1991	3 673	1 535	1 267	7 542		29 714	1 646	10 662	1 360
1992	4 651	2 183	1 771	10 026		42 154	1 932	18 052	1 871
1993	6 115	3 721	2 900	23 933		78 384	3 040	31 095	2 986
1994	6 866	4 215	3 838	31 001		121 367	4 474	36 863	4 201
1995	6 911	4 770	3 708	36 935		164 332	5 071	41 618	4 507
1996	11 194	7 146	4 750	48 160	15 347	221 473	7 117	49 828	5 413

表 9－1 续表 3　　单位:万元

年　份	15.国防支出	16.行政管理费	17.公检法支出	18.价格补贴支出	19.支援不发达地区支出	20.其他支出	21.专款支出	22.农业综合开发支出
全　市								
1979		342				350		
1980		605				147		
1981		755				232		
1982		1 045	268			769		
1983		1 529	684			1 140		
1984		2 416	1 877			2 446		
1985		2 130	1 812	220		4 216		
1986		2 581	2 012	444		6 637	47	
1987		3 112	2 486	565		6 463	28	
1988		4 754	4 287	644	164	21 158	58	
1989		6 244	6 928	997	328	31 485	146	
1990		8 572	9 108	1 218	394	40 718	311	
1991	100	10 929	11 277	636	722	57 345	792	
1992	263	15 013	15 461	833	641	133 891	1 925	
1993	248	28 495	30 226	814	579	167 063	4 230	
1994	343	41 808	66 971	1 728	746	124 456	9 839	
1995	360	52 491	90 937	2 804	2 431	138 890	19 576	4 [illegible]40
1996	430	69 985	123 114	6 055	5 155	174 969	12 324	5 178

表9-2　全市地方预算内财政收支指数

年　份	收　入(万元)	指　数(%)		支　出(万元)	指　数(%)	
		定基指数(以1979年为100)	环比指数(以上年为100)		定基指数(以1979年为100)	环比指数(以上年为100)
1979	1 721	100.0		2 971	100.0	
1980	3 043	176.8	176.8	4 003	134.7	134.7
1981	8 787	510.6	288.8	8 411	283.1	210.1
1982	9 163	532.4	104.3	8 815	296.7	104.8
1983	15 605	906.7	170.3	15 025	505.7	170.4
1984	29 435	1 710.3	188.6	27 954	940.9	186.0
1985	62 894	3 654.5	213.7	58 651	1 974.1	209.8
1986	74 160	4 309.1	117.9	68 073	2 291.2	116.1
1987	87 521	5 085.5	118.0	69 688	2 345.6	102.4
1988	146 521	8 513.7	167.4	110 992	3 735.8	159.3
1989	228 668	13 286.9	156.1	173 007	5 823.2	155.9
1990	217 037	12 611.1	94.9	198 073	6 666.9	114.5
1991	273 291	15 879.8	125.9	243 012	8 179.5	122.7
1992	429 599	24 962.2	157.2	420 035	14 137.8	172.8
1993	672 507	39 076.5	156.5	593 372	19 972.1	141.3
1994*	743 992	55 488.6	142.0	746 181	25 124.9	125.8
1995	880 174	65 643.0	118.3	934 041	31 456.4	125.2
1996	1 317 490	98 267.6	149.7	1 380 376	46 492.6	147.8
年平均增长率%		**50.0**			**43.5**	

注:1994年收入按分税制后计算,指数按可比口径计算。

表 9－3　历年银行现金收支、信贷情况

单位:万元

年份	银行当年现金收入	银行当年现金支出	银行当年现金净投放、回笼(一)	金融机构各项存款余额	企业存款	城乡居民储蓄
全市金融系统						
1979	24 252	33 793	9 541	10 125	2 756	3 713
1980	32 700	39 685	6 985	20 284	7 033	5 338
1981	50 125	53 313	3 188	43 713	20 040	10 294
1982	60 275	67 995	7 720	63 707	31 403	15 149
1983	84 654	116 047	31 393	112 554	64 283	23 993
1984	160 574	244 273	83 699	349 763	243 853	54 176
1985	272 742	315 403	42 661	302 567	183 833	79 989
1986	313 736	343 439	29 703	551 112	349 895	121 122
1987	544 866	561 471	16 605	808 545	492 704	188 403
1988	1 200 579	1 118 715	－81 864	1 317 381	770 617	300 003
1989	1 637 542	1 639 552	2 010	1 376 310	685 986	391 787
1990	2 945 381	2 831 142	－114 239	1 946 923	951 490	574 474
1991	4 243 982	3 917 119	－326 863	3 009 164	1 633 636	885 995
1992	10 755 638	10 492 935	－262 703	5 504 616	2 957 816	1 539 518
1993	14 414 432	14 412 911	－1 522	6 573 461	3 664 320	1 751 290
1994	15 638 047	15 377 602	－260 445	9 333 699	5 582 300	2 903 733
1995	22 162 733	21 446 876	－715 857	12 029 322	6 379 138	4 664 222
1996	34 870 719	34 313 589	－557 130	15 334 600	8 416 900	5 822 300
国家银行						
1980				19 966	7 033	1 901
1981				42 583	20 040	3 56[illegible]
1982				61 851	31 403	5 70[illegible]
1983				108 659	64 283	10 90[illegible]
1984				333 141	243 853	28 66[illegible]
1985				275 003	183 833	47 59[illegible]
1986				505 702	349 895	74 60[illegible]
1987				690 881	478 457	122 26[illegible]
1988				1 061 106	716 885	205 71[illegible]
1989				1 105 386	631 638	282 4[illegible]
1990				1 507 176	864 835	426 5[illegible]
1991				2 502 907	1 436 818	676 9[illegible]
1992				4 487 424	2 637 735	1 197 5[illegible]
1993				4 944 444	2 852 245	1 303 1[illegible]
1994				6 425 486	3 972 846	2 194 7[illegible]
1995				8 188 465	4 292 692	3 507 2[illegible]
1996				10 167 500	5 539 300	4 214 3[illegible]

表 9－3 续表　　单位:万元

年份	金融机构各项贷款余额	短期贷款	工业贷款	商业贷款	农业贷款	中长期贷款
全市金融系统						
1979	7 523	5 791	498	5 037	892	73
1980	13 452	7 934	653	6 927	1 189	1 532
1981	23 944	12 643	1 725	10 156	1 472	909
1982	63 013	36 341	3 987	29 277	3 121	19 634
1983	119 471	67 102	9 808	49 377	5 745	41 816
1984	451 034	260 024	33 469	182 795	15 165	120 253
1985	537 014	296 576	70 433	183 211	17 220	159 084
1986	730 855	381 567	86 937	248 711	19 793	174 208
1987	1 065 176	683 521	201 257	408 106	26 067	189 612
1988	1 536 202	1 023 309	288 212	575 205	34 303	228 242
1989	1 789 834	1 225 462	455 387	641 693	39 139	230 507
1990	2 386 157	1 609 682	657 037	815 850	48 054	273 450
1991	2 797 500	2 064 682	846 623	992 634	52 804	306 051
1992	3 707 067	2 741 451	1 120 337	1 232 889	58 475	344 234
1993	5 015 868	3 513 610	1 432 355	1 585 883	48 482	393 662
1994	6 421 390	4 388 553	1 761 125	1 344 986	35 428	560 216
1995	7 863 364	5 530 853	2 075 856	1 627 228	40 344	926 411
1996	9 652 000	6 424 600	2 343 300	1 921 200	47 500	1 164 100
国家银行						
1980	12 921	7 815	653	6 927	777	1 532
1981	22 868	12 297	1 725	10 156	742	909
1982	60 527	35 558	3 987	29 277	1 418	19 634
1983	114 780	65 364	9 808	49 377	2 792	41 816
1984	432 952	249 271	33 469	182 795	7 836	120 253
1985	479 998	280 909	70 433	183 211	8 322	159 084
1986	634 543	361 574	86 937	248 711	10 054	174 208
1987	883 864	599 713	183 644	373 807	15 208	184 854
1988	1 212 622	892 117	247 840	527 985	24 774	201 857
1989	1 404 266	1 065 658	415 409	572 291	28 164	206 348
1990	1 790 938	1 375 207	591 455	706 225	31 945	255 347
1991	2 180 306	1 713 068	736 740	838 919	32 145	290 722
1992	2 822 180	2 241 049	1 023 854	1 001 913	35 098	329 043
1993	3 516 287	2 554 486	1 217 336	1 157 861	24 806	380 168
1994	4 228 382	2 997 502	1 410 066	813 394	29 927	543 609
1995	4 989 605	3 780 767	1 683 029	1 038 359	35 918	725 706
1996	5 888 000	4 429 200	1 938 300	1 240 900	36 700	806 500

十、对外经济贸易和旅游

1996 年深圳利用外资情况

1996 年,随着深圳投资环境的不断改善,各种配套设施进一步完善,引进外资工作虽然受到国家宏观调控及对外商投资企业进口物资减免税政策的调整等影响,仍然取得较大成绩,外商实际投资再显快速发展势头。全年实际利用外资额 24.22 亿美元,比上年增长 39.6%,其中外商直接投资 20.51 亿美元,增长56.6%。但新签利用外资项目受影响程度较大,协议投资项目明显减少。全年签定协议的投资项目 999 项,比上年下降 39.0%;协议投资金额 16.80亿美元,下降 53.3%。协议项目及投资额大幅度下降所引发的潜在问题,将对深圳今后几年的利用外资带来极为不利影响,值得有关部门高度重视。现将 1996 年利用外资情况简析如下:

一、实际利用外资增长强劲

深圳市利用外资受到国家宏观管理政策变化的影响,加上全国改革开放不断深入,各省、市加大吸引外资力度,推出各种的优惠政策,形成全方位的引进外资新格局,外商投资的目标逐步转向沿海开放城市和内地一些经济比较发达的城市,外资流向内地的数额呈增长趋势,以致全市引进外资工作的难度比往年都要大。尽管如此,由于深圳在利用外资方面抓得早,抓得紧,各项工作先行一步,在有关立法、管理等方面积累了不少经验,基础设施、交通、通讯网络等投资环境不断改善,以及加强了对外宣传和拓展工作,使全年实际利用外资保持了强劲的发展势头,再创历年新高峰。1996 年全年实际利用外资达 24.22 亿美元,比上年增长39.6%,比 1990 年增长 3.7 倍,这是深圳市实际利用外资在经过三年平稳增长后一次突破性的发展,也是自 1993 年大幅度增长之后再一次高速发展,发展速度远快于全国平均增长 14.2% 的速度,也快于全省增长 14.9% 的速度,显示出深圳仍具有优势和吸引力。深圳实际利用外资额在全国、全省实际利用外资额中仍占有重要的地位,所占全国、全省的比重分别是 4.38% 和 17.43%,在全国主要大城市中排在上海、天津、广州之后,居第四位。

二、实际利用外资的结构变化

优惠政策及政策导向会对利用外资的结构产生较大影响,地理位置、交通运输条件则成为外商投资的先决基础,而外商个人的偏好以及生产产品盈利率的高低,是决定外商投资流向的关键,对外商投资的结构变化起决定性作用。由于上述各种因素的影响,深圳外商投资的特点是:投资方式以直接投资居多,行业分布以工业为主,产业结构以第二产业为主,投资主要来源于港澳地区。

(一)实际外资到位率分析

深圳市外商协议投资额受政策及经济发展因素的影响程度较大,因此,呈现大升大降的变化曲线。相反,实际投资额反映的是资金到位问题,一般受这些因素的影响程度较弱,发展比较平稳。从外商实际投资到位情况来看,全市 1990 年 ~ 1996 年外资到位率并不高,仅为 51.9%(含企业对外借款,下同)。按外商投资企业资金到位率的高低依次为：合资企业资金到位率为57.8%，独资企业为48.3%，合作企业为45.4%，反映外商投资企业中尚有相当多的资金未到位，因此，落实外商协议投资资金将是一件长期的、艰巨的任务。

(二)外商直接投资是外资的主要投资方式

在深圳市投资的外商以直接投资方式为主，所占比重一直保持在60%以上，近年更有上升趋势。1996年，外商直接投资额达20.51亿美元，比上年增长56.6%，占全市实际利用外资总额的84.7%，而对外借款、其它方式的投资比重较小，一般占二至三成，呈逐年下降之势，1996年仅占15.3%。在外商直接投资中，合资经营企业大幅度增加，投资额达8.92亿美元，比上年增长1.7倍，占直接投资额的43.5%；独资企业投资继续增加，实际投资额8.91亿美元，增长27.5%，占直接投资额的43.4%；但合作经营企业下降4.4%，这是合作经营企业自1990年以来首次下降。以1990年以来的情况看，不同投资方式的企业实际投资存在明显差别，合资企业呈波浪形上升，独资企业则呈逐年递增之势，即独资企业并未因政策的变化而减少投资，显示独资企业对深圳的投资充满信心。

(三)外资的流向集中在第二产业，其它产业投资比重较小

1996年，全市外商投资集中在第二产业，第二产业中又主要投资于工业行业，该行业投资占第二产业的99.98%，建筑业仅占0.02%。外商投资的工业主要包括电子行业如：电视机、收录机、音响、计算机及配件、其它电子产品；服装行业如：西服、童服、衬衫为；金属制品行业为：日用厨具、不锈钢用品、铝制品以及化学、塑料等。全年工业外商投资达19.31亿美元，比上年增长59.5%，占外商投资总额的79.7%，比上年提高9.9个百分点。而投资第三产业的外资只占20.3%，比上年减少9.7个百分点。第三产业中，投资较多的前三个行业依次为：房地产、咨询服务业1.70亿美元，商业、饮食业、物资供销业1.19亿美元，金融业0.93亿美元，分别占全市实际利用外资总额的7.01%、4.89%、3.86%。

深圳外资集中投向第二产业，且趋于上升之势，加快了第二产业资金到位速度，提高了资金到位率。这一投向的变化，对提高工业生产能力和产品质量，增强产品竞争力，促进深圳工业生产的发展有着积极作用。但与此同时，外资的投向过于集中，将有可能对于全市国民经济各个行业的均衡发展产生不良影响。

(四)外商投资主要来自港澳地区

1996年，前来深圳投资的国家(地区)有45个，比上年增加7个。其中，绝大多数是来自港澳地区的资金，其实际投资额达15.01亿美元，占全市总额62.0%，增长42.7%。随着香港回归祖国带来的有利条件，预计港澳资金投向深圳将进一步增加，所占比重继续上升。而其它国家(地区)的投资额则较少且分散，并主要集中在我国周边的国家(地区)，其中，日本2.99亿美元，台湾1.37亿美元，新加坡0.75亿美元，南朝鲜0.71亿美元，分别占全市投资总额的12.3%、5.6%、3.1%和2.9%。与深圳经济贸易往来较多的国家来深实际投资额不大，其中，美国1.06亿美元，法国0.3亿美元，仅分别占4.4%和1.2%。

三、引进外资工作中存在的主要问题

深圳市实际利用外资额经历了1995年的低速发展，1996年取得大幅度增长，成绩喜人。但同时，深圳仍然面临的种种不利因素，将对全市引进外资工作产生重要影响。

(一)调整外贸政策对引进外资带来影响

由于全国对外贸易政策作了调整，外商投资企业的一些优惠政策如：自用物资减免税政策逐步取消，进口的设备应征关税和进口环节税，加工贸易建立银行保证金台账制度等，对全市的引进外资工作带来了较大影响。

(二)协议投资项目连续下降，将会对深圳利用外资产生不利影响

全市协议外资项目在1995年下降26.3%的基础上再下降39.0%，已连续三年呈现下降趋势。目前，实际利用外资额的增长主要是前几年协议投资大幅度增长所打下的基础。由于近三年协议投资项目连续下降，将会出现吸引外资的后劲不足。如不能改变这一状况，未来几年全市实际利用外资额将逐步减少。

(三)外商投资总体规模仍然偏小

1996年，除协议项目减少外，大规模的协议投资项目也较少，1000万美元以上的项目29个，仅占全部协议投资项目总数的2.9%，以致平均投资规模也在下降，由上年平均投资219.57万美元降至168.17万美元，降幅达23.4%。投资规模的缩小，对提高外商投资质量、增加引资的影响力、推进利用外资的总体发展有不利影响。

(四)投资偏重于工业，产业结构失衡

由于在深圳市投资的外商企业多数集中在工业，特别是劳动密集型、小规模经营的加工业居多，而高新技术企业较少，以及基础产业——第一产业投资比重过小(仅占总协议项目的1%)，投资产业结构情况趋于失衡。

(五)外商投资的市场行为给管理工作带来困难

外资多是来自港澳地区，投资者个人的喜爱、偏好，企业的管理，生产计划的制订、产品的生产，市场营销等等，也均完全按照市场需求变化情况操作，只侧重于市场规律，这就造成了一方面是企业管理质量有所提高，而另一方面是加强市场的宏观调控难度大大增加。此外，外商在带来先进的技术和管理水平的同时，还夹带着一些不健康的文化、思想，这同样给管理工作带来困难。如何处理好引资和加强管理，正确引导，促进外商投资企业的健康发展，这是一项具有挑战性的工作。

(六)地缘优势减弱

尽管深圳市占有不可替代的地缘优势，但随着发达的高速公路网的建成以及京九铁路的开通、铁路运输提速等全国各种硬件设施的改进，深圳的地缘优势有所减弱。

(七)投资环境仍须进一步改善

投资环境包括经济环境、政治环境、自然环境、社会环境等，总的来说，深圳的投资环境已不断改善，有着其它城市不可攀比的优势，但仍然存在着社会治安、环境卫生、乱收费、办事效率等问题，对投资环境带来了负面影响。

四、加大力度，开拓引进外资工作新局面

(一)提高工作效率，吸引外资的流入

随着市场经济不断发展，政府职能部门所扮演的角色应变直接管理为间接调控，发挥政府宏观管理作用和加强法制建设，确保外商投资企业健康发展。

(二)为外商投资企业创造宽松的、公平竞争的环境

进一步确立深圳在投资环境硬件、软件方面的优势，大力吸引外商投资。

(三)优化投资的产业结构，促进外商投资上档次、上水平

充分利用宏观监控、预测手段，利用政策倾斜，引导和调整产业结构，由以劳动密集型为主逐步转向以技术资金密集型为主，由小规模经营逐步转向集团式、集约化经营，促使外商投资企业、直至全市国民经济各行业的管理达到新的水平，产品质量迈上新的档次，各个产业得到均衡发展。

(四)加快对外商投资企业实行国民待遇的改革

对外商投资企业实行国民待遇是建立市场经济体制、完善竞争机制的重要措施，以此使国内各种企业与外商投资企业展开公平竞争，将促使国内企业自我调节、自我完善和自我发展，促进其生产力的提高，增加其营业收入，降低成本费用，提高企业经济效益。

(经贸统计处供稿，执笔：钟根柔)

深圳对外贸易发展情况

1996年,是深圳市实施"九五"规划的第一年,也是对外贸易业接受严峻考验的一年。全市进出口贸易在受到国家宏观调控、银根适度从紧以及国家取消和规范进口减免税政策,实行加工贸易保证金台帐制度等政策的影响下,外贸企业经营难度增大。全市进出口商品总值为390.53亿元,仅比上年增长0.73%,成为历年来进出口增长幅度的最低点。尽管如此,深圳进出口贸易总值仍然居全国大中城市中的第一位,这是深圳外贸进出口总值连续第四年高居全国各城市进出口总值的榜首。其中,出口保持3.3%的增长,实现贸易顺差33.62亿元。

一、深圳外贸进出口发展的轨迹

随着改革开放政策的不断深入,深圳市利用国家赋予的引进外资、进出口贸易等政策优势及地理位置优势,取得实效,对外贸易业迅猛发展,进出口经营企业迅速增加,由建市初期的1979年仅有市外贸集团公司等少数几家国有外贸企业,发展到1996年有自营、加工生产企业、贸易企业等多个行业,包括国有企业、联营企业、外商投资企业等的1.1万家外贸经营单位,并拥有一支稳定的从事外贸业的队伍,对外贸易体系已初步形成。全市外贸进出口总值由1979年的0.17亿元增至1996年的390.53亿元,年均递增48.3%,其中,进口、出口分别年均递增46.3%和49.8%。深圳外贸进出口的发展可分为三个阶段,第一阶段(1979年～1985年)是经济发展初创期,百业方兴,进出口贸易迅猛发展,该时期进出口总值以年递增106.7%的速度增长,远远快于同期香港进出口总值的增长速度(16.9%),也高于同期深圳市国内生产总值增长52.3%的速度。进出口贸易的发展,对国民经济其它行业如工业、交通、旅游、内贸等的发展以及对增加劳动就业、促进商品流通起到了积极的推动作用。第二阶段(1985年～1990年)对外贸易仍然保持超高速发展,进出口总值以年均递增33.2%的速度增长,比同期国内生产总值年均递增率高10.8个百分点,显示出深圳外贸业仍然充满活力,发展前景一片大好。第三阶段(1990年～1995年)是深圳进出口贸易稳步发展阶段,进出口总值每年都有较高的增长率,但增长速度明显放缓,这一时期的年均增长率为19.8%,比同时期国内生产总值的年平均增长速度低10.6个百分点。

外贸业的迅猛发展,已使得深圳由一个边陲小镇飞跃发展成为全国重要的外贸进出口城市,进出口总值占全国进出口总值的比重迅速上升,由1979年不足0.1%猛升至1996年的13.5%。其中,出口占全国比重14.0%,已成为全国第一大进出口贸易城市。

二、三资企业的发展及对进出口贸易的影响

经济特区的各种优惠政策及投资环境的不断完善,吸引了众多的外商投资企业(含港澳台资企业,简称"三资"企业,下同),三资企业在深圳如雨后春笋蓬勃发展,至1996年企业总数已达1.36万家,累计实际投资118.68亿美元。

外商涉足深圳,不仅带来了大量的外资、先进的管理经验和生产技术,更重要的是为各行业带来了全新的市场经济观念,提高了企业的市场竞争意识,增加了市场机制的活力,促进了国民经济的发展,特别是对工业生产、进出口贸易的发展,起到了积极的推动作用。据测算,实际利用外资每增加1美元,工业生产总产值相应增加5.31美元,进出口贸易增加8.66美元,其中出口商品增加4.41美元。随着引进外资的增多,三资企业进出口贸易迅速增加,贸易总值占全市比重不断上升,至1990年达到最高峰,占82.5%,几乎支配着全市的进出口贸易。此后,三资企业进出口一度回落,但至1996年仍然占57.3%的较大比重,其生产的总产值占全市工业总产值的70.5%,零售额占全市零售市场的14.8%,酒店营业收入占酒店业的60.6%。可见,改革开放吸引了外资,促进了经济的发展,尤其是对外贸易业取得了空前的发展。

三资企业不仅成为深圳进出口的主力军,直接影响深圳进出口的起伏变化,而且,在全国、全省三资企业进出口中,也占较大比重。1996年深圳三资企业进出口占全国三资企业进出口总值的16.3%,占全省的36.7%,在全国各大城市中高居第一,比排第二位的上海市高出50.6个百分点。

来料加工、进料加工工业蓬勃发展,原材料、辅助材料、产成品周转较快,进出口量多,进出口值一直占全市进出口总值很大比重,1990年分别占47.8%和31.5%。随着全市国民经济的不断发展,产业结构不断优化,来料加工工业发展速度减慢,进出口货物量增长不大,进出口总值比重逐年下降,1996年所占比重降至32.5%,比1990年减小15.3个百分点。而进料加工工业由于适合全市经济发展的需要,企业管理水平比较高,产品质量控制比较严格,加工生产的产品质量不断提高,全行业获得迅速发展,进出口额大幅度增加,占全市的比重呈逐年上升之势,至1996年达49.8%。这两个行业进出口总值占全市比重自1990年以来一直在76%以上,并有逐年上升的趋势,1996年达82.3%。

三、对外贸易伙伴的发展及影响

建市初期,深圳市对外贸易伙伴仅有香港、美国、日本等少数几个国家(地区)。随着全市国民经济的快速发展,进出口贸易越来越频繁,贸易伙伴也不断增加,至1990年已超过80个国家(地区),1996年出口贸易伙伴又增至[illegible]1个,比1990年增长96.6%,进口贸易伙伴[illegible]1个,增长42.3 %。目前,与深圳市贸易额最大的前10个国家(地区)分别是日本84.78亿美元、美国73.79亿美元、香港67.13亿美元、台湾41.44亿美元、新加坡19.94亿美元、德国14.17亿美元、韩国9.78亿美元、英国9.60亿美元、马来西亚5.56亿美元和法国4.62亿美元,仅这10个国家(地区)进出口贸易额就占全市进出口贸易总值的84.7%,其中,出口值比重达87.9%,因此,与这些国家(地区)的进出口变化情况将牵动着全市进出口贸易总值的升降。深圳主要贸易伙伴中,进出口贸易差额有较大反差。其中,贸易顺差最大的5个国家(地区)分别是:美国40.99亿美元、香港38.22亿美元、英国6.03亿美元、德国6.00亿美元、法国2.45亿美元,仅美国、香港的贸易顺差就达79.21亿美元,是全市实现进出口总顺差的2.36倍。这些国家(地区)是深圳市外贸出口商品的主要消费国家(地区),已成为出口创汇的主要来源地,深圳市外贸出口贸易受其影响程度最大,一旦出口渠道受阻,将损失数十亿美元的出口收汇。同时,国内生产总值、工业生产、职工就业等将连锁受到影响。因此,要处理好与这些国家(地区)的双边贸易关系,避免出口商品受到不利因素的影响,如:国外贸易保护主义的倾向,对我国出口商品采取歧视性的反倾销措施等,除做好这些国家(地区)的市场调研及拓展工作外,提高商品内在质量及外包包装质量,是出口渠道畅通的重要保障。进出口贸易逆差最大的五个国家(地区)分别是:台湾

27.11亿美元、日本16.48亿美元、韩国6.15亿美元、马来西亚3.13亿美元、新加坡1.54亿美元,其中,台湾、日本、南朝鲜等三个国家(地区)的贸易逆差达49.74亿美元。发生这些贸易逆差的主要原因是:一方面,从这些国家(地区)进口产品、主要是机电产品大幅度增加,而另一方面,对其出口的产品则停滞不前。如何缩小与这些国家(地区)的贸易逆差,又是深圳外贸业面临的一大问题。由此可见,深圳的进出口贸易伙伴虽然有很大发展,遍布全球100多个国家(地区),但就其进出口贸易额而言,进口和出口贸易都集中在少数几个贸易伙伴,与大多数的国家(地区)的进口、出口贸易额只占很小比重,对于全市进出口总值390亿美元来说,这些国家(地区)的贸易额微不足道。

四、影响外贸发展的主要因素

外贸业涉及国民经济各部门、各行业,工农业生产的产品是源头,交通运输是实现产品价值的工具,内贸收购、外贸出口则是创汇的重要途径,而进口则是产品上档次、上水平的催化剂,适当的进口利于促进出口的发展。所以,哪一个行业、哪一个环节衔接不上,都会影响外贸的出口,影响创汇和企业经济效益。为此,必须环环紧扣,相互促进。外贸业发展了,企业活力也增加了,其他行业如科技、房地产、旅游等也会相应起动和发展,反之亦然。由此可见,影响外贸业发展有多种因素。其中,对深圳外贸发展的有利因素主要有:

地缘优势十分突出。深圳毗邻港澳,交通、通信十分方便,引进港澳资金和进出口货物有着得天独厚的有利条件,这种优势,国内其它城市是无法取代的。

深圳处于全国改革开放的前线,市场机制比较完善,外贸体制改革在全国先行一步,外贸经营责任制也不断完善,外贸的发展已积累了不少经验。

市场经济比较发达,充满竞争和机遇,吸引了全国各种优秀人才,在人力资源方面具有较大优势。

具有竞争观念的优势。深圳是全国最早改革开放的城市之一,参与国际市场竞争较早,市场观念转变较快,迎接挑战、勇于竞争,这是自我发展的宝贵经验。对人才的竞争、科学技术的竞争、服务质量的竞争、客源货源的竞争、价格的竞争等均有一定经验和一定优势。

进出口代理制虽未成熟,但深圳外贸企业均有代理进出口业务的经验,代理业务已具雏形。

但是,深圳外贸业发展也存在诸多不利因素,主要有:

随着全国改革开放政策的不断深入,“大外贸”格局逐步形成,全国各地外贸迅速发展,而深圳原享有的优惠政策不断减少,政策优势逐步削弱,如:(1)按20%递减率逐年递减特区自用物资的减免税,直至取消;(2)取消对加工贸易、补偿贸易项目进口加工设备免征关税和进口环节税的规定;(3)对新批准设立的外商投资企业投资总额内进口的设备和原材料,一律按法定税率征收关税和进口环节税等等。由于深圳三资企业进口比重达58.9%,受国家实施这些政策的影响最大,预计全市的进口额将有较大的下降,并且在比较长的时期内产生影响。

国际贸易竞争激烈,加上国外贸易保护主义和歧视性贸易政策的影响,深圳进出口贸易难度加大,特别是一些有名气、出口畅顺的产品容易成为限制的对象。

出口产品收购渠道不畅通,货源不足。由于全国“大外贸”格局的发展,致使深圳外贸企业在内地收购出口商品的难度加大,收购价格上涨了,而选择商品的余地少了。

加工生产的产品质量偏低,竞争力不强,以致在国际市场售价较低,增值不大。

来料加工商品的出口比重仍然偏高,达35.4%。由于来料加工贸易我方只收工缴费,附加值低,经济效益也很低,因此,这种方式的出口只适合于目前的生产力现状,是短时期政策,从长远利益来看,是一种受限制和逐步淘汰的工业生产方式。

企业规模普遍较小,缺少大规模、集团式经营企业,企业底子薄,自有资金少,加上国家近几年采取的银根适度从紧政策,外贸企业资金短缺情况比较严重,经常因为资金问题而使一些进出口商品无法成交,丧失机会。

经营管理水平不高,企业经营决策、财务管理、人事劳动管理等,存在种种问题,以致进出口贸易成交少,部分进出口贸易即使成交,也是所赚无几,经济效益不理想。

出口退税仍然是企业所遇到的一大问题,退税进度有所改观,但仍与企业的要求存在差距。

加工贸易企业设立银行保证金台帐制度,虽然不占用企业流动资金,但由于办事环节、办事效率存在的问题,还是带来一些负面影响。

五、外贸面临的机遇、挑战及应采取的对策

1997年是香港回归祖国的历史性时刻,深圳的对外贸易将面临难得的机遇。如何抓住这一机遇,发挥优势,再创外贸新高峰,也是全市对外贸易业面临的新挑战。因此,要发挥全市各种优势和外贸业的特殊作用,促进国民经济各行业健康发展,必须采取相应的对策:

按照全国实行"大外贸"战略总体要求,进一步改革外贸管理体制,完善以经济、法律为主,必要的行政手段为辅的调控体系,制订利于进口、促进出口的具体措施,对骨干企业、拳头产品实行政策倾斜,扶持、促进重点企业发展。

加紧建立和完善进出口代理制,提高一般贸易比重。深圳一般贸易的比重,多年来徘徊在10%上下,近两年呈下降趋势。为此,在已有进出口代理基础上,加快建立完善进出口代理制,显得十分重要。实行进出口代理制后,提高服务质量,降低成本费用将成为竞争的关键。

加强与香港的贸易合作联系,借鉴香港进出口的成功经验,充分利用香港国际贸易中心的有利条件,开拓深圳国际贸易业务。

建立现代企业制度,完善企业内部管理制度,改进企业决策机制、组织结构、权益利润的配置方式,建立内部竞争、激励及约束机制。

加强管理,包括质量管理、财务管理、成本核算,树立效益第一的观念,企业自主经营,自负盈亏,自我调节,自我发展。

转变观念,增强生存的危机感和改革的急迫感。从市场结构、产业结构、国外业务的管理经营结构等方面出发对经营方式进行调整;从单个经营逐步转变为集约化经营;努力使生产水平上档次、上规模,产品要"以质取胜",增强市场竞争能力。

加快对外商投资企业实行国民待遇的步伐,使之与国内企业公平竞争、合理竞争,提高招商引资水平,以此促进全市外贸进出口快速增长。

(经贸统计处供稿,执笔:钟根[illegible])

1996年深圳旅游业发展概况

深圳作为最早建立的经济特区,率先实行改革开放的城市,建市十七年以来,凭借毗邻香港的地理优势、口岸交通的便利及全新的改革观念及创新意识,将一个昔日的边陲小镇,逐渐建成发达的现代化城市。经济取得了高速发展,各项经济指标均居全国前列。

随着经济的发展,来深从事经贸、观光、访问、文化交流的中外游客不断增多,促进了旅游业的发展。到目前为止,深圳已建成了东起大鹏湾畔,西至野生动物园的大型旅游景点十多处。旅游业设施日益完善,各种娱乐休闲设施一应具备,逐步形成了具有特色的旅游体系,成为全国重点旅游城市之一。1992年凭借小平同志南巡的春风,深圳旅游业发展到最高峰,接待游客人数,客房开房率在全国各大旅游城市中均名列榜首。

但是,自1992年以来,深圳旅游业开始进入调整阶段。由于全国各地特别是邻近地区极力开发旅游事业,并积极引进曾经为深圳独有的旅游项目——世界之窗、锦绣中华等人文景观,对深圳旅游业造成了较大的冲击。由于深圳旅游资源贫乏,新开发项目特色不鲜明,无法吸引更多的游客,加上广深高速公路、京九铁路等的建成,香港通往全国各地的交通网络日益畅顺发达,深圳旅游业已不再具备往日的优势。旅游人数逐年减少,开房率不断下降,旅游业处境艰难,现就1996年深圳旅游业发展特点分析如下:

一、宾馆、酒店步履艰难

1996年深圳宾馆、酒店接待总人数继续减少。全年接待过夜游客512.02万人,比上年下降5.6%,其中国际游客当中,港澳同胞降幅高达22.8%,这也是该类游客连续三年下滑,而近年来一直保持较高增幅的外国游客也首次出现下降,降幅达12.5%。

宾馆、酒店客房开房率连续四年下降。由于近年来深游客逐年减少,在深停留天数缩短,加上新开业宾馆、酒店的影响,供求矛盾十分突出,全年客房开房率56.3%,再次降为深圳历史最低点。

开房率的降低,对宾馆、酒店营业收入影响很大。1996年宾馆酒店营业收入39.03亿元,比上年下降2%,经济效益不理想,利润率为3%,依然处于较低水平,企业亏损面也高达47%。但由于各宾馆加强管理,开源节流,减少一些不必要的开支与费用,并努力开拓其他方面的收入,取得了较好的效果,1996年实现利润总额1.41亿元,比上年增长143%。

二、旅游景点吸引力下降

旅游景点在深圳旅游业中一直扮演重要角色,其发展直接对旅游业兴衰成败产生重大影响。1990年锦绣中华的开业,在国内外产生了巨大的反响,有力地推动了当时处于低谷中的深圳旅游业。此后兴建的"民俗文化村"、"世界之窗"、"野生动物园"也以其特有的文化氛围,吸引了大批观光者,取得了良好的经济效益和社会效果。但近年来,各大景点也呈衰退之势,对旅游者的吸引力开始下降。1996年十大景点接待游客825.96万人,比上年同期下降

12.5%；经济效益也首次出现下降，1996 年营业收入为 7.6 亿元，下降 6.2%；利润总额 1.97 亿元，下降 2%。

三、旅行社稳步发展，但效益下降

随着全市经济保持快速增长，居民生活水平日益提高，收入增长较快，对生活质量也提出了越来越高的要求，休闲度假旅游已成为居民生活的一个重要内容。1996 年人均旅游支出达 296 元，比上年增长 38.5%。近几年来，国家实行新的出入境政策，放宽出国限制，简化了以往繁琐的手续，居民出国旅游已成为新的热点。对此，各旅行社亦不失时机地进行广告宣传，推出一批新颖价廉的旅游线路，吸引了大批本市居民观光旅游。1996 年旅行社出境人数达 7.5 万人次，增长 19%。

但是，旅行社经济效益却并未出现同步增长，反而出现下降的局面。1996 年旅行社、旅游公司营业收入 7.4 亿元，比上年增长 9%，而利润总额 0.2 亿元，下降 29%，利润率由 1995 年的 4.1%降至 2.7%，下降 1.4 个百分点。由于近年来旅行社发展较快，到 1996 年已达 46 家，一些非旅游行业的单位也建立了类似于旅行社性质的机构，致使旅行社之间竞争十分激烈。某些旅行社为吸引游客不惜大幅降低价格，对那些网点多、服务设施齐全、水平较高，但费用大、报价高的大旅行社造成较大的冲击。但由于其服务水平未能跟上，损害了游客的利益，一度使旅游业成为投诉热点。少数非法旅行社也对旅游市场造成了较大的损害，因而各旅行社普遍感到生意难做，利润总额也较上年出现较大的降幅。

深圳旅游业对全市经济发展具有重要作用。作为一个综合性较强的行业，旅游业直接促进商业、交通、餐饮、文化娱乐等相关产业的发展，并为其提供大量的就业机会。深圳旅游业的兴旺，也带动这些相关行业进一步走向繁荣。

深圳作为全国最早实行改革开放的城市，市场经济十分发达，经济实力不断增长。深圳也是全国唯一拥有海陆空口岸的城市，是通往香港的主要通道，大力发展旅游业，具有得天独厚的优势，主要有：

经济体制、管理人才的优势。深圳作为一个新兴的移民城市，由昔日一落后的小镇直接发展而来。由于旧有的经济体制影响较小，人们开放改革的意识较为浓厚，在先行一步的条件下，经过十多年建设，积累了丰富的经验和教训，在市场经济体制进一步完善和向国际惯例靠拢及人才管理方面具有较大的优势。

无可比拟的地理位置优势。深圳与香港仅一线之隔，往返方便。深圳是拥有海陆空口岸的城市，口岸齐全，口岸政策和管理水平优于内地。

拥有较为完善的旅游及娱乐设施。深圳不仅拥有一批全国著名观光景点及旅游胜地，住宿设施齐全，娱乐设施也相应完备。拥有一百多家影剧院，近千家卡拉 OK 歌舞厅，多家高尔夫球场、保龄球馆、健身房等。各类大中型餐厅一应俱全，川、粤、京、湘及日韩各式风味应有尽有，价格从高到低，适合不同人士需求。

邮电通讯和信息业的发达，也为发展旅游业创造了条件。但是，在看到各种优势的同时，也应看到各种不利因素。首先是旅游资源缺乏。新的旅游项目建设缓慢，旧的旅游景点老化，出现旅游人数下滑的现象；其次，快捷、方便的交通也对旅游业带来冲击。由于近年来深圳交通建设很快，特别是广深高速公路、准高速铁路、京九铁路、深汕高速公路的开通，尽管加强了深港与内地的交流与沟通，但另一方面，也使香港同胞加快了出关速度，从而使之在深停留时间进一步缩短；再次，由于深圳在政策方面不再具有优势，加上地价、劳动力等成本上涨，外来投资已出现内迁的趋势，来深从事经贸活动的外商减少，对深圳旅游业产生了一定的影响。

1997 年，全国经济将保持快速增长，香港即将回归祖国及党的十五大的召开，将为深圳“九五”期间二次创业打下良好的基础。1997

年是中国旅游年,也为深圳旅游业走出低谷,继续发展创造了良机。旅游部门应抓住这一历史机遇,扬长避短,发挥产业优势寻求新的突破,具体应做到以下几点:

做好规划工作,加强宏观调控。当前深圳宾馆、酒店过多过滥,已是不争的事实。由此而引发的恶性竞争,造成了严重后果。而这一现象又已开始在旅行社出现。因此,有关部门应做好规划,停止兴建宾馆、酒店,限制新的旅行社开业,同时加强行业管理,采取加大对违法经营企业查处力度,对旅行社重新审核制度,取消星级酒店终身制等措施,规范市场,优化旅游环境。

充分发挥地理优势及政策优势。深圳具有毗邻香港这一无可比拟的地理优势以及“七十二小时”免签证这一政策优势。当前香港旅游业发展较快, 1996 年接待外国游客达 1170 万人,如有一成来深亦可达 100 多万人。因此深圳旅游市场潜力很大,应积极开拓这一市场,将潜在游客变成实在的游客。

抓好旅游资源开发,增加和完善新的旅游景点, 特别是“水上乐园”、“海洋公园”、“邵氏中影城”等景点建设工作,形成深圳湾、大小梅沙、西丽湖三大各具特色的旅游休闲渡假区。

进一步做好旅游宣传工作。紧紧围绕'97中国(深圳)旅游年, 以迎接香港回归为主题,展开各种大型纪念活动,努力提高知名度,争取使深圳成为首批全国重点旅游城市。

(经贸统计处供稿,执笔:梁达军)

实际利用外资及构成

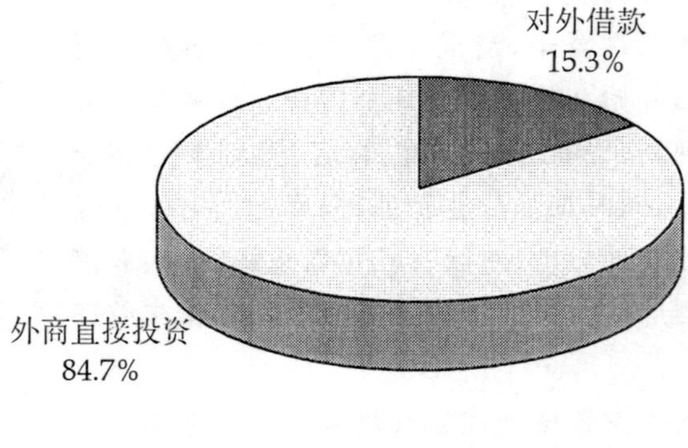

1996年实际利用外资构成

出口贸易总额（亿美元）

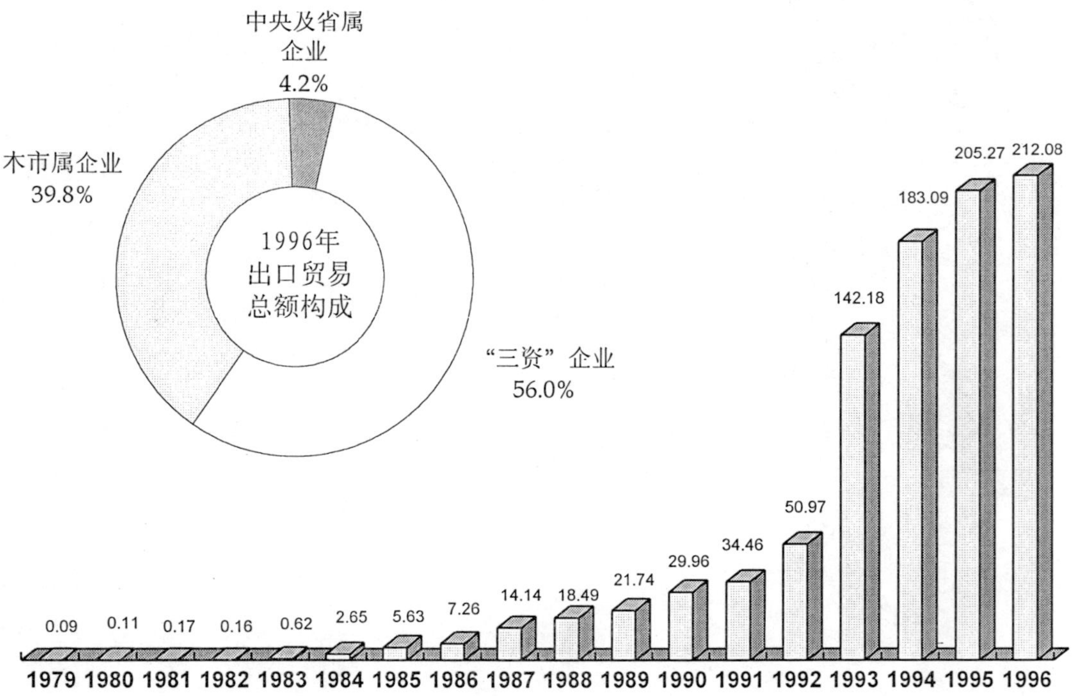

接待过夜国际旅游人数（万人）

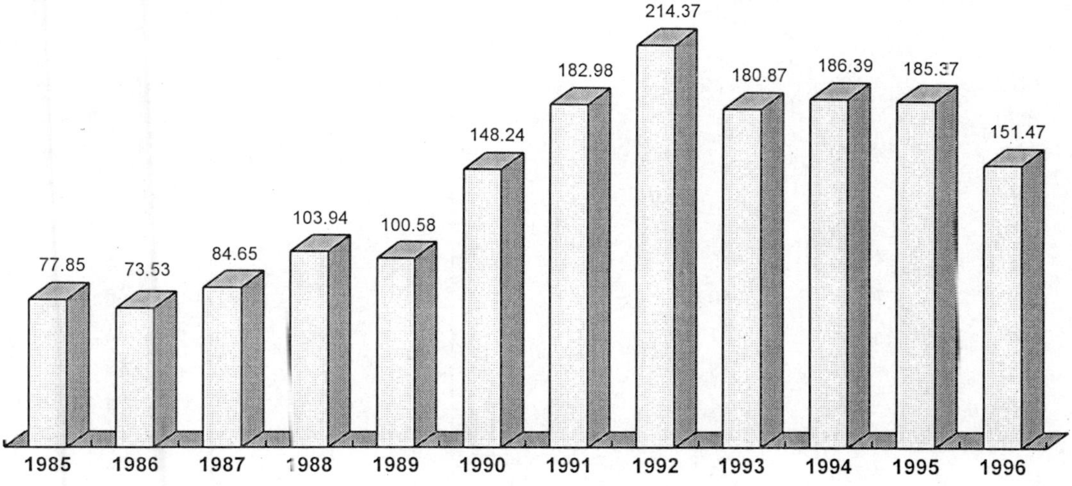

宾馆、酒店、度假村开房率

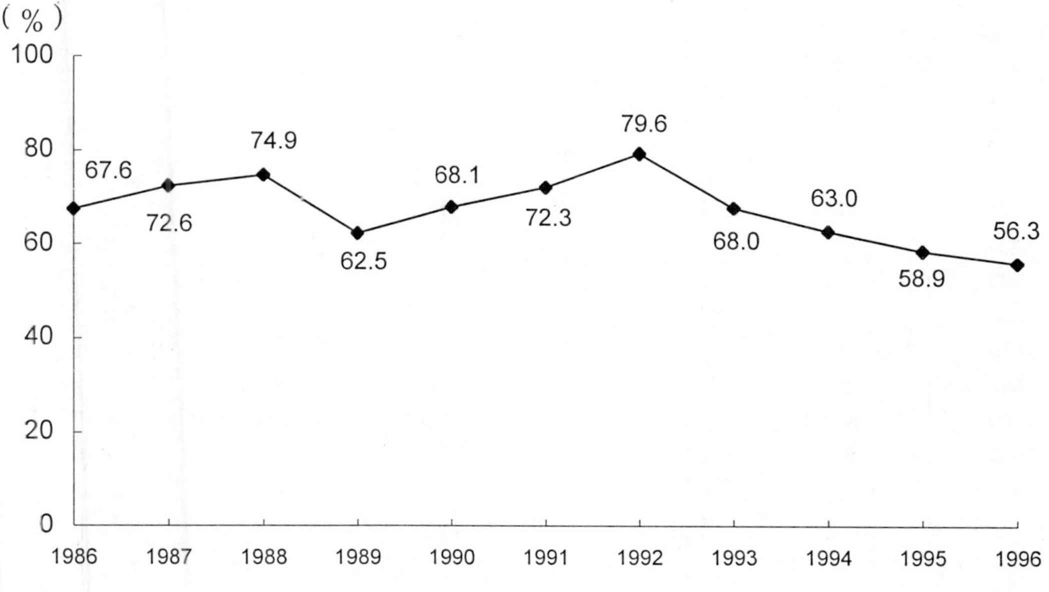

表 10－1　利用外资签订协议(合同)项目

单位:项

年　份	总　计	一、按投资方式分						
		(一)对外借款	1.外国政府贷款	2.国际金融组织贷款	3.买方信贷	4.中行统筹境外借款	5.地方、部门直接从境外借入	6.对外发行债券、股票
全　市								
1979	169							
1980	303							
1981	578							
1982	577							
1983	878							
1984	988	5					5	
1985	1 203	40					40	
1986	454	31					31	
1987	334	13					13	
1988	694	4					4	
1989	711	5					5	
1990	796	6					6	
1991	986	6					6	
1992	1 561	1					1	
1993	3 257	2					2	
1994	2 223	2					1	1
1995	1 638	5					5	
1996	999							
累　计	**18 349**	**120**					**119**	**1**
特　区								
1980	142							
1981	318							
1982	347							
1983	739							
1984	555	5					5	
1985	605	40					40	
1986	414	31					31	
1987	298	13					13	
1988	622	4					4	
1989	620	5					5	
1990	602	6					6	
1991	734	6					6	
1992	1 077	1					1	
1993	2 231	2					2	
1994	1 503	2					1	1
1995	909	5					5	
1996	667							

表10－1续表1　　单位:项

年　份	一、按投资方式分							
	(二)外商直接投资	1.合资经营	2.合作经营	3.独资经营	(三)外商其他投资	1.国际租赁	2.补偿贸易	3.加工装配
全　市								
1979	37	7	30		132		1	131
1980	33	4	24	5	270			270
1981	70	13	39	18	508			508
1982	66	11	47	8	511		2	509
1983	253	92	149	12	625		3	622
1984	334	188	134	12	649	1	5	643
1985	282	192	73	17	881			881
1986	224	152	64	8	199	3	2	194
1987	310	231	62	17	11	6	1	4
1988	591	443	93	55	99	13		86
1989	647	473	94	80	59	14		45
1990	757	434	100	223	33	3		30
1991	951	534	122	295	29	5		24
1992	1 553	822	227	504	7	2		5
1993	3 255	1 735	358	1 162				
1994	2 221	1 049	208	964				
1995	1 633	764	109	760				
1996	999	491	38	470				
累　计	**14 216**	**7 635**	**1 971**	**4 610**	**4 013**	**47**	**14**	**3 952**
特　区								
1980	19	4	12	3	123			123
1981	67	13	36	18	251			251
1982	61	10	43	8	296		2	294
1983	232	88	134	10	507		2	505
1984	331	188	131	12	219	1	2	216
1985	253	180	57	16	312			312
1986	190	134	49	7	193	3	1	189
1987	275	213	45	17	10	6	1	3
1988	520	408	62	50	98	13		85
1989	556	442	58	56	59	14		45
1990	563	374	35	154	33	3		30
1991	699	477	61	161	29	5		24
1992	1 069	667	91	311	7	2		5
1993	2 229	1 426	159	644				
1994	1 501	852	139	510				
1995	904	507	46	351				
1996	667	394	21	252				

表 10－1 续表 2　　单位:项

年　份	二、按国民经济行业分（原行业） 1.农、林、牧、渔水利业	2.工　业	3.地质普查和勘探业	4.建筑业	5.交通运输、邮电通讯业	6.商业、饮食业、物资供销仓储业	7.房地产、公用事业、居民和咨询服务业
全　市							
1979	6	112			3	5	3
1980	8	243			4	10	14
1981	9	321			5	5	28
1982	3	457			1	25	8
1983	19	714			15	87	21
1984	14	148			15	117	31
1985	10	164			8	84	15
1986	6	172		3	1	20	14
1987	7	303				1	10
1988	5	646		4	5	12	11
1989	5	666			3	12	10
1990	3	766		2	3	6	3
1991	5	908		3	6	22	30
1992	6	1 464		2	8	20	51
1993	10	2 836	4	18	23	115	205
1994	6	1 815	1	20	16	168	135
1995	5	1 377		10	15	104	59
1996	10	858		7	8	53	30
累　计	**137**	**13 970**	**5**	**69**	**139**	**866**	**678**
特　区							
1980	4	101			4	10	10
1981	6	209			5	5	26
1982	2	301			1	25	8
1983	5	598			14	84	20
1984	10	148			15	117	31
1985	9	137			8	84	14
1986	2	143		3		20	14
1987	2	272				1	10
1988	2	580		4		12	11
1989	3	578			3	12	9
1990	2	574		2	3	6	2
1991	2	659		3	3	22	30
1992	5	984		1	6	20	49
1993	8	1 854	4	17	8	103	182
1994	5	1 125	1	19	14	156	122
1995	1	709		11	15	81	58
1996	7	546		7	5	47	28

表 10－1 续表 3　　单位:项

年份	二、按国民经济行业分(原行业)					
	8.卫生、体育和社会福利事业	9.教育、文化艺术和广播电视事业	10.科研和综合技术服务业	11.金融、保险业	12.国家机关、政党机关、社会团体	13.其他行业
全市						
1979						40
1980						24
1981						210
1982						83
1983						22
1984						663
1985						922
1986	1	2	1	1		233
1987				7		6
1988				4		7
1989		4	4			7
1990	1		5			7
1991		2	2	6		2
1992		4	4	1		1
1993	6	1	5	1		33
1994	5	8	33	1		15
1995	19	4	31	1		13
1996	8	3	11	2		9
累计	**40**	**28**	**96**	**24**		**2 299**
特区						
1980						13
1981						67
1982						20
1983						18
1984						234
1985	1					253
1986		2	1	1		227
1987				7		6
1988				4		6
1989	1	4	4			7
1990			5			7
1991		2	2	6		2
1992		4	4	1		1
1993	6	1	4	1		30
1994	4	8	33	1		15
1995	18		7			4
1996	7	2	7	2		9

表 10－1 续表 4　　单位:项

年份	三、按国别(地区)分							
	香港、澳门	台湾	新加坡	韩国	日本	泰国	澳大利亚	马来西亚
全市								
1986	387		6		28	1	1	
1987	284		8		25	2	2	
1988	610	8	10		24			3
1989	630	25	2		16	1	2	
1990	699	45	5		12	2	2	1
1991	885	36	8	3	17	3	1	
1992	1 330	88	20	5	16	8	6	3
1993	2 834	154	24	8	27	15	14	5
1994	1 885	124	29	8	25	8	7	3
1995	1 288	100	26	14	36	11	9	6
1996	760	85	15	11	15	4	6	6
特区								
1986	350		6		25	1	1	
1987	252		7		23	1	2	
1988	546	7	9		21			3
1989	542	24	1		15	1	2	
1990	519	36	5		12	2	1	1
1991	642	32	7	2	17	2	1	
1992	888	60	18	3	14	8	6	3
1993	1 921	78	18	4	23	15	10	3
1994	1 270	60	20	3	17	8	4	2
1995	713	38	18	7	25	4	4	2
1996	502	45	11	6	12	3	4	4

表 10－1 续表 5　　单位:项

年份	三、按国别(地区)分							
	美国	加拿大	德国	法国	英国	瑞士	荷兰	其他
全市								
1986	12	2	1	5	5	1	2	3
1987	10			1	1			1
1988	31	1	2	1	2			2
1989	16	2	1	9			1	6
1990	16	2		1	2	3		6
1991	18	2	2	3	2	1	1	4
1992	57	8	1	2	5		1	11
1993	104	22	2	4	16	2	3	23
1994	74	10	5	3	19		1	22
1995	71	9	3	1	18	2	4	40
1996	42	7	3	4	14	1	2	24
特区								
1986	12	2	1	5	5	1	2	3
1987	10			1	1			1
1988	28	1	2	1	2			2
1989	16	2	1	9			1	6
1990	13	2		1	2	3		5
1991	18	2	2	3	1	1	1	3
1992	52	8	1	2	3		1	10
1993	99	19	1	2	11	2	3	22
1994	65	8	5	3	19		1	18
1995	50	9	2	1	13	2		16
1996	37	6	3	3	12	1	1	17

表10-2　协　议　利　用　外　资　额

单位:万美元

年　份	总　计	一、按投资方式分						
		(一)对外借款	1.外国政府贷款	2.国际金融组织贷款	3.买方信贷	4.中行统筹境外借款	5.地方、部门直接从境外借入	6.对外发行债券、股票
全　市								
1979	2 984							
1980	27 122							
1981	86 360							
1982	18 028							
1983	33 451							
1984	64 564	1 962					1 962	
1985	102 647	19 320					19 320	
1986	51 360	22 474					22 474	
1987	64 893	7 812					7 812	
1988	48 739	4 500					4 500	
1989	48 904	576					576	
1990	69 344	1 062					1 062	
1991	115 158	5 038					5 038	
1992	251 774	1 188					1 188	
1993	497 737	800					800	
1994	298 649	15 521					521	15 000
1995	359 654	13 347					13 347	
1996	168 000							
累　计	**2 309 368**	**93 600**					**78 600**	**15 000**
特　区								
1980	21 881							
1981	85 705							
1982	17 574							
1983	28 728							
1984	57 564	1 962					1 962	
1985	97 485	19 320					19 320	
1986	49 581	22 474					22 474	
1987	62 291	7 812					7 812	
1988	43 065	4 500					4 500	
1989	39 951	576					576	
1990	51 601	1 062					1 062	
1991	89 323	5 038					5 038	
1992	182 415	1 188					1 188	
1993	377 575	800					800	
1994	207 060	15 521					521	15 000
1995	237 741	13 347					13 347	
1996	120 692							

表 10－2 续表 1　　单位:万美元

年份	一、按投资方式分							
	(二)外商直接投资	1 合资经营	2. 合作经营	3. 独资经营	(三)外商其他投资	1. 国际租赁	2. 补偿贸易	3. 加工装配
全市								
1979	1 790	851	939		1 194		419	755
1980	23 966	1 021	13 966	8 979	3 156			3 156
1981	86 360	442	72 636	13 282				
1982	17 546	643	14 498	2 405	482			482
1983	29 355	8 052	17 605	3 698	4 096		35	4 061
1984	53 342	21 240	31 704	398	9 260	40	49	9 171
1985	79 323	18 544	58 046	2 733	4 004			4 004
1986	24 396	9 776	13 189	1 431	4 490	284	244	3 962
1987	56 675	10 993	7 370	38 312	406	387	3	16
1988	43 021	25 163	9 310	8 548	1 218	1 014		204
1989	46 945	25 120	11 501	10 324	1 383	404		979
1990	67 899	18 869	16 099	32 931	383	345		38
1991	108 611	35 419	23 072	50 120	1 509	917		592
1992	249 496	75 010	65 597	108 889	1 090	800		290
1993	496 937	211 828	71 588	213 521				
1994	283 128	92 731	47 632	142 765				
1995	346 307	125 589	63 561	157 157				
1996	168 000	99 879	26 192	41 929				
累计	**2 183 097**	**731 170**	**564 505**	**837 422**	**32 671**	**4 191**	**750**	**27 710**
特区								
1980	20 855	1 021	11 553	8 281	1 026			1 026
1981	85 705	442	71 981	13 282				
1982	17 316	518	14 393	2 405	258			258
1983	26 822	7 134	17 298	2 390	1 906		35	1 871
1984	53 326	21 240	31 688	398	2 276	40	21	2 215
1985	76 322	17 961	57 232	1 129	1 843			1 843
1986	22 716	9 312	12 101	1 303	4 391	284	200	3 907
1987	54 078	10 494	5 272	38 312	401	387	3	11
1988	37 351	24 217	5 462	7 672	1 214	1 014		204
1989	37 992	23 678	8 075	6 239	1 383	404		979
1990	50 156	16 351	9 926	23 879	383	345		38
1991	82 776	32 084	18 520	32 172	1 509	917		592
1992	180 137	63 732	45 502	70 903	1 090	800		290
1993	376 775	184 140	47 664	144 971				
1994	191 539	69 994	38 022	83 523				
1995	224 394	95 566	40 017	88 811				
1996	120 692	76 174	18 306	26 212				

表 10－2 续表 2　　　　单位:万美元

年　　份	二、按国民经济行业分(原行业)						
	1.农、林、牧、渔水利业	2.工　业	3.地质普查和勘探业	4.建筑业	5.交通运输、邮电通讯业	6.商业、饮食业、物资供销仓储业	7.房地产、公用事业、居民和咨询服务业
全　　市							
1979	119	1 163			537	179	538
1980	1 085	10 577			4 883	1 628	4 883
1981	3 454	33 680			15 545	5 182	15 675
1982	213	6 269			3 245	1 082	3 245
1983	1 345	13 145			5 978	2 085	6 042
1984	214	16 936			1 933	27 152	6 349
1985	439	56 558			3 935	13 510	4 928
1986	187	12 197		3 849	102	3 773	4 075
1987	359	54 644				13	2 065
1988	273	36 686		149	899	2 403	3 568
1989	120	37 885			643	3 499	4 939
1990	99	55 931		138	378	5 197	3 802
1991	888	77 756		3 839	1 665	5 742	17 197
1992	2 878	176 536		1 180	8 321	4 724	51 153
1993	378	292 842	293	3 646	37 086	48 641	77 660
1994	263	177 967	7	1 264	1 585	37 774	59 615
1995	438	243 725		4 468	21 376	21 903	51 630
1996	763	123 973		11 905	1 827	12 443	9 200
累　　计	**13 515**	**1 428 470**	**300**	**30 438**	**109 938**	**196 930**	**326 564**
特　　区							
1980	879	8 568			4 883	1 318	4 883
1981	3 317	33 344			15 545	5 130	15 545
1982	108	6 117			3 245	1 049	3 245
1983	20	11 414			5 777	2 036	5 920
1984	198	16 931			1 933	27 152	6 349
1985	324	55 276			3 935	13 510	3 32[illegible]
1986	132	10 674		3 849		3 773	4 07[illegible]
1987	138	52 263				13	2 06[illegible]
1988	112	32 017		149	202	2 403	3 56[illegible]
1989	69	30 007			643	3 499	3 91[illegible]
1990	35	39 032		138	378	5 197	3 02[illegible]
1991	834	51 975		3 839	1 665	5 742	17 19[illegible]
1992	2 390	108 967		1 119	8 321	4 724	49 91[illegible]
1993	353	188 181	293	3 576	36 636	44 151	69 86[illegible]
1994	259	96 260	7	1 148	1 426	34 834	52 96[illegible]
1995	438	137 085		3 202	13 202	21 708	48 61[illegible]
1996	673	80 211		10 654	1 597	11 644	8 53[illegible]

表 10－2 续表 3　　单位:万美元

年份	二、按国民经济行业分(原行业)					
	8.卫生、体育和社会福利事业	9.教育、文化艺术和广播电视事业	10.科研和综合技术服务业	11.金融、保险业	12.国家机关、政党机关、社会团体	13.其他行业
全市						
1979						448
1980						4 066
1981						12 824
1982						3 974
1983						4 856
1984						11 980
1985						23 277
1986	19	16	4	129		27 009
1987				6 000		1 812
1988				4 500		261
1989		300	108			1 410
1990	2 574		123			1 102
1991		669	240	5 038		2 124
1992		3 239	97	1 188		2 458
1993	991	2 900	94	2 100		31 106
1994	628	6 552	1 393	29		11 572
1995	8 625	1 250	1 103	2 170		2 966
1996	2 664	1 750	487	2 301		687
累计	**15 501**	**16 676**	**3 649**	**23 455**		**143 932**
特区						
1980						1 350
1981						12 824
1982						3 810
1983						3 561
1984						5 001
1985						21 116
1986	19	16	4	129		26 910
1987				6 000		1 812
1988				4 500		114
1989		30	108			1 410
1990	2 574		123			1 102
1991		669	240	5 038		2 124
1992		3 239	97	1 188		2 458
1993	991	2 900	72	2 100		28 458
1994	612	6 552	1 393	29		11 572
1995	7 230	1 250	558	2 170		2 283
1996	2 297	1 750	393	2 301		641

表 10－2 续表 4　　单位:万美元

年　　份	三、按国别（地区）分							
	香港、澳门	台　湾	新加坡	韩　国	日　本	泰　国	澳大利亚	马来西亚
全　市								
1986	23 953		5 014		8 790	59	1 285	
1987	16 431		427		10 336	112	85	
1988	33 363	1 407	1 735		6 762			41
1989	40 214	986	328		1 131	2 585	48	
1990	54 729	4 839	3 134		1 058	1 092	550	17
1991	98 476	2 652	693	264	7 987	67	480	
1992	206 231	10 814	2 151	1 174	5 843	416	3 198	1 679
1993	411 673	21 908	2 132	665	7 491	5 284	7 934	392
1994	260 535	12 075	6 996	384	2 692	1 421	184	114
1995	274 815	7 344	7 940	1 926	20 914	978	227	2 024
1996	80 115	3 376	1 847	50 895	1 120	347	340	210
特　区								
1986	22 407		5 014		8 557	59	1 285	
1987	15 035		327		9 301	41	85	
1988	29 421	807	1 690		5 792			[illegible]
1989	31 993	954	28		731	2 585	48	
1990	38 308	4 316	3 134		1 058	1 092	50	[illegible]
1991	74 338	1 646	677	168	7 987	40	480	
1992	144 901	6 209	1 982	524	5 803	416	3 198	[illegible]
1993	302 836	15 255	1 171	361	6 913	5 284	7 189	[illegible]
1994	177 331	7 536	6 012	143	1 427	1 421	115	[illegible]
1995	173 943	2 795	5 241	1 812	17 661	585	89	[illegible]
1996	55 897	2 060	1 399	34 691	992	329	313	[illegible]

表 10－2 续表 5　　单位:万美元

年　份	三、按国别(地区)分							
	美　国	加拿大	德　国	法　国	英　国	瑞　士	荷　兰	其　他
全　市								
1986	1 049	1 202	134	3 364	3 649	2 500	11	350
1987	779			300	23			36 400
1988	3 441	100	1 162	22	603			103
1989	2 290	63	48	249			562	400
1990	1 253	115		8	772	809		968
1991	981	34	210	392	1 700	83	819	320
1992	4 764	4 067	31	111	5 373		5	5 917
1993	18 289	7 245	368	534	7 352	500	175	5 795
1994	8 010	921	222	78	2 421		25	2 571
1995	17 020	426	1 995	3 900	3 641	6	6 315	10 183
1996	3 876	368	357	227	2 493	15	2 659	19 755
特　区								
1986	1 049	1 202	134	3 364	3 649	2 500	11	350
1987	779			300	23			36 400
1988	3 324	100	1 162	22	603			103
1989	2 290	63	48	249			562	400
1990	1 018	115		8	772	809		904
1991	981	34	210	392	1 200	83	819	268
1992	3 994	4 067	31	111	3 611		5	5 884
1993	17 770	7 185	168	324	6 531	500	175	5 665
1994	7 401	733	222	78	2 421		25	2 105
1995	14 990	399	918	3 900	2 661	6	6 315	5 007
1996	3 566	360	196	217	1 999	15	2 659	15 828

表10－3　实际利用外资额

单位:万美元

年份	总计	一、按投资方式分 (一)对外借款	1.外国政府贷款	2.国际金融组织贷款	3.买方信贷	4.中行统筹境外借款	5.地方、部门直接从境外借入	6.对外发行债券、股票
全市								
1979	1 537							
1980	3 264							
1981	11 282							
1982	7 379							
1983	14 394							
1984	23 013	1 962					1 962	
1985	32 925	13 585					13 585	
1986	48 933	10 860					10 860	
1987	40 449	12 436					12 436	
1988	44 429	14 430					14 430	
1989	45 809	15 563					15 563	
1990	51 857	12 360					12 360	
1991	57 988	17 184					17 184	
1992	71 539	25 808					25 808	
1993	143 217	43 762					43 762	
1994	172 959	47 367					32 367	15 000
1995	173 545	42 556					42 556	
1996	242 242	37 177					34 962	2 215
累计	**1 186 761**	**295 050**					**277 835**	**17 215**
特区								
1980	2 657							
1981	9 756							
1982	6 690							
1983	11 841							
1984	22 624	1 962					1 953	
1985	32 427	13 585					13 585	
1986	48 401	10 860					10 860	
1987	39 380	12 436					12 436	
1988	41 439	14 430					14 430	
1989	43 411	15 563					15 563	
1990	47 654	12 360					12 360	
1991	51 252	17 184					17 184	
1992	58 582	25 808					25 808	
1993	111 444	43 762					43 762	
1994	110 783	47 367					32 367	15 000
1995	104 456	42 556					42 556	
1996	170 760	37 177					34 962	2 215

表 10－3 续表 1　　单位:万美元

年　份	一、按投资方式分							
	(二)外商直接投资	1. 合资经营	2. 合作经营	3. 独资经营	(三)外商其他投资	1. 国际租赁	2. 补偿贸易	3. 加工装配
全　市								
1979	548	192	356		989		361	628
1980	2 755	252	1 891	612	509			509
1981	8 618	1 073	5 427	2 118	2 664			2 664
1982	5 771	1 114	3 823	834	1 608		34	1 574
1983	11 316	1 906	6 077	3 333	3 078		177	2 901
1984	18 640	8 008	5 990	4 642	2 411	321	185	1 905
1985	17 989	6 993	10 316	680	1 351			1 351
1986	36 450	5 124	30 241	1 085	1 623	34	156	1 433
1987	27 379	8 489	17 826	1 064	634	405	186	43
1988	28 716	9 644	10 085	8 987	1 283	1 014	152	117
1989	29 252	16 852	7 182	5 218	994	569	290	135
1990	38 994	26 849	4 917	7 228	503	276	129	98
1991	39 875	27 330	5 185	7 360	929	377	348	204
1992	44 879	20 554	8 716	15 609	852	298	244	310
1993	98 900	48 165	15 097	35 638	555	175	94	286
1994	125 046	49 312	21 388	54 346	546		81	465
1995	130 989	33 120	28 003	69 866				
1996	205 065	89 228	26 776	89 061				
累　计	**871 182**	**354 205**	**209 296**	**307 681**	**20 529**	**3 469**	**2 437**	**14 623**
特　区								
1980	2 336	252	1 891	193	321			321
1981	8 414	1 073	5 223	2 118	1 342			1 342
1982	5 750	1 093	3 823	834	940		34	906
1983	11 087	1 777	5 977	3 333	754		91	663
1984	18 437	7 819	5 976	4 642	2 225	321		1 904
1985	17 651	6 939	10 065	647	1 191			1 191
1986	36 080	4 916	30 079	1 085	1 461	34		1 427
1987	26 486	8 176	17 342	968	458	405	15	38
1988	25 870	9 048	7 873	8 949	1 139	1 014	8	117
1989	27 144	16 286	5 716	5 142	704	569		135
1990	34 920	25 975	3 030	5 915	374	276		98
1991	33 487	26 563	2 591	4 333	581	377		204
1992	32 166	19 541	5 568	7 057	608	298		310
1993	67 221	43 274	8 174	15 773	461	175		286
1994	62 870	38 453	8 449	15 968	546		81	465
1995	61 900	27 149	8 092	26 659				
1996	133 583	83 356	11 229	33 998				

表 10－3 续表 2　　　　单位:万美元

年　　份	二、按国民经济行业分(原行业)						
	1.农、林、牧、渔水利业	2.工　　业	3.地质普查和勘探业	4.建筑业	5.交通运输、邮电通讯业	6.商业、饮食业、物资供销仓储业	7.房地产、公用事业、居民和咨询服务业
全　　市							
1979	30	645			31	200	553
1980	65	1 371			65	424	1 175
1981	226	4 738			226	1 467	4 061
1982	148	3 099			148	959	2 656
1983	216	6 013			273	1 809	5 124
1984	57	8 235			881	5 251	4 412
1985	73	6 549			1 457	1 221	7 976
1986	138	31 874		13	416	974	2 965
1987	232	25 216		239	432	387	454
1988	383	28 645		45	917	1 069	4 652
1989	200	27 406		53	1 071	1 530	4 744
1990	28	32 306		6	440	858	5 576
1991	143	34 869		12	894	831	10 835
1992	55	44 056		122	300	807	9 503
1993	94	74 851		54	18 514	3 216	31 664
1994	626	113 192			18 900	6 798	14 220
1995	433	121 125			17 195	2 305	15 982
1996		193 141		30	6 944	11 852	16 970
累　　计	**3 147**	**757 331**		**574**	**69 104**	**41 958**	**143 522**
特　　区							
1980	10	1 015			65	344	1 175
1981	34	1 075			226	1 261	4 061
1982	22	2 820			148	873	2 656
1983		5 200			273	1 149	5 123
1984	38	8 065			881	5 243	4 412
1985	73	6 363			1 457	1 216	7 829
1986	122	31 547		3	413	960	2 965
1987	231	24 444		226	400	387	45[illegible]
1988	39	26 103		45	877	1 063	4 59[illegible]
1989	140	25 148		53	1 071	1 530	4 66[illegible]
1990		28 419		6	195	815	5 57[illegible]
1991	45	28 498		12	894	831	10 56[illegible]
1992	49	31 122		122	300	790	9 50[illegible]
1993	61	43 111		54	18 514	3 216	31 66[illegible]
1994	416	53 161			18 900	6 798	12 2[illegible]
1995	7	59 457			17 195	2 305	15 9[illegible]
1996		122 866		30	6 944	11 838	16 5[illegible]

表 10－3 续表 3　　单位:万美元

年份	二、按国民经济行业分(原行业)					
	8.卫生、体育和社会福利事业	9.教育、文化艺术和广播电视事业	10.科研和综合技术服务业	11.金融、保险业	12.国家机关、政党机关、社会团体	13.其他行业
全　市						
1979						78
1980						164
1981						564
1982						369
1983						959
1984						4 177
1985						15 649
1986		6		8 948		3 599
1987	6	39		10 247		3 197
1988	161	30	20	4 168		4 339
1989		33		10 666		106
1990		34		5 913		6 696
1991	35			9 837		532
1992	13	17		14 008		2 658
1993	500			254		14 070
1994	234	1 445	132	5 751		11 661
1995	10 921	625		4 327		632
1996	1 236	68	550	9 339		2 112
累　计	**13 106**	**2 297**	**702**	**83 458**		**71 562**
特　区						
1980						48
1981						99
1982						171
1983						96
1984						3 985
1985						15 489
1986		6		8 948		3 437
1987	6	39		10 247		2 946
1988	161	30	20	4 168		4 339
1989		33		10 666		106
1990		34		5 913		6 696
1991	35			9 837		532
1992	13	17		14 008		2 658
1993	500			254		14 070
1994	234	1 445	132	5 751		11 661
1995	3 940	625		4 327		618
1996	499	68	550	9 339		2 111

表 10－3 续表 4　　单位:万美元

年　份	三、按国别(地区)分							
	香港、澳门	台　湾	新加坡	韩　国	日　本	泰　国	澳大利亚	马来西亚
全　市								
1986	38 587		11		7 009	13	16	
1987	25 632		247		9 291	32	29	
1988	28 198	316	146		14 567		10	
1989	28 729	1 006	1 177		10 004		166	
1990	26 291	371	897		17 257		723	
1991	32 375	216	339	125	14 265		700	
1992	46 134	475	475		15 806	914	323	117
1993	92 455	4 532	1 197	170	20 822	1 577	155	
1994	125 890	10 671	1 270		18 740	102	645	
1995	105 172	6 954	845		32 067		520	
1996	150 126	13 665	7 525	7 094	29 860	3 381	340	2 024
特　区								
1986	38 055		11		7 009	13	16	
1987	24 563		247		9 291	32	29	
1988	25 769	316	78		14 074		10	
1989	26 601	1 006	1 174		9 749		166	
1990	22 134	371	897		17 226		723	
1991	26 600	216	324	125	13 835		392	
1992	33 673	331	475		15 773	914	323	117
1993	65 734	320	1 197		20 332	1 577	65	
1994	74 234	2 453	1 191		18 135	102	645	
1995	54 392	89	545		29 447			
1996	95 086	2 039	6 806	3 006	32 770	3 381	207	2 024

表 10－3 续表 5　　单位:万美元

年份	三、按国别(地区)分							
	美国	加拿大	德国	法国	英国	瑞士	荷兰	其他
全市								
1986	2 560	200		499	15			23
1987	3 101	899	18	1 194	6			
1988	294	150	201	501	5			41
1989	1 143	16		3 399	112			57
1990	4 011		35	1 112	235	500	337	88
1991	6 963	5		1 668	457		819	56
1992	2 029			3 225	1 109	84	633	215
1993	14 531	450		3 153	64	510	3 511	90
1994	3 371	628	130	2 206	6 662		2 520	124
1995	14 145	194	250	8 963	1 099	2 623		713
1996	10 576	162	911	2 985	1 820	794	125	10 854
特区								
1986	2 560	200		499	15			23
1987	3 101	899	18	1 194	6			
1988	294	150	201	501	5			41
1989	1 131	16		3 399	112			57
1990	3 996		35	1 112	235	500	337	88
1991	6 800	5		1 668	457		819	11
1992	1 934			3 225	885	84	633	215
1993	14 531	450		3 153	64	510	3 511	
1994	2 670	628	130	2 206	5 869		2 520	
1995	6 830	194	250	8 963	1 089	2 623		34
1996	8 444	162	911	2 985	1 621	794	125	10 399

表 10－4　利用外资合同、协议金额、实际利用外资额指数

年　　份	签订合同项目(项)	环比指数(上年＝100)	协议利用外资额(万美元)	环比指数(上年＝100)	实际利用外资额(万美元)	环比指数(上年＝100)
1979	169		2 984		1 537	
1980	303	179.3	27 122	908.9	3 264	212.4
1981	578	190.8	86 360	318.4	11 282	345.6
1982	577	99.8	18 028	20.9	7 379	65.4
1983	878	152.2	33 451	185.6	14 394	195.1
1984	988	112.5	64 564	193.0	23 013	159.9
1985	1 203	121.8	102 647	159.0	32 925	143.1
1986	454	37.7	51 360	50.0	48 933	148.6
1987	334	73.6	64 893	126.3	40 449	82.7
1988	694	207.8	48 739	75.1	44 429	[illegible]
1989	711	102.4	48 904	100.3	45 809	[illegible]
1990	796	112.0	69 344	141.8	51 857	[illegible]
1991	986	123.9	115 158	166.1	57 988	[illegible]
1992	1 561	158.3	251 774	218.6	71 539	123.4
1993	3 257	208.6	497 737	197.7	143 217	[illegible]
1994	2 223	68.3	298 649	60.0	172 959	120.8
1995	1 638	73.7	359 654	120.4	173 545	100.3
1996	999	61.0	168 000	46.7	242 242	139.6

表 10－5 历年进出口总额及指数

年份	绝对值(万美元)			环比指数(上年＝100)			定基指数(1979年＝100)		
	进出口总额	出口总额	进口总额	进出口	出口	进口	进出口	出口	进口
1979	1 676	930	746	100.0	100.0	100.0	100.0	100.0	100.0
1980	1 751	1 124	627	104.5	120.9	84.0	104.5	120.9	84.0
1981	2 807	1 745	1 062	160.3	155.2	169.4	167.5	187.6	142.4
1982	2 534	1 597	937	90.3	91.5	88.2	151.2	171.7	125.6
1983	78 642	6 230	72 412	3 103.5	390.1	7 728.1	4 692.2	669.9	9 706.7
1984	107 247	26 539	80 708	136.4	426.0	111.5	6 399.0	2 853.7	10 818.8
1985	130 632	56 340	74 292	121.8	212.3	92.1	7 794.3	6 059.1	9 958.7
1986	184 696	72 552	112 144	141.4	128.8	151.0	11 020.0	7 801.3	15 032.7
1987	255 784	141 354	114 430	138.5	194.8	102.0	15 261.6	15 199.4	15 339.1
1988	344 277	184 949	159 328	134.6	130.8	139.2	20 541.6	19 887.0	21 357.6
1989	375 259	217 428	157 831	109.0	117.6	99.1	22 390.2	23 379.4	21 157.0
1990	547 110	299 581	247 529	145.8	137.8	156.8	32 643.8	32 213.0	33 180.8
1991	596 716	344 605	252 111	109.1	115.0	101.9	35 603.6	37 054.3	33 795.0
1992	797 729	509 695	288 034	133.7	147.9	114.2	47 597.2	54 806.0	38 610.5
1993	2 820 392	1 421 776	1 398 616	123.4	118.2	130.9	58 734.9	64 780.7	50 541.1
1994	3 498 281	1 830 921	1 667 360	124.0	128.8	119.2	72 831.3	83 437.4	60 245.0
1995	3 876 960	2 052 736	1 824 224	110.8	112.1	109.4	80 697.1	93 533.3	65 908.0
1996	3 905 342	2 120 781	1 784 561	100.7	103.3	97.8	81 262.0	96 619.9	64 458.0
年平均增长率%							**48.3**	**49.8**	**46.3**

注:1.本表1992年以前为市贸发局口径数,“三来一补”只计算工缴费收入；1993年以后为海关口径数,按现行统计方法计算。2.本表指数按可比口径计算。

表 10－6　进　出　口　货　物　总　额

单位:万美元

项　　目	1995年		1996年	
	全　市	特　区	全　市	特　区
进出口货物总额	**3 876 960**	**1 786 868**	**3 905 342**	**1 758 880**
＃用外汇收付贸易	2 379 633	1 471 789	2 370 841	1 505 463
一、出口货物总额	**2 052 736**	**894 089**	**2 120 781**	**910 352**
＃用外汇交易贸易出口	1 315 226	784 720	1 313 109	815 710
按隶属关系分类:				
1.本市属企业	845 224	189 832	843 179	160 902
2.中央、省属企业	122 590	75 664	89 247	54 984
3."三资"企业	1 084 922	628 593	1 188 355	694 466
按贸易方式分类:				
1.一般贸易	244 371	185 756	176 164	122 589
2.补偿贸易	913	346	1 079	713
3.来料加工装配贸易	738 098	109 239	750 232	94 462
4.进料加工贸易	1 050 558	583 177	1 144 986	645 535
5.出料加工贸易	96	96	169	169
6.易货贸易	747	24	274	169
7.其　　他	17 953	15 451	47 877	46 715
二、进口货物总额	**1 824 224**	**892 779**	**1 784 561**	**848 528**
＃用外汇交易贸易进口	1 064 407	687 069	1 057 732	689 753
按隶属关系分类:				
1.本市属企业	685 889	179 636	681 980	187 459
2.中央、省属企业	57 150	42 713	51 478	36 62[illegible]
3."三资"企业	1 081 185	670 430	1 051 103	624 44[illegible]
按贸易方式分类:				
1.一般贸易	100 294	86 204	129 617	114 10[illegible]
2.补偿贸易	133	26	379	3[illegible]
3.来料加工装配贸易	532 315	81 144	515 688	67 96[illegible]
4.进料加工贸易	818 497	461 280	799 195	428 26[illegible]
5.以工缴费补偿期进口的设备	46 645	3 864	41 672	3 44[illegible]
6.租赁贸易	13	13	4 434	4 43[illegible]
7.外商投资企业作为投资进口的设备	179 133	120 000	145 270	86 04[illegible]
8.外商投资企业进口供加工内销产品的料、件				
9.易货贸易	753	375	765	64[illegible]
10.其　　他	146 441	139 873	147 541	143 601

注:本表资料来源:九龙海关,来料加工装配按全值计算。

表 10-7　深圳市同主要国家(地区)进出口货物总额

单位:万美元

国(地区)别	1995年			1996年		
	合计	出口总额	进口总额	合计	出口总额	进口总额
香港	672 718	504 508	168 210	671 290	526 763	144 527
日本	911 722	350 975	560 747	847 845	341 514	506 331
美国	697 308	549 360	147 948	737 861	573 856	164 005
法国	43 655	33 705	9 953	46 216	35 351	10 865
德国	148 335	100 815	47 520	141 734	100 864	40 870
泰国	23 752	7 896	15 856	26 649	7 908	18 741
新加坡	182 926	70 112	112 814	199 389	91 974	107 415
韩国	91 444	18 064	73 380	97 795	18 162	79 633
台湾	426 983	87 236	339 747	414 426	71 681	342 745
澳门	1 710	1 681	29	1 802	1 720	82
澳大利亚	34 403	23 175	11 228	33 347	20 926	12 421
印度尼西亚	26 102	7 200	18 902	25 547	8 831	16 716
马来西亚	48 418	10 631	37 787	55 642	12 174	43 468
英国	86 890	67 859	19 031	95 967	78 119	17 848
意大利	36 474	19 580	16 894	36 657	17 505	19 152
巴西	21 432	10 964	10 468	18 168	8 484	9 684
加拿大	33 483	23 775	9 708	31 317	22 076	9 241

注:本表资料来源:九龙海关统计处。

表10－8　主要商品进口数量

商品名称	单位	1995年		1996年	
		全市	特区	全市	特区
1.汽车	辆	3 332	2 745	2 765	2 381
2.摩托车	辆	3	2	55	5[illegible]
3.录像、放像机	台	505	439	30 862	30 8[illegible]
4.收录音机及组合音响	万台	16.40	1.04	20.26	18.[illegible]
5.家用冰箱	台	1 568	1 350	186	[illegible]9
6.洗衣机(家用)	台	2 816	2 702	492	[illegible]7
7.照相机	架	7 460	103	52 007	1[illegible]26
8.复印机	台	1 538	923	685	541
9.计算机	台	3 228	1 515	1 153	1[illegible]991
10.彩色电视机	万台	5.00	4.89	3.98	3.98
11.成品油	万吨	251.61	217.29	251.90	[illegible]3.27
12.水泥	万吨	9.30	8.11	2.22	1.77
13.钢材	万吨	238.97	153.36	223.14	123.41
14.谷物	吨	597 428	562 834	359 117	349 722
15.食糖	吨	91 021	90 438	20 830	13 872
16.肥料	吨	2 938 945	2 935 282	2 385 688	[illegible] 384 053

注:本表资料来源:九龙海关统计处。

表 10－9　主要商品出口数量

商品名称	单位	1995年		1996年	
		全市	特区	全市	特区
1.肉用活猪	万头	14.70	10.77	14.70	10.55
2.活家禽	万只	2 054	1 692	2 054	1 676
3.活鲜鱼	吨	20 130	5 278	25 936	5 135
4.棉纱线	吨	5 807	3 802	5 147	3 266
5.棉布	万米	22 177	18 582	21 277	17 595
6.涤棉布	万米	4 829	3 917	3 710	2 901
7.服装	万美元	163 552	78 725	112 345	76 291
8.电视机(彩电)	万台	255.05	151.19	307.54	158.65
9.收录音机及组合音响	万台	8 015.21	2 305.77	4 299.63	1 596.48
10.电话机	万部	4 491.21	1 515.02	4 701.98	1 830.34
11.自行车	万辆	252.47	197.61	217.03	139.08
12.鲜虾	吨	67	39	326	302
13.沙石	万吨	135.73	80.28	163.06	89.42

注:本表资料来源:九龙海关统计处。

表 10－10　对外承包工程和劳务合作

项目	单位	合计		一、承包工程		二、劳务合作	
		1995年	1996年	1995年	1996年	1995年	1996年
合同份数	份	49	36	3	14	46	22
合同金额	万美元	4 099	1 591	2547	1 133	1 552	458
营业额	万美元	2 134	2 995	714	2 143	1 420	851
派出人次	人次	1 635	895		500	1 635	395
年末在国外人数	人	1 841	1 781		398	1 841	1 383

表 10－11　对外承包工程和劳务合作分国别(地区)统计

国别(地区)	1995年 签订合同情况 合同份数(份)	1995年 签订合同情况 合同额(万美元)	1995年 营业额(万美元)	1995年 派出人次(人次)	1995年 年末在外人数(人)	1996年 签订合同情况 合同份数(份)	1996年 签订合同情况 合同额(万美元)	1996年 营业额(万美元)	1996年 派出人次(人次)	1996年 年末在外人数(人)
合　　计	**49**	**4 099**	**2134**	**1 635**	**1 841**	**36**	**1 591**	**2 995**	**895**	**1 781**
一、承包工程	3	2 547	714			14	1 133	2 143	500	398
1.香　港	2	2 455	668			14	1 133	2 143	500	398
2.美　国										
3.孟加拉国	1	92	46							
二、劳务合作	46	1 552	1 420	1 635	1 841	22	458	851	395	1 383
1.香　港	30	1 283	1 255	1 487	1 519	14	425	670	345	1 09[illegible]
2.新加坡	1	45	19	6	10			14		[illegible]
3.马来西亚								23	43	4[illegible]
4.日　本	4	39	25	11	25	1	6	27		[illegible]
5.汤　加										
6.美　国										
7.澳　门	2	60	20	41	47			21		[illegible]
8.阿联酋						2	7	5	6	6
9.荷　兰										
10.坦桑尼亚										
11.孟加拉										
12.越　南	5	21	5	10	16	1	2	7	1	12
13.波　兰										
14.老　挝										
15.韩　国	2	8	9	30	60	3	14	17		31
16.加拿大										
17.其　它	2	96	87	50	164	1	4	67	43	192

表 10－12　接待旅游人数及旅游外汇收入

项　目	单　位	1990 年	1991 年	1992 年	1993 年	1994 年	1995 年	1996 年
一、过夜国际旅游人数	**万人**	**148.24**	**182.98**	**214.37**	**180.87**	**186.39**	**185.37**	**151.47**
外国人	万人	9.32	10.84	16.98	20.41	31.07	35.32	30.91
华侨	万人	0.68	1.66	1.29	2.73	2.58	1.10	1.37
港澳同胞	万人	131.94	163.74	183.14	144.42	139.75	131.41	101.48
台胞	万人	6.30	6.74	12.96	13.31	12.99	17.54	17.71
二、过夜国内旅游人数(宾馆部分)	**万人**	**314.97**	**442.41**	**497.77**	**435.79**	**373.32**	**357.27**	**360.55**
三、旅游外汇收入	**万美元**	**20 933**	**20 911**	**39 100**	**39 128**	**48 821**	**63 633**	**58 384**
(一)商品性收入	万美元	11 389	9 410	14 774	15 068	17 483	20 574	21 489
1.商品销售收入	万美元	6 794	3 517	3 495	5 675	7 054	8 493	9 730
2.饮食销售收入	万美元	4 595	5 893	11 279	9 393	10 429	12 081	11 759
(二)劳务性收入	万美元	9 544	11 501	24 326	24 060	31 338	43 059	36 895
1.长途交通费	万美元	827	747	1 551	3 265	428	734	9 069
2.旅行社费用	万美元	411	866	602	368	10 461	13 897	778
3.住宿费	万美元	4 235	5 132	10 923	9 157	7 725	12 631	12 141
4.市内交通费	万美元	220	196	1 609	1 714	2 158	2 897	2 421
5.邮政电讯费	万美元	1 405	2 421	1 681	2 007	1 424	2 418	1 619
6.文化娱乐费	万美元	1 384	1 428	5 127	5 664	6 420	7 092	6 003
7.其他费	万美元	1 062	711	2 833	1 885	2 722	3 390	4 864
四、宾馆、酒店、度假村开房率	%	**68.1**	**72.3**	**79.6**	**68.0**	**63.0**	**58.9**	**56.3**

表 10－13　过夜外国人按国别分

单位：人

国别	1990 年	1991 年	1992 年	1993 年	1994 年	1995 年	1996 年
合计	**93 175**	**108 379**	**169 818**	**204 104**	**310 751**	**353 152**	**309 126**
日本	28 203	32 503	38 747	60 851	80 336	89 555	83 203
菲律宾	2 553	1 946	2 116	3 157	3 661	3 167	3 134
新加坡	6 443	8 727	18 034	19 115	20 891	17 151	19 024
泰国	3 962	6 570	7 179	5 791	5 711	6 901	8 550
印度尼西亚	1 617	2 367	9 175	8 280	9 439	8 467	12 688
英国	5 209	6 064	8 058	9 931	13 772	13 361	10 820
法国	3 277	1 954	4 425	3 253	4 241	3 439	4 265
德国	1 496	1 360	2 063	1 938	3 504	3 026	5 234
意大利	1 271	766	1 621	1 804	3 312	2 390	2 163
美国	13 374	14 963	23 075	26 486	46 760	47 217	39 173
加拿大	3 809	3 753	6 855	5 376	7 000	6 297	6 939
澳大利亚	1 985	2 326	4 311	3 981	5 906	5 242	6 205
新西兰	430	364	552	812	1 274	750	993
独联体	367	795	708	466	814	432	656
韩国		951	4 277	5 129	7 078	10 899	32 015
马来西亚		3 032	12 220	15 723	11 909	19 081	24 430
其他	19 179	19 938	26 402	32 011	85 143	115 777	49 634

表 10－14 旅游部门经营情况

(1996年)

指标	单位	合计	一类旅行社	二类旅行社	三类旅行社	宾馆、酒店	旅游点
营业收入	万元	539 836	51 289	17 316	4 126	390 273	76 832
营业成本	万元	187 957	45 016	13 478	3 647	96 473	29 342
营业费用	万元	178 817	2 166	1 658	290	166 856	7 847
营业税金及附加	万元	23 799	347	235	27	20 479	2 711
经营利润	万元	149 263	3 760	1 945	162	106 465	36 932
管理费用	万元	107 216	3 291	1 222	325	88 432	13 945
财务费用	万元	19 585	34	522	－4	15 805	3 228
营业利润	万元	22 463	435	200	－159	2 229	19 758
投资收益	万元	5 774	520	98	85	4 869	202
营业外收支差	万元	7 561	506	230	76	6 997	－248
利润总额	万元	35 798	1 461	528	2	14 094	19 712
年末固定资产原值	万元	937 974	11 405	8 363	1 974	783 879	132 353
年末固定资产净值	万元	651 757	7 533	4 785	1 773	545 449	92 218
年末职工人数	人	52 637	1 296	498	30	4 512	5 689

表 10－15　主要宾馆(酒店)住宿设施及开房率

宾馆(酒店)名称	开业时间	企业经济类型	客房(间)	床位(张)	开房率(%)
合　计			**23 817**	**46 145**	**56.3**
五星级(5 家)			**2 212**	**3 451**	**63.5**
阳光酒店	1991	外商投资经济	371	514	83.43
富临大酒店	1991	外商投资经济	541	859	39.81
香格里拉大酒店	1992	外商投资经济	553	815	75.80
富苑酒店	1994	外商投资经济	351	423	70.40
南海酒店	1986	外商投资经济	396	840	50.73
四星级(4 家)			**1 267**	**2 501**	**63.1**
新都酒店	1988	外商投资经济	350	752	61.47
晶都酒店	1988	国有经济	406	721	50.45
深圳湾大酒店	1985	外商投资经济	308	648	71.49
都之都大酒店	1994	外商投资经济	203	380	79.07
三星级(36 家)			**6 859**	**13 176**	**56.6**
金碧酒店	1989	外商投资经济	311	588	69.10
粤海酒店	1988	外商投资经济	224	349	84.08
竹园宾馆	1981	外商投资经济	190	370	60.01
名都酒店	1988	国有经济	293	458	40.21
罗湖大酒店	1988	外商投资经济	233	455	54.00
雅园宾馆	1984	外商投资经济	96	165	60.04
东湖宾馆	1984	国有经济	97	194	86.01
长安大酒店	1988	国有经济	173	389	48.20
新园大酒店	1984	国有经济	292	574	42.26
永安大酒店	1994	外商投资经济			37.39
帝豪酒店	1991	外商投资经济	110	220	74.29
京鹏宾馆	1985	国有经济	218	470	72.28
环宇大酒店	1991	外商投资经济	240	450	42.96
友谊酒店	1982	国有经济	138	276	78.33
国宾酒店	1991	外商投资经济	235	451	72.23
丰园大酒店	1989	国有经济	120	244	44.57
三九大酒店	1991	国有经济	272	568	51.96

表 10－15 续表 1

宾馆(酒店)名称	开业时间	企业经济类型	客房(间)	床位(张)	开房率(%)
丽都酒店	1991	外商投资经济	265	458	81.13
远东大酒店	1991	外商投资经济	306	612	68.40
小梅沙旅游中心	1986	私营经济	283	606	35.67
联城酒店	1989	外商投资经济	92	180	61.85
海燕大酒店	1992	外商投资经济	284	525	72.19
港龙大酒店	1992	外商投资经济	299	464	57.40
凯悦大酒店	1994	外商投资经济	123	123	83.33
大梅沙海滨度假村	1994	国有经济	76	144	20.80
格兰云天大酒店	1987	外商投资经济	151	286	83.01
银湖旅游中心	1984	国有经济	133	299	69.86
长城大酒店	1991	外商投资经济	138	285	70.08
香蜜湖度假村	1983	外商投资经济	220	440	40.27
西丽大酒店	1988	国有经济	225	425	70.11
田心酒店	1991	外商投资经济	99	204	55.53
西丽湖度假村	1979	国有经济	335	700	20.82
海景酒店	1993	国有经济	179	369	53.44
石岩湖度假村	1982	国有经济	300	640	26.67
上川皇宫半岛酒店	1993	外商投资经济	75	119	51.05
恒丰服务中心	1994	外商投资经济	34	76	87.42
二星级(35 家)			**3 973**	**8 337**	**63.1**
航空大酒店	1987	国有经济			48.10
广信酒店	1984	国有经济	173	380	66.07
华中国际酒店	1986	外商投资经济	173	343	63.26
京湖大酒店	1985	外商投资经济	75	151	56.59
蔡屋围大酒店	1984	集体经济	95	187	65.43
新安酒店	1986	国有经济	131	267	17.48
漓江春宾馆	1987	国有经济	93	177	40.04
罗湖宾馆	1985	国有经济	69	138	77.84
西湖宾馆	1987	国有经济			61.41
北国风味大酒楼	1990	国有经济			

表 10－15 续表 2

宾馆(酒店)名称	开业时间	企业经济类型	客房(间)	床位(张)	开房率(%)
深圳酒店	1978	私营经济	80	160	55.07
芙蓉宾馆	1987	国有经济	134	266	88.62
深铁大酒店	1988	国有经济	196	360	62.51
和平酒店	1989	国有经济	75	166	61.51
广深宾馆	1987	国有经济	140	330	53.71
河东宾馆	1990	国有经济	95	184	68.29
凯利宾馆	1990	国有经济	176	352	69.68
华侨旅行社	1953	国有经济	220	440	70.00
大江南酒店	1992	外商投资经济	113	262	50.64
中原宾馆	1984	外商投资经济	39	78	58.07
南洋大酒店	1985	国有经济	184	350	65.74
洪岭大酒店	1982	国有经济	199	388	33.03
江南酒店	1992	国有经济	104	252	52.15
罗芳大酒店	1994	国有经济	53	106	82.91
上海宾馆	1995	外商投资经济	144	285	91.71
北方宾馆	1988	国有经济	82	155	83.31
上林苑酒店	1987	国有经济	111	223	74.36
迪富宾馆	1986	国有经济	159	378	76.29
兴华宾馆	1984	国有经济	85	170	77.00
四川宾馆	1988	国有经济	154	331	58.32
云鹏大酒店	1986	国有经济	65	151	73.11
天地宾馆	1994	国有经济	76	160	41.02
潜龙湾宾馆	1987	集体经济	189	412	60.50
太子宾馆	1983	国有经济	201	502	60.99
艺苑宾馆	1992	国有经济	90	233	48.49
一星级(3 家)			**115**	**255**	**76.6[illegible]**
海虹大酒店	1989	国有经济	59	118	98.08
湖滨大酒店	1984	国有经济	32	69	64.70
金得宾馆	1994	国有经济	24	68	58.2[illegible]

表 10－15 续表 3

宾馆(酒店)名称	开业时间	企业经济类型	客房(间)	床位(张)	开房率(%)
未评星级(164 家)			**9 391**	**18 425**	**50.0**
新王朝酒店	1995	私营经济	138	235	43.17
南方国际大酒店	1989	外商投资经济	84	181	69.00
西苑宾馆	1984	国有经济	87	187	67.00
鸿雁大酒店	1989	国有经济	51	101	59.11
海洋宾馆	1995	国有经济	43	96	48.88
盛华大酒店	1984	国有经济	68	135	60.10
华龙大酒店	1986	外商投资经济			
宝华园宾馆	1984	国有经济	47	121	76.69
建设宾馆	1988	国有经济	87	164	70.61
新华宾馆	1984	国有经济	88	143	61.95
贝岭居宾馆	1987	国有经济	120	231	62.98
穆斯林宾馆	1987	国有经济	170	221	55.56
粤佳宾馆	1984	外商投资经济	50	100	66.55
中兴酒店	1982	国有经济			54.04
西江酒店	1982	国有经济	115	230	14.85
锦湖宾馆	1989	国有经济	100	200	50.56
[illegible]华宾馆	1983	外商投资经济	62	144	59.11
重庆大酒店	1987	国有经济			
深运大酒店	1987	集体经济	48	118	44.76
丰登宾馆	1982	外商投资经济	35	110	34.97
桂山宾馆	1994	外商投资经济			
清溪酒店	1986	国有经济			55.19
桂海宾馆	1984	国有经济	24	63	6.77
海南酒店	1987	国有经济			
湖北宾馆	1983	国有经济	50	90	61.70
龙凤宾馆	1988	国有经济	17	34	65.15
新世界宾馆	1993	国有经济	68	145	47.93
天池宾馆	1987	国有经济	80	160	53.00
龙飞酒店	1989	集体经济	52	131	22.13
荔枝园宾馆	1985	国有经济	98	203	60.30

表 10－15 续表 4

宾馆(酒店)名称	开业时间	企业经济类型	客房(间)	床位(张)	开房率(%)
安华酒店	1987	国有经济			22.99
沈阳宾馆	1995	国有经济	72	180	59.95
望族酒店	1993	外商投资经济	40	110	54.88
金钟酒店	1988	国有经济	32	64	55.31
湖光酒店	1990	私营经济	61	121	49.99
湖溪酒店	1991	集体经济	46	121	45.45
红岭宾馆	1984	国有经济	115	230	68.42
南国宾馆	1988	外商投资经济	51	120	70.06
迎宾馆	1984	国有经济	331	643	45.36
航运宾馆	1990	国有经济	160	310	63.85
金喜宾馆	1992	国有经济	33	81	60.03
大兴酒店	1994	国有经济			
梅州大酒店	1993	国有经济			21.69
水库酒店	1986	国有经济			37.32
新地酒店	1993	私营经济	81	162	78.97
金光大酒店	1993	国有经济	94	187	54.91
东南国际大酒店	1993	国有经济	165	336	44.48
名士酒店	1994	外商投资经济	51	101	71.00
锦苑酒店	1994	国有经济	114	243	55.28
联达酒店	1985	国有经济	17	34	49.58
永通酒店	1994	国有经济	90	180	53.54
日新宾馆	1991	国有经济	53	161	54.0[illegible]
文锦酒店	1993	外商投资经济	45	103	38.9[illegible]
华兴酒店	1992	国有经济			41.6[illegible]
国旅酒店	1995	国有经济			
美伦山庄	1995	集体经济	19	32	61.8[illegible]
银座大酒店	1994	集体经济	100	234	55.2[illegible]
南贸酒店	1990	国有经济			71.2[illegible]
湖贝酒店	1992	集体经济	60	125	45.[illegible]
滨江大酒店	1995	国有经济	100	212	18.[illegible]

表 10－15 续表 5

宾馆(酒店)名称	开业时间	企业经济类型	客房(间)	床位(张)	开房率(%)
核电宾馆	1987	国有经济	45	90	56.30
越华酒店	1987	外商投资经济	104	221	52.23
杏花村酒家	1988	国有经济	60	142	61.49
荔花村宾馆	1985	国有经济	141	329	54.61
湛江宾馆	1988	私营经济			63.70
中贸宾馆	1986	国有经济	99	303	51.58
华海宾馆	1990	国有经济	113	242	58.81
华联宾馆	1991	私营经济	44	88	49.76
洲际大酒店	1991	外商投资经济	213	311	58.89
华强宾馆	1993	国有经济	131	266	50.77
泰宝酒店	1995	国有经济	20	36	41.10
嘉旅宾馆	1989	国有经济	60	120	78.40
[illegible]江宾馆	1995	国有经济	60	96	64.12
新金福酒店	1995	外商投资经济	56	104	53.78
金峰大酒店	1994	国有经济			
华粤宾馆	1994	外商投资经济	25	50	54.77
新世纪酒店	1995	外商投资经济	200	227	84.57
美丽宫大酒店	1996	国有经济	54	125	60.01
庐山宾馆	1981	外商投资经济	48	84	57.39
海上世界	1984	外商投资经济			
南油酒店	1987	外商投资经济	121	229	61.06
华洋宾馆	1990	国有经济	120	224	55.89
新乔宾馆	1989	国有经济	65	130	72.32
[illegible]丰中心	1992	外商投资经济	85	131	73.39
粤海门客舍	1985	国有经济	154	400	43.20
荔山宾馆	1988	国有经济	46	90	35.58
君[illegible]酒店	1994	国有经济	84	192	58.85
森[illegible]酒店	1994	国有经济	14	29	25.42
伟[illegible]酒店	1993	集体经济	29	71	20.68

表 10－15 续表 6

宾馆(酒店)名称	开业时间	企业经济类型	客房(间)	床位(张)	开房率(%)
嘉宝酒店	1995	集体经济	51	84	37.11
新新酒店	1989	国有经济	36	60	25.82
沙井宾馆	1984	集体经济	17	49	46.32
三星酒店	1992	集体经济	22	50	42.24
沙河酒店	1985	集体经济	49	109	36.17
上南酒店	1992	联营经济	23	48	47.53
桂发酒店	1992	国有经济	69	150	34.82
新城市酒店	1992	外商投资经济	42	81	43.23
松乔酒店	1992	集体经济	105	115	28.86
三明酒店	1994	国有经济	162	315	22.25
宝安联华酒店	1992	集体经济	24	48	54.50
羊台山大酒店	1993	集体经济	30	60	36.93
万丰酒店	1987	集体经济	30	60	26.41
新富豪酒店	1993	集体经济	18	38	40.13
新侨酒店	1991	集体经济	46	49	23.18
濠江酒店	1989	集体经济	29	62	51.36
南海酒店	1993	集体经济	30	60	38.5[illegible]
兴都酒店	1991	私营经济	32	64	72.7[illegible]
京华酒店	1994	集体经济	42	84	27.7[illegible]
外经宾馆	1989	集体经济	22	50	30.9[illegible]
福永宾馆	1994	集体经济	50	100	22.[illegible]
新业酒店	1993	私营经济	28	56	21.[illegible]
皇都大酒店	1996	国有经济	63	126	43.[illegible]
宝都酒店	1994	国有经济	30	70	66.[illegible]
宝城华都酒店	1993	集体经济	98	206	56.[illegible]3
宝安新城大酒店	1985	国有经济	47	91	47.[illegible]6
金山酒店	1994	集体经济	26	58	30.[illegible]9
佳豪酒店	1995	国有经济	66	120	52.[illegible]4
平湖华都酒店	1994	国有经济	24	45	11.[illegible]0
泰宝度假村	1996	私营经济	132	204	14.[illegible]4

表 10－15 续表 7

宾馆(酒店)名称	开业时间	企业经济类型	客房(间)	床位(张)	开房率(%)
汇都大酒店	1992	国有经济	50	100	31.01
南澳酒店	1993	集体经济	17	30	69.52
源丰酒店	1993	集体经济	30	45	40.13
南澳大酒店	1993	外商投资经济	78	147	34.04
亨梓大酒店	1992	集体经济	30	70	50.94
横岗大厦	1987	集体经济	56	112	68.84
大鹏酒店	1993	集体经济	38	76	67.26
岭南酒店	1985	国有经济	44	102	35.28
晶都城酒店	1993	国有经济	70	140	65.47
平湖宾馆	1993	集体经济	20	40	54.02
东山大酒店	1993	私营经济	12	20	23.27
横岗宾馆	1992	集体经济	64	128	64.18
爱都酒店	1994	集体经济	58	78	57.71
韦发山庄大酒店	1993	集体经济	27	46	71.18
东鹏酒店	1992	集体经济	26	52	64.11
隶华宾馆	1992	私营经济	48	96	21.85
深圳青少年度假营	1991	国有经济	61	125	20.28
平湖金寿酒店	1994	集体经济	30	60	21.11
深圳龙岗布吉华兴酒家	1992	私营经济	20	40	55.70
银都酒家	1993	外商投资经济	124	237	41.42
华豪酒店	1995	集体经济	25	41	60.20
春艺酒店	1995	私营经济	30	45	48.68
龙都酒店	1994	私营经济	60	110	36.55
龙岗三阳宾馆	1992	私营经济	22	40	36.75
龙岗金龙酒店	1995	私营经济	82	126	19.20
龙岗青叶大饭店	1994	私营经济	28	38	63.68
龙岗唐宫娱乐城	1994	私营经济	44	88	32.42
龙岗彩龙宾馆	1995	私营经济	31	45	48.58
龙岗金鼎大酒店	1994	集体经济	144	150	60.30
溪冲工人休养度假村	1982	集体经济	76	200	22.75

表 10－15 续表 8

宾馆(酒店)名称	开业时间	企业经济类型	客房(间)	床位(张)	开房率(%)
大鹏皇都酒店	1995	私营经济	13	21	36.57
龙岗南天阁酒店	1994	集体经济	27	51	33.39
龙岗华深酒店	1988	国有经济	40	80	59.15
东华宾馆	1985	国有经济	20	40	26.78
天虹酒店	1996	集体经济	25	50	52.34
平茂宾馆	1993	集体经济	32	70	47.37
金怡酒店	1996	集体经济	43	78	45.07
平湖春湖大酒店	1996	外商投资经济	58	87	8.26
金山酒店	1996	集体经济	19	31	50.86
平湖华强宾馆	1994	集体经济	40	85	78.55
天鹅宾馆	1994	国有经济	120	231	62.53
下沙湾旅游中心	1993	集体经济			40.6[illegible]
天王星酒店	1996	集体经济	34	45	47.7[illegible]
深圳溪冲核电专家村	1990	国有经济	109	218	31.13

十一、劳动工资

1996年深圳劳动工资情况

1996年,深圳国民经济保持适度的速度发展,职工队伍相对稳定,职工工资收入有所提高。到1996年末,全市镇以上职工人数为89.13万人,比上年增长0.4%;职工工资总额123.46亿元(含机关事业单位工改补发工资),比上年增长19.4%;职工月人均工资1209元,比上年增长18.2%,扣除物价影响因素,实际增长9.7%。主要特点如下:

一、职工人数相对稳定,就业结构有所变化

1996年,全市职工人数89.13万人,比上年增加0.38万人,增长0.4%,是近几年来增加人数最少、增幅最小的一年,职工人数增长速度趋缓,但职工队伍内部结构有所变化。

(一)国有经济职工比重增加

1996年全市国有经济单位职工41.07万人,比上年增加0.9万人,增长2.2%;集体经济单位职工9.53万人,比上年减少11.3%;其他经济(三资、股份、联营)单位职工38.53万人,比上年增长1.9%。三种经济类型结构比为46:11:43,与上年的45:12:43相比,国有经济比重增加,集体经济比重减少。这是由于:1、国有经济中的房地产业经过一段时间的调整后有所启动,在国民经济稳定发展的带动下和受"九七"香港回归等因素的影响,房地产业有较好的发展,以国有经济为主体的房地产业从业人员增长迅速,该行业国有经济增幅达23.5%;2、随着全市人口的增长和各项基础设施的建设及完善,教育、卫生行业加快发展,新建和扩建的学校、医院增多,使教育、卫生行业的从业人员增加。而集体经济中,由于各区属集体"三来一补"企业在市场竞争和企业转型等问题上未能及时调整和形成相应的就业需求,使集体经济职工减少。

(二)工程技术人员比重增加

从第二产业的职工按劳动岗位分组来看,工程技术人员人数有所增加,达4.3万人,增幅达4.0%,快于全市职工人数的增长速度。第二产业中的工程技术人员占职工的比重从上年的8.0%上升为8.5%。其中,工业的工程技术人员比重从上年的7.7%上升为8.0%;建筑业工程技术人员比重从9.7%上升为11.0%。以上情况表明,在占职工人数比重最大的工业、建筑业中,从事技术工作的人员增加,技术含量提高。

(三)第三产业职工普遍增长,金融保险业尤为突出

随着全市调整产业结构,加强宏观调控,加快第三产业发展等一系列措施的落实,职工在国民经济各行业间的分配有所变化,第三产业普遍得到加强,如金融、房地产、教育、卫生等行业都有较好的发展,职工人数增幅均超过10%。其中,金融保险业增长最快,达24%,是近几年来一直保持较快发展速度的行业。金融保险业作为深圳重点发展的行业正加快发展步伐,逐步成为国民经济的支柱产业。

二、职工工资总额增长趋缓,实际工资收入继续提高

1996年全市职工工资总额的增幅为

19.4%,是近几年来工资总额增长的最低点,比上年26.3%下降了6.9个百分点。

(一)国有经济单位月人均工资增幅最大

各种经济类型单位的职工平均工资增幅均超过居民消费价格指数,实际工资水平有所提高。其中:国有经济单位月人均工资为1385元,比上年增长21.3%,增幅最大;集体经济单位月人均工资722元,比上年增长19.9%;其他经济单位月人均工资1140元,比上年增长12.8%。今年工资水平的提高主要由于:1、工资较高的第三产业增人幅度大,使整体工资水平拉高;2、经营效益较好的企业,特别是重点行业增资;3、为弥补物价影响而增加补贴;4、机关事业单位实施工资改革后的新工资制度和补发上年工调工资也是工资水平提高的重要原因。

(二)各行业职工的工资水平差距继续拉大

国民经济各行业按工资水平由高到低依次排序为:工资水平较高的是金融保险、电力、煤气及水的生产和供应业,月人均工资水平超过2000元,这部分人数占全部职工的4.1%;其次为科研、教育、卫生、机关和交通运输业,工资水平在1500—2000元之间,这部分占职工总数的16.1%;再次是采掘、地质勘查、贸易、房地产、社会服务和其他行业;工资水平在1200—1500之间,占职工总数的23.2%;低于市平均水平(1209元)的是建筑业、制造业和农业(农业仍最低为934元),这部分职工占全部职工的56.6%。1996年,企业间平均工资最高的单位与平均工资最低的单位相比已相差27倍,比上年的18倍又增加9倍;行业间平均工资高低也相差2.6倍,比上年的2.3倍又拉大了距离。

(三)第三产业月人均工资最高,工资水平增幅最大

从三大产业结构看,第一、二产业工资水平增幅小,第三产业工资水平增幅大。第一、二产业职工平均工资分别为934元和975元,增幅是14.6%和11.6%,均低于全市平均水平。第三产业工资水平达1524元,增幅22.8%。上述情况表明:配合产业结构的调整,职工就业结构和工资收入发生显著变化,第三产业的发展使第三产业职工收入显著提高,特别是一些技术含量较高的行业,如科研和综合技术服务业、金融业、教育、卫生业等工资水平及增长速度均高于全市平均水平;改革分配制度后,允许效益不同的企业在分配上有所差别,从而拉开了企业之间的工资差距;部分业务相对独立或垄断的行业在高额利润支配下工资水平较高,增长较快;以劳动密集型企业占较大比例的行业,工资收入较低;机关事业单位调整工资使相应的行业职工工资增幅较大。

三、存在问题及建议

近几年来,各个行业、企业之间的工资差距越拉越大,这种工资收入差距不断加大的趋势和一些企业内部分配的不合理,对低收入行业职工冲击力很大,影响职工的积极性,造成职工队伍不稳定,从而影响该行业或该企业的发展。为此,建议采取一系列对策,包括:

加强和完善对企业工资分配的监督和约束机制,在企业内部形成一种能制约工资增长要求的利益关系,使企业从自身利益考虑也要求把工资增长限制在一定的范围内。同时,建立和完善相应的法律规定,使正常增资机制和约束机制法制化,确保工资增长幅度不超过经济效益的增长幅度。

继续加快产业结构调整,注重发展上档次、上规模、上水平的大型集团企业和高新技术产业,提高第二产业档次,形成科技效益、规模效益,从而提高第二产业职工工资收入。

加强企业工资的宏观调控,包括对经营者收入的管理和对收入过高的重点行业工资总量的控制,充分发挥税收对个人分配的调节作用,缓解职工工资收入差距过大的矛盾。

(社会科技统计处供稿,执笔:陈[illegible]萍)

年末职工人数（万人）

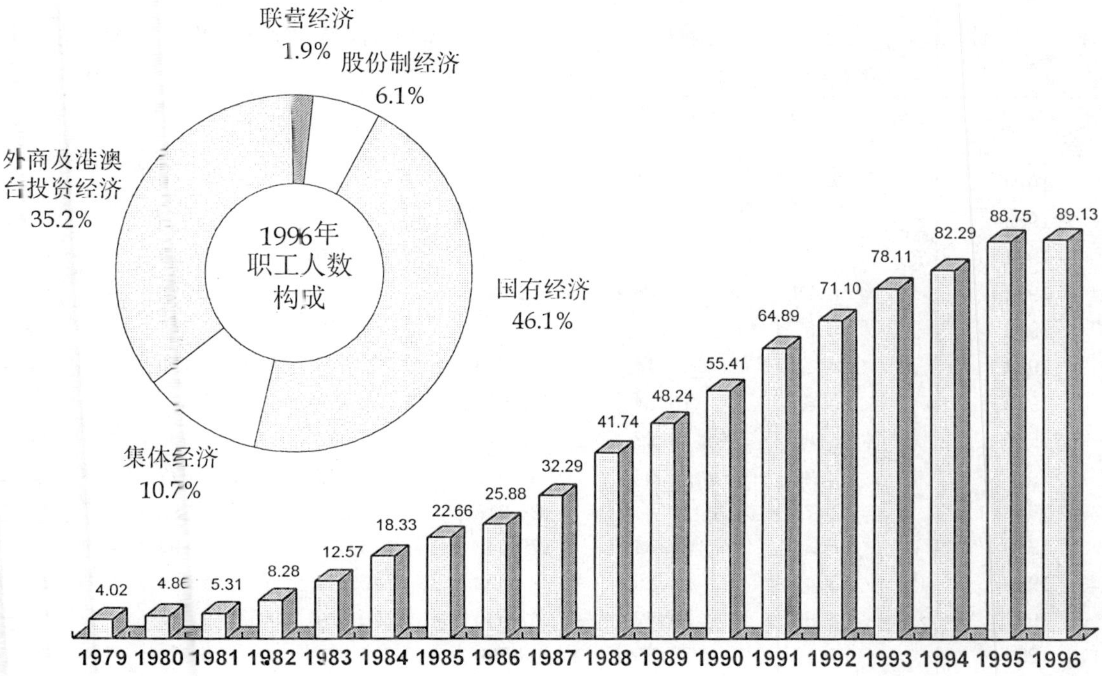

职工工资总额 （亿元）

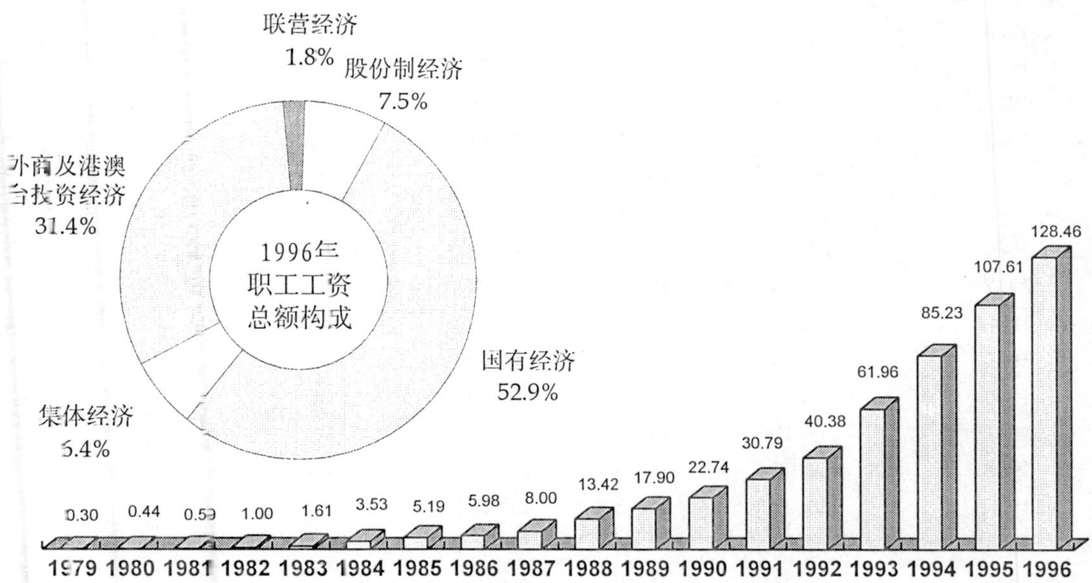

表 11－1 历年职工人数、工资总额及平均工资

年份	年末职工人数（万人）	#国有经济单位	工资总额（万元）	#国有经济单位	年平均工资（元）	#国有经济单位
全市						
1979	4.02	3.37	2 952	2 505	769	785
1980	4.86	4.05	4 366	3 691	979	990
1981	5.31	4.51	5 930	5 046	1 132	1 119
1982	8.28	7.00	10 000	8 477	1 366	1 358
1983	12.57	10.10	16 142	12 976	1 545	1 571
1984	18.33	14.14	35 306	28 642	2 179	2 257
1985	22.66	16.84	51 912	38 465	2 418	2 427
1986	25.88	18.97	59 773	44 324	2 452	2 476
1987	32.29	22.04	80 013	54 333	2 677	2 637
1988	41.74	28.04	134 218	87 607	3 388	3 269
1989	48.24	30.34	179 042	114 650	3 858	3 917
1990	55.41	33.85	227 392	140 935	4 304	4 339
1991	64.89	38.77	307 950	175 169	5 016	4 90[illegible]
1992	71.10	38.85	403 790	226 079	5 931	6 02[illegible]
1993	78.11	41.45	619 647	356 949	8 145	8 85[illegible]
1994	82.29	38.71	852 332	445 286	10 572	11 63[illegible]
1995	88.75	40.17	1 076 083	545 013	12 276	13 7[illegible]
1996	89.13	41.07	1 284 558	679 349	14 507	16 62[illegible]
特区						
1980	2.65	2.65	2 697	2 697	1 133	1 1[illegible]
1981	3.85	3.85	4 603	4 603	1 196	1 1[illegible]
1982	6.68	6.08	8 296	7 361	1 408	1 3[illegible]
1983	10.67	8.70	13 689	10 770	1 610	1 [illegible]0
1984	15.45	11.78	30 705	24 902	2 266	2 [illegible]3
1985	19.31	14.00	46 070	33 553	2 524	2 [illegible]58
1986	22.13	15.64	53 625	38 826	2 568	2 [illegible]4
1987	27.35	17.72	71 027	46 596	2 798	2 [illegible]39
1988	35.79	22.94	119 989	75 667	3 543	3 [illegible]55
1989	41.20	24.37	156 795	95 707	3 919	3 [illegible]30
1990	47.59	27.10	199 609	118 263	4 397	4 [illegible]68
1991	55.47	30.29	272 413	147 863	5 196	5 [illegible]24
1992	60.06	33.04	356 496	198 202	6 151	6 [illegible]98
1993	68.32	34.93	555 961	310 909	8 335	[illegible] 119
1994	72.33	32.98	768 535	389 924	10 815	1[illegible] 926
1995	74.67	33.70	947 900	469 341	12 838	1[illegible] 047
1996	77.52	34.81	1 146 233	586 662	14 903	1[illegible] 941

表 11－2　职工工资总额指数和平均工资指数

单位:%

年　份	工资总额指数	#国有单位	职工平均货币工资指数	#国有单位	职工平均实际工资指数	#国有单位
(上年＝100)						
1980	147.9	147.3	127.3	126.1	121.2	120.1
1981	135.8	136.7	115.6	113.0	104.4	102.1
1982	168.6	168.0	120.8	121.4	112.1	112.6
1983	161.4	153.1	113.1	115.7	110.9	113.4
1984	218.7	220.7	141.0	143.7	132.0	134.6
1985	147.0	134.3	111.0	107.5	90.6	87.8
1986	115.1	115.2	101.4	102.0	95.6	96.1
1987	133.9	122.6	109.2	106.5	95.5	93.1
1988	167.7	161.2	126.6	124.0	98.8	96.8
1989	133.4	130.9	113.9	119.8	90.8	95.5
1990	127.0	122.9	111.6	110.8	109.8	109.1
1991	135.4	124.3	116.5	113.1	113.1	109.8
1992	131.1	129.1	118.2	122.8	110.2	114.4
1993	153.5	157.9	137.3	146.9	114.3	122.3
1994	137.6	124.7	129.8	131.4	109.8	111.2
1995	126.3	122.4	116.1	117.9	103.3	104.9
1996	119.4	124.6	118.2	121.3	109.7	112.6
(1979 年＝100)						
1979	100.0	100.0	100.0	100.0	100.0	100.0
1980	147.9	147.3	127.3	126.1	121.2	120.1
1981	200.9	201.4	147.2	142.5	126.7	122.6
1982	338.8	338.4	177.6	173.0	141.7	138.1
1983	546.8	518.0	200.9	200.1	157.2	156.6
1984	1 196.0	1 143.4	283.4	287.5	207.6	210.6
1985	1 758.5	1 535.5	314.4	309.2	188.0	184.9
1986	2 024.8	1 769.4	318.9	315.4	179.8	177.8
1987	2 710.5	2 169.0	348.1	335.9	171.5	165.5
1988	4 546.7	3 497.3	440.6	416.4	169.5	160.2
1989	6 065.1	4 576.8	501.7	499.0	153.9	153.1
1990	7 703.0	5 626.1	559.7	552.7	169.0	166.9
1991	10 431.9	6 992.8	652.3	625.2	191.2	183.2
1992	13 678.5	9 025.1	771.3	767.6	210.7	209.7
1993	20 990.8	14 249.5	1 059.2	1 127.9	240.9	256.5
1994	28 873.0	17 775.9	1 374.8	1 481.8	264.5	285.1
1995	36 452.7	21 757.0	1 596.4	1 746.4	273.3	299.0
1996	43 514.8	27 119.7	1 886.5	2 117.8	299.9	336.6
年平均增长率%	**43.0**	**39.0**	**18.9**	**19.7**	**6.7**	**7.4**

注:职工平均实际工资指数是指职工平均货币工资指数扣除物价因素后的指数。

表 11-3　全　部　职　工　人　数

(1996 年)

项　　目	单位数(个)		职工年末人数(人)		#女　性	
	全　市	特　区	全　市	特　区	全　市	特　区
总　　计	**5 665**	**4 768**	**891 261**	**775 171**	**411 022**	**345 620**
一、按经济类型分组						
1.国有经济	3 206	2 549	410 669	348 103	151 678	122 396
2.城镇集体经济	350	241	95 345	77 009	55 616	43 927
3.联营经济	219	189	16 996	12 844	6 682	4 495
4.股份制经济	367	329	54 068	50 484	19 529	18 315
5.外商投资经济	347	303	98 607	75 926	60 607	42 609
6.港、澳、台投资经济	1 176	1 157	215 576	210 805	116 910	113 878
7.其他经济						
二、按企业、事业、机关分组						
1.企　　业	4 561	4 018	790 324	699 278	369 506	314 425
2.事　　业	791	518	61 375	46 303	30 618	22 760
3.机　　关	313	232	39 562	29 590	10 898	8 435
三、按国民经济行业分组						
1.农、林、牧、渔业	54	37	9 402	2 622	3 576	82[illegible]
①农　　业	15	11	966	858	295	26[illegible]
②林　　业	2	2	163	163	61	[illegible]
③畜　牧　业	12	8	6 629	373	2 759	12[illegible]
④渔　　业	4	3	168	85	43	[illegible]
⑤农、林、牧、渔服务业	21	13	1 476	1 143	418	3[illegible]
2.采　掘　业	10	10	902	902	114	1[illegible]4
3.制　造　业	1 928	1 757	408 607	349 254	237 040	197 [illegible]
4.电力、煤气及水的生产和供应业	21	16	8 672	7 956	1 967	1 [illegible]65
5.建　筑　业	178	170	86 421	85 997	7 338	7 [illegible]39
#土木工程建筑业	118	113	76 539	76 171	5 743	5 [illegible]52
6.地质勘查业、水利管理业	14	11	1 868	1 571	258	[illegible]91
①地质勘查业	7	6	1 475	1 444	167	[illegible]58
②水利管理业	7	5	393	127	91	33
7.交通运输、仓储及邮电通信业	194	184	50 275	49 571	17 470	17 203
①交通运输业	142	134	30 260	29 695	7 331	7 [illegible]21
②仓　储　业	34	32	2 721	2 582	845	788
③邮电通信业	18	18	17 294	17 294	9 294	9 294

表 11－3 续表　　(1996年)

项目	单位数(个)		职工年末人数(人)		#女性	
	全市	特区	全市	特区	全市	特区
8.批发和零售贸易、餐饮业	1 276	1 049	103 843	87 867	51 860	42 790
①批发业	1 012	836	69 098	57 085	31 621	25 156
②零售业	198	149	21 635	17 877	13 310	10 819
③餐饮业	66	64	13 110	12 905	6 929	6 815
9.金融、保险业	45	35	28 264	28 030	12 937	12 856
①金融业	43	33	25 874	25 640	11 791	11 710
②保险业	2	2	2 390	2 390	1 146	1 146
10.房地产业	327	293	29 627	28 036	11 171	10 651
#房地产开发与经营业	168	146	15 693	14 418	6 832	6 395
房地产管理业	159	147	13 934	13 618	4 339	4 256
11.社会服务业	414	367	56 017	52 607	22 451	21 050
#公共服务业	124	107	23 432	21 877	7 289	6 715
居民服务业	20	18	1 233	1 189	492	480
旅馆业	73	71	14 409	14 194	7 770	7 624
信息、咨询服务业	74	60	2 339	2 077	972	884
12.卫生、体育和社会福利业	144	107	19 996	13 115	11 827	7 727
①卫生	98	68	17 682	11 371	10 903	7 073
②体育	17	15	1 285	902	438	231
③社会福利保障业	29	24	1 029	842	486	423
13.教育、文化艺术和广播电影电视业	508	289	28 538	21 010	14 705	11 189
①教育	436	230	23 403	16 132	12 622	9 197
#普通高等学校	3	3	1 449	1 449	608	608
普通中学	70	43	8 297	5 336	3 700	2 617
小学校	274	102	9 336	5 264	5 697	3 477
②文化艺术业	52	45	3 409	3 320	1 377	1 341
③广播电影电视业	20	14	1 726	1 558	706	651
14.科学研究和综合技术服务业	103	96	5 348	5 047	1 718	1 609
①科学研究业	8	8	371	371	123	123
②综合技术服务业	95	88	4 977	4 676	1 595	1 486
15.国家机关、政党机关和社会团体	313	231	38 922	28 946	10 685	8 220
#国家机关	259	196	37 136	27 993	10 081	7 876
政党机关	36	20	1 421	622	445	200
16.其他行业	136	116	14 559	12 640	5 905	5 195

表11－4　全部职工工资总额

（1996年）

项目	职工工资总额(万元)		职工年平均人数(人)		年平均工资(元)	
	全市	特区	全市	特区	全市	特区
总计	**1 284 558**	**1 146 233**	**885 475**	**769 149**	**14 507**	**14 903**
一、按经济类型分组						
1.国有经济	679 349	586 662	408 632	346 304	16 625	16 941
2.城镇集体经济	81 807	71 588	94 382	76 213	8 668	9 393
3.联营经济	22 893	18 902	17 294	12 827	13 237	14 736
4.股份制经济	97 207	91 000	53 338	49 766	18 225	18 286
5.外商投资经济	127 079	106 915	97 487	74 355	13 035	14 379
6.港、澳、台投资经济	276 223	271 165	214 342	209 684	12 887	12 932
7.其他经济						
二、按企业、事业、机关分组						
1.企　业	1 062 166	977 541	785 493	694 078	13 522	14 084
2.事　业	134 839	101 093	60 583	45 624	22 257	22 158
3.机　关	87 553	67 599	39 399	29 447	22 222	22 956
三、按国民经济行业分组						
1.农、林、牧、渔业	10 407	4 430	9 282	2 604	11 212	[illegible]
①农　业	1 144	996	944	837	12 123	[illegible]
②林　业	226	226	167	167	13 545	13 545
③畜牧业	5 745	417	6 551	376	8 770	[illegible]
④渔　业	195	122	156	84	12 519	[illegible]
⑤农、林、牧、渔服务业	3 096	2 668	1 464	1 140	21 150	23 406
2.采掘业	1 202	1 202	807	807	14 890	[illegible]
3.制造业	457 568	410 374	405 011	345 214	11 298	[illegible]
4.电力、煤气及水的生产和供应业	25 281	23 578	8 916	8 182	28 355	[illegible]
5.建筑业	103 925	103 294	86 277	85 866	12 045	[illegible]
#土木工程建筑业	89 364	88 816	76 503	76 144	11 681	11 664
6.地质勘查业、水利管理业	3 058	2 409	1 902	1 607	16 078	[illegible]
①地质勘查业	2 200	2 111	1 512	1 480	14 550	[illegible]
②水利管理业	858	298	390	127	22 003	[illegible]
7.交通运输、仓储及邮电通信业	93 358	92 341	50 209	49 512	18 594	[illegible]
①交通运输业	52 215	51 411	30 653	30 093	17 034	17 084
②仓储业	5 825	5 612	2 664	2 527	21 864	[illegible]
③邮电通信业	35 318	35 318	16 892	16 892	20 908	20 908

表 11－4 续表　　(1996 年)

项目	职工工资总额(万元)		职工年平均人数(人)		年平均工资(元)	
	全市	特区	全市	特区	全市	特区
8.批发和零售贸易、餐饮业	141 020	125 304	103 501	87 369	13 625	14 342
①批发业	99 617	87 109	69 602	57 223	14 312	15 223
②零售业	26 373	23 396	21 184	17 638	12 450	13 265
③餐饮业	15 030	14 799	12 715	12 508	11 821	11 832
9.金融、保险业	81 166	80 659	27 678	27 415	29 325	29 422
①金融业	75 556	75 049	25 306	25 043	29 857	29 968
②保险业	5 610	5 610	2 372	2 372	23 651	23 651
10.房地产业	50 264	46 777	28 854	27 319	17 420	17 122
#房地产开发与经营业	27 191	24 258	15 229	13 969	17 855	17 366
房地产管理业	23 074	22 518	13 625	13 350	16 935	16 868
11.社会服务业	87 089	81 292	56 859	53 490	15 317	15 198
#公共服务业	38 646	35 867	23 492	21 959	16 451	16 334
居民服务业	1 900	1 837	1 253	1 211	15 164	15 166
旅馆业	19 373	19 071	14 371	14 160	13 481	13 468
信息、咨询服务业	4 801	4 259	2 305	2 050	20 829	20 774
12.卫生、体育和社会福利业	42 911	27 845	19 574	12 850	21 923	21 669
①卫生	38 909	24 710	17 334	11 152	22 446	22 158
②体育	2 555	1 935	1 208	850	21 151	22 761
③社会福利保障业	1 448	1 200	1 032	848	14 027	141 49
13.教育、文化艺术和广播电影电视业	64 238	47 216	28 154	20 591	22 817	22 930
①教育	54 354	37 962	23 077	15 773	23 553	24 068
#普通高等学校	3 476	3 476	1 430	1 430	24 306	24 306
普通中学	20 014	12 774	8 160	5 129	24 527	24 906
小学校	21 087	12 486	9 207	5 162	22 903	24 188
②文化艺术业	6 856	6 593	3 371	3 280	20 339	20 100
③广播电影电视业	3 028	2 661	1 706	1 538	17 748	17 300
14.科学研究和综合技术服务业	12 385	11 693	5 361	5 064	23 101	23 091
①科学研究业	857	857	368	368	23 288	23 288
②综合技术服务业	11 528	10 836	4 993	4 696	23 087	23 075
15.国家机关、政党机关和社会团体	85 730	65 764	38 761	28 805	22 118	22 831
#国家机关	82 091	63 629	36 966	27 858	22 207	22 841
政党机关	2 842	1 422	1 430	616	19 873	23 080
16.其他行业	24 955	22 056	14 329	12 454	17 416	17 710

表 11－5　工业、建筑业企业职工人数和工资

(1996年)

项目	年末人数(人)		工资总额(万元)		年平均工资(元)	
	全市	特区	全市	特区	全市	特区
总计	**504 602**	**444 109**	**587 976**	**538 448**	**11 736**	**12 236**
一、工业	**418 181**	**358 112**	**484 051**	**435 154**	**11 671**	**12 285**
(一)按经济类型分组						
1.国有经济单位	58 095	39 891	71 763	56 305	12 469	14 232
2.城镇集体经济单位	69 330	58 726	55 634	50 501	8 142	8 746
3.其他各种经济类型单位	290 756	259 495	356 654	328 348	12 347	12 781
(二)按轻重工业分组						
1.轻工业	257 175	227 644	276 559	254 429	10 824	11 245
2.重工业	161 006	130 468	207 492	180 725	13 032	14 126
(三)按行业分组						
1.采掘业	902	902	1 202	1 202	14 890	14 890
煤炭采选业						
石油和开然气开采业						
黑色金属矿采选业						
有色金属矿采选业						
非金属矿采选业	902	902	1 202	1 202	14 890	14 890
其他矿采选业						
木材及竹材采运业						
2.制造业	408 607	349 254	457 568	410 374	11 298	11 8[illegible]
食品加工业	6 589	5 681	8 019	6 766	12 539	12 2[illegible]
食品制造业	3 834	3 828	4 413	4 408	11 456	11 4[illegible]
饮料制造业	4 500	3 955	7 788	6 973	17 105	17 4[illegible]
烟草加工业	380	380	1 322	1 322	34 974	34 9[illegible]4
纺织业	14 545	14 420	17 875	17 763	12 191	12 2[illegible]9
服装及其他纤维制品制造业	57 614	56 545	60 797	59 922	10 663	10 [illegible]7
皮革、毛皮、羽绒及其制品业	24 946	17 980	20 923	16 090	8 513	9 [illegible]1
木材加工及竹、藤、棕、草制品业	3 167	3 167	3 628	3 628	11 517	11 [illegible]7
家具制造业	3 401	3 401	3 098	3 098	9 023	9 [illegible]23
造纸及纸制品业	2 736	2 561	3 547	3 365	12 955	13 [illegible]54

表 11－5 续表　　(1996年)

项目	年末人数(人)		工资总额(万元)		年平均工资(元)	
	全市	特区	全市	特区	全市	特区
印刷业、记录媒介的复制	5 939	5 939	8 552	8 552	14 798	14 798
文教体育用品制造业	19 252	13 781	14 778	12 016	7 487	8 356
石油加工及炼焦业	69	69	109	109	15 797	15 797
化学原料及化学制品制造业	5 470	5 315	8 219	7 997	14 863	14 934
医药制造业	5 799	5 336	8 582	7 935	15 300	15 387
化学纤维制造业	2 622	2 207	3 479	2 916	13 665	13 476
橡胶制品业	1 324	604	990	643	7 293	10 865
塑料制品业	26 773	18 872	23 813	19 387	8 976	10 370
非金属矿物制品业	8 480	7 976	15 581	15 068	18 758	19 261
黑色金属冶炼及压延加工业	708	708	937	937	13 352	13 352
有色金属冶炼及压延加工业	1 379	895	2 050	1 381	15 766	15 521
金属制品业	32 092	17 691	35 730	23 866	10 935	13 720
普通机械制造业	2 746	2 468	3 986	3 776	14 714	15 525
专用设备制造业	4 886	4 886	6 521	6 521	13 606	13 606
交通运输设备制造业	6 815	6 704	9 371	9 242	13 454	13 491
武器弹药制造业						
电气机械及器材制造业	24 527	18 007	26 011	20 205	10 849	11 432
电子及通信设备制造业	111 927	100 777	130 737	120 703	11 900	12 248
仪器仪表及文化、办公用机械制造业	17 743	17 517	17 110	16 880	9 646	9 629
其他制造业	8 344	7 584	9 602	8 905	11 902	12 049
3.电力、煤气及水的生产和供应业	8 672	7 956	25 281	23 578	28 355	28 817
电力、蒸汽、热水的生产和供应业	5 251	4 798	18 304	17 130	32 950	33 767
煤气生产和供应业	1 498	1 498	3 768	3 768	25 497	25 497
自来水的生产和供应业	1 923	1 660	3 209	2 680	17 041	16 430
二、建筑业	**86 421**	**85 997**	**103 925**	**103 294**	**12 045**	**12 030**
按经济类型分组						
1.国有经济单位	72 780	72 440	86 795	86 291	11 984	11 969
2.集体经济单位	8 033	7 998	9 857	9 804	12 057	12 044
3.其他各种经济类型单位	5 608	5 559	7 273	7 199	12 809	12 781

表 11－6　镇、村企业从业人员和工资

项　　目	从业人员(人)		工资总额(万元)	
	1995年	1996年	1995年	1996年
总　　计	**971 062**	**1 025 361**	**520 462**	**621 110**
1.农、林、牧、渔业	6 502	4 374	4 539	3 107
2.采　掘　业		281		243
3.制　造　业	939 900	971 886	502 072	573 937
4.电力、煤气及水的生产和供应业		1 993		2 416
5.建　筑　业	9 265	8 996	4 774	7 389
6.地质勘查业、水利管理业		74		56
7.交通运输、仓储及邮电通讯业	1 350	385	1 062	279
8.批发和零售贸易业、餐饮业	8 510	12 538	4 743	7 815
9.金融、保险业				
10.房　地　产　业		804		810
11.社会服务业	2 861	8 445	1 700	5 576
12.卫生、体育和社会福利业				
13.教育、文化艺术和广播电影电视业				
14.科学研究和综合技术服务业				
15.国家机关、政党机关和社会团体				
16.其　它　行　业	2 674	15 585	1 572	19 481

表11-7　城乡劳动力资源与分配平衡表

单位:万人

项目	1995年			1996年		
	城乡合计	城镇	农村	城乡合计	城镇	农村
年末劳动力资源总数	**276.2**	**256.1**	**20.1**	**286.7**	**264.0**	**22.7**
#当年新增加的劳动力资源	6.2	4.6	1.6	5.8	5.2	0.6
1.年末16岁以上全部人数	288.4	266.0	22.4	291.7	269.2	22.5
#不计入劳动力资源的人数	6.7	6.5	0.2	7.5	7.2	0.3
2.机械变动差额跨地区调整数(+、-)	-5.5	-3.4	-2.1	2.5	2.0	0.5
经济活动人口	**251.0**	**238.1**	**12.9**	**262.0**	**247.9**	**14.1**
一、从业人员	244.9	238.1	12.9	255.5	241.4	14.1
(一)按经济类型分组						
1.国有经济	40.3	40.3		41.2	41.2	
2.集体经济	120.9	108.0	12.9	126.2	112.1	14.1
3.私营经济	21.2	21.2		26.2	26.2	
4.个体经济	24.4	24.4		23.2	23.2	
5.联营经济	1.8	1.8		1.7	1.7	
6.股份制经济	5.3	5.3		5.4	5.4	
7.外商投资经济	8.4	8.4		9.9	9.9	
8.港、澳、台投资经济	22.6	22.6		21.7	21.7	
9.其他经济						
(二)按国民经济行业分组						
1.农、林、牧、渔业	4.4	1.7	2.7	4.2	1.5	2.7
2.采掘业	0.1	0.1		0.1	0.1	
3.制造业	151.3	146.5	4.8	153.8	148.9	4.9
4.电力、煤气及水的生产和供应业	0.7	0.7		1.1	1.1	
5.建筑业	9.6	9.4	0.2	9.9	9.7	0.2
6.地质勘查业、水利管理业	0.2	0.2		0.2	0.2	
7.交通运输、仓储及邮电通信业	5.9	5.3	0.6	5.9	5.2	0.7
8.批发和零售贸易、餐饮业	39.0	38.2	0.8	43.0	42.0	1.0
9.金融、保险业	2.3	2.3	…	2.8	2.8	
10.房地产业	2.7	2.7	…	3.1	3.1	
11.社会服务业	11.2	11.2	…	12.3	12.3	
12.卫生、体育和社会福利业	2.0	1.8	0.2	2.2	2.0	0.2
13.教育、文化艺术和广播电影电视业	2.8	2.6	0.2	3.1	2.9	0.2
14.科学研究和综合技术服务业	0.6	0.6	…	0.5	0.5	
15.国家机关、政党机关和社会团体	3.7	3.7		3.9	3.9	
16.其他行业	8.4	5.0	3.4	9.4	5.2	4.2
二、失业人员	6.1	6.1		6.5	6.5	
非经济活动人口	**25.2**	**18.0**	**7.2**	**24.7**	**16.1**	**8.6**
#16岁以上在校学生	3.9	3.4	0.5	4.5	4.0	0.5
家务劳动者	18.3	12.1	6.2	17.4	10.6	6.8

十二、科学、教育、文化、卫生

1996深圳科技事业发展概况

1996年是落实《中共深圳市委、深圳市人民政府关于推动科学技术进步的决定》精神,实施"科教兴市"战略的第一年,也是"九五"计划的开局之年,全市的科技事业继续保持高速发展的良好态势,科技已成为深圳转变经济增长方式和培养新的经济增长点的重要动力。

一、科技投入强度增大,产出效益显著

1996年全市的科技投入比上年增长明显。经费投入大幅增长,市科技局支出的科技三项经费7500万元,比上年增长25.0%;全市259家企业开发生产高新技术产品499种,资金投入总额91.76亿元,比上年增长44.9%,其中用于科技开发经费10.03亿元,比上年增长45.1%;全市大中型工业企业用于科技开发经费5.34亿元,比上年增长49.4%。人员投入增加,质素更加优化。全市259家生产高新技术产品的企业,具有大专以上文化程度的科技人员占其职工总数的比重为27.5%,其中高新技术企业的比重高达37.5%,比上年均有较大增长。全市大中型工业企业科技开发人员6540人,比上年增加2461人,占其职工总数的比重由上年的5.0%上升到6.8%。

科技产出效益显著。全市高新技术产业产值(现价)达619.62亿元,比上年增加108.40亿元,增幅为21.2%;销售收入586.76亿元,利税43.76亿元,分别比上年增长15.6%和58.0%。其中高新技术产品产值(现价)347.61亿元,比上年增长53.9%,占全市镇及镇以上工业总产值的比重达28.7%,比上年提高38.2个百分点;销售收入333.12亿元,利税30.24亿元,分别比上年增长55.5%和60.2%。经市科技局鉴定登记的科技成果106项,其中达到国际先进水平19项,国内领先、首创29项,国内先进水平42项。这些成果技术含量高,满足了市场需求,成果应用率高达90%以上,社会效益和经济效益十分显著,成为深圳经济快速发展的增长点。

二、科技环境继续改善,强化科技立法

1996年全市的科技软环境继续得到改善。科技体制改革又有新突破,积极推进高新技术企业持股经营试点工作。知识产权保护工作得到进一步发展,加强了深港两地知识产权保护工作的交流与合作,在全国率先成立了"深圳市知识产权事务中心",为全社会提供知识产权事务的服务。立法工作又有新的进展,《深圳经济特区技术入股管理规定》、《深圳经济特区科技投入条例》、《深圳经济特区推动高新技术产业发展暂行规定》以及《深圳市委、市政府关于推动基层社区科技进步的决定》等多项条例、法案已形成初稿,或已进入征求意见及审议阶段,为深圳科技的进一步发展提供了规范的法律秩序。

(社会科技统计处供稿,执笔:范胜[illegible])

1996年深圳文、教、卫、体事业发展概况

1996年是"九五"计划的第一年,又是'97香港回归的前夕,深圳的文化、教育、卫生、体育等部门,紧紧抓住这一历史性机遇,在改革中求发展,在创新中求进步,使全市的文化、卫生、教育、体育事业出现了蓬勃发展、欣欣向荣的良好局面。

一、文化事业

文化体制改革和艺术教育取得突破性进展。以"全员聘任制"为中心的体制改革不断深化;艺校毕业生全部被高校录取,高二学生陈萨参加第12届英国利兹国际钢琴比赛,夺得第4名的优异成绩,成为此项国际一流钢琴大赛设立30多年来第一位进入决赛并拿到大奖的中国人,为祖国和深圳特区赢得了荣誉。

图书馆事业稳步发展,市民"读书热"有增无减。深圳图书馆总藏量已达170万册(件),每天接待读者超过5000人,全年总流通人数达162万人次。该馆研制成功的自动化集成系统(ILAS)推广到全国28个省市自治区的400多家图书馆使用,在1996年IFLA(国际图联)大会上展出,被誉为"中国图书自动化的骄傲"。

文化演出繁荣,对外交流活跃。以弘扬民族文化、扶持高雅艺术、展示城市文化品位为宗旨的第五届深圳大剧院艺术节,荟萃了13个中外优秀团体,历时一个月,共演出13场,观众达12000人次;1996年大剧院共接待来自美国、奥地利、哈萨克斯坦、法国、雅库特、菲律宾等7个国家艺术团队、艺术家的交流访问演出10场,观众近9000人次。

各种展览丰富多彩,文博工作取得重大进展。1996年深圳博物馆共举办大小展览39个,国内外观众18万人次。美术馆全年组织展览23个,展出作品1730件。其中博物馆举办的《陈观玉事迹展》、《香港的历史与发展》大型图片展,使观众受到了良好的爱国主义和革命传统教育。为丰富博物馆馆藏,市政府拨出1500万元文物征集专项经费。加上九龙海关归流及外市赠送,全年共征集文物857件(套)。

文化市场管理战绩辉煌,促进了市场健康有序发展。全年共出动3085人次,检查投影场、音像制品销售、租赁和放映单位、娱乐场所等2528间,查处非法经营单位546间,取缔无证经营单位309间,吊销《文化经营许可证》5家,没收盗版VCD46276张,CD39060张,CD-R11848张,录像带16841盒,录音带4820盒,LD188张,其中含色情淫秽内容的音像制品481张(盒);没收、查封非法书刊50余万册,其中含色情淫秽内容的非法书刊218册;没收赌博电子游戏机49台,查封违例电子游戏机468台。集中销毁了非法出版物43万件,非法音像制品12万件。市文化稽查大队被国家文化部、广东省社管会通令表彰嘉奖,并授予"反盗版尖兵"、"全国扫黄打非先进集体"。

二、教育事业

1996年,深圳教育工作以科教兴市、教育强市为总目标,深化教育体制改革,加快发展步伐,使全市的教育事业继续得到全面、快速发展,教育质量稳步提高。

办学体制改革取得新进展，民办教育的比例有所提高，学前教育基本实现了主要由社会力量办园，有力地缓解了流动人口入学难的问题。落实校长负责制和教师聘任制，积极开展对全市各级各类学校15000多名教师的资格认定工作，为实施教师持证上岗做好准备。

九年义务教育工作得到进一步巩固提高。1996年我市小学、初中入学率分别为100%和98.6%，全市无一适龄儿童失学。15周岁、17周岁初等教育完成率分别为99.6%和97.6%。

中小学教育质量稳步提高，高考成绩喜人。全市2902名考生参加全国统一高考，有2442人被各类学校录取，其中本科1145人，专科1125人，中专172人。录取数占参考人数的87.9%。深圳中学、实验中学、外语学校的录取率均达100%。高考的七门学科中，深圳考生的语文、理科数学、英语、物理、化学等五门学科总评均分获全省第一，历史学科获全省第二，政治学科获全省第三。全市在学生参加全国各类学科竞赛中，有71人获全国一等奖，31人获全国二等奖，383人获全国三等奖。

职业教育成绩显著。电子技术学校、行知职中、财经学校先后被定为国家和省级重点职校。全市52所学校的3538名学生参加了10个工种的技术等级证书考试。中等专业教育和高等教育稳步发展。中等专业学校在校学生3741人，比上年增加251人；高等学校在校学生6493人，比上年增加1202人。成人教育迅速发展，现已有成人高校2所，成人中专、中学22所，镇成人文化技术学校20所，注册的办学机构236家。初步形成了初、中、高不同层次的成教办学体系，1996年共为社会输送毕业生3083人。

增加教育投入，合理调整布局。1996年基建共投资3.13亿元，新建成一批小学、中学。包括益田小学、景田村小学、岗厦中学、东和中学、理工学校、华强职业高中。

三、卫生事业

全市卫生机构和卫生人员较上年又有所增长。1996年底，全市拥有各级医院69家，比上年增长9.5%；医院病床7196张，比上年增长8.4%；全市卫生技术人员数比上年增长17.7%，其中医生增长20.1%。

医院的管理和服务质量及卫生技术人员的素质进一步提高，治病防病能力进一步增强。全年全市完成急诊1090.7万人次，收治病人住院13.3万人次，住院治愈率为79.1%，危重病人抢救成功率为85.7%，比上年有所提高。

卫生防疫工作成绩显著。各项防病治病措施不断落实，传染病得到有效控制。全市甲、乙类传染病比上年同期下降16.1%，儿童计划免疫建卡率达100%，常住儿童"四苗"覆盖率达96.1%，新生儿乙肝疫苗接种率达98%。在卫生监督方面，全年食品卫生合格率91.8%，食品从业人员体检合格率99.8%，有毒有害作业场所监督合格率82.9%，公共场所卫生监测合格率95.9%。各种卫生监测合格率均较上年有所提高。

整顿医疗市场取得阶段性成果，医德医风建设得到加强。全市共检查街头诊所1190家，其中取缔、查封210家，停业整顿205家，限期改进152家。整顿医疗市场推动了卫生系统的医德医风建设、反腐保廉、依法行政和卫生改革等工作，提高了卫生系统的社会形象。

妇幼保健工作再创佳绩，医院管理、科研取得新进展。1996年全市城乡35家具有10张产科病床以上的医院保健机构，全部创建成"爱婴医院"，四个月母乳喂养率比创建前提高了200%，并被广东省评为"爱婴城市"；在管理和科研方面，引入电脑管理，提高服务效率。1996年全市卫生系统科研课题立项申报224项，批准立项84项，比上年增加90.9%，其中获省级以上立项课题13项，实现了零的突破。

四、体育事业

体育法规建设进一步加强,体育改革不断深入。特别是足球改革,是1996年体育改革的重点和难点。深圳作为一个新兴的城市,在全国足球改革三年多的短短时间里,就拥有两支甲级队伍,在全国引起较大反响,同时也为我国足球体制改革作出了有益尝试。

《全民健身计划纲要》落到实处,群众体育活动更加活跃。11月1日举行的第十七届长跑活动,全市逾13万人参加。据不完全统计,由全市28个单项协会组织的市级竞赛和表演活动达151起,参加人数达2万多人。

学校体育工作取得新进展,在校学生达标率有所提高。1996年学生达标率为94%,比上年提高0.5百分点,其中优秀率为24.4%。深圳中学获1995、1996年度全国体育锻炼先进集体。南头小学学生唐媛等4人获得全国"连环杯"、"幼苗杯"乒乓球赛金牌2枚、银牌2枚、铜牌3枚。

竞技体育水平有所提高,竞争实力增强。1996年全市在国内国际重大比赛中共获金牌30枚、银牌17枚、铜牌17枚。其中优秀运动员孙彩云再次以4.27米、4.28米的成绩两次刷新女子室内撑杆跳高世界纪录;优秀选手唐华作为深圳建市以来首名代表中国队参加1996年亚特兰大奥运会的运动员,为深圳体育写下光辉的一页;田经新秀尹汉钊参加全国大学生运动会,分别以10″37和20″78的成绩夺得100米、200米跑两项冠军;皮划艇选手郑毅蝉联4人艇冠军。

(社会科技统计处供稿,执笔:童开春)

各 类 学 校 在 校 学 生 数

高等院校（人）

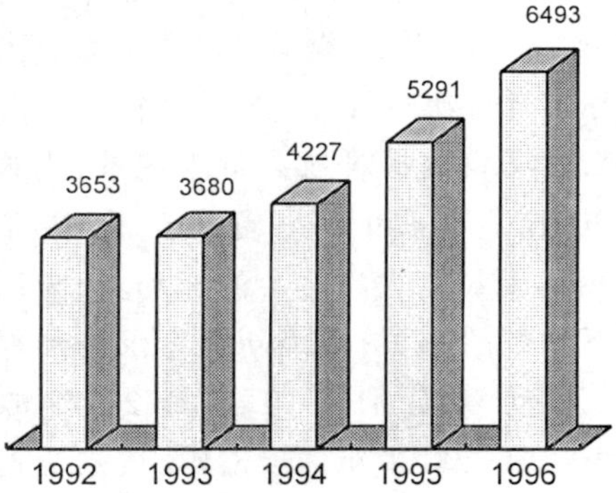

中等专业（技术）学校（人）

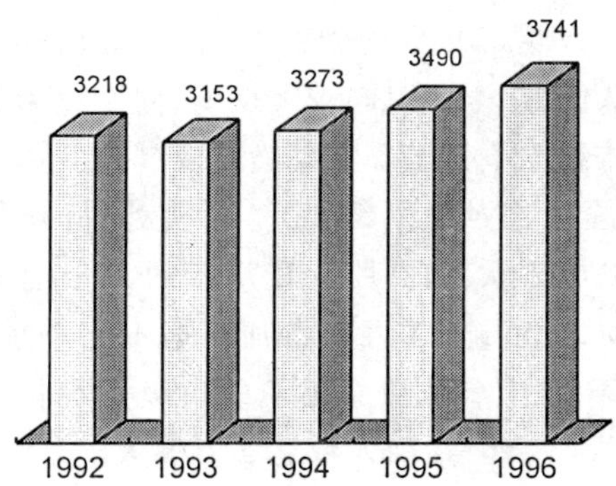

普通中学（万人）

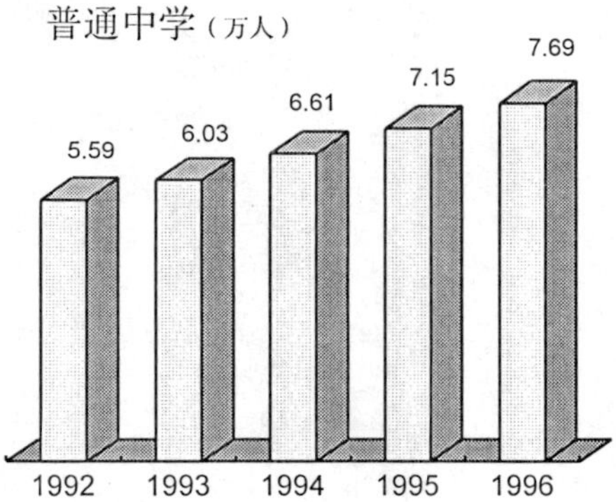

小学（万人）

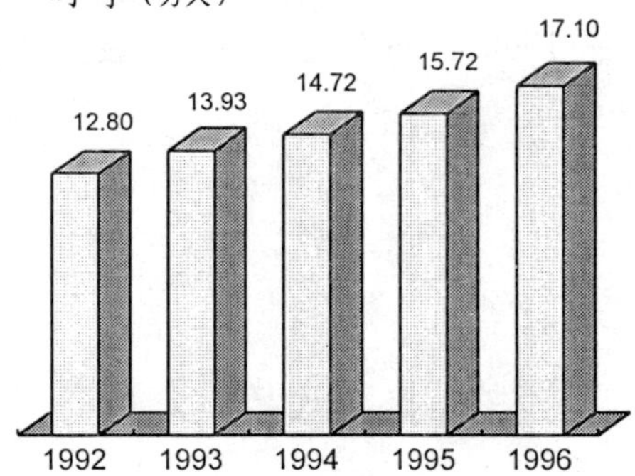

在 园 儿 童 数（含学前班幼儿）（万人）

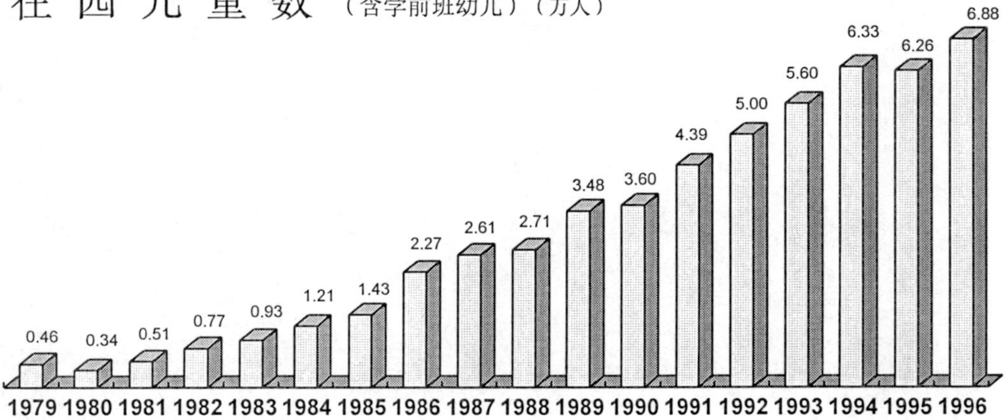

卫生机构床位数（张）

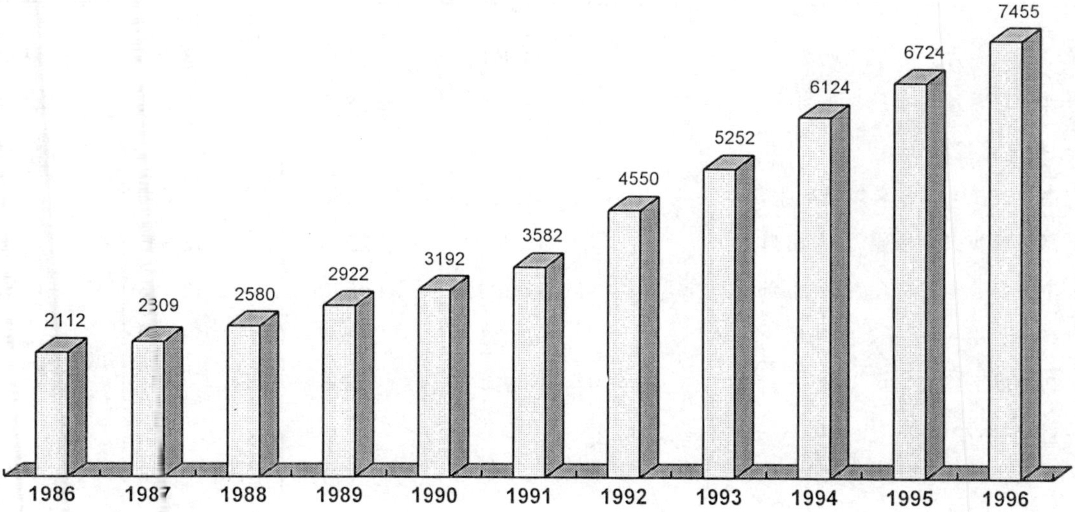

卫生技术人员数（人）

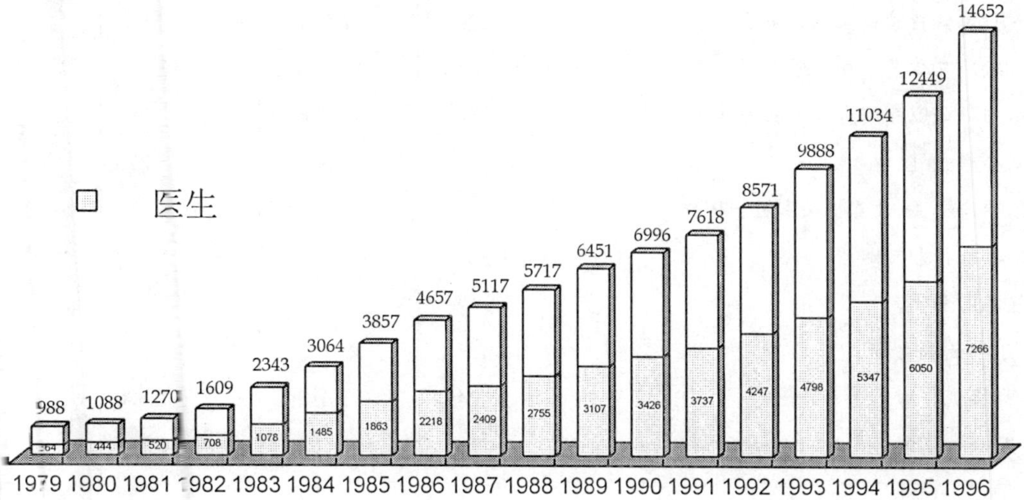

表 12-1　市属事业、企业各类专业人员

单位:人

项　　目	1993年	1994年	1995年	1996年
总　　计	**43 961**	**50 166**	**53 595**	**54 099**
#女　性		21 802	22 941	23 705
一、按文化程度分				
高等院校大学本科以上毕业者	16 127	19 083	21 590	23 119
高等院校大专毕业者(含相当)	11 209	13 218	13 895	14 586
中等专业学校毕业者(含相当)	12 286	13 535	13 783	12 585
高　　中	3 345	3 474	3 443	3 112
初中以下	994	856	884	697
二、按行业分				
1.农、林、牧、渔、水利业	653	674	926	800
2.工　　业	6 141	5 897	5 816	5 356
3.地质普查和勘探业	4	3		14[illegible]
4.建 筑 业	2 836	4 128	3 329	2 09[illegible]
5.交通运输、邮电通讯业	769	893	1 202	1 32[illegible]
6.批发零售贸易和餐饮业	4 447	4 484	5 113	5 08[illegible]
7.房地产业、社会服务业	2 744	3 188	3 605	5 5[illegible]
8.卫生、体育和社会福利事业	6 379	7 534	7 867	7 9[illegible]
9.教育、文化艺术和广播电视事业	13 344	16 976	18 230	18 7[illegible]
10.科学研究和综合技术服务事业	759	776	821	1 0[illegible]8
11.金融、保险业	4 196	4 588	5 379	5 [illegible]7
12.国家机关、政党机关和社会团体				
13.其他行业	1 689	1 025	1 307	[illegible]6
三、按职称分				
1.工程技术人员	10 487	12 177	12 825	12 [illegible]38
高级工程师	1 164	1 513	1 620	1 [illegible]65
工　程　师	3 318	4 533	4 549	4 [illegible]51
助理工程师 技　术　员	4 393	4 809	5 110	4 [illegible]26
未评聘专业技术职务(称)的	1 612	1 322	1 546	[illegible]446

表 12－1 续表 1　　单位:人

项　　目	1993年	1994年	1995年	1996年
2.农业技术人员	502	494	551	554
高级农艺师	21	20	23	25
农　艺　师	116	124	153	152
助理农艺师 技　术　员	276	261	283	275
未评聘专业技术职务(称)的	89	89	92	102
3.科学研究人员	169	185	236	241
正副研究员	47	53	79	73
助理研究员	71	79	111	117
实习研究员 实　验　员	40	42	36	42
未评聘专业技术职务(称)的	11	11	10	9
4.卫生技术人员	7 424	7 903	8 296	8 285
正副主任医师	349	366	576	757
主治医师	1 475	1 755	2 142	2 426
医(护)师 医(护)士	3 818	5 198	5 096	4 758
未评聘专业技术职务(称)的	1 782	584	482	344
5.教学人员	12 151	15 793	16 982	16 920
高等院校	923	951	1 071	1174
正副教授	192	258	313	341
讲　　师	412	455	508	551
助　　教	206	163	187	219
未评聘专业技术职务(称)的	113	75	63	63
中专、技工学校	601	792	1 000	980
高级讲师	33	69	126	108
讲　　师	147	216	355	355
助理讲师 教　　员	409	484	505	506
未评聘专业技术职务(称)的	12	23	14	11

表 12－1 续表 2　　单位：人

项　　目	1993 年	1994 年	1995 年	1996 年
中　　学	4 831	6 030	6 532	6 472
高级教师	258	727	858	732
一级教师	2 198	2 619	2 689	2 779
二级教师 三级教师	1 714	2 054	2 167	2 143
未评聘专业技术职务(称)的	661	630	818	818
小　　学	5 796	8 020	8 379	8 294
高级教师	1 872	2 783	2 903	2 851
一级教师 二级教师 三级教师	2 882	4 516	4 680	4 713
未评聘专业技术职务(称)的	1 042	721	796	730
6.其他自然科学技术人员	83	50	44	28
高级职务			1	3[illegible]
中级职务	4	8	11	13[illegible]
初级职务	3	8	7	9[illegible]
未评聘专业技术职务(称)的	76	34	25	[illegible]
7.经济人员	6 173	5 926	6 816	6 87[illegible]
高级经济师	69	129	183	18[illegible]
经　济　师	1 023	1 328	1 549	1 44[illegible]
助理经济师 经　济　员	3 651	3 267	3 398	3 4[illegible]
未评聘专业技术职务(称)的	1 430	1 202	1 686	1 7[illegible]
8.会计人员	4 373	4 668	4 755	5 0[illegible]
高级会计师	44	85	81	[illegible]6
会　计　师	520	719	821	[illegible]5
助理会计师 会　计　员	3 012	3 157	3 286	3 [illegible]4
未评聘专业技术职务(称)的	797	707	567	[illegible]84

表 12－1 续表 3　　单位:人

项　　目	1993年	1994年	1995年	1996年
9.统计人员	313	424	346	341
高级统计师	1	1	4	2
统　计　师	48	50	60	71
助理统计师 统　计　员	221	252	248	232
未评聘专业技术职务(称)的	43	121	34	36
10.翻译人员	278	278	281	280
正副译审	6	10	13	14
翻　　译	83	102	100	101
助理翻译	141	127	127	128
未评聘专业技术职务(称)的	48	39	41	37
11.图书、档案、文博人员	426	428	424	487
正副研究馆员	18	20	24	24
馆　　员	137	140	175	212
助理馆员 管　理　员	198	237	206	227
未评聘专业技术职务(称)的	73	31	19	24
12.新闻、出版人员	463	517	550	762
正副编审、高级、主任记者	53	88	106	135
编辑、记者、一级校对	263	268	244	380
助理编辑、记者、二级校对 技术设计员、三级校对	88	76	154	204
未评聘专业技术职务(称)的	59	85	46	43
13.律师、公证人员	153	188	234	228
一、二级律师、公证员	8	8	9	16
三级律师、公证员	32	35	45	75
四级律师、公证员 律师、公证员助理	88	128	154	122
未评聘专业技术职务(称)的	25	17	26	15

表 12－1 续表 4　　单位:人

项　　　目	1993年	1994年	1995年	1996年
14.播音人员	25	21	24	33
播音指导、主任播音员	1	1	2	4
一级播音员	3	3	5	8
二级播音员 三级播音员	15	13	14	21
未评聘专业技术职务(称)的	6	4	3	
15.工艺美术人员	74	68	74	82
高级工艺美术师	4	4	9	8
工艺美术师	24	15	21	23
助理工艺美术师 工艺美术员	39	38	31	43
未评聘专业技术职务(称)的	7	11	13	8
16.体育人员	49	53	58	3[illegible]
主　教　练	2	4	3	[illegible]
教　　练	18	19	16	1[illegible]
助理教练	18	17	16	1[illegible]
未评聘专业技术职务(称)的	11	13	23	[illegible]
17.艺术人员	232	111	111	1[illegible]
一、二级艺术人员	19	19	19	[illegible]
三级艺术人员	89	45	49	[illegible]
四级艺术人员	51	35	28	[illegible]9
未评聘专业技术职务(称)的	73	12	15	[illegible]6
18.政工人员	586	882	988	[illegible]3
高级政工师	39	58	108	[illegible]2
政　工　师	265	436	523	[illegible]31
助理政工师、政工员	282	388	357	[illegible]40

表12-2　科技活动主要指标

（大中型工业企业部分）

指标名称	单位	1995年	1996年
一、企业概况			
1.企业个数	个	121	122
2.全部职工平均人数	人	90 363	88 918
3.全年工业总产值(现价)	万元	4 585 748	5 183 525
4.工业增加值(生产法)	万元	1 404 534	1 644 604
5.劳动生产率(按增加值计算)	元/人	155 432	184 957
6.产品销售收入	万元	4 933 372	5 101 175
7.全年实现利税总额	万元	519 306	633 827
8.固定资产原价合计	万元	5 703 035	5 958 329
#生产用机器设备原价	万元	4 277 508	5 301 074
#微电子技术控制生产设备原价	万元	2 780 923	3 288 017
9.企业办科技机构数	个	77	58
二、科技活动人员情况			
1.从事科技活动人员合计	人	4 079	6 540
#工程技术人员	人	3 047	2 274
具有中、高级职称或大学本科及以上学历人员	人	2 682	6 604
2.科技机构人员	人	2 174	3 199
#具有中、高级职称或大学本科及以上学历人员	人	1 477	3 079
3.研究与发展人员	人	617	2 474

表 12－2 续表

指　标　名　称	单位	1995 年	1996 年
三、科技活动经费收支情况			
1.科技活动经费筹集总额	万元	43 473	60 294
#企业自筹	万元	38 211	50 303
上级拨款	万元	800	1 480
2.科技活动经费支出总额	万元	35 759	53 409
在总额中:原材料费	万元	5 319	16 253
固定资产购建费	万元	16 344	16 634
在总额中:开发新产品经费	万元	20 645	33 475
在总额中:科技活动机构经费支出	万元	16 081	19 288
在总额中:研究与发展支出	万元	3545	27 963
四、科技活动产出情况			
1.新产品销售收入	万元	798 319	949 06[illegible]
2.新产品实现利税额	万元	82 752	98 1[illegible]
3.科技活动项目(课题)数	项	421	6[illegible]5
4.科技活动成果获奖数	项	14	[illegible]8
#国家级奖励	项	4	5
省部级奖励	项	7	12
5.专利申请数	项	18	52
6.专利授权数	项	9	12

表12－3　深圳市高新技术企业名单

（1996年）

序号	企业名称	成立时间	经济类型	主要产品	认定年度
1	安科高技术公司	1986.12	合资	医疗仪器、设备	1991年
2	长园应用化学公司	1986.6	内联	热收缩材料	1991年
3	长城计算机(深圳)公司	1987.5	国有	计算机软、硬件	1991年
4	华源实业股份公司	1987.7	合资	软磁盘	1991年
5	长虹通讯设备公司	1984.10	内联	程控交换机	1991年
6	通广－北电公司	1988.10	合资	程控交换机	1991年
7	科达电气新技术公司	1990.1	合资	体外碎石机	1991年
8	奥士达电子公司	1989.4	合资	自动油印机	1991年
9	天马微电子公司	1983.11	国有	液晶显示器	1991年
10	科健公司	1984.12	国有	工作站、磁体	1991年
11	大龙电子公司	1984.12	合资	软件	1991年
12	索泰克电子公司	1989.4	合资	文字处理机	1991年
13	南方信息企业公司	1984.9	合资	不间断电源、网络	1991年
14	新科万电子企业公司	1984.10	合资	石英谐振器	1992年
15	本鲁克斯电子化工公司	1988.1	合资	软磁盘	1992年
16	吉光电子公司	1985.5	合资	高性能电容器	1992年
17	华达微电路公司	1987.3	合资	厚膜电路	1992年
18	海王药业公司	1989.12	合资	金牡蛎	1992年
19	深圳大学反光材料厂	1987.7	国有	反光材料	1992年
20	深圳开发科技公司	1985.7	合资	温盘磁头	1992年
21	光通发展公司	1988.7	合资	光纤光缆	1992年
22	蛇口泰丰电子公司	1989.2	合资	遥控录音电话	1992年
23	华为技术公司	1987.10	集体	程控交换机	1992年
24	赛格软件技术公司	1990.1	国有	软件	1993年
25	深飞激光光学系统公司	1988.5	合资	激光视盘、音盘	1993年
26	深通打印设备公司	1991.10	合资	打印输出设备	1993年
27	信诺电讯股份公司	1993.3	国有	程控交换机	1993年

表 12－3 续表 1

序号	企业名称	成立时间	经济类型	主要产品	认定年度
28	万国软件开发公司	1991.2	合资	软件	1993 年
29	威亨医疗器械公司	1990.11	合资	医疗仪器	1993 年
30	亨达莱真空技术公司	1985.8	合资	真空技术设备	1993 年
31	华达电源系统公司	1988.3	合资	密封铝酸免维护电池	1993 年
32	联想电脑公司	1989.7	合资	计算机主板	1993 年
33	国际商业数据公司	1987.1	合资	传呼机	1993 年
34	现代计算机厂	1990.9	国有	小型计算机	1993 年
35	开特电脑设备公司	1991.3	国有	计算机控制系统	1993 年
36	迈瑞电子公司	1991.3	合资	医用电子设备	1993 年
37	南和联合企业公司	1980	国有	录音电话、寻呼机	1993 年
38	赛格南星电子公司	1991.2	合资	石英谐振器	1993 年
39	金科特种材料公司	1987.1	国有	新材料	1993 年
40	希捷科技公司	1992.11	合资	硬磁盘驱动器	1994 年
41	云海计算机通讯公司	1990.3	私营	无线发射机	1994 年
42	深安计算机技术公司	1992.11	合资	软件	1994 年
43	中兴新通讯设备公司	1993.4	全民	程控交换机	1994 年
44	南海东部石油蛇口公司	1992.6	全民	海洋石油工程	1994 年
45	振华微电子公司	1986	全民	厚膜电路	1994 年
46	深大通信技术研究所	1986.10	全民	无线寻呼电脑系统	1994 年
47	迈威有线电视器材公司	1991.8	合资	宽带干线放大器	1994 年
48	宝安电子研究所	1993.1	全民	专用集成电路及其产品	1994 年
49	莱宝真空技术公司	1992.7	合资	导电玻璃	1995 年
50	飞通光电子技术公司	1993.8	合资	光电子器件	1995 年
51	维思科技实业公司	1994.4	私营	逆变直流弧焊电源	1995 年
52	中康玻璃公司	1989.8	合资	玻壳	1995 年
53	索贝科技公司	1988.10	私营	电视特技动画系统	1995 年
54	新华威科技公司	1993.5	私营	证券交易系统	1995 年
55	康柏电脑(中国)公司	1994.6	合资	电脑	1995 年
56	泰科通信工业公司	1992.5	全民	智能化数字网络	1995 年
57	康泰生物制品公司	1992.9	合资	乙肝疫苗	1995 年

表 12－3 续表 2

序号	企业名称	成立时间	经济类型	主要产品	认定年度
58	长城国际(深圳)公司	1994.2	合资	微机	1996 年
59	赋安安全设备公司	1989.8	全民	智能火灾报警控制系统	1996 年
60	先科光盘系统公司	1990.2	全民	VCD 放送机	1996 年
61	金八达通讯设备公司	1993.8	全民	市话业务数据处理网	1996 年
62	伟光镀膜玻璃公司	1986.12	合资	镀膜玻璃	1996 年
63	伟光导电膜公司	1993.10	合资	导电膜玻璃	1996 年
64	佳视达实业公司	1992.8	私营	干线放大器	1996 年
65	卫武光明生物制品厂	1985.5	联营	生物制品	1996 年
66	黎明电脑网络公司	1995.9	合资	软件	1996 年
67	希岛力电电子设备公司	1994.4	合资	数学智能调度机	1996 年
68	兴星电讯公司	1993.4	合资	有线电视设备	1996 年
69	万德莱通讯设备公司	1993.7	合资	无绳电话	1996 年
70	达实自动化工程公司	1995.3	合资	工业控制系统	1996 年
71	新泰达通信电源公司	1994.5	联营	智能化高频开关电源	1996 年
72	天玉高分子材料公司	1993.4	合资	有机硅橡胶混炼胶	1996 年
73	亚奥新实业公司	1995.1	联营	程控交换机	1996 年
74	创微科技发展公司	1995.7	合资	微波炉控制卡	1996 年
75	华德电子公司	1987.11	合资	计算机开关电源	1996 年
76	天鼎精细化工制造公司	1991.12	合资	有机硅材料	1996 年
77	永华电子专利精品公司	1991.11	合资	机动车联网报警系统	1996 年
78	赛格通信公司	1990.12	全民	集群通信系统	1996 年
79	天达空港设备公司	1992.7	合资	智能登机桥	1996 年
80	华为通信股份公司	1994.1	全民	智能化高频开关电源	1996 年
81	蛇口广华电子技术公司	1984.6	合资	微型打印机	1996 年
82	三洋华强激光公司	1993.5	合资	激光头	1996 年
83	大冷王运输制冷公司	1992	合资	运输温控机组	1996 年
84	比亚迪公司	1995.2	私营	镍氢充电电池	1996 年

表12-4　国家高新技术产业开发区高新技术企业

(1996年)

序号	企业名称	成立时间	经济类型	主要产品
1	深明技术开发公司	1990.2	联营	气动元件GPS定位仪
2	科兴生物制品公司	1989.7	联营	干扰素、生物制品
3	科意新技术有限公司	1986.11	合资	石英振子
4	新华宇海洋工程公司	1988.10	联营	海洋工程
5	威科自动化办公器材公司	1990.2	联营	复印机用碳粉
6	金星材料技术公司	1987.5	合资	钕铁硼磁钢
7	意杰(EBG)电子公司	1988.4	合资	高精度金属膜电阻器
8	丰德微电子公司	1988.6	国有	投影光刻机
9	华德威无损检测公司	1987.3	国有	沼氧报警仪

表12-5　科研技术成果情况

单位:项

项目	1995年		1996年	
	全市	特区	全市	特区
科技成果总计	**111**	**102**	**106**	**97**
#达国际先进水平或同类产品水平	14	14	19	18
国内先进水平	55	49	42	37
填补国内空白	28	28	29	29
科技成果总计中:				
省级科技进步奖	13	13	14	14
市级科技进步奖	65	59	65	57

表12-6 历年各级各类学校数

单位:所

年份	普通高等学校	中等专业(技术)学校	普通中学	职业中学	小学	幼儿园	成人高等学校	成人中等专业学校(含成人中学)
全市								
1979		1	24		226	90	1	
1980		1	24		238	52	1	
1981		4	26		244	32	1	
1982		5	28		246	50	1	
1983	1	4	30		248	69	1	
1984	2	7	35	3	260	87	1	
1985	2	7	38	3	258	79	2	
1986	2	6	40	5	257	273	1	10
1987	2	7	43	5	255	187	1	12
1988	2	7	47	5	257	195	1	13
1989	2	8	47	7	264	207	3	14
1990	2	8	49	7	263	228	3	14
1991	2	7	51	9	260	257	3	14
1992	2	6	53	9	261	282	3	12
1993	3	6	51	17	267	281	2	11
1994	3	7	56	15	269	333	2	11
1995	2	7	62	19	274	349	2	9
1996	2	8	71	19	274	380	2	22
特区								
1980		1	7		39	11	1	
1981		4	9		43	13	1	
1982		5	10		45	28	1	
1983	1	4	12		49	24	1	
1984	2	7	14	3	63	43	1	
1985	2	7	16	3	66	44	2	
1986	2	6	18	5	66	92	1	10
1987	2	6	21	5	69	106	1	12
1988	2	6	23	5	72	80	1	13
1989	2	7	25	7	84	107	3	14
1990	2	7	24	7	80	103	3	13
1991	2	6	24	9	80	114	3	13
1992	2	5	26	9	82	142	3	12
1993	3	5	32	8	91	137	2	11
1994	3	7	35	8	96	177	2	11
1995	*2	5	37	11	102	193	2	9
1996	2	6	42	11	101	205	2	22

注:1.1986-1988年成人高等教育只含电大,不包括其他普通高等院校兼办成人教育;2.成人中专只含单独建立的成人学校,不含其他普通中专学校兼办成人中专 3.深圳师范专科学校1995年升格为深圳大学师范学院,隶属深圳大学。

表 12－7　历年各级各类学校教职工数

单位：人

年　　份	普通高等学校	中等专业(技术)学校	普通中学	职业中学	小　　学	幼儿园	成人高等学校	成人中等专业学校(含成人中学)
全　　市								
1986	816	445	2 871	280	3 632			
1987	972	460	3 182	394	3 959	1 616		
1988	1 034	496	3 455	506	4 302	1 558	84	153
1989	1 393	541	3 758	578	4 596	1 969	244	152
1990	1 348	520	3 920	759	5 061	2 267	297	161
1991	1 381	534	4 308	767	5 388	2 716	297	178
1992	1 405	585	4 650	843	5 768	3 113	176	177
1993	1 536	512	5 106	920	6 337	4 154	140	150
1994	2 753	583	5 589	945	7 129	5 294	147	109
1995	1 187	598	6 063	1 075	7 666	5 929	281	128
1996	1 331	725	6 669	1 074	8 702	6 817	284	526
特　　区								
1986	816	431	1 608	238	1 941			
1987	972	414	1 831	314	2 242	1 242		
1988	1 034	436	2 095	374	2 540	1 161	84	[illegible]
1989	1 393	479	2 492	396	2 977	1 546	204	[illegible]
1990	1 348	483	2 454	540	3 143	1 763	257	[illegible]
1991	1 381	462	2 671	573	3 316	2 252	257	[illegible]
1992	1 405	512	2 905	656	3 602	2 565	176	[illegible]
1993	1 536	459	3 226	733	3 869	3 143	140	150
1994	2 753	512	3 470	781	4 226	4 051	147	109
1995	1 187	503	3 673	905	4 612	4 397	281	128
1996	1 331	615	3 968	905	4 919	4 951	284	526

表 12－8　历年各级各类学校专任教师数

单位:人

年份	普通高等学校	中等专业(技术)学校	普通中学	职业中学	小学	幼儿园	成人高等学校	成人中等专业学校(含成人中学)
全市								
1979		22	752		1 588			
1980		25	625		1 763	159		
1981		50	676		1 948	141		
1982		31	860		1 954	259	4	
1983	80	44	1 044	12	2 025	365	8	
1984	162	133	1 372	67	2 282	575	22	
1985	288	154	1 902	130	2 749	483		
1986	406	197	2 138	193	2 977	573	22	75
1987	468	226	2 376	314	3 265	1 005	25	94
1988	524	263	2 603	413	3 571	937	25	110
1989	533	315	2 771	484	3 810	1 193	155	109
1990	484	272	2 915	607	4 221	1 317	241	108
1991	533	296	3 255	568	4 514	1 451	241	119
1992	493	308	3 533	629	4 832	1 698	79	129
1993	535	273	3 892	701	5 342	2 288	58	86
1994	978	303	4 290	719	6 015	2 745	56	84
1995	629	334	4 675	801	6 429	3 202	105	83
1996	747	385	5 004	812	7 046	3 665	106	363
市区								
1980		25	192		351	98		
1981		50	248		506	57		
1982		31	350		610	147	4	
1983	80	44	470	12	700	201	8	
1984	162	133	714	67	981	366	22	
1985	288	154	1 031	111	1 439	244		
1986	406	197	1 200	153	1 663	247	22	75
1987	468	198	1 373	235	1 924	656	25	94
1988	524	225	1 616	285	2 209	568	25	110
1989	533	276	1 883	310	2 568	816	155	109
1990	484	258	1 849	399	2 711	891	207	105
1991	533	245	2 059	385	2 843	1 097	207	116
1992	493	261	2 237	457	3 076	1 304	79	129
1993	535	248	2 458	531	3 306	1 571	58	86
1994	978	259	2 661	573	3 556	2 059	56	84
1995	629	278	2 807	665	3 839	2 232	105	83
1996	747	318	3 007	680	4 093	2 468	106	363

表 12－9　历年各级各类学校在校学生数

单位:人

年份	普通高等学校	中等专业(技术)学校	普通中学	职业中学	小学	幼儿园	成人高等学校	成人中等专业学校(含成人中学)
全市								
1979		80	13 686		47 022	4 587		
1980		142	12 296		49 168	3 377		
1981		133	13 088		51 560	5 074	113	
1982		262	17 080		54 538	7 723	282	
1983	216	310	20 982	156	56 319	9 252	552	
1984	1 236	1 072	27 636	937	62 021	12 140	2 846	3 408
1985	3 206	1 661	35 334	2 105	70 277	14 338	6 403	2 065
1986	3 478	2 167	40 208	3 058	77 884	22 703	3 101	3 681
1987	4 330	2 868	44 910	4 389	84 601	26 072	1 473	9 199
1988	4 710	3 610	43 267	6 086	96 474	27 106	2 394	702
1989	4 419	3 348	45 056	6 904	104 041	34 781	6 822	5 151
1990	3 964	2 897	46 473	8 581	111 711	36 041	6 885	4 821
1991	3 779	3 090	50 625	7 564	118 460	43 877	4 935	3 312
1992	3 653	3 218	55 857	8 548	127 978	49 985	5 001	3 519
1993	3 680	3 153	60 337	9 200	139 272	56 024	3 629	3 003
1994	4 227	3 273	66 073	9 681	147 186	63 316	4 117	3 695
1995	5 291	3 490	71 540	9 903	157 210	62 571	3 699	3 668
1996	6 493	3 741	76 949	10 258	170 983	68 769	3 273	6 339
特区								
1980		142	3 718		10 884	1 729		
1981		133	4 761		13 458	1 318	113	
1982		262	6 901		15 996	2 869	282	
1983	216	310	9 397	156	18 554	3 916	552	
1984	1 236	1 072	12 883	937	24 826	5 322	2 702	2 4[illegible]5
1985	3 206	1 661	17 334	1 813	31 846	6 106	6 076	1 7[illegible]
1986	3 478	2 167	19 447	2 363	36 977	12 143	2 874	3 6[illegible]1
1987	4 330	2 434	22 659	2 986	41 026	14 167	1 473	9 1[illegible]9
1988	4 710	3 075	24 265	3 618	45 973	15 031	2 394	7[illegible]2
1989	4 419	3 077	27 159	3 628	54 778	23 593	6 642	5 [illegible]1
1990	3 964	2 666	27 272	4 623	56 300	23 169	6 797	4 [illegible]1
1991	3 779	2 478	29 597	4 329	60 981	27 219	4 825	3 [illegible]2
1992	3 653	2 687	32 860	5 482	66 871	30 206	5 001	3 [illegible]19
1993	3 680	2 835	35 084	6 776	74 439	32 865	3 629	3 [illegible]03
1994	4 227	2 794	38 546	7 386	80 301	39 874	4 117	3 [illegible]95
1995	5 291	2 811	42 181	7 894	85 558	40 749	3 699	3 [illegible]68
1996	6 493	2 947	45 506	8 068	90 486	41 173	3 273	6 [illegible]39

表 12－10　历年各级各类学校招生数

单位:人

年份	普通高等学校	中等专业(技术)学校	普通中学	职业中学	小学	幼儿园	成人高等学校	成人中等专业学校(含成人中学)
全市								
1979			5 612		8 978		101	
1980			5 344		9 064		113	
1981			5 046		9 978			
1982			7 401		9 561		282	
1983	216		8 142	156	8 936		270	
1984	473	615	10 053	582	9 700	8 734	810	3 318
1985	1 482	801	12 954	1 165	11 876	10 148		1 292
1986	1 173	1 001	12 826	1 529	14 269	10 932	2 812	549
1987	1 573	1 229	15 121	1 959	15 191	9 344	416	8 533
1988	1 378	1 332	12 583	2 669	17 235	8 369	1 353	6 527
1989	1 228	863	16 654	2 613	18 525	15 273	2 480	3 213
1990	1 041	792	17 034	3 352	19 122	17 494	1 613	3 804
1991	1 126	868	17 956	2 301	19 634	28 493	1 944	2 661
1992	1 070	964	21 242	3 373	22 129	32 847	2 216	2 394
1993	1 309	990	22 417	3 275	26 333	37 035	2 128	1 867
1994	1 664	1 297	24 286	3 211	27 860	26 213	1 670	2 227
1995	2 134	1 325	26 463	3 906	31 198	35 630	1 009	1 768
1996	2 470	1 208	27 752	3 381	33 692	37 869	1 036	3 837
特区								
1980							113	
1981			1 821		2 629			
1982			2 767		2 859		282	
1983	216		3 587	156	3 009		270	
1984	473	615	4 298	582	4 254	2 676	810	2 395
1985	1 482	801	6 027	873	5 447	2 440		1 059
1986	1 173	1 001	5 957	1 035	6 292	2 605	1 901	549
1987	1 573	1 053	7 965	1 118	6 667	5 168	416	8 490
1988	1 378	1 145	8 243	1 386	8 162	4 864	1 353	6 527
1989	1 228	783	9 341	1 172	9 905	7 730	1 785	3 213
1990	1 041	692	9 567	1 898	10 067	11 109	1 581	3 584
1991	1 126	668	10 774	1 484	10 518	15 182	1 898	2 633
1992	1 070	795	12 401	2 104	11 806	16 776	2 216	2 394
1993	1 309	829	12 811	2 331	14 647	19 333	2 128	1 867
1994	1 664	1 058	14 095	2 590	15 227	20 923	1 670	2 227
1995	2 134	1 045	15 525	3 200	16 722	20 062	1 009	1 768
1996	2 470	929	16 537	2 412	16 970	18 850	1 036	3 837

表 12－11　历年各级各类学校毕业生数

单位：人

年份	普通高等学校	中等专业(技术)学校	普通中学	职业中学	小学	幼儿园	成人高等学校	成人中等专业学校(含成人中学)
全市								
1984			4 677		8 505	6 710		92
1985			7 468	55	10 669	7 824		305
1986		492	9 169	297	11 481	9 892		43
1987	1 028	646	11 401	549	14 411	7 529	336	1 788
1988	828	609	14 305	974	8 821	7 741	504	103
1989	1 491	1 012	13 388	1 407	12 947	13 090	1 658	2 195
1990	1 334	769	13 914	1 739	13 363	13 848	1 550	1 224
1991	1 191	715	11 885	2 360	14 428	23 140	1 259	1 416
1992	1 187	1 038	14 035	2 351	16 555	27 126	1 649	1 151
1993	1 203	1 009	14 739	2 873	17 685	30 000	461	1 208
1994	1 064	909	15 345	2 776	19 010	17 749	541	826
1995	1 143	813	17 617	3 127	20 876	33 187	601	750
1996	1 210	871	18 891	2 873	21 030	25 889	967	2 116
特区								
1984			2 305		2 257	1 858		
1985			3 848	55	3 667	1 989		13[illegible]
1986		492	5 288	297	3 382	2 521		4[illegible]
1987	1 028	646	6 029	549	5 344	3 716	336	1 78[illegible]
1988	828	523	7 307	756	5 722	3 874	504	1[illegible]
1989	1 491	936	7 294	1 042	6 435	6 082	1 645	2 1[illegible]5
1990	1 334	688	7 758	987	6 493	8 717	1 529	1 2[illegible]
1991	1 191	503	7 717	1 402	7 347	12 449	1 250	1 4[illegible]
1992	1 187	853	8 098	1 154	8 660	14 790	1 649	1 1[illegible]
1993	1 203	911	8 655	1 765	9 253	16 619	461	1 [illegible]3
1994	1 064	829	9 136	2 197	10 106	13 203	541	[illegible]6
1995	1 143	644	10 376	2 408	11 491	18 510	601	[illegible]0
1996	1 210	711	11 228	2 138	11 770	14 355	967	2 [illegible]16

表 12－12　文　化　事　业

项　　目	单　位	1995 年		1996 年	
		全　市	特　区	全　市	特　区
电影放映单位	个	132	41	111	29
#电影院、影剧院	间	84	33	80	26
电影观众人数	万人次	644	219	425	167
专业艺术表演团体	个	5	4	5	4
文　化　馆	座	4	2	4	2
公共图书馆	座	4	3	4	3
公共图书馆藏书	万册	144.5	134.5	152.8	140.5
博物馆、纪念馆	座	1	1	4	3
广播电台	座	2	1	2	1
电视中心台	座	1	1	1	1

表 12－13　历　年　卫　生　事　业

年　份	一、机构数（个）	1.医院	县及县以上医院	综合医院	2.疗养院、所	3.门诊部、所	4.专科防治所	5.卫生防疫站
全　市								
1979	62	25				31		
1980	74	24				44		
1981	77	24				47		
1982	121	26				87		
1983	128	30				91		
1984	150	29				109		
1985	215	31				169		
1986	297	32	14	10	1	234	2	7
1987	311	34	15	11	1	253	2	7
1988	308	35	14	9	1	249	4	6
1989	332	35	18	12	1	271	5	6
1990	354	38	20	14	1	291	4	6
1991	360	41	19	13	1	293	4	6
1992	397	45	22	17	1	326	4	6
1993	400	45	22	14	1	324	3	8
1994	496	48	23	13	1	415	3	8
1995	506	63	23	13	1	407	6	8
1996	1 422 *	69	38	23	1	1 314 *	7	8
特　区								
1980	43	8				29		
1981	48	8				34		
1982	58	9				47		
1983	77	13				57		
1984	108	11				86		
1985	165	13				138		
1986	239	13	12	8	1	206	2	6
1987	258	14	13	9	1	222	2	5
1988	261	15	12	7	1	225	3	5
1989	276	16	15	9	1	237	4	5
1990	298	19	17	11	1	257	3	5
1991	302	19	16	10	1	260	3	5
1992	312	23	19	14	1	266	3	5
1993	323	23	19	11	1	275	1	6
1994	391	23	19	10	1	342	1	6
1995	399	37	19	10	1	344	3	6
1996	849	41	31	18	1	777	4	6

注:1996 年实行新的卫生统计报表制度,将个体诊所和乡村卫生站计入机构。

表 12－13 续表 1

年份	6. 妇女保健所、站	7. 药品检验所、站	8. 其他卫生事业机构	9. 医学科学研究机构	10. 中等医药学校	二、床位数(张)	1. 医院病床	县及县以上医院
全市								
1979						597		
1980						643		
1981						790		
1982						717		
1983						1 023		
1984						1 634	1 634	
1985						1 885	1 885	
1986	5	1	4	1	1	2 112	2 028	1 521
1987	6	1	4	2	1	2 309	2 225	1 682
1988	5	1	4	2	1	2 580	2 496	1 968
1989	5	1	5	2	1	2 922	2 838	2 362
1990	5	1	5	2	1	3 192	3 108	2 541
1991	6	1	5	2	1	3 582	3 498	2 789
1992	6	1	5	2	1	4 550	4 466	3 485
1993	8	1	5	4	1	5 252	5 168	3 794
1994	7	1	8	4	1	6 124	6 040	4 338
1995	7	1	8	4	1	6 724	6 640	4 561
1996	3＊	1	14	4	1	7 455	7 196	5 260
特区								
1980						254		
1981						402		
1982						367		
1983						712		
1984						1 143	1 143	
1985						1 295	1 295	
1986	4	1	4	1	1	1 465	1 381	1 359
1987	5	1	4	2	1	1 599	1 515	1 492
1988	4	1	4	2	1	1 847	1 763	1 738
1989	4	1	5	2	1	2 110	2 026	2 003
1990	4	1	5	2	1	2 244	2 160	2 126
1991	5	1	5	2	1	2 474	2 390	2 324
1992	5	1	5	2	1	3 145	3 061	2 885
1993	6	1	5	4	1	3 221	3 137	3 027
1994	5	1	7	4	1	3 707	3 623	3 493
1995	5	1	7	4	1	4 210	4 126	3 771
1996	2	1	12	4	1	4 804	4 610	4 384

注：4 家妇幼保健院开设床位，作专科医院统计。

表 12－13 续表 2

年　份	综合医院	专科医院	区卫生院	2.疗养院	三、医院门诊诊疗总人次(万人次)	四、入院总人数(万人)	县及县以上医院	市属医院
全　市								
1979								
1980								
1981								
1982								
1983								
1984								
1985								
1986	1 242	279	485	84	381	4.68	2.73	1.54
1987	1 398	284	543	84	461	5.84	3.58	2.23
1988	1 558	410	528	84	552	6.97	4.43	2.59
1989	1 830	533	475	84	607	7.87	5.48	2.75
1990	1 993	548	567	84	729	8.73	6.18	3.0[illegible]
1991	2 138	651	709	84	808	10.08	6.88	4.6[illegible]
1992	2 502	983	805	84	976	11.40	7.61	3.[illegible]
1993	2 818	1 022	1 280	84	1 042	12.50	8.08	3.[illegible]
1994	3 142	1 196	1 412	84	1 057	12.81	8.46	3.[illegible]
1995	3 271	1 289	1 544	84	1 060	13.07	8.48	3.[illegible]4
1996	3 841	1 419	1 831	84	1 018	14.63	9.45	3[illegible]4
特　区								
1980								
1981								
1982								
1983								
1984								
1985								
1986	1 080	279		84	236	2.58	2.54	1.54
1987	1 208	284	23	84	272	3.24	3.20	2.23
1988	1 328	410	25	84	334	3.87	3.79	[illegible].59
1989	1 470	533	23	84	365	4.35	4.28	2.75
1990	1 578	548	34	84	462	4.89	4.89	3.00
1991	1 673	651	66	84	501	5.45	5.38	4.68
1992	1 978	983		84	567	5.99	5.89	3.35
1993	2 051	1 022	16	84	567	6.41	6.17	3.61
1994	2 337	1 156		84	628	6.59	6.49	3.68
1995	2 542	1 229		84	680	6.72	6.58	3.74
1996	3 041	1 343	171	84	634	7.51	7.84	3.94

表 12－13 续表 3

年　份	五、病床使用率（%）	#市属医院	六、病床周转次数（次）	#市属医院	七、卫生工作人员数（人）	卫生技术人员	中医	#中医师
全　市								
1979					1 214	988		
1980					1 335	1 088		
1981					1 514	1 270		
1982					1 967	1 609		
1983					2 910	2 343		
1984					3 869	3 064		
1985					4 861	3 857		
1986	66.20	75.20	24.40	21.50	5 800	4 657	304	189
1987	73.60	81.30	22.20	20.60	6 354	5 117	307	221
1988	75.60	79.80	28.80	20.20	7 115	5 717	330	277
1989	78.40	84.10	29.00	21.10	7 923	6 451	433	336
1990	81.40	85.20	29.00	21.50	8 619	6 996	463	417
1991	85.15	89.24	30.28	20.26	9 405	7 618	500	456
1992	81.88	86.98	28.00	20.29	10 643	8 571	579	533
1993	83.93	85.99	24.08	19.29	12 261	9 888	639	590
1994	70.10	76.30	23.15	17.50	13 853	11 034	739	654
1995	65.00	69.60	20.80	16.70	15 591	12 449	823	732
1996	64.30	72.50	21.50	16.60	17 925	14 652	1 292	906
特　区								
1980					732	579		
1981					925	755		
1982					1 319	1 043		
1983					2 333	1 833		
1984					3 068	2 366		
1985					3 877	2 996		
1986	67.50	75.20	18.80	21.50	4 722	3 728	235	165
1987	73.80	81.30	21.50	20.60	5 206	4 114	248	193
1988	73.90	79.80	22.50	20.20	5 756	4 540	260	225
1989	76.30	84.10	22.80	21.10	6 389	5 142	322	267
1990	79.00	85.20	23.40	21.50	6 892	5 546	338	309
1991	80.87	89.24	23.84	20.26	7 435	5 955	369	344
1992	79.44	86.98	22.20	20.29	8 119	6 452	416	390
1993	82.50	85.99	23.28	19.29	9 154	7 284	487	459
1994	78.10	76.30	21.20	17.50	9 833	7 756	533	484
1995	65.00	69.60	17.70	16.70	10 966	8 699	606	548
1996	62.60	72.50	18.20	16.60	12 198	9 907	794	671

表 12－13 续表 4

年　　份	西医	#西医师	中西医结合高级医师	护师、士	#护师	药剂师、士	检验师、士	其他技师、士	卫生技术人员中：医生
全　　市									
1979									364
1980									444
1981									520
1982									708
1983									1 078
1984									1 485
1985									1 863
1986	1 913	1 510		1 246	96	260	211	137	2 218
1987	2 067	1 599		1 450	105	292	257	145	2 409
1988	2 380	2 003		1 735	511	279	182	150	2 755
1989	2 670	2 264	4	1 971	590	431	321	225	3 107
1990	2 960	2 530	3	2 145	642	475	355	224	3 426
1991	3 231	2 792	3	2 372	824	539	365	244	3 737
1992	3 654	3 250	14	2 705	1 142	630	375	278	4 247
1993	4 148	3 777	11	3 225	1 263	744	464	306	4 798
1994	4 608	4 204	17	3 625	1 560	823	538	385	5 347
1995	5 227	4 778	23	4 034	1 883	906	612	426	6 050
1996	5 974	5 419	300	4 654	2 167	1 005	664	489	7 266
特　　区									
1980									248
1981									338
1982									492
1983									861
1984									1 180
1985									1 477
1986	1 565	1 284		1 045	88	217	180	93	1 800
1987	1 707	1 367		1 225	98	244	220	89	1 969
1988	1 923	1 658		1 437	415	189	155	116	2 183
1989	2 175	1 888	4	1 642	494	335	267	163	2 501
1990	2 423	2 106	3	1 753	537	368	292	174	2 764
1991	2 588	2 284	3	1 909	700	408	293	189	2 963
1992	2 791	2 537	14	2 099	962	444	293	212	3 22[illegible]
1993	3 114	2 907	10	2 408	1 041	506	355	213	3 61[illegible]
1994	3 288	3 086	15	2 560	1 251	571	393	262	3 82[illegible]
1995	3 683	3 471	19	2 814	1 481	624	434	308	4 28[illegible]
1996	4 057	3 899	91	3 236	1 708	684	468	327	4 85[illegible]

十三、环境保护和城市公用事业

1996年深圳市环境状况公报

深圳市环境保护局

根据《深圳经济特区环境保护条例》第十条"市环境保护部门负责组织环境质量监测和污染源监测,并向社会发布环境状况年度公报"的规定,现将1996年深圳市环境状况公告如下:

综　述

1996年,我市整体环境质量基本保持稳定,一些环境质量指标有所好转。大气环境质量符合国家二级标准,主要饮用水源水库水质达到国家地面水Ⅱ类标准,符合饮用水源水质要求。全市主要河流深圳河、洋涌河、观澜河、龙岗河、坪山河水质超过国家地面水Ⅲ类标准。近海大部分海域水质保持在良好水平:东部海域水质符合国家海水水质一级标准,但局部近岸海域受到污染;西部海域海水水质符合国家海水水质二级标准,个别指标超过国家海水水质二级标准。城市交通噪声平均值71.8分贝,区域环境噪声平均值58分贝,环境有所改善。

一、污染物排放状况

(一)废气

1996年全市废气排放量506亿标立方米,比上年增加0.6%。其中统计的1052家工业企业(镇以上企业,下同),共排放废气357亿标立方米,与上年基本持平。工业废气治理率98.6%。工业废气中,烟尘排放量3661吨,比上年增加42.2%;二氧化硫排放量19474吨,比上年增加33.2%;工业粉尘排放量113吨,比上年下降8.1%。工艺尾气净化处理率94.4%,基本保持上年水平。

(二)废水

1996年全市废水排放量约51794万吨,比上年增加12.8%。其中统计的1052家工业企业共排放废水3342万吨,比上年增加27.2%。工业废水处理率99.2%,比上年提高2.4个百分点。工业废水排放达标率89.1%,比上年提高5.7个百分点。万元工业产值工业废水排放量5.6吨,与上年基本持平。工业废水中主要污染物化学耗氧量排放2161吨,比上年增加20%。

城市污水处理率10.4%,比上年提高2个百分点。

(三)固体废物

1996年特区垃圾清运量84.89万吨,比上年增加10.4%,垃圾处理率近100%。

1052家工业企业工业固体废物产生量30.11万吨,比上年增加20.5%,综合治理率100%。其中,综合利用量24.91万吨,综合利用率82.7%,比上年提高15个百分点。

全市综合利用危险废物6396吨,处置危险废物2835吨。

(四)污染事故

1996年全市无环境污染事故发生。

二、环境质量状况

(一)大气环境质量

全市总悬浮颗粒物年日平均浓度135微克/立方米,比上年上升3.1%,符合国家大气环境质量二级标准(小于200微克/立方米)。二氧化硫年日平均浓度12微克/立方米,比上年上升50.0%,符合国家大气环境质量二级标准。氮氧化物年日平均浓度64微克/立方米,比上年下降12.3%,超过大气环境质量二级标准(小于50微克/立方米)。降尘年平均值6.43吨/平方公里.月,比上年下降15.7%,符合广东省推荐标准(8吨/平方公里.月)。降水pH值年平均值5.18,全年酸雨频率34.2%,与上年基本持平。酸雨量占全年总雨量的38.9%,比上年下降15.9个百分点。从各月情况看,4、5、8、9月酸雨频率较高。

(二)水环境质量

我市主要饮用水源深圳水库、西丽水库、铁岗水库、石岩水库等水库水质平均达标率96.8%,比上年提高1.5个百分点。

特区河流上游水质较好,中、下游受到严重的有机污染,主要污染物是总氮,氨氮、总磷、生化需氧量和石油类。

深圳河污染指数5.04,比上年下降0.46。

宝安、龙岗区河水中,主要污染物是总氮,其次是氨氮和总磷。河流水质超过地面水Ⅲ类标准。

洋涌河污染指数3.53,比上年上升1.00。

观澜河污染指数3.59,比上年上升0.53。

龙岗河污染指数3.07,比上年下降0.26。

坪山河污染指数1.57,比上年下降0.21。

东部近海海域水质三氮和石油类比上年升幅较大,说明已开始受到有机污染的威胁。西部海域水质无机氮指标测值较高,与去年相比,主要污染物均有一定程度的下降,略好于去年。

(三)噪声环境质量

全市区域环境噪声年平均值58分贝,达标率54.7%。其中:特区区域环境噪声年平均值58分贝,达标率78.4%;宝安区中心城区区域环境噪声平均值57分贝,达标率80.0%;龙岗区中心城区区域环境噪声平均值59分贝,达标率43.3%。

在城市噪声源中,生活噪声占49.4%,交通噪声占32.2%,两者合计为81.6%。

全市城市道路交通干线噪声平均值为71.8分贝,达标率12.2%。其中:特区交通噪声平均值71.8分贝,达标率17%;宝安区中心城区交通噪声平均值73.3分贝,达标率18.6%;龙岗区中心城区交通噪声平均值70.5分贝,达标率52.60%。

三、生态环境状况

全市林业用地90503公顷,其中有林地面积73967公顷。森林覆盖率44.9%。当年造林面积3500公顷,义务植树162万株。

特区建成区绿化面积4454公顷,比上年增加67公顷,绿化覆盖率44.1%。

全市实有耕地面积5106公顷,占全市土地面积2.53%,比上年提高16.4%。其中年内新增耕地面积916.7公顷。

全市水土流失面积145.08平方公里,占全市土地7.18%。治理水土流失面积39.91平方公里,占水土流失总面积的21.57%。

四、环境保护管理

1996年我市认真贯彻全国第四次、全省第七次环境保护会议精神,落实国务院《关于环境保护若干问题的决定》,努力开拓,积极进取,推动我市环保工作发展。

我市召开了第四次环境保护委员会全体委员会议,确定了"深圳市本届政府环境保护目标与任务(1996-2000年)"。编制了"深圳市'九五'期间污染物排放总量控制目标"和"深圳市跨世纪绿色工程项目规划"。

城市环境综合整治定量考核工作全面深入开展,环保目标责任制进一步得到落实。

环境法制建设继续加强,。市政府颁布实施了《深圳经济特区机动车排气污染防治规定》、《深圳市地面水环境功能区划》和《深圳市环境空气质量功能区划》。深圳市环保局制定和清理了《深圳市建设项目环境保护审批制度》等17项规范性文件。环保执法工作从1996年10月1日起全面实行环境行政处罚告知、申辩制度,并对重大案件建立了听证制度;全年对331宗违法行为进行了处罚,并对其中21家严重违法行为责令停产整顿,对50宗拒不执行处罚的违法行为实行了强制执行。

加强对重点项目和新增污染源的审查和管理。全市共审批建设项目2493项,其中需编报环境影响评价报告书的项目22项;需执行"三同时"制度的项目385项。"三同时"环保项目总投资1.68亿元,占项目投资总额的3.27%。

强化环境的监督管理,进一步开展以防治废水、废气、固体废物和噪声污染为主的城市环境综合整治工作。取缔、关闭了污染严重、治理无望的10家企业,限期治理20家企业,限期整改55家企业。对全市133家进口加工利用境外废物的单位进行清理,整顿了31家企业,关闭了21家违法经营企业。

强化对全市饮用水源保护工作的宏观协调和管理。对深圳水库11.3平方公里的一级保护区竖立界碑30.7公里,共竖界桩437个,法规告示牌31块;对流域内油污染和第三产业污染进行了整治,对196家工业污染源发放了排污许可证;沙湾排污泵站全年抽排污水610.80万立方米;在流域内开展了微型生活污水处理装置推广试验工作。

开展全市污染源普查工作。全年监测污染源5663次,取得监测数据36032个。

全市环境监理执法得到进一步加强,全市共征收排污费6166万元,其中安排环保补助资金4900万元。

环保信访工作设立了"局长接待日",制定了24小时接收环保投诉制度,全年共处理涉及大气污染、水污染、固体废弃物污染和噪声污染等的2925宗群众环保投诉,并对市人大、市协的共16宗提案和议案进行了认真的处理和答复。

《深圳市1991—1995年环境质量报告书》被国家环保局评为优秀环境质量报告书,获得了一等奖;《深圳经济特区电磁波辐射污染水平调查与研究》获广东省1996年环保科技进步三等奖;《印刷电路板行业氨蚀板液及酸性氯化铜蚀板废液中和沉淀后的再生利用》被列为深圳市首批十个科技成果重点推广项目之一。

进一步规范环保产业市场的管理,对全市新增33家在深圳从事污染治理工程研究、设计、治理、危险废物处置和利用的单位进行了资格认证。

重点组织进行了交通噪声、汽车尾气、"洋垃圾"、水土流失、饮用水源保护等突出环境问题的宣传报道,举办了以"我们的地球居住地、家园"为主题的"6·5"世界环境日活动、深圳市第三次环保学术交流会,评出优秀论文20篇。

举办了深圳——纽伦堡地区环保合作交流会,由王炬副市长与德国纽伦堡副市长签订了双方环保合作协议书。深圳市环境科学研究所和北京大学合作,首次中标2项欧盟资助的国际合作研究课题。

五、城市环境基础设施建设

市滨河水质净化厂三期扩建工程完成并通水,新增污水处理能力25万吨/日。罗芳污水处理厂一期工程A段、B段曝气池、初沉池等建设项目完成。至1996年底,污水排海工程完成截污管(渠)36公里,污水提升泵站3座和南山污水处理厂部分工程。

市环卫综合处理厂完成3号垃圾焚烧炉的扩建并投入运行,目前我市垃圾焚烧处理能力450吨/日。市下坪垃圾卫生填埋场首期工程已基本完工。

宝安观澜污水处理厂已完成初步设计等前期工作。

平湖污水处理厂已完成场地平整工作。

宝安城区、龙岗中心城区垃圾处理填埋场规划、选址、设计等前期工作已完成。

特区市政公用事业

人均居住面积（平方米）

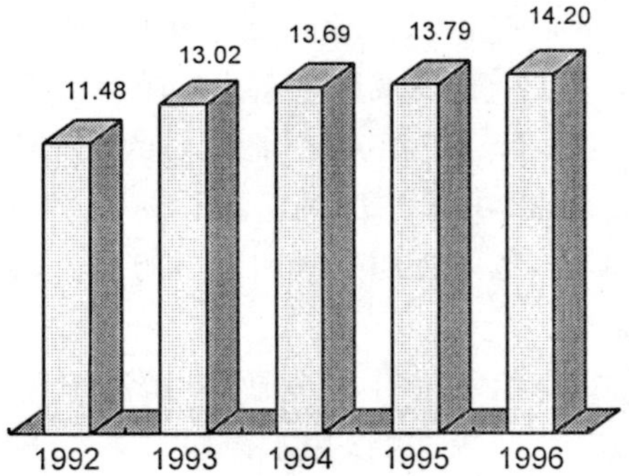

用电总量（亿千瓦时）

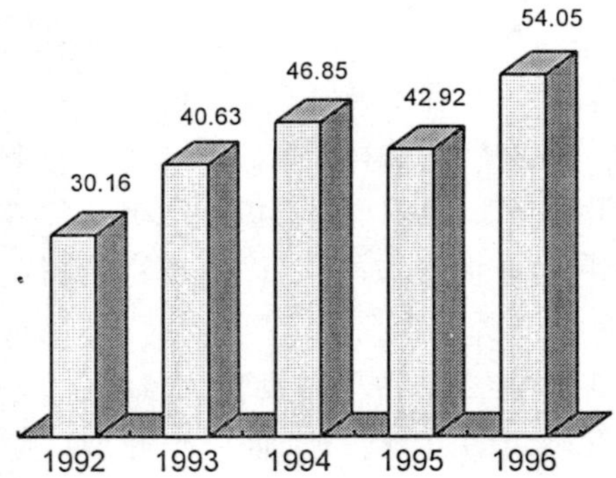

自来水供水能力（万吨/日）

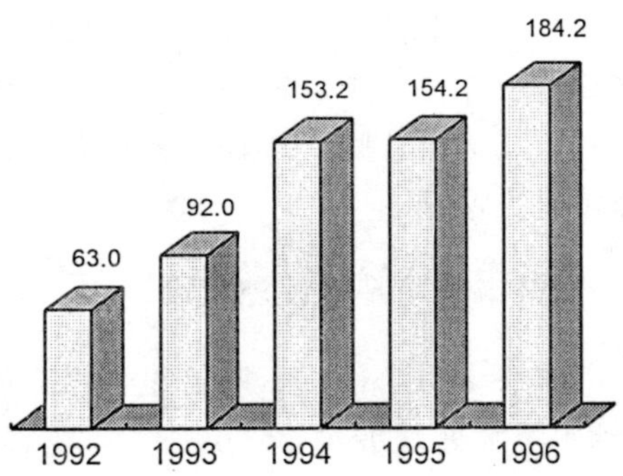

供水总量（亿吨）

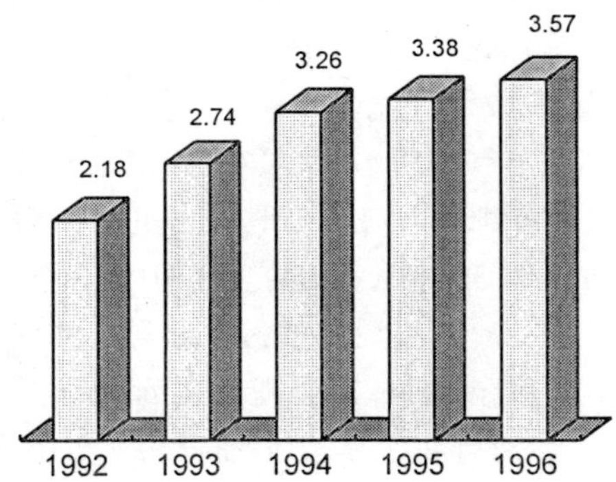

建成区面积（平方公里）

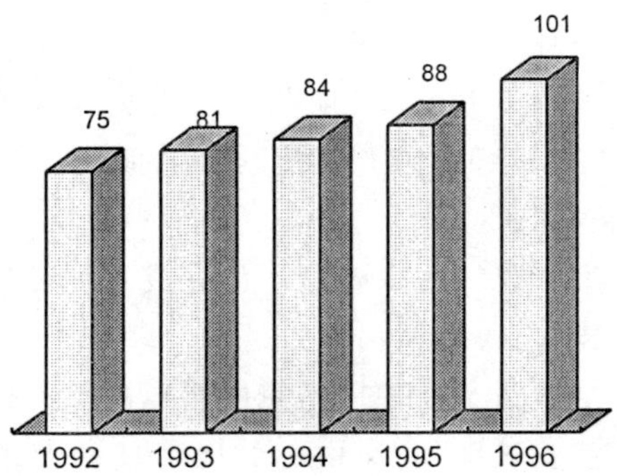

液化石油气销售量（万吨）

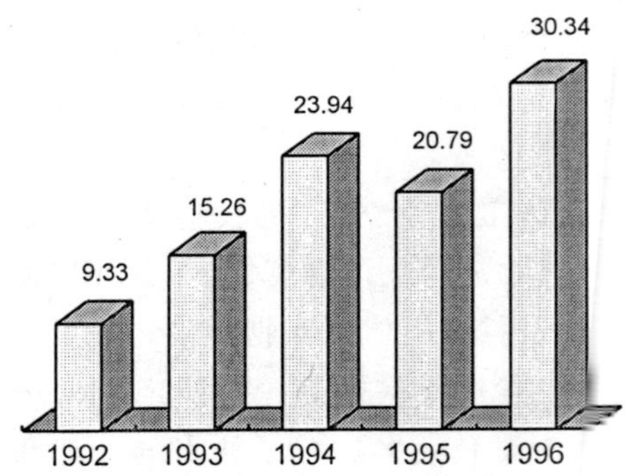

表 13－1　经济特区绿化、市政工程设施及公共交通

年份	建成区面积（平方公里）	建成区绿化覆盖面积（公顷）	建成区绿化覆盖率（%）	年末实有道路长度（公里）	年末实有道路面积（万平方米）	下水道排水管长度（公里）	污水处理能力（万吨/日）	#实际处理量
1980				47		11		
1981				49		14		
1982		1 020		56	128	14		
1983		1 039		70	181	47		
1984		1 208		108	286	271	2.5	
1985	48	1 418	29.54	161	371	281	2.5	
1986	48	1 593	33.19	202	440	332	4.5	
1987	58	2 181	37.60	208	455	379	4.5	
1988	61	2 226	36.49	247	585	466	4.7	3.9
1989	61	2 284	37.44	257	613	537	4.7	4.0
1990	69	2 568	37.22	275	657	560	14.3	5.6
1991	72	2 542	35.31	288	635	564	14.3	7.0
1992	75	2 592	34.56	299	657	678	12.0	7.2
1993	81	3 246	40.07	296	651	700	12.0	9.7
1994	84	3 688	43.90	335	813	841	17.0	11.7
1995	83	3 872	44.00	657 *	869 *	1 746 *	17.0	17.0
1996	101	4 454	44.10	737	1 124	2 092	17.0	17.0

年份	桥梁（座）	路灯（盏）	年末公共汽车（辆）	年末公共汽车营运线路（条）	公共汽车客运总人数（万人次）	年末出租汽车数（辆）	1.的士	2.大中小巴
1980						269	160	109
1981			20	4	158	331	199	132
1982			24	5	536	792	399	493
1983		2 229	55	7	1 399	1 296	860	436
1984		5 112	100	14	2 974	2 046	1 226	820
1985		6 300	153	20	5 184	2 800	1 700	1 100
1986	16	7 900	171	22	5 827	2 957	1 794	1 163
1987	16	7 900	205	24	10 079	3 516	1 896	1 620
1988	19	11 000	248	24	16 208	3 793	2 306	1 487
1989	30	11 718	305	23	16 601	3 805	2 305	1 500
1990	30	15 690	334	24	20 232	3 704	2 385	1 319
1991	37	15 800	445	28	22 163	4 404	3 143	1 261
1992	39		611	34	24 647	7 225	6 083	1 142
1993	41	16 759	673	37	23 028	8 894	6 212	2 682
1994	52	17 204	779	45	23 984	11 100	7 400	3 700
1995	102 *	30 361 *	911	50	27 086	10 909	7 892	3 017
1996	125	32 798	976	61	28 696	10 986	8 006	2 980

注：1.年末公共汽车数、线路及客运总人数均为市公共汽车公司数；2.带 * 号的数据为市政普查数。

表 13－2　经济特区居住水平、自来水和液化石油气

年　份	年末实有房屋建筑面积(万平方米)	年末实有住宅建筑面积(万平方米)	年末实有住宅居住面积(万平方米)	城市居住人口(与居住面积同口径)(万人)	平均每人居住面积(平方米)	年末自来水厂生产能力(万吨/日)
1980	156	52	37		6.60	1.1
1981	219	76	51		6.84	2.0
1982	312	122	85		8.17	5.3
1983	459	184	128		8.60	7.2
1984	689	277	180		9.35	9.4
1985	981	408	224		9.35	22.0
1986	1 250	516	278	27.06	10.27	23.4
1987	1 461	595	318	34.69	10.30	23.7
1988	2 599	1 159	416	40.19	10.35	51.0
1989	3 045	1 344	487	45.50	10.70	57.0
1990	3 302	1 480	655	60.01	10.91	65.0
1991	3 601	1 647	728	64.20	11.34	63.0
1992			829	72.20	11.48	63.0
1993			954	73.30	13.02	92.0
1994	3 958	1 964	1 104	80.63	13.69	153.2
1995	4 313	2 179	1 222	88.61	13.79	154.2
1996	4 980	2 569	1 436	101.10	14.20	184.2

年　份	供水管道总长度(公里)	全年供水量(万吨)		生活用水人口(万人)	液化石油气销售总量(吨)	
			＃生活用水			＃家庭用量
1980	35	411	343		15	15
1981	47	744	491		240	240
1982	50	1 158	810		1 000	700
1983	57	1 939	1 258		1 880	1 680
1984	95	3 645	1 667		3 095	3 09[illegible]
1985	210	5 931	2 703		9 376	9 27[illegible]
1986	292	7 320	2 927	41.00	10 859	10 22[illegible]
1987	349	8 563	3 543	43.00	15 072	13 87[illegible]
1988	385	12 940	5 012	78.40	18 186	15 75[illegible]
1989	450	15 589	6 021	102.45	29 830	24 92[illegible]
1990	509	17 106	6 483	109.30	35 470	30 8[illegible]
1991	515	17 904	5 659	113.00	51 254	39 3[illegible]
1992	607	21 793	7 278	122.00	93 344	59 8[illegible]
1993	702	27 390	9 516	118.94	152 586	60 9[illegible]
1994	778	32 604	13 077	147.53	239 443	122 7[illegible]
1995	827	33 802	13 521	151.18	207 854	118 1[illegible]
1996	1 076	35 655	14 260	160.30	303 373	123 9[illegible]

表 13－3　全　市　用　电

单位:万千瓦小时

项　　目	1990 年	1991 年	1992 年	1993 年	1994 年	1995 年	1996 年
用电总量	**359 694**	**472 169**	**564 005**	**746 795**	**879 100**	**913 600**	**1 014 427**
售电总量	**339 062**	**445 144**	**530 441**	**703 624**	**828 096**	**860 927**	**955 972**
月电总量中:							
一、农、林、牧、渔、水利业	3 837	5 475	6 497	9 650	11 609	11 258	13 041
二、工　　业	219 689	296 733	350 955	444 328	503 780	499 757	547 085
1.煤炭采选业		1	5	9	11	245	14
2.石油和天然气开采业		1 171	1	292	324	2	237
3.黑色金属矿采选业	27	26	28	27	52	96	84
4.有色金属矿采选业		1	5	5	4	56	90
5.建材及非金属矿采选业	3 405	3 804	218	2 340	2 322	4 396	4 223
6.采　盐　业	8	1					
7.其他矿采选业	50	112	104	148	169	157	120
8.木材及竹材采运业	321	620	581	285	344	283	356
9.自来水生产和供应业	7 240	11 102	8 185	11 343	11 700	11 382	11 854
10.食品制造业 11.饮料制造业 12.烟草加工业	5 317	6 258	11 034	15 521	16 249	12 742	14 320
13.饲料工业 14.纺　织　业 15.缝　纫　业 16.皮革、毛皮及制品业 17.木材加工及竹、藤、棕、草制品业	8 496	9 213	16 467	22 790	23 282	17 356	16 699
18.家具制造业 19.造纸及纸制品业 20.印　刷　业 21.文教体育用品制造业 22.工艺美术制品业	7 934	6 209	13 381	17 507	18 414	12 174	11 217

表 13－3 续表　　单位:万千瓦小时

项　　目	1990 年	1991 年	1992 年	1993 年	1994 年	1995 年	1996 年
23.电力、蒸汽、热水生产供应业 *	20 171	27 026	33 564	43 171	51 004	52 673	59 770
24.石油加工业	173	532	271	47	33	44	50
25.炼焦、煤气及煤制品业	269	340	203	313	262	268	322
26.化学工业	4 816	5 588	7 629	12 284	13 256	9 923	9 828
27.医药工业	2 797	2 906	5 467	6 205	6 396	4 652	4 290
28.化学纤维工业	2 308	2 876	2 627	4 763	5 210	5 146	5 402
29.橡胶制品业 30.塑料制品业	37 836	71 366	66 208	69 715	80 122	75 454	99 917
31.建材及非金属矿物制品业	9 441	10 893	15 228	29 055	30 391	25 257	22 157
32.黑色金属冶炼及压延加工业	3 023	2 320	820	86	91	152	328
33.有色金属冶炼及压延加工业	9	134	815	1 029	1 492	2 037	1 935
34.金属制品业	11 360	8 551	13 759	23 321	28 201	28 413	33 375
35.机械工业	1 696	2 861	6 557	8 950	9 256	10 731	13 137
36.交通运输设备制造业 37.电气机械及器材制造业 38.电子及通信设备制造业 39.仪器仪表及计量器具制造业	67 441	79 699	87 511	112 195	124 288	104 026	112 141
40.其他工业	25 551	43 123	58 321	62 927	80 907	122 092	125 219
三、地质普查和勘探业	1 064	71	51	212	75	147	246
四、建筑业	9 544	12 367	15 649	23 472	26 502	27 081	26 138
五、交通运输、邮电通讯业	2 578	6 523	6 333	11 183	14 229	15 877	22 361
六、商业、公共饮食、物资供销仓储业	36 668	46 957	59 646	82 664	102 166	105 512	121 650
七、其他事业	39 605	60 522	75 317	110 819	125 292	128 134	132 108
八、城乡居民生活用电	46 709	43 521	49 557	64 467	95 447	125 834	151 795
城　　市	33 152	32 509	36 180	47 038	74 387	92 873	117 442
乡　　村	13 557	11 012	13 377	17 429	21 060	32 961	34 351

* 此行业包括线损电量。

表13-4　经济特区气象及环境

项　　目	单　位	1990年	1991年	1992年	1993年	1994年	1995年	1996年
一、气象								
平均温度	℃		23.0	23.4	22.7	22.9	23.3	23.1
降雨量	mm		1 396.9	1 328.4	1 950.7	2 474.9	2 486.9	1 683.3
日照时数	小时		1 842.1	1 790.0	1 867.8	1 891.8	1 699.2	1 875.0
平均湿度	%		76	75	74	74	76	73
二、环境								
废水排放量	万吨	13 685	14 323	17 434	21 912	26 083	27 042	28 524
工业废水排放量	万吨	1 552	1 545	1 546	1 575	1 875	2 185	2 306
#符合排放标准的工业废水量	万吨	1 211	1 185	1 314	1 256	1 633	1 937	2 113
工业废水处理量	万吨	584	2 227	2 522	2 502	2 712	2 988	3 126
工业废气排放量	亿标立米	21.52	58.40	69.08	293.11	276.10	249.64	316.02
工业废气处理量	亿标立米	11.53	34.76	67.23	292.30	276.07	246.53	311.95
二氧化硫排放量	吨	1 166	1 356	1 702	3 317	10 774	12 675	17 941
工业粉尘排放量	吨	136	85	490	66	323	17	12
工业粉尘回收量	吨	284	186	408	8	28 626	1 182	12
工业固体废物产生量	吨	21 914	32 499	47 589	110 800	200 700	235 400	292 200
工业固体废物处置量	吨	2 567	8 850	13 460	64 600	105 100	79 100	54 358

注:本表气象资料来源于深圳市气象台,环境资料来源于深圳市环保局。

十四、人民生活

1996年深圳居民家庭收入及生活变化情况

1996年深圳市经济持续、快速、健康发展，居民家庭收入继续增长，实际消费水平提高。

据深圳市200户户籍居民家庭抽样调查资料(以下简称200户抽样资料)，1996年居民家庭年人均实际收入16307.62元，扣除物价因素(下同，略)，比上年实际增长15.2%(其中生活费收入增长18.1%)，比同期国内生产总值增长幅度低1.1个百分点；年人均实际支出14809.59元，比上年实际增长11.0%(其中消费性支出增长9.7%)。

一、收入

1996年深圳居民家庭收入的主要渠道是其从事的工作单位，从工作单位得到的收入占家庭总收入的92.5%，工作单位之外的收入占7.5%。收入主要特点表现在：

(一)就业情况略有好转，就业面扩大是家庭收入增加的主要原因

随着全市经济形势好转，就业渠道拓宽以及居民就业观念的转变，从200户居民家庭全年的就业情况看，就业人口有所增加。1996年家庭就业面为59%，比上年提高2个百分点，负担系数由上年的1.75下降到1996年的1.71，家庭实现比较充分的就业，增加了家庭收入。

(二)三资企业职工收入比重上升，增幅最大，是牵动家庭总体收入水平上升的因素之一

在1996年度200户家庭收入构成中，工资性收入占83.7%，其中三资企业职工收入占10.4%，比上年上升1.1个百分点，年人均工资收入为26872.42元，比上年实际增长35.7%，增长幅度分别比全民性质职工收入高16.4个百分点，比集体职工高26个百分点。

(三)全民性质职工收入实际增长19.3%，绝对水平差异较大

在200户家庭中，全民性质职工占就业人口的77.2%，这部分职工收入的高低直接影响家庭总体收入水平。1996年是深圳党政机关事业单位职工实行《级职工资制》即机关工作人员工资制的头一年，从这一性质职工的总体收入水平看，实行《级职工资制》后比其以前的工资水平有所提高，并在1996年初同时补发了1993年10月至1995年10月期间的差额部分，致使机关事业单位职工收入水平比上年提高。与此同时，企业也根据其效益情况，相应提高工资水平，或增加效益工资和各种补贴。这是导致全民性质职工整体工资水平提高的重要因素，也是拉动200户家庭收入水平上升的主要原因。1996年全民性质职工年人均收入为26861元，比上年实际增长19.3%。从整体看，收入增长幅度比较大，但收入差距悬殊，部分亏损国有企业职工的收入水平仍然比较低，如占10%的低收入组全民性质职工年人均收入为13525.75元，比占10%的高收入组全民性质职工年人均收入36846.64元低63.3%，比平均水平低49.6%。

(四)个体劳动经营者收入下降

个体劳动经营主要以商饮业为主，1996年全市商饮业整体经营情况不很景气，铺位租金高，成本大，个体劳动经营者年人均纯收入为

19776.52元,比上年下降14.1%,绝对水平低于全民、集体、三资性质职工收入水平。

二、消费

1996年深圳居民家庭随着收入的继续增长,购买力提高,消费维持在较高水平上。消费主要投向于教育、交通和通讯、医疗保健、个人消费等方面,由此形成1996年居民家庭的消费特点。

据深圳市200户居民家庭抽样调查资料,1996年居民家庭年人均消费性支出为13044.03元,比上年实际增长9.7%。在八大类消费支出中,与上年比较,除居住类因受装修费用减少影响,支出比上年下降8.6%之外,吃穿家庭用品等上升幅度趋缓,个人消费、教育、娱乐、医疗保健、交通和通讯等不仅支出增长幅度大而且所占比重上升。

(一)教育支出增长46.1%,居首位

随着深圳改革发展的深化,居民家庭的消费意识,消费观念也随之转变,更注重精神文化方面的消费,努力掌握先进的文化科学知识和各种专业技能。教育费增长表现在:一是购买各种书籍和学杂费支出。1996年人均购买教材参考书和书报杂志的支出为148.44元,比上年实际增长57.8%;各种类型学杂费支出594.04元,比上年实际增长28.1%。二是学习、掌握电脑知识。1996年在200户家庭中,家用电脑普及率达到20%,比上年上升5个百分点。

(二)交通和通讯支出增长44.8%

交通和通讯支出继续呈强劲上升之势,标志着深圳居民家庭生活消费层次提高。一是交通费支出增长幅度大,1996年人均交通费支出为3?1.78元,比上年实际增长28.3%。"京九"铁路通行,为居民的出行进一步创造了条件,外出探亲访友日益增多。二是年人均通讯费支出415.95元,比上年实际增长54.8%。其中购买通讯工具支出实际增长2.5倍,电讯费支出实际增长25.9%。在200户家庭中,家用电话的普及率达到90.5%,比上年提高2.5个百分点。有的家庭还开通了IDD,BP机广泛使用,同时移动电话也有了长足发展。1996年以来,通讯业特别是传呼通讯业发展竞争激烈,价格呈稳中趋降态势,有效地促进了居民消费。由于通讯业的发展,居民家庭以电话联系代替了书信往来,无论距离远近,互相沟通联络既方便又快速。

(三)个人消费增长30.0%

随着收入的增加和家庭消费得到基本满足,居民更加注重个人消费,讲究个人仪态、风度、个性,个人消费内容丰富,发展方向呈现多元化。1996年个人消费主要反映在:一是购买金银珠宝饰品。在个人消费中,选择购买金银珠宝饰品的占28.2%,年人均支出75.55元,比上年实际增长28.0%。二是美容消费。美容化妆品由一般的日常护肤品转向高档用品,注意名牌、优质。1996年人均购买美容化妆品支出124.68元,比上年实际增长35.6%;年人均美容费支出28.41元,比上年实际增长58.6%。三是随着居民生活水平提高和旅游业的发展,旅游在深圳居民生活中开始占有一席之地。1996年年人均旅游费支出296.43元,比上年实际增长11.8%。个人消费增长体现了居民生活消费领域进一步拓宽,需求层次提高。

(四)医疗保健支出增长44.7%,是历年来增幅最大的一年

1996年人均医疗保健支出大幅度增长,一是深圳医疗保险制度进一步改革,制度更加完善、合理,实行了个人帐户管理制度,往日的"大锅饭"没有了,超过规定部分的费用由个人承担,个人支出增加;二是受中西药品及保健用品价格上涨影响。据物价调查资料,中药材及中成药价格比上年上涨14.8%,特别是一些常用普通中药材的价格比上年上涨幅度大,如甘草上涨30.4%、陈皮上涨33.6%、菊花上涨27.5%、普通中成药板兰根冲剂上涨26.1%,其余大部分涨幅均是两位数;西药和保健用品也如此,如感冒药、止泻药、一些外用药涨幅均

在两位数,致使居民的医药保健费支出大幅增加。1996年人均医药费支出285.48元,比上年增长52.1%,扣除物价因素后,实际增长38.2%;年人均医疗保健服务费支出110.33元,比上年名义增长42.0%,实际增长28.2%。

(五)全年没形成新的消费热点,居民消费行为趋向理智、成熟

1996年深圳居民消费平稳,没有突出的热点和集中的消费,主要原因,一是深圳经过十几年的改革开放,居民生活不断改善和提高,家庭的主要大件耐用消费品大致饱和,向更高层次的更新换代条件尚未成熟,由于深圳房改较早,购买住房、装修房子也已成为深圳居民的经常性消费。二是在市场经济中,深圳居民的消费价值观有很大转变,绝大多数家庭都积极发扬勤俭持家的优良传统,在生活消费中,盲目跟风、盲目攀比的消费行为大大减少,同时随着经济的快速发展,市场商品丰裕,价格平稳,可随时任意选购,囤积物品的消费行为已成为历史,居民的消费行为更理智更成熟。

三、金融投资意识增强,银行储蓄存款和购买有价证券增长,提取存款下降

1996年,随着市场经济的纵深发展,深圳居民的市场意识增强,特别是经过1993年至1995年的经济低谷阶段,对生活有危机感,妥善安排好各项消费,同时谨慎选择结余购买力的投资方向。据200户调查资料,居民家庭将大部结余存入银行,获取利息,认为银行储蓄是一条稳定的投资渠道。1996年在国家两次降低银行存款利率情况下,深圳居民年人均存入银行储蓄款为2933.16元,比上年实际增长45.1%,创造历史新高;投资证券市场风险性大,而且多数深圳居民都经历过多次股灾洗礼,尝够了钻“被套”的苦涩滋味,对股票及各种债券的投资比较慎重。1996年人均购买有价证券支出104.98元比上年实际增长69.9%。同期年人均提取银行储蓄款1795.37元,比上年下降8.1%,呈持续下降趋势。

综上所述,1996年深圳居民家庭总体生活水平提高,收入继续稳定增长,收支有结余,金融投资意识增强,消费向多层次、高层次转化,消费行为更加成熟。

四、1997年深圳居民家庭收支预测

居民生活水平提高程度受到经济发展水平、国家政策以及自然条件等的交互影响。1997年影响深圳居民家庭收支的主要因素有(1)1996年度国家的宏观调控基本上达到预期目标,1997年国民经济将保持适度快速和相对稳定的发展态势,并将进一步加大国有企业改革力度,'97香港回归和党的十五大召开等一好形势,亦将有利于深圳改革开放持续稳步发展,预计就业环境会有所改善,居民就业渠道和机会增多,家庭将会实现比较充分的就业,收入增加;(2)国家继续实行适度从紧的财政政策和货币政策,虽然1997年国家现金发行量比1996年将略有增加,但严格控制消费基金过快增长的政策不会改变;(3)深圳市较大幅度的工资调整机会出现在1997年的可能性不大。据上述分析,预计1997年度深圳居民家庭收入增幅将低于国内生产总值的增长速度,略高于通货膨胀率。收入决定消费,同时市场物价涨跌对居民生活将构成影响。预计1997年度市场物价走势比较平稳,但伴随着投资增加,经济发展速度加快,物价走向会小幅盘升,但由于有较好的物资基础,不会对居民生活造成大的影响。预计1997年度居民将保持正常、适度的消费水平,增幅低于收入的增长幅度。

(城调队供稿,执笔:蔡素玫 刘三红)

人均每月生活费收支（元）

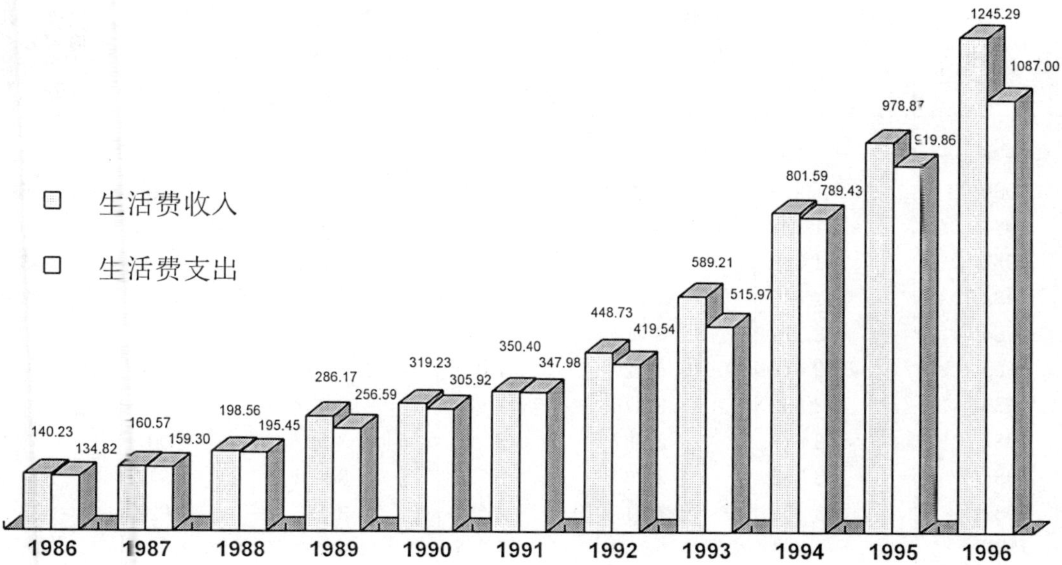

人均每月消费性支出构成

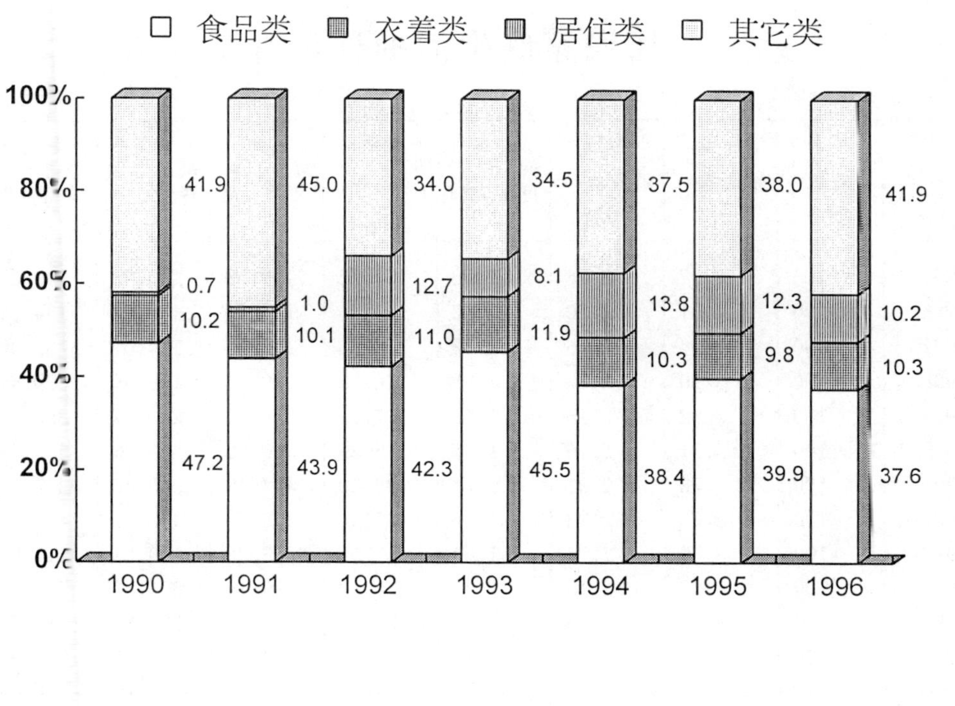

表 14－1　历年职工、农民人均工资、收入及储蓄

年　　份	职工年平均工资（元）	1.国有经济单位	2.集体经济单位	3.其他各种经济单位	农民人均年收入（元）	城乡居民储蓄存款余额（万元）
1979	769	785	688		152	3 713
1980	979	990	922	687	209	5 338
1981	1 132	1 119	1 211	1 156	230	10 294
1982	1 366	1 358	1 410	1 363	393	15 194
1983	1 545	1 571	1 470	1 528	469	23 993
1984	2 179	2 257	1 805	2 023	656	54 176
1985	2 418	2 427	1 932	2 753	750	79 989
1986	2 452	2 476	2 048	2 637	894	121 122
1987	2 677	2 637	3 223	3 021	1 097	188 403
1988	3 388	3 267	2 737	3 615	1 317	300 003
1989	3 858	3 917	2 855	3 733	1 622	391 787
1990	4 304	4 339	3 348	4 203	1 954	574 474
1991	5 016	4 908	3 984	5 240	2 270	885 995
1992	5 931	6 026	4 435	6 270	2 833	1 539 518
1993	8 145	8 854	5 681	7 633	3 050	1 751 290
1994	10 572	11 632	7 076	10 208	3 692	2 903 733
1995	12 276	13 709	7 229	12 184	4 517	4 664 222
1996	14 507	16 625	8 668	13 685	5 415	5 822 300

表 14－2　居民家庭生活抽样调查基本情况

年　　份	调查户数（户）	平均每户家庭人口（人）	平均每户就业人口（人）	平均每一就业者负担人口（人）	平均每人每月实际收入（元）	平均每人每月实际支出（元）	平均每人每月生活费收入（元）	平均每人每月消费性支出（元）	平均每人年末手持现金（元）
1985	100	4.07	2.28	1.78	161.26	159.68	147.78	149.20	116.52
1986	100	4.01	2.20	1.82	153.39	144.71	140.23	134.82	126.65
1987	100	3.94	2.16	1.82	176.28	170.66	160.57	159.30	80.01
1988	100	3.90	2.17	1.80	216.75	209.14	198.56	195.45	143.10
1989	100	3.92	2.16	1.82	307.21	326.24	286.17	256.59	263.71
1990	100	3.81	2.16	1.76	346.89	340.85	319.23	305.92	323.63
1991	100	3.78	2.21	1.71	383.52	454.18	350.40	347.98	404.10
1992	100	3.73	2.23	1.67	485.06	459.20	448.73	419.54	505.19
1993	100	3.59	2.14	1.68	647.91	583.38	589.21	515.97	630.15
1994	100	3.60	2.10	1.72	877.83	889.14	801.59	789.43	968.70
1995	200	3.61	2.06	1.75	1 064.62	1 032.66	978.87	919.86	1 232.33
1996	200	3.50	2.06	1.70	1 358.97	1 234.13	1 245.29	1 087.00	1 478.41

表14－3　不同收入水平家庭消费情况

（1996年）　　单位：元/人月

指　　标	总平均	最低收入户	低收入户	中等偏下户	中等收入户	中等偏上户	高收入户	最高收入户
消费性支出合计	**1 087.00**	**553.19**	**638.68**	**868.54**	**1 038.92**	**1 352.08**	**1 392.99**	**2 238.96**
一、食品	408.30	268.34	311.49	381.88	437.07	478.37	458.90	534.16
1.粮食	31.94	28.34	29.95	33.77	32.70	29.71	33.27	37.13
2.油脂类	9.45	7.92	7.82	9.14	10.09	10.34	10.60	10.04
3.肉禽及制品类	98.56	80.84	88.71	104.58	106.63	101.33	99.55	96.73
4.蛋类	7.30	7.30	7.52	7.07	7.27	8.13	5.59	7.65
5.水产品	39.15	21.34	35.92	39.33	46.45	46.24	37.06	37.30
6.菜类、糖烟酒及饮料	68.66	54.88	63.05	59.08	70.92	78.70	72.46	87.9
7.干鲜瓜果	31.50	18.68	17.22	27.56	38.69	36.10	43.53	39.55
8.糕点、鲜奶及制品	18.15	10.67	11.59	15.65	21.25	20.87	20.40	28.56
9.外餐消费	84.22	22.75	34.02	67.89	85.12	126.36	113.09	158.92
二、衣着支出	112.07	35.61	56.33	85.26	111.62	144.43	189.89	212.48
1.服装	86.43	25.14	44.08	68.46	82.94	112.65	145.96	165.07
2.衣着材料	1.92	1.21	0.43	1.09	1.71	2.24	5.50	3.08
3.鞋袜帽	21.60	8.5	11.59	14.36	25.78	26.69	33.87	37.48
三、家庭设备用品及服务	114.91	40.69	49.12	101.28	93.03	135.05	153.26	318.81
1.耐用消费品	68.46	20.15	20.69	67.27	54.57	82.54	91.18	189.59
2.室内装饰品	4.99	1.41	0.94	3.11	3.03	2.05	11.30	25.12
3.床上用品	8.63	2.70	6.78	6.54	6.77	12.24	11.89	17.76
4.家庭日用杂品	24.88	12.33	16.69	19.86	21.16	28.53	32.12	60.15
四、医疗保健	41.80	22.51	34.88	30.75	50.54	43.34	70.83	49.13
1.医药费	23.79	17.29	12.50	18.38	29.38	24.78	44.55	24.22
2.补药品	6.74	1.10	12.13	5.27	8.74	7.79	4.83	4.89
3.医保服务	9.19	3.58	9.93	6.17	9.17	8.51	16.96	16.28
五、交通和通讯	74.55	33.98	44.60	56.41	63.44	97.15	95.88	174.61
1.交通	39.89	16.31	16.05	30.07	37.66	52.70	58.69	89.28
2.通讯	34.66	17.67	28.55	26.35	25.78	44.45	37.19	85.33
六、娱乐、教育、文化服务	147.51	72.51	62.82	99.08	145.96	226.03	190.14	281.54
1.文娱用耐用消费品	53.89	17.53	10.77	18.58	66.63	95.45	44.07	143.28
2.教育	57.33	41.27	37.26	53.66	40.83	85.83	82.26	69.33
3.文化娱乐	36.29	13.71	14.79	26.83	38.50	44.76	63.81	68.93
七、居住	110.79	60.38	43.77	63.64	73.89	128.98	82.27	480.53
1.房租	10.42	7.9	6.27	5.53	13.78	20.08	4.26	9.33
2.建筑材料及修理费	53.17	16.76	0.79	17.26	9.08	59.97	16.84	403.87
3.水、电、燃料及其他	47.20	34.72	36.71	40.85	51.08	48.93	61.17	67.33
八、个人消费	62.50	13.05	30.99	42.01	47.33	78.86	137.82	147.31
1.个人用品	22.33	6.53	13.05	17.80	17.81	21.59	48.25	53.65
2.个人服务	4.71	1.61	1.73	3.08	4.60	3.97	12.39	10.94
3.旅游	24.70	1.04	11.45	13.28	15.41	43.00	50.27	59.85

表14－4　不同收入水平家庭现金收支情况

（1996年）

指标	单位	总平均	最低收入户	低收入户	中等偏下户	中等收入户	中等偏上户	高收入户	最高收入户
一、调查户数	户	200	20	20	40	40	40	20	20
二、各组户数占总体比重	%	100	10	10	20	20	20	10	10
三、家庭人口	人/户	3.50	4.07	4.39	3.50	3.57	3.20	3.20	2.90
四、就业人口	人/户	2.06	1.83	1.93	2.03	2.22	2.10	2.00	2.10
五、负担系数	%	1.70	2.22	2.27	1.72	1.61	1.52	1.60	1.38
六、期初手存现金	元/人	1 107.24	418.13	1 104.98	1 134.48	997.08	1 189.98	1 349.71	1 998.06
七、现金收入	元/人月	1 613.33	697.06	824.84	1 212.40	1 500.22	2 039.92	2 309.60	3 631.11
(一)实际收入	元/人月	1 358.97	575.56	777.53	1 026.16	1 341.71	1 718.06	1 970.91	2 718.34
其中:可支配收入	元/人月	1 357.97	575.54	777.51	1 025.80	1 341.10	1 717.37	1 970.40	2 710.76
生活费收入	元/人月	1 245.29	520.78	709.98	926.74	1 241.00	1 579.72	1 800.00	2 503.29
1.全民职工工资收入	元/人月	2 238.45	1 127.15	1 569.40	1 558.61	1 889.05	2 221.26	2 720.91	3 070.55
2.集体职工工资收入	元/人月	2 040.28	1 248.43	1 291.33	2 308.87	1 774.07	2 383.71	1 882.22	2 462.35
3.全民集体职工从工作单位得到的其他收入	元/人月	238.55	55.93	75.21	110.67	231.43	329.24	360.54	513.42
4.其他所有制职工工资	元/人月	2 239.37	1 262.26	1 728.73	1 697.92	2 040.75	2 051.97	1 522.06	4 384.50
5.个体经营劳动者收入	元/人月	1 648.04		1 400.00		1 553.37	2 860.83		
6.离退休人员再就业者收入	元/人月	1 388.33				1 388.33			
7.其他劳动收入	元/人月	7.13	5.19	0.90	1.25	17.2	7.93		14.84
8.财产性收入	元/人月	44.77	14.37	19.39	46.68	45.12	41.33	104.12	62.57
其中:利是	元/人月	2.19	0.57		1.58	1.02	0.1	12.61	5.23
红利	元/人月	5.94	0.51		3.94	2.17	5.21	28.19	13.68
9.转移性收入	元/人月	51.69	26.38	64.51	40.17	65.97	37.19	116.62	20.84
其中:离退休金	元/人月	648.14	112.06	468.66	835.00	634.51	1 012.88	1 503.04	
赠送收入	元/人月	13.64	8.63	13.98	15.83	17.88	9.49	18.02	8.84
(二)借贷收入	元/人月	254.36	121.50	47.31	186.24	158.52	321.86	338.68	912.76
1.提取储蓄存款	元/人月	149.61	68.74	37.15	78.30	106.43	217.59	101.17	615.37
2.兑售有价证券	元/人月	16.49	4.09		7.66		33.33	44.18	53.04
八、现金支出	元/人月	1 582.40	697.79	832.38	1 202.78	1 462.74	2 004.79	2 208.77	3 548.52
(一)实际支出	元/人月	1 234.13	620.22	703.27	1 031.90	1 174.07	1 541.90	1 589.79	2 464.92
1.消费性支出	元/人月	1 087.00	553.19	638.68	868.54	1 038.92	1 352.08	1 392.99	2 238.96
2.非消费性支出	元/人月	147.13	67.03	64.59	163.36	135.15	189.82	196.80	225.96
其中:个人所得税	元/人月	1.00	0.02	0.02	0.36	0.61	0.69	0.51	7.59
①赡养支出	元/人月	40.65	14.50	16.72	46.78	25.87	59.45	62.92	69.10
②赠送支出	元/人月	65.37	29.92	44.69	46.75	66.61	71.52	102.43	133.96
③购房与建房支出	元/人月	32.30	19.02		61.08	37.97	42.91	26.04	
(二)借贷支出	元/人月	348.27	77.57	129.11	170.88	288.67	462.89	618.98	1 083.60
1.存入储蓄款	元/人月	244.43	25.39	47.35	91.43	215.29	302.38	495.70	886.48
2.购买有价证券	元/人月	9.71	0.05		1.79		23.08	7.81	41.95
3.归还购房贷款	元/人月	12.17	1.41		2.24	1.87	44.00		37.76
九、期末手存现金	元/人	1 478.41	409.39	1 014.53	1 250.04	1 446.96	1 537.15	2 559.64	2 989.06

表14－5　城镇居民家庭平均每人全年购买的主要商品数量和平均每百户年底主要消费品拥有量

（1996年）

项　目	单位	总平均	最低收入户	低收入户	中等偏下户	中等收入户	中等偏上户	高收入户	最高收入户
一、平均每人全年购买的主要商品数量									
粮食	公斤	68.4	72.3	73.1	69.7	67.6	62.0	66.1	71.5
食油	公斤	7.5	7.3	6.7	7.5	7.8	7.5	8.0	7.7
鲜菜	公斤	105.9	108.6	98.4	108.4	104.1	110.3	101.1	107.8
猪肉	公斤	20.7	22.7	19.7	21.2	21.0	18.5	22.6	20.0
牛羊肉	公斤	1.6	1.1	1.6	1.7	2.0	1.6	1.6	1.1
家禽	公斤	15.3	12.2	13.7	15.6	16.1	17.9	14.6	13.8
鲜蛋	公斤	9.1	9.2	9.4	8.8	8.9	9.9	6.9	9.4
鱼(不包括虾)	公斤	15.9	12.2	15.3	17.2	17.4	17.9	13.3	13.8
食糖	公斤	1.8	1.7	2.1	1.5	1.9	2.2	1.5	1.7
卷烟	盒	17.6	30.4	22.2	6.7	19.2	17.4	14.3	19.4
茶叶	公斤	0.2	0.1	0.2	0.2	0.2	0.1	0.1	0.1
白酒	公斤	0.5	0.8	0.7	0.4	0.5	0.4	0.3	0.6
啤酒	公斤	2.6	2.1	5.2	1.3	1.7	2.3	3.6	3.8
鲜果	公斤	45.9	34.2	28.4	39.4	55.0	53.2	57.6	52.9
糕点	公斤	3.7	2.3	2.0	2.9	4.2	4.5	4.4	5.8
鲜奶	公斤	2.4	0.8	0.3	3.5	3.6	2.5	3.1	3.6
二、平均每百户年底主要消费品拥有量									
自行车	辆	150.5	135.0	160.0	147.5	182.5	142.5	165.0	100.0
缝纫机	架	40.5	40.0	45.0	40.0	45.0	32.5	50.0	35.0
电风扇	台	269.5	235.0	300.0	272.5	250.0	252.5	315.0	295.0
洗衣机	台	101.5	85.0	100.0	95.0	97.5	100.0	115.0	130.0
电冰箱	台	102.5	95.0	110.0	97.5	105.0	97.5	110.0	110.0
电视机	台	137.5	90.0	135.0	132.5	147.5	150.0	130.0	160.0
#彩电	台	134.5	90.0	125.0	132.5	142.5	145.0	130.0	160.0
摩托车	辆	17.0	15.0	15.0	27.5	17.5	5.0	35.0	5.0
照相机	架	72.0	35.0	65.0	67.5	77.5	82.5	85.0	80.0
电炊具	个	90.0	40.0	55.0	67.5	115.0	95.0	105.0	145.0
立体声收音机	台	22.5	25.0	10.0	20.0	22.5	17.5	30.0	40.0
高级音响	台	45.5	30.0	40.0	50.0	47.5	50.0	45.0	45.0
中高档乐品	件	13.0		10.0	10.0	12.5	17.5	15.0	25.0
空调机	台	133.5	30	90.0	120.0	162.5	135.0	150.0	230.0
录相机	台	39	25	35.0	42.5	42.5	32.5	50.0	45.0

表 14－6　主要年份居民家庭人均每月食品购买量

品名	单位	1985 年	1990 年	1991 年	1992 年	1993 年	1994 年	1995 年	1996 年
粮食	公斤	9.22	8.58	8.24	6.30	6.30	6.20	6.00	5.70
食油	公斤	0.64	0.67	0.64	0.70	0.60	0.70	0.60	0.63
鲜菜	公斤	9.86	8.76	8.95	8.80	8.90	9.10	8.60	8.83
猪肉	公斤	2.58	1.90	1.91	1.80	1.80	1.70	1.80	1.73
牛羊肉	公斤	0.10	0.12	0.12	0.11	0.20	0.10	0.10	0.13
家禽	公斤	0.59	0.97	0.98	1.10	1.30	1.40	0.90	1.28
鲜蛋	公斤	0.64	0.61	0.65	0.70	0.70	0.80	1.30	0.76
鱼(不包括虾)	公斤	1.63	1.38	1.26	1.30	1.20	1.10	1.50	1.33
食糖	公斤	0.27	0.23	0.17	0.20	0.20	0.20	0.10	0.15
卷烟	盒	2.18	1.10	1.12	1.00	0.90	1.20	1.20	1.47
茶叶	公斤	0.02	0.02	0.01	0.01	0.01	0.01	0.01	0.02
白酒	公斤	0.16	0.05	0.04	0.10	0.01	0.10	0.05	0.04
啤酒	公斤	0.20	0.09	0.19	0.20	0.20	0.20	0.20	0.22
鲜果	公斤	2.01	1.89	1.89	2.70	3.40	3.70	3.20	3.83
糕点	公斤	0.32	0.23	0.20	0.20	0.30	0.30	0.30	0.31
鲜奶	公斤	0.06	0.08	0.23	0.40	0.40	0.30	0.20	0.21

注:1985－1994 年为 100 户调查资料,1995 年调查样本量扩大到 200 户。

表 14－7　主要年份居民家庭拥有耐用消费品

品名	单位	1985 年(100 户)	1990 年(100 户)	1991 年(100 户)	1992 年(100 户)	1993 年(100 户)	1994 年(100 户)	1995 年(200 户)	1996 年(200 户)
自行车	辆	168	220	207	211	223	195	297	301
缝纫机	架	58	65	57	64	63	60	91	81
手表(包括电子手表)	只	289	336	304					
电风扇	台	213	330	303	331	315	293	520	539
洗衣机	台	69	88	93	93	94	102	191	203
电冰箱	台	69	97	96	97	101	100	198	205
收音机	台	31	30	30					
电视机	台	106	116	120	124	129	122	253	275
#彩电	台	80	109	117	121	127	119	247	269
摩托车	辆		4	5	7	3	4	26	34
照相机	架	25	51	49	57	68	72	138	144
电炊具	个	108	95	66	87	80	86	159	180
立体声收录机	台	30	27	35	27	27	30	45	45
高级音响	台		36	31	41	46	39	81	9[illegible]
中高档乐器	件	6	21	20	20	14	12	29	2[illegible]
空调机	台		26	43	51	63	75	211	26[illegible]
录相机	台		27	42	46	49	46	77	7[illegible]

注:1985－1994 年为 100 户调查资料,1995 年起调查样本量扩大到 200 户。

表 14-8　主要年份居民家庭居住、通讯、教育、娱乐主要指标

指　　标	单　位	1985 年	1990 年	1995 年	1996 年
一、实际收入	元/人月	161.26	346.89	1 064.62	1 358.97
＊基尼系数	%	0.17	0.19	0.28	0.30
二、实际支出	元/人月	159.68	340.85	1 032.66	1 234.13
＊恩格尔系数	%	47.5	47.2	39.9	37.6
三、居住					
1.人均居住面积	平方米/人	7.86	10.36	12.77	14.84
2.住房成套率	%	85.0	85.0	90.5	95.0
3.住宅式样	户	100	100	200	200
其中：(1)家庭单栋配套住宅	户	1		8	8
(2)单元式配套住宅	户	84	85	182	182
其中：一居室	户			10	12
二居室	户			84	76
三居室	户			86	92
四居室以上	户			2	2
(3)普通楼房	户	15	15	8	6
(4)普通平房	户			2	4
4.私有房拥有率	%	6.0	25.0	68.5	68.0
四、通讯、电信					
每百人拥有电话	部			24.6	25.8
1.无电话	部			3.1	2.7
2.自费电话	部			20.9	22.2
3.公费公用电话	部			3.7	3.6
五、教育娱乐					
1.教育费	元/人月	2.18	6.94	39.36	57.33
2.书报杂志费	元/人月	0.38	0.70	4.46	8.11
3.娱乐用品及娱乐费用(含文娱耐用品)	元/人月	11.90	13.85	66.61	82.07

注：1985、1990 年为 100 户调查资料，1995 年起调查样本量扩大到 200 户。

十五、五区概况

罗湖经济社会发展回顾及1997年工作意见

李意珍

1996年是“九五”计划的第一年,罗湖区干部群众围绕建设商业旺区、教育强区、法治之区、文明之区的目标,意气风发地展开了二次创业的历程,经济社会各项事业取得了好的成绩。

一、1996年经济社会发展的主要情况

(一)逐步理顺了经济工作的思路,保持经济持续、稳定的发展。1996年,在经过较为充分的调查研究的基础上,区委、区政府形成了两个加快罗湖区经济发展的《若干意见》,这对于统一全区经济发展的思路,动员各方面力量来重视、关心、支持经济工作,加强全区经济的宏观指导有积极影响和推动作用。全区经济平稳发展,主要经济指标有不同程度的增长。据统计,1996年国内生产总值33.5亿元,比上年增长12.4%;工业总产值(1990年不变价)82.73亿元,增长30.7%;社会消费品零售总额18.1亿元,增长9.7%;出口总值7.78亿美元,增长25.1%;实际利用外资0.88亿美元,增长3.5%;财政收入10.43亿元,增长28.1%。

(二)经济工作以壮大财政实力为立足点的指导思想比较明确,在1996年年中有几个月税收下降幅度较大的困难情况下,经过各方面的共同努力和上级部门的大力支持,实现了区财政较大幅度的增长。

(三)企业改革的重要性、紧迫性逐步形成共识,区属国有企业改革迈出了坚实的步伐。1996年,按照抓大放小的方针,根据罗湖的实际,对部分区属企业进行了行业归并和产权重组,组建了酒店、鸿寅、物业管理、银通小汽车和东埔旅游五个集团公司。

(四)基层建设明显加强,街道集体经济得到发展。1996年召开的全区集体经济工作会议,明确提出集体经济要实现两个转变,走集约型发展的路子。集体经济在多年的高速增长的基础上,又有了长足的进步。1996年全区街道(镇)属企业和股份合作企业净资产为24.7亿元,比上年增长11%。全区实施“同富裕工程”基础设施项目22个,总投资6988万元。

(五)完成了一批重点工程建设项目,改善了干部群众的工作、生活条件。年初,罗湖区有三项乔迁之喜:一喜是管理中心大楼投入使用,大部分机关部门搬入新的办公大楼;二喜是300名干部、职工将迁入大头岭住宅楼的新居;三喜是巡警大队的同志们将先后搬进三栋宽敞明亮的新楼。其它一批重点工程将陆续投入使用。

(六)廉政建设和各行各业都有新的成绩新的进步,两个文明协调发展。1996年,纪检监察机关共受理群众来信来访299件(次),办结288件(次),立案调查18宗26人,追回赃款399万元,挽回经济损失2600万元。反腐保廉领导责任制进一步健全和落实,勤政为民,廉洁奉公的风气越来越浓。全区广泛开展了“与陈观玉同行”的活动,涌现出一批“与陈观玉同行”的先进群体。城市管理、计划生育、群众文化活

动都保持着全市先进的地位,双拥工作首次跨入了全省双拥模范区的行列。教育工作在狠抓教育教学质量这个中心环节上有了新的进展。"严打"和除"七害"斗争捷报频传,安全文明小区建设上了新的台阶,全区共完成了121个小区的创建任务。

但是罗湖社会与经济发展也存在一些令人忧虑的问题。一是财政的负担和压力过大;二是企业改革步履维艰的状况仍将持续;三是企业基建方面的漏洞,已对国有资产构成严重威胁;四是"九七"香港回归日近,罗湖要做的事情很多,压力较大。

二、1997年罗湖区经济社会发展目标

在区委二届五次全会上,区委提出了1997年各项工作的指导思想:坚持以邓小平建设有中国特色社会主义理论和党的基本路线为指导,认真贯彻党的十四届六中全会精神和深圳市1997年工作会议精神,紧紧围绕建设"四强之区"的奋斗目标,牢牢抓住"九七"机遇,励精图治、深化改革、扎实工作、稳中求进,推动两个文明建设上新台阶,以罗湖全面发展、全面进步的成果,迎接香港回归和党的十五大胜利召开。1997年政府的工作,就是要围绕这个指导思想来展开。总的要求是:勤深入、多干事、抓落实、出成果。

1997年抓落实、出成果要重点做好的几项工作是:

(一)努力保证经济社会发展各项计划指标的顺利完成

1997年罗湖区国民经济和社会发展的主要计划指标是:

国内生产总值37.6亿元,比上年增长12.2%;

工业总产值(90年不变价)95亿元,比上年增长14.8%;

社会消费品零售总额20亿元,比上年增长10.5%;

出口总值8.6亿美元,比上年增长10.5%;

实际利用外资0.88亿美元,与上年持平;

地方预算内财政收入8.66亿元,比上年增长10%;

(二)坚定不移地把企业改革工作推向深入

企业改革要继续朝着集约化、规模经营的方向走。要在巩固1996年兼并、重组的五个行业性公司成果的同时,把区属原有的几个大企业的领导体制和产权关系理顺,促使其发展壮大。要鼓励、扶持班子好、业绩好、管理好、效益好的企业不断发展壮大,培育发展起10个左右的大型骨干企业。要从罗湖实际出发,鼓励企业朝着五亿元、十亿元集团的目标迈进。

(三)下决心建设一批人民放心、行家称道的基建项目

1997年,在财政经费安排中,拿出5000万元搞基本建设。加上企业和有关部门的投入,全区在基建上花的钱不少。因此,基建这一块一定要管住、抓好。要统一思想、制订政策和措施,使基建的管理进一步规范化、法制化,确保不出问题。在罗湖搞基本建设,要有一个基本的标准,即:"人民放心、行家称道"。商隆大厦是罗湖区最为实际的新的经济增长点,一定要高标准、高质量地搞好。经过慎重的考虑,区里决定把商隆大厦的建设交由东埔旅游集团统一管理,通过东埔旅游集团在基建方面的人才、管理等,确保商隆大厦的建设能达到一流水平。

(四)利用好香港市场,把深富公司办成对全区经济多方面发生辐射作用的一个龙头企业

区委二届五次全会提出开拓"三个市场"的方针,特别是利用好香港市场,充分发挥深富公司在开拓香港市场方面的作用。区委、区政府准备理顺深富公司的体制,由区政府直接管理。区政府将投入一定的资产和财力,扶持和壮大深富公司的实力,使其成为罗湖在香港的一个窗口。将来,区属企业一些进出口业务,可以通过深富来运作。深富要适当地介入深港运输市场、香港房地产市场、金融、资本市场,为罗湖企业多渠道地走上国际市场探索途径。

(五)街道(镇)和股份合作经济要上水平、

上规模

街道(镇)和股份合作经济的发展,要按照《关于促进街道(镇)和股份合作经济发展的若干意见》抓好落实。各办事处(镇)属企业和股份合作公司都要把实施"三个一"工程作为大事来抓,力争每个街道办成一、两个有产品的项目。对于已办的自营企业,区有关部门要开展一次调查,对有市场、有增长潜力的产品和企业进行摸底排队,制定具体办法给予扶持。力争形成一批拳头产品和骨干企业,为集体经济发展增强后劲。要抓好清产核资工作,努力盘活集体企业存量资产,走混合经济的路子。要加强合资合营企业管理,抓好同富裕工程等方面的工作。区的有关部门要引导有实力的股份合作公司和办事处(镇)属公司,与有关科研机构、大专院校合作,积极探索开发、生产高科技产品和实用型产品的路子。

(六)增加对社会事业的投入,促进经济社会协调发展

要进一步贯彻落实六中全会精神,以提高罗湖人的素质为中心,切实加强精神文明建设。要加大对精神文明建设硬件的投入,区财政计划拨出5000万元的基本建设费,其中67%用于兴建区委党校、妇联活动中心等一批精神文明基础设施。

优先发展教育。继续实施"优制、优师、优校、优生"的四优工程,以提高教育教学质量为中心,强化管理和教育科研,加强督导评估,强化质量监控体系,积极稳妥地进行办学体制改革。要办好省和国家级的名优学校,进一步改善办学条件。卫生工作坚持"以防为主、防治结合"的方针,依靠"科技兴医",积极开展社区健康服务。加大投入,计划新建罗湖医院住院部大楼、梅沙医院、罗湖医院东门门诊部。中医院和区防疫站要分别达到"二甲中医院"和"市级站"的标准。

重视发展科技事业,努力把科研成果转化为生产力,扶持一批高新技术项目。加强文体设施建设,活跃群众文体生活。积极开展"迎九七"文化活动,切实加强文化市场管理,搞好青少年活动中心、图书馆及文化公园改造的收尾工程。广泛开展群众性的业余体育活动,完成体育中心综合楼及网球场建设工程,力争在市运会取得好成绩。实施再就业工程,设立员工安置基金,妥善安置企业富余人员就业,保持社会稳定。注重解决干部职工住房问题,加快福利房、微利房的建设。抓紧广领住宅小区的筹建工作,在莲塘新建7幢微利房,完成沙头角2幢微利房建设,全年计划提供单元式住宅300套以上。

严格控制人口总量增长,搞好人口管理,抓好计划生育工作,提高人口素质。辖区人口出生率和自然增长率分别控制在12%和11%以内。

(作者系深圳市罗湖区区长)

1996年罗湖区国民经济和社会发展情况

1996年是"九五"计划的开局之年。罗湖区人民在市委、市政府和区委、区政府的正确领导下,认真贯彻党的十四届五中、六中全会和区委二届四次会议、区二届人大四次会议精神,围绕建设"四强之区"的奋斗目标,坚持以经济建设为中心,团结奋斗,增创新优势,实现了两个文明建设协调发展,经济和社会共同进步。国民经济保持适度快速增长,人民生活质量稳步提高,各项社会事业取得了好成绩。据统计,全区国内生产总值33.5亿元,比上年增长12.4%。其中第一产业增加值0.17亿元,比上年增长5.8%;第二产业增加值15.39亿元,增长10%;第三产业增加值17.94亿元,增长14.5%。一、二、三产业的比重调整为0.5:45.9:53.6。经济运行中存在的主要问题和困难是:稳定的成规模的经济增长点尚未培育起来;区属国有企业改革虽有所进展,但部分企业生产经营困难,经济效益不够理想的问题比较突出。

一、农　业

进一步加强农业,增加投入。根据市场需要,调整农业内部结构,建设无公害蔬菜基地,筹建蔬菜配送中心,提高农业科技推广应用水平,"三高"农业发展呈现好势头。农、林、牧、副、渔业稳步发展,全年农业增加值0.17亿元,比上年增长5.8%,农业总产值3253万元,增长8%,其中种植业、牧业、副业和渔业分别增长3.7%、11%、14%和22.3%。

二、工业和建筑业

工业生产持续快速增长。全年完成工业增加值12.7亿元,比上年增长11.4%,完成工业总产值(90年不变价,下同)82.73亿元,增长30.7%,其中:国有经济工业增长26.3%,集体经济工业增长8.5%,"三资"企业增长31.7%。全年高新技术产品产值45.8亿元,增长78%,占工业总产值的55%。

重工业发展明显快于轻工业。全年重工业产值47.07亿元,比上年增长46.9%,轻工业产值35.65亿元,增长14%,重工业产值在全部工业中的比重由上年的32.1%提高到56.9%。

在市场需求的导向下,工业产品结构进一步调整,产销衔接良好。全年实现产品销售产值83.43亿元,比上年增长19.8%,产销率为95.9%,比上年提高了0.8个百分点。

建筑业生产经营稳步发展。全年建筑业增加值2.67亿元,比上年增长3.1%。全年基本建设房屋施工面积142.24万平方米,增长12.9%;全年基本建设房屋竣工面积43.86万平方米,增长9.8%。

三、固定资产投资

固定资产投资适度增长 。全年固定资产投资完成11.56亿元。比上年增长9.8%,其中国有经济投资10.48亿元,增长29.1%;集体经济投资0.97亿元,下降56.7% ;居民个人投资0.11亿元,下降34.6%。在国有经济投资中,基本建设投资完成7.23亿元,增长10.1%。

投资结构逐步优化,投资重点向第三产业倾斜。在投资总额中:第二产业投资0.48亿元,下降55.6%,第三产业投资8.11亿元,增长37.7%。其中:房地产开发、公用居民服务业投资3.94亿元,增长44.5%;文教卫体及社会福利业投资0.73亿元,增长35.1%。

四、商　业

消费品市场稳中趋旺。全年实现社会消费品零售总额18.1亿元,比上年增长9.7%。其中:商业零售额14.9亿元,增长9.6%;饮食业零售额3.2亿元,增长10.3%。

全年批发零售贸易业商品购进总额6.43亿元,比上年下降9.2%,商品销售总额7.33亿元,下降8.3%。

商业企业经济效益有所下降。全年商业销售收入7.3亿元,比上年下降41.2%;商品销售毛利率20.3%,比上年提高4.1个百分点;商品流通费用率10.5%,上升2.7%,实现商业利润365万元,下降77.3%。

五、财　政

财税部门认真执行"适度从紧"的财政政策,加强税收征管,努力开辟财源,严格控制支出,财政预算执行情况良好,保证了经济建设和事业发展的需要。全年完成财政收入10.43亿元,比上年增长28.1%。其中预算内财政收入7.88亿元,增长26.5%,工商税收及企业所得税收入完成6.58亿元,增长28.6%。全年财政支出10.32亿元,比上年增长27.6%,其中预算内支出9.4亿元,增长28.9%。支出结构得到优化。在支出中,用于基本建设方面的支出1.1亿元,占年预算支出的11.7%,增长100.7%;企业挖潜改造方面的支出0.3亿元,占年预算支出的2.9%,增长78.1%。用于科技、农业等方面支出0.1亿元,增长53.8%,用于文教、卫生事业费支出2.8亿元,增长13.6%。全年实现了财政收支平衡,略有结余的目标。

六、对外经济

对外贸易规模有所扩大,发展势头看好。全年出口贸易总值7.78亿美元,比上年增长25.1%。其中:一般贸易出口总值0.01亿美元;工业品出口总值7.77亿美元,增长25.3%。

利用外资有所增长,投资工业项目质量提高,投资房地产的项目明显增加。全年共引进外资合同90项,比上年减少10项;协议利用外资6283万美元,下降37.8%;实际利用外资8800万美元,增长3.5%。在实际利用外资中,外商直接投资7865万美元,比上年增长9.4%,占全部实际投资的89.4%。

全年宾馆、酒店共接待国内外游客18.33万人次。其中国外游客4.09万人次,旅游营业收入1.1亿元。宾馆酒楼平均住房率57.73%。

七、科学、教育、文化、卫生和体育

科技事业有所发展。全年共申报科技项目14项,经市批准立项3项。"电站锅炉燃烧管理系统"项目获深圳市科技进步二等奖。全区投放科技三项经费460万元,争取科技贷款500万元,支持了7家企业、7个项目的科技开发。科技咨询和科普宣传教育也继续得到了加强。

建设"教育强区"取得新成就。教育投入继续增加,全年教育投入达2.33亿元,占预算内财政支出的24.76%。积极改造靖轩、梅沙等4所小学和盐田中学,快速建成深圳理工学校,入学难的问题进一步缓解。到1996年底止,全区共有中小学校60间,其中中学16间,小学44间。中学在校学生人数20338人,小学在校学生人数39423人,分别增加1088人和1647人。教学质量进一步提高,参加高考学生的升学率为94%,比上年提高1.7个百分点。全区幼儿园达到80间,比上年增加6间,在园幼儿15721人,比上年减少1490人。

文化事业更加繁荣。区艺术团体分赴意大利和台湾,进行了民间艺术文化交流活动。全区文艺演出丰富多彩。与广州军区、深圳警备区联合举办了《摩天楼下军民情》电视文艺晚会;选送一批节目参加省级戏剧小品花会演出;《数高楼》、《深圳河之恋》分别获全国MTV歌曲大赛一等奖和市"迎九七"征歌比赛十大金奖。年末全区艺术表演团体共有4个。图书馆藏书量5.4万册,比上年增加22.7%。

卫生事业得到新发展。全年全区拥有卫生机构13个,与上年持平;拥有医院病床400张,增长11.1%;全区医疗卫生工作人员1177人,增长8.8%。其中卫生技术人员941人,增长7.7%。政府对卫生事业的投入大幅增加,区中医院立体扩建工程、罗湖医院东门门诊部改造、盐田和梅沙医院重建的工作进展顺利。医院管理水平和医疗服务质量进一步提高,治病防病能力得到加强。沙头角医院和盐田医院先后通过"二甲"和"一甲"医院审评。全区医院门诊总人数120.15万人次,入院总人数0.75万人次,治愈率达80.3%。

群众体育运动广泛开展,竞技体育取得较好成绩。举办群众性体育活动21次,参加人数达32600人次。运动场地建设取得进展,怡景体育馆交付使用。全年区体育健儿获市级以上奖牌63枚,其中国家级金牌2枚,省级金牌1枚,市级金牌22枚。

八、城区建设和环境保护

城区基础设施日臻完善,环境综合治理取得明显成效。

辖区内建成区面积达44.1平方公里;年末实有道路长度89公里;下水道排水管长度356公里;辖区用电量18.47亿千瓦小时,增长9.1%;自来水日供水能力35.2万吨;供水总量1.2万吨,增长5%。

城区卫生状况明显改观,环境质量主要指标保持在较好水平。大气环境主要指标基本符合国家大气环境质量二级标准(东部地区达到国家一级标准);辖区主要饮用水源水质整体上达到国家地面水Ⅱ类标准(东部近海海域大部分保持Ⅰ类水质标准)。工业废物及城市垃圾得到较好的处理,工业废水处理合格率99.6%,固体废物综合利用率80.9%。声环境质量明显改善,区域环境噪声平均值58.8分贝,交通噪声平均值70.6分贝。

九、人口和人民生活

人口总量得到控制,计划生育工作进一步加强。全区年末常住人口60.68万人,增长3.46%。其中户籍人口29.52万人,增加0.92万人;暂住人口31.16万人,增加1.02万人。辖区人口出生率为10.16‰,自然增长率为9.65‰,分别比上年下降2.34和2.18个千分点。

职工工资水平继续提高。人民生活素质不断改善。全年全区职工工资总额12.32亿元,比上年增长15.66%,职工年人均工资12228元,增长18.5%。其中国有经济职工为15828元,增长24.4%。城市居民收支情况抽样调查资料显示,居民人均年生活费收入为15149元,增长30.4%,扣除价格因素,实际增长21.1%。

强化福田中心区意识
增创两个文明建设新优势

朱文辉

一、总结与回顾

1996年，福田区在市委、市政府的正确领导下，坚持以邓小平建设有中国特色社会主义理论和党的基本路线为指导，认真贯彻党的十四届五中、六中全会精神，紧紧围绕"抓住机遇、深化改革、扩大开放、促进发展、保持稳定"的方针，奋力拼博，开拓进取，取得了"九五"开局之年两个文明建设的新成就。国内生产总值14.8亿元，比上年增长19.4%；工业总产值17.88亿元，增长12.7%；社会消费品零售总额3.5亿元，增长20.8%；进出口贸易总额2.30亿美元，增长37.2%；固定资产投资7.52亿元，增长22.8%；财政收入8.78亿元，增长23.9%。全区继续保持了经济发展、社会稳定、各项事业全面进步的好形势。

(一)经济工作稳中求进，整体效益得到提高

产业结构调整力度加大，第三产业占国内生产总值的比重，已连续两年保持在50%以上，龙头地位日益巩固；高新技术产业初具规模，产值已占全区工业产值的26.5%，形成了通讯设备、光纤器件、计算机及软件等七大类200多个产品的高新技术产业群，经济发展质量明显提高；鹏城港海鲜批发市场、龙华工业基地等10个重点项目建设进展良好，新的经济增长点初步形成；商贸流通渠道拓宽，进出口贸易和远洋贸易继续上升，出口总额达1.3亿美元比上年增长35.4%；加大了招商引资力度，一批项目达成意向或正式签约，总投资突破800万元；基本建设、房地产业发展良好，全区新开工项目21个，建筑总面积38.4万平方米，竣工项目32个，建筑总面积49.8万平方米，房地产基建开发量2.2亿元，投资4亿元的区委新办公大楼建筑群已于去年完成主体工程；街道、集体股份、个体经济迅速发展，各办事处经济总收入达到8300万元，比上年增长20%。在全市率先完成股份合作公司规范化工作，为解决农村城市化过程中遗留的问题打下了基础。集体股份经济更加显示出活力，全区15家集体股份公司共创经济总收入16822万元，比上年增长31.5%。个体工商户继续健康发展，现已扩大到11500户，从业人员达27000人，成为公有制经济的有效补充，促进了市场的繁荣。

(二)以建立现代企业制度为目标，国有企业改革取得新的突破

国有企业改革是福田区1996年工作的重点，区委、区政府加强了对国有企业改革工作的领导，在考察学习外地和本市改革经验的基础上，结合本区企业实际，确定了"组团、抓大、放小、治差"和以建立现代企业制度为目标，以产

权制度改革为核心,实施综合性配套改革的方案,制定了将企业改制、改组、改造同加强企业管理、加强领导班子建设和加强精神文明建设结合起来的"三改三加强"工作方针。为进一步完善国有资产管理体制,加快组建资产经营公司的步伐,确定了以福田投资管理公司和福田投资发展公司为主体,以商贸业和高新技术产业为主导产业,按产业相近、资产关联的原则,组建两个资产经营公司的组团方案。金地集团内部员工持股改革的成功经验,产生了较大的推动效应,福田外贸总公司、广业投资开发公司等六家公司也相继进行了内部员工持股的股份制改造。福田区企业改革的做法得到了市委、市政府的充分肯定,市政府已决定把福田区作为全市区属企业改革综合试点区。

(三)抓好规划,重在落实,精神文明和各项事业取得了新成绩

广泛深入地开展了群众性精神文明创造活动,精神文明建设'五个一'工程建设成绩显著,评选"福田优秀园丁"、"福田优秀青年"、"福田优秀外来临工"和创造文明单位、文明户、文明市民的活动更加扎实。开展了双拥活动和军警民共建活动,为驻港部队等辖区驻军单位排忧解难,被评为广东省双拥模范区。把创造安全文明小区作为社会综合治理、确保一方平安的重要基础工作来抓,全年有72个小区达标,12个评为标兵小区,23个评为先进小区。

社会治安形势有所好转。深入开展了"严打"和打击"团匪黑霸"专项斗争、扫除"黄、赌、毒"集中行动、"迎九七、保平安"冬季行动,狠狠打击了犯罪分子的嚣张气焰,维护了社会的稳定。城市管理水平进一步提高,加强了城市管理、净化、绿化、美化了辖区环境,加大了环境执法监察和治理力度,进一步改善了辖区的环境质量。

社会事业全面进步。科技教育、卫生、文化、体育等事业取得了新成绩,相关基础性设施建设也得到了有效加强。安居工程建设成果尤其显著,建区以来已建成住宅3173套,平均每年完成529套,其中1996年建房1040套,有效地缓解了干部职工的住房矛盾。

二、体会与启示

第一,必须认清形势,统一思想,实事求是地确定发展思路和目标,抓住机遇,加快发展。为此,区委、区政府坚持以经济建设为中心,把实现两个根本转变作为经济工作的主线,根据全市发展战略,提出了重点发展第三产业、高新技术产业、骨干企业"三个重点",以及经济建设与社会事业同步发展、多种经济成分同步发展、经济总量与效益水平同步提高、城市建设与管理水平同步提高"四个同步"的发展思路,为全年工作明确了发展方向和任务措施。实践证明,由于思想统一,思路清晰,目标明确,充分调动了各方面的积极性,全区出现了千帆竞发,奋力拼搏,争创一流的良好局面。

第二,必须以改革总揽全局,突破重点,攻克难点,为经济发展提供强大的动力。国有企业是国民经济的支柱,关系到经济能否持续、快速、健康地发展。因此,必须突破企业改革这个重点和关键,企业才能增强活力,经济才能实现良性循环。根据市委、市政府提出的总体要求,结合本区实际,区委、区政府提出了企业改革"三改三加强"的要求和"组团、抓大、放小、治差"的思路,它既体现了解放思想、敢闯、敢试、敢探索的创造精神,也贯彻了从实际出发,实事求是的思想作风,为推动企业改革和加速实现两个根本性转变的进程起到了积极的作用。

第三,必须坚持"两手抓,两手都要硬"的方针,促进社会全面进步和协调发展。区委始终坚持把精神文明建设摆在突出的地位,反复强调不能只顾抓经济建设而忽视精神文明建设,更不能以牺牲精神文明为代价来换取短期经济利益。通过切实加强党对精神文明建设的领导,制定了《福田区社会主义精神文明建设"九五"规划》,努力贯彻"重在建设"的方针,加大了精神文明建设的投入,创建了一大批安全文明小区,突出加强了社会治安综合治理和环境综

合治理。从实际出发、深入开展了群众性精神文明创建活动。从而实现了物质文明建设与精神文明建设同步发展,经济建设与社会事业同步提高。

第四,必须加强党的建设,改进工作作风。一年来,区委切实加强了各级党组织的思想、组织、作风建设,坚持用党的基本路线和邓小平同志建设有中国特色社会主义理论教育广大党员和干部,围绕各级领导干部一定要讲政治这一主题,提高了各级党组织、各级班子的政治素质和执行党的基本路线的自觉性,形成了抓改革和建设的强大合力,增强了党的凝聚力、号召力和战斗力;作风建设以反腐保廉和机关作风整顿为重点,加强了对干部的管理和监督,进一步完善了反腐保廉各项规章制度。

三、目标与任务

1997年福田区工作总的指导思想是:坚持以邓小平建设有中国特色社会主义理论和党的基本路线为指导,认真贯彻党的十四届五中、六中全会精神,抓紧实施国民经济和社会发展"九五"计划,精神文明建设"九五"规划,处理好改革、发展、稳定关系;强化中心区意识,继续推行"两高"发展战略,大力推进国有企业改革,提高经济素质,努力培育新的增长点,实现国民经济有效增长;加强党的领导,依法治区、狠抓综合治理,推动两个文明建设再上新台阶,以实际行动迎接香港回归和党的十五大的召开。国民经济和社会发展主要指标是:国内生产总值17亿元,增长15%;工业总产值20.6亿元,增长15%;社会消费品零售总额(新口径)48.4亿元,增长16%,固定资产投资8.8亿元,增长17%;实际利用外资1000万美元;财政收入8.5亿元。

(一)加快国有企业改革,全面提高经济素质,努力培育新的经济增长点

进一步加快国有企业改革,发挥中心区的区位优势,促进多种经济成分全面发展;兴建"福田广场",增强经济实力;实施"科技兴区"战略,引进管理人才和专业人才;抓住回归机遇,拓展与香港及海外的经济合作领域。

(二)进一步推进社会主义精神文明建设,促进各项事业全面发展

要以提高人的素质为根本目标,抓好社会主义精神文明"九五"规划的实施。要以迎接香港回归祖国和党的十五大召开为契机,弘扬福田人的精神风貌,提高福田在国内外的知名度。进一步推进教育、卫生、文化、体育等各项事业全面发展。

(三)抓好社会治安和环境卫生两个综合治理,为迎接香港回归祖国和实现可持续性发展创造条件

抓好社会治安综合治理,确保辖区的社会稳定,维护安定团结的局面。以治理脏、乱、差为重点,进一步搞好环境卫生综合治理。

(四)加强党的思想政治建设,努力培养高素质的领导干部队伍,为实现各项奋斗目标提供坚强保证

1.加强理论学习,提高领导干部素质。要认真抓好邓小平建设有中国特色的社会主义理论和党的十五大精神的学习贯彻,继续开展"四学"、"三讲"活动,提高广大干部思想政治素质和执行党的基本路线的自觉性,保持政治上的清醒和坚定。

2.加强党的领导,抓好组织和班子建设。要重点抓好基层党组织建设,加强对党员的管理、检查和监督,使基层党组织充满生机和活力。要抓紧抓好年轻干部的选拔和培养,造就跨世纪的高素质的干部队伍。加大干部交流力度,促进干部的合理流动,切实提高领导班子的整体素质。

3.切实抓好反腐保廉工作。要建立和健全副处以上领导干部廉政档案,加强对领导干部的监督管理,结合企业改革,抓好企业领导干部的廉洁自律工作,抓好纠风,治理"三乱"。加大办案力度,严肃查处违法违纪案件。

(作者系中共深圳市福田区委书记)

1996年福田区国民经济和社会发展情况

1996年是"九五"计划的开局之年,福田区人民在区委、区政府的正确领导下,坚持以邓小平建设有中国特色社会主义理论和党的基本路线为指导,认真贯彻党的十四届五中、六中全会精神,紧紧围绕"抓住机遇,深化改革,扩大开放,促进发展,保持稳定"的方针,改善投资环境,努力培育新的经济增长点,实现了两个文明建设的协调发展。国民经济保持适度快速增长,财政增收,经济结构调整步伐加快,人民生活水平继续提高,精神文明建设和社会各项事业取得新的成绩。据初步测算,全区国内生产总值14.8亿元,按可比价格计算比上年增长12.6%,其中第一产业增加值0.17亿元,第二产业增加值7.4亿元,增长18.5%,第三产业增加值7.38亿元,增长17.1%,一、二、三产业的比重调整为1:49:50。经济运行中存在的主要问题是国有企业改革虽有所进展,但转换企业经营机制尚未有大的突破;区属企业规模小,效益不理想;利用外资难度加大;厂房空置现象比较严重等。

一、农　业

农业生产稳步发展。全年农业增加值0.17亿元。全年播种面积6710亩,其中蔬菜种植面积2370亩,蔬菜产量2172吨;水果种植面积4250亩,水果产量243吨。

造林绿化成绩显著。全年完成植树造林1100亩,其中完成荒山绿化1100亩,全民义务植树40000棵。

二、工　业

工业生产持续稳定增长。全年完成工业增加值5.76亿元,比上年增长38.8%。完成镇及镇以上工业总产值17.8亿元(1990年不变价),比上年增长12.7%。其中国有经济1.22亿元,下降33.3%;集体经济工业2.37亿元,下降10.6%;其他经济工业14.28亿元,增长25.5%。全年完成出口产品产值13.74亿元,增长16.7%。

重工业发展快于轻工业。全区工业中,重工业产值8.17亿元,比上年增长20.3%;轻工业产值9.70亿元,增长6.9%,重工业增长速度高于轻工业13.4个百分点。

全区实现高新技术产品产值5.36亿元(现价),占全区工业总产值的26.5%,比上年提高0.5个百分点。已认定的高新技术企业3家,高新技术项目3项,列入市级以上的计划项目10项。

以市场需要为导向,进一步调整产品结构。

工业经济效益提高。全区独立核算工业企业经济效益综合指数104.0%,比上年提高22.3个百分点。

三、固定资产投资

固定资产投资适度稳定增长,投资结构进一步改善。全年完成全社会固定资产投资额8.11亿元,比上年增长14.3%。其中国有经济单位投资5.56亿元,增长13.2%;集体经济单位投资1.94亿元,增长91.2%;私人投资0.61

亿元。

在国有经济投资中,基本建设投资 3.36 亿元,增长 60.0%;房地产开发 2.20 亿元,下降 26.3%。在基本建设投资中,工业投资 0.11 亿元,增长 28.2%,占基本建设的 3.3%。全年基本建设投资项目 63 个,其中新开工项目 21 个,全部建成投产项目 32 个,全社会新增固定资产 6.35 亿元。

四、国内贸易

商贸企业运行良好。全区批发零售贸易业商品购进总额 6.91 亿元,比上年增长 2.9%,商品销售总额 7.69 亿元,比上年增长 2.9%。国内消费品市场稳定,全年社会消费品零售总额 3.49 亿元,增长 20.4%。

五、对外经济

对外贸易继续保持增长态势。全区进出口总额达 23000 万美元,比上年增长 37.2%。其中出口总额 13000 万美元,增长 39.5%;进口总额 10000 万美元,增长 35.4%。对外贸易顺差进一步扩大,达 3000 万美元,比上年增长 23.4%。

全年实际利用外资 1217 万美元,比上年下降 10.1%,其中外商实际投资 1117 万美元,增长 11.7%。全年协议利用外资 1330 万美元,比上年增长 9.2%。外资投向仍主要集中于工业领域,全年签订合同项目 12 个,签订合同金额 331 万美元,占全年协议总投资的 24.9%。

六、财政金融

财税部门继续贯彻适度从紧的财政政策,进行税收征管体制改革,进一步完善财政体制,财政收入持续增长,财政支出增速加快,基本满足了各项建设事业的需要。

全年预算内财政收入 6.94 亿元,比上年增长 15.6%,呈适度增长态势。其中工商税收完成 5.32 万元,比上年增长 17%。

财政支出坚持建设性支出和经常性支出并重,支出结构较合理。全区预算内财政支出 8.21亿元,比上年增长 25.3%。其中基本建设支出 2.16 万元,比上年增长 44.9%;文教卫生事业费 1.80 亿元,比上年增长 9.1%;公检法支出 1.05 亿元,比上年增长 54.4%。

七、科技、教育、文化和卫生

科技事业持续发展。全年登记鉴定科技成果 9 项,其中达到国际水平 4 项,国内首创或先进水平 4 项。计算机及其软件、通信、微电子及其基础元件,新材料、激光环境工程和机电一体化等六大高新技术产业新成果 7 项,占总数的 77.8%,科技成果应用率 100%,社会效益和经济效益十分显著,成为经济发展的增长点。全区落实科技三项经费 1240 万元,支持了 17 个科技项目。

教育事业全面发展。制定了《福田区教育事业发展"九五"计划》,教育兴区的蓝图日益清晰,增加教育投入,改善了中小学办学条件。全区共有幼儿园 72 所,比上年增加 4 所,在园儿童 1.3 万人,比上年增长 12.8%;共有中小学 50 所,比上年增加 2 所,中学在校学生 1.6 万人,小学在校学生 3.1 万人,分别比上年增长 7.5%和 6.4%。高考工作取得优异成绩,上线率达 86.17%,比上年提高 3.9 个百分点。

文化事业繁荣,文化设施建设速度加快。区影剧院、图书馆、文化中心筹建项目进展顺利。群众文化工作取得明显成果,文艺创作和表演水平有较大提高。全年共有 87 件文艺作品在市级以上的比赛中获奖,其中国家级奖 4 个,省级奖 4 个,舞蹈《粤女情》获全国第六届"群星奖"比赛铜奖;小品《请勿打扰》获广东省第二届群众戏剧花会演出银奖等。全区共有文化事业机构 9 个,文化经营网点 264 个,图书室藏书总量 22 万册,文艺性刊物《南国风》已正式创刊。

卫生事业健康发展,医疗条件进一步改善。全区共有医疗机构 170 所(包括个体医疗诊所),其中医院 9 所,病床 450 张,比上年增长

13.6%;卫生技术人员1204人,比上年增长14%,其中医生和护士分别为555人和350人,比上年增长7%和4%。在全市率先建立区级急救中心,形成区医院——街道医院急救网络,配备了9部救护车及通讯工具,有效地提高了抢救应急能力。医疗分级管理工作进一步加强,预防治病能力不断提高,甲、乙类传染病比上年同期下降24.98%。全区医院有3间医疗保健机构创建为"爱婴医院",四个月母乳喂养率比创建前提高100%,区福田医院的计算机管理系统获市科技进步三等奖。

八、环境保护

积极防治废水、废气、固体废弃物和噪声污染,整治乱摆卖、乱张贴、乱搭建现象,恢复城市绿地,环境综合治理取得明显成效。

全区城市工业废水处理率82.0%,工业固体废物综合利用率79%,工业废气治理率97.5%。

九、人口和人民生活

人口总量稳步增长,全市人口总流向往福田中心区转移。家庭住户规模进一步趋向"夫妇加孩子组成"的核心家庭。全区年末常住人口60.27万人,比上年增加4.37万人。其中户籍人口23.2万人,比上年增加1.7万人,占常住人口的38.5%;暂住人口37.07万人,比上年增加2.71万人,占常住人口的61.5%。

户籍人口自然增长仍保持较低水平。户籍人口出生率为13.85‰,死亡率为1.01‰,自然增长率为12.84‰。

城市居民收入稳定增长,生活继续改善。根据50户户籍居民家庭抽样调查资料,城市居民家庭人均生活费收入15116.88元,扣除物价因素后(下同),比上年实际增长25.2%。年人均消费性支出12893.76元,比上年实际增长18.2%。消费层次提高,投向于教育、交通和通讯、医疗保健、个人消费等方面的支出增加,所占比重上升,其中教育支出增长56.2%,交通和通讯支出增长79.8%,医疗保健支出增长32.1%。城乡居民储蓄存款大幅度增长,年末储蓄存款余额38.25万元,比年初增长7.35%。

劳动就业稳定增长。年末全区从业人员65150人,比上年增加1952人。其中城镇职工36362人,减少1264人;城镇私营个体从业人员28788万人,增加3216人。街道办各类企业从业人员12120人。职工工资水平继续提高。全区职工工资总额48431万元,比上年增长21.1%;职工月平均工资1126元,扣除物价因素后,比上年实际增长15.7%。

社会保险覆盖面不断扩大,截至1996年末,全区有5.56万人参加了基本养老保险,3.5万人参加了工伤保险。

南山经济社会发展回顾及1997年工作意见

何初本

一、1996年工作回顾

1996年,南山区经济实力进一步增强,城区面貌发生了较大变化,社会稳定,治安良好,人民生活有较大提高,精神文明和各项社会事业都取得了新成绩。全年完成国内生产总值161亿元,完成计划的102%,其中区属38亿元,完成计划的106%,分别比上年增长19%和23%,高于全市平均增长水平;完成预算内财政收入15.8亿元,完成计划的102%,上缴后区留成9亿元,完成计划的113%,分别比上年增长13%和18%。

(一)工业快速增长

全年完成工业总产值310亿元,完成计划的103%,其中区属69.3亿元,完成计划的107%,分别比上年增长21%和25%,也高于全市平均增长水平。在抓好现有工业企业的同时,积极调整工业结构,特别重视高新技术产业和重点项目建设,抓好技术改造。年初确定的单层及复合装饰铝板、功能陶瓷、金库和颜料化工等10个项目作为区重点工业项目,进展顺利。同时,在区财力较为紧张的情况下,安排3000万元重点项目基金和技改基金,支持这些项目和企业发展。

(二)农业喜获丰收

全年完成农业总产值1.3亿元,完成计划的108%,比上年增长13%。以荔枝为主的水果、水产养殖和远洋捕捞都获得了丰收。大力发展"三高"农业,建成了三坑526亩蔬菜生产基地和年产5万只鸡的鸡场以及西丽福光村的山鸡场等。落实了1.8万亩农业生产永久性保护用地。加强外引内联,与广州奇星制药厂合作生产螺旋藻。蛇口渔港建设顺利,1997年上半年可建成。

(三)商贸旅游业有新发展

全年完成社会商品零售总额39亿元,完成计划的101%,其中区属19.6亿元,完成计划的102%,分别比上年增长14%和16%。全年接待游客1026万人次,旅游营业总收入12亿元,都与上年持平。

组织实施《深圳市南山区商贸旅游发展规划》,加快建设商贸网点,家乐福超市、金世界商场、蛇口利安购物中心、潮江渔村、海王好世界和蛇口免税商店南头分店等相继开业,新增商业面积45000平方米,增强了南山的商业氛围。"菜篮子工程"有突破性进展,建成了12400平方米肉菜综合市场。经济发展大厦改建为三星级酒店,完成投资1800万元和工程量一半。南山农产品批发市场综合楼和水产批发市场均已建成。

(四)以集体经济为主的多种经济进一步增强

办事处经济全年完成工业总产值25.9亿元,利润2.1亿元,分别比上年增长18.3%和48%,其中粤海办事处工业总产值比上年增长164%,南山、沙河和西丽办事处工业总产值分别比上年增长30%以上。按照市政府的统一部署,全面开展了股份合作规范工作,对28家集体企业进行规范化改造,使管理水平逐步提高。努力改善投资环境,做好服务,利用现有厂房和宿舍招商引资,发展"三来一补"企业。投资自办实业,蛇口办事处与世界"玻璃王国"比利时格拉威宝集团公司合作生产超薄电子玻璃,南园村与台商合作建设模具厂等。西丽办事处及属下12个村实施"同富裕工程",已建成8条道路、10个供电站和5条供水管道,长源小学和西丽新医院已动工。由于西丽的投资环境得到了较大改善,促进了经济发展,增加了收入,5个自然村的年人均集体分配已达2000元以上,初步实现了脱贫。民营企业、内联企业和三资企业都有较大发展。驻区大单位的经济都得到进一步增强。

(五)以市政道路为主的基础设施建设和环境综合治理取得新成绩

全年完成固定资产投资总额48亿元,完成计划的94%,其中区属11亿元,完成计划的101%,分别比上年增长4%和11%。

市政道路建设成绩显著。平蛇路白芒路段改造工程、后海路蛇口路段即将建成。南新路一段、桃园西路和玉泉路1997年上半年可建成通车。麒麟立交桥、留仙大道已动工。前海路、荔园西路施工准备工作已做好,即将动工。

旧村改造有新进展。南山村一期改造已完成。深华工贸公司南头旧村改造工程已全面开展,部分楼房已封顶。中建蛇口公司南头旧村改造工程完成了拆迁工作,近日也可动工。

加快南山商业文化中心区开发,转让了几块地,正在抓紧七通一平和填海,为招商引资创造了条件。

加快住宅建设,387套住房交付使用,前海住宅区447套住房全面施工。进一步改善了干部职工住房条件。落实了1997年住房用地5万平方米。

环境综合治理和城市管理工作得到进一步加强。治理了一批污染源,使环境质量保持较高水平。整治"六乱",规范出租屋管理,加强除害灭病和市政设施维护等。继续执行"辖区三包管理责任制",加大城市美化、绿化工作力度。整治了双界河,拆除了同乐村临时工棚等。

(六)改革开放有新举措

认真贯彻"两个根本性转变"方针,按照《公司法》规范企业行为,继续推选持股经营办法,搞活国有企业。组建了深南石油集团、南山招商集团等。深化人事、劳动制度改革,完善招调干部、工人制度,办好西部人才市场,调整了部分大公司的经理,挑选了一批人才进机关、学校、医院和企业,活跃了劳务市场。完成了公务员工资套改工作。严格控制机构、人员的增加,为进一步深化机构改革打好基础。扩大社会保险面。

优化投资环境,加强外引内联工作,全年新增投资项目147个,实际利用外资1.9亿美元,完成计划的100%,其中区属实际利用外资5000万美元,完成计划的100%,分别比上年增长12%和25%。"三来一补"项目有所增加,新签项目25个,延期协议180个。积极参加了市举办的各种招商展销活动,效果显著。拨款1000万元为同乐海关在中山园路设办事处,方便企业报关。

继续与五华县、井岗山市开展对口扶持工作,安排400万元作对口扶持投资或捐款。加强与对口扶持地区的经济合作,在五华县投资兴建超级市场,在井岗山市、阿勒泰市建设旅游宾馆。与五华县、井岗山市开展了心连心、希望工程活动。

(七)依法治区和社会综合治理成绩显著

加强法制教育,对副科以上干部进行了法律知识考试,对外来工加强了法制宣传教育,印发了5万多本法规手册供他们学习,增强了广大干部群众的法制观念和依法行政、依法办事的自觉性。自觉接受区人大及其常委会的监督和评议,评议了区教育局、卫生局,推动了政府工作。

继续开展社会综合治理,确保社会稳定,治

安良好。创建安全文明小区102个，均已达标，基本覆盖了全区。打击刑事、经济犯罪活动，治安形势有明显好转，刑事案件发案率比上年下降18.9%。最近南山区被评为全国社会治安综合治理先进单位。

（八）精神文明建设和各项社会事业蓬勃发展

组织广大干部群众学习邓小平建设有中国特色的社会主义理论和党的基本路线，学习党的十四届四中、五中全会精神，开展社会主义、爱国主义、集体主义和全心全意为人民服务思想的教育，提高了广大干部群众觉悟。组织干部学习业务知识，提高了干部素质。《南山报》扩大到八版，《街道》杂志发行量增加，《续修四库全书》出版顺利。党校、图书馆已竣工。成立了雕塑院。积极开展文明市民、文明家庭和义工活动等。

实施加快科技进步的措施，抓好高新技术项目，增加科技三项经费。1996年安排科技三项经费800万元，在全市率先实现科技三项经费占区当年可支配财力的1%。成功地主办了第七届国际中国科学史年会，举办科普画廊等。全年全区实现高新技术产品产值117亿元，占全区工业总产值的37.7%，初步形成了计算机及其软件、通信、微电子其它器件、新材料、生物工程、机电一体化和激光等七大领域的高新技术项目群。

进一步贯彻落实《教育法》、《教师法》和《职业教育法》，提高教育质量和教师队伍素质。已建成比较完整的教育体系，现有5所中小学、4所幼儿园被评为省一级学校（园），分别占全市的46%和40%；南头成人中专被评为广东省示范学校。最近，南山区又被列为广东省第一批普通教育综合督导评估试点单位，将大大加快建成教育强区的步伐。高考、中考升学率继续处于全市领先地位。继续加强特色教育。办学条件进一步改善，外国语学校、西丽二中等基建收尾工程进展顺利；南头小学、南头城小学综合楼已封顶；大勘小学、南头中学教学大楼已动工兴建；西丽幼儿园、荔苑幼儿园已投入使用；海滨小学二期工程因迁坟原因受影响，目前正在抓紧迁坟工作。

深入开展医疗卫生服务质量年活动，改善了服务态度，医疗质量和技术水平进一步提高，未发生重大医疗事故。认真整顿医疗市场。疾病预防、妇幼保健工作取得新成效，传染病发病率比上年下降43.57%。母婴保健执法经验在全省推广。卫生单位基建工程进展顺利，南山人民医院CT楼、卫生防疫站业务楼、蛇口医院门诊楼已封顶，南山人民医院住院大楼已动工。

高度重视计划生育工作，全区常住人口出生率为10.22‰，比市下达的指标12‰低1.78个千分点。

二、1997年工作的指导思想和主要任务

1997年是我国历史上有深远意义的一年，香港要回归祖国，中国共产党要召开十五大，全国人民正满怀喜悦，以新的成绩迎接这两件具有重要历史意义大事到来。全国的宏观经济在保持连续性和稳定性的同时，将采取必要的灵活性，做到稳中求进。深圳市委、市政府将采取一系列加快发展的措施。南山区经过十三年的建设和发展，已有一定的经济实力，区位优势更为凸现，具备了加快发展的条件。1997年区政府工作的指导思想是：坚持以邓小平建设有中国特色的社会主义理论和党的基本路线为指导，认真贯彻党的十四届五中、六中全会、中央经济工作会议和省、市工作会议精神；以经济建设为中心，积极推进“两个根本性转变”，抓紧实施市区国民经济与社会发展和精神文明建设“九五”规划，抓住机遇，深化改革，扩大开放，加快发展；依法治区，重视法制宣传教育，预防和打击各种犯罪活动，创造社会稳定和治安良好的环境；继续搞好环境综合治理，以新的市容市貌迎接香港回归；加强精神文明和各项社会事业建设，科教兴区，勤政廉政，促进国民经济持续、快速、健康发展和社会全面进步。

1997年国民经济和社会发展主要指标(草案)是:

国内生产总值185亿元,其中区属44亿元,比上年均增长15%;

工业总产值360亿元,其中区属82亿元,分别比上年增长16%和13%;

农业总产值1.4亿元,比上年增长7.7%;

社会消费品零售总额44亿元,其中区属23亿元,分别比上年增长13%和16%;

固定资产投资53亿元,其中区属12亿元,比上年均增长10%;

预算内财政收入17.4亿元,其中区留成9.3亿元,均比上年增长10%(按可比口径);

年末总人口44.7万人,其中户籍人口10.8万人,分别比上年增长4%和3%。常住人口出生率控制在12‰以下,计划生育率达93%以上。

三、为全区老百姓办七件实事

(一)努力把南山区建成教育强区

深化教育改革,提高教育质量,强化特色教育。继续保持我区高考、中考成绩在全市的领先地位。做好省对南山区普教综合督导评估工作,努力建成教育强区。新建白石洲中学和前海小学。完善和收尾一批中小学的基建工程。

(二)提高医疗卫生水平

以人为中心,深入开展医德医风教育,强化质量管理,科教兴医,进一步提高医疗卫生服务水平,防止重大医疗事故发生。贯彻预防为主的方针,进一步降低传染病发病率。建立社区健康服务网络。建成南山人民医院CT楼、蛇口医院门诊楼、卫生防疫站业务楼和西丽新医院门诊楼。

(三)改善干部职工住房条件

建成500套住房,其中福利房200套,微利房300套。

(四)兴办几件社会福利事业

成立福利中心,建成托幼中心,建设敬老院、残联中心。

(五)继续实施"同富裕工程"

区安排投资3500万元,市安排3400万元,主要用于水、电、路和排污工程,发展经济,争取12个自然村全部脱贫,提前一年完成任务。

(六)继续加强综合治理和城市管理

绿化美化城区,治理脏、乱、差,实行辖区三包,拆除乱搭建,整治乱摆卖,建成自动喷灌工程和环岛夜景,维护市政设施等,以崭新的市容市貌迎接香港回归。建设西丽公园、大旺山街心花园。做好环保工作,提高城市环境质量。做好垃圾焚烧厂的筹建工作。

(七)继续开展社会综合治理

加强法制宣传教育,做好"三五"普法工作,预防和打击各种犯罪活动,确保社会稳定,创造人民安居乐业的治安环境。提高已创建的102个安全文明小区水平,新增建一、二个安全文明小区。

(作者系深圳市南山区区长)

1996年南山区国民经济和社会发展情况

1996年,南山区国民经济实现了持续、稳定增长。全区实现国内生产总值161亿元,其中区属国内生产总值38亿元,分别比上年增长19%和23%;实现工业总产值310亿元,其中区属69.3亿元,分别比上年增长21%和25%;实现农业总产值1.3亿元,比上年增长13%;实现社会商品零售总额39亿元,其中区属19.6亿元,分别比上年增长14%和16%;完成固定资产投资48亿元,其中区属11亿元,分别比上年增长4%和11%;实现预算内财政收入15.8亿元,本级可安排财力9亿元,分别比上年增长13%和18%;年末总人口43万人,比上年增长3.9%,其中:户籍人口10.2万人,增长3%。

1996年国民经济和社会发展的主要特点如下:

一、加快工业结构调整步伐,大力扶持重点骨干项目的建设,不断增强经济发展后劲

工业经济保持较高的增长速度,出口势头强劲,"三资"企业仍是推动区属工业增长的主体,其增量占区属工业总产值增量的80%;区属工业出口产值达3.75亿美元,增幅达46%。积极调整产业结构,高度重视和大力扶持高新技术及重点骨干项目的发展,在财力较紧的情况下,安排3000万元经济发展基金,用于重点工业项目的建设和骨干企业的技术改造,选定了方大铝塑复合板、湾厦铝塑复合管、龙电金库、捷利康先进化工、功能陶瓷等十个项目为区重点工业项目。其中方大铝塑复合板新型建材项目已列上市政府1996年重点前期建设项目,并争取到原厂址北面2万平方米的工业生产用地,该项目生产线的厂房年底基本竣工,从德国进口的设备订购工作已完成,方大A股年内上市挂牌交易。其它重点工业项目均在厂房建设、设备安装、产品试产等方面取得了一定进展。

二、农业生产稳步发展,积极搞好外引内联

1996年,南山区在农业经济方面,充分发挥菜篮子、果盘子的优势,逐步向基地化、规模化、企业化和"三高"方向发展。荔枝螺旋环剥技术推广面积达7000亩,增产15万斤优质荔枝;建立了深水吊养蚝、300亩固定吊养蚝、螺旋藻生产养殖和526亩"三坑"蔬菜生产基地及年产5万只的肉鸡饲养场。蛇口渔港建设加快,积极开展外引内联,进一步促进远洋捕捞的建设,与阳江东平镇签订了合作购买5艘渔船的合同,计划与马来西亚合作建立远洋渔业公司。同时,全面加强了"三防"、绿化、水源保护和兽医防检工作。全年农业总产值1.3亿元,比上年增长13%,农副产品出口总额500万美元。

三、商贸旅游业在剧烈竞争中保持市场繁荣,物价平稳

1996年,南山区商贸旅游业在剧烈竞争中仍然保持市场繁荣,物价稳定。商业零售在网点渐趋齐备、营业面积在1995年度增5万平方米的基础上,1996年又新开大中型商场13家,新增面积4.5万平方米。一批上规模上档次的

连锁店和大型超市落户南山并相继开业,满足居民不同需要的高中低档零售网点已具雏形。“菜篮子工程”继续发挥良好效益,猪牛羊屠宰量达24.6万头,其中生猪日宰量达630头,居民“菜篮子”丰盈充实,物价平稳。全区社会消费品零售总额39亿元,比上年增长14%,其中区属社会消费品零售总额19.6亿元,增长16%。旅游业稳步发展,配套设施建设有较快进展,海湾大厦、中南大酒店申报三星级酒店已获批准,广东省澳门旅游管理站已下放南山区代管,旅游市场整顿初见成效,旅游业收入12亿元,游客达1026万人次。商贸旅游重点项目进展顺利,农批市场已全面完成“三通一平”工程,建成了12400平方米的综合肉菜市场,水产批发市场已奠基,潮江渔村开业,蛇口免税海王商店、好世界高档饮食落户南山,法国家乐福乐美超市也已开业,邵氏电影城已获国家计委立项审批,正申报国务院办公会研究批准。

四、投资重点突出,基础设施进一步完善

固定资产投资增幅持续回落,增幅下调到11%以内。全区完成固定资产投资48亿元,比上年增长4%,其中区属固定资产投资总额11亿元,增长11%。投资重点突出,结构趋于合理。投资重点向完善投资环境和解决人民群众切身利益相关的市政道路、教育、卫生、福利房等公共基础设施方面倾斜。为民办八件实事中的投资项目基本落实。西丽二中、海湾小学一期工程、荔园幼儿园、西丽幼儿园等竣工交付使用,南头小学教学楼主体封顶,托幼中心地下室施工。外国语学校、新长源小学、南中教学楼等前期工作基本完成,动工在即。蛇口医院门诊楼、防疫站大楼主体封顶,住院大楼桩基施工。白石洲、雷公岭、一甲村、人民医院等住宅小区共387套住房竣工交付使用,前海住宅小区一期工程十四栋447套住宅已全面施工。党校、图书馆基本完工,文化交流中心、青少年科技活动中心正在筹建。桃园西路、平蛇路白芒段已建成,巡警基地已全面动工建设。“同富裕”工程安排建设的牛成村道路、塘长路、福光路等已经竣工,官白路、留仙洞村道路等已完成工程量60—80%。环境综合治理得到全面加强,城区面貌有较大的改观。

五、财政收入继续增长,收支基本平衡

全区预算内财政收入15.8亿元,比上年增长13%,上缴后留成(含中央税收返拨部分)9亿元,增长18%。财政总支出9.3亿元,增长18%。财政收支基本平衡。

六、企业改革力度加大,经济质量进一步提高

1996年,南山区积极探索建立现代企业制度,加大产权调整力度,盘活存量资产,实施企业资产重组。通过产权交易,实现南山石化集团与深圳石化集团的联合,组建了深南石化集团,提高了资本实力,综合效益上升。加大企业监管力度,采取扶强扶优的一系列措施,组建了珠宝集团等,努力实现资产的最佳组合,创造了1+1>2的效果。对全区29家农城化的股份制合作公司进行了规范化改造,在部分企业推行了经营者持股经营制度。

七、精神文明建设取得新成绩,社会事业同步发展

成功举办了纪念红军长征胜利60周年——特区与老区人民心连心大型文艺演出活动。继续开展了希望工程、“1+1”、“心连心”等一系列支持井岗山、延安等革命老区和五华县等贫困山区建设的活动。教育事业迅速发展,在提高教学质量的同时,进一步发展“南山特色”教育,坚持开展第二课堂活动,由南头小学组成的深圳少儿艺术团代表国家出访非洲、欧洲演出成功,受到高度评价,为国家取得了荣誉。在全省少儿羽毛球比赛中,南山区获得了三金三银的好成绩。大新小学被广东省教科所定为实验小学,蛇口小学、赤湾小学被评为市一级学校。目前全区拥有省一级学校5所,市一级学校3

所。科技进步成效显著，一批优秀科技成果得到开发应用,京山集团开发出天力杀虫剂等一批国家级新产品。卫生事业进一步发展,开展了医疗服务质量年活动,全面推行了综合目标管理责任制,改善了医疗设备,清理整顿了医药市场。全区创建安全文明小区 101 个，提前一年完成市创建安全文明小区任务。

1996 年,南山区经济发展过程中也存在着一些比较明显的问题和困难,主要是：

资金短缺和结构性矛盾比较突出,企业经济效益继续下降,受国家关税的调整特别是受到出口退税率的进一步下调的影响,几家有出口经营权的企业全面亏损;市政建设资金缺口很大,由于近几年来,房地产市场一直处于低迷状态,文化中心区土地出售相当困难,加之区内难于筹集资金,市政基础设施建设仍然是举足维艰,满足不了城市发展的需求等等。

宝安经济社会的发展与展望

黄志光

宝安区位于深圳市西北部,总面积733平方公里,总人口115万人(其中户籍人口23.58万人)。宝安区成立于1993年1月1日,下辖8个卫星镇和两个街道办事处。宝安是岭南重要的历史文化名城之一,历史源远流长。据史书记载,早在新石器时代,宝安境内沿海已有原始人群聚居,公元405年立县。宝安有着光荣的革命传统,曾经是东江抗日根据地,为新中国的建立作出了不可磨灭的贡献。宝安是个著名的侨乡,有旅居海外100多个国家和地区的华侨6万多人,港澳同胞9万多人,宝安同海外有着悠久而广泛的交往和联系。

经过17年的改革开放,宝安的社会经济发生了翻天覆地的变化,已初步完成了从传统农业向现代工业的过渡,形成了以工业为主导,城郊型、出口创汇型农业和规模经营的第三产业共同发展的外向型经济格局。1996年,全区实现国内生产总值120亿元,比上年增长18.8%;工业总产值166亿元,增长18.5%;农业总产值5.2亿,增长5.2%;"三来一补"工缴费结汇2.8亿美元,增长1.6%;地方预算内财政收入9.18亿元,增长29%;农民人均所得6100元,增长17.6%,两个文明建设取得了令人瞩目的成果。主要表现在以下几个方面:

一、调整产业结构,实现经济持续、快速发展。

建区以来,区委、区政府紧紧抓住经济建设这个中心,调整产业结构,制定了《关于加快工业发展的若干规定》,推动"三来一补"、"三资"、内联、自营和民营企业"五个轮子"一起转,重点发展骨干工业企业,鼓励企业争创名牌,提高产品的技术含量和附加值,初步形成了电子、机械制造、精细化工、纺织、食品、金属制品、建材等8大规模行业,涌现出火王燃器具、同安克癀胶囊、PT瓶盖等一批名牌产品。建区4年来,全区工业总产值年均递增63.4%,全区重点工业项目中,试投产项目25项,1996年实现产值25亿元、利税4亿元。招商引资形势良好,1996年实际利用外资4.1亿美元,比上年增长7.5%,和记黄埔、富士康等技术含量高、规模大的项目相继在宝安落户或扩大生产规模,引进外资投向基础设施和"三高"农业及旅游业方面有新的突破。第三产业发展迅速,市场购销两旺,商业网络体系初具规模,一批购物中心、批发市场、星级酒店等第三产业项目相继投入使用。全区规划了农业科技示范区,建立了蔬菜、水果、水产和畜牧四大鲜活基地,征用农业保护用地15万亩,作为发展"菜篮子"工程和"三高"农业用地,改造和建设福永、沙井2万亩水产基地,加大农业投入,1996年农业生产突破了建区以来连年徘徊的被动局面,实现了稳中有增。

二、加大企业改革力度,为经济发展注入活力

区委、区政府不断深化经济体制改革,逐步

推进国有企业建立现代企业制度、镇属企业资产管理和农村股份合作制规范化三个层次的改革。先后分两批对区属27家国有企业进行试点改革,使其改为国有独资公司和有限责任公司,按资产、效益进行分类定级,实行法人代表年薪制和员工持股。改革后的国有企业,在效益和管理上都有明显的好转。区委、区政府制定了一系列市场经济、市场运作的有关规定,为建立比较完备的市场发展体系,加速市场机制的发育创造了良好的条件。

三、基础设施逐步完善,城市化水平不断提高

按照深圳市建设现代化国际性城市的总体要求,围绕"城市化、工业化、现代化"目标,编制了《宝安区经济社会发展战略》(1994－2010),制定了城市总体规划和9个组团分区规划以及区中心区、各镇中心区的规划。全区初步形成了陆海空立体交通网络,进行了广深公路宝安段"文明路"拓宽工程,改造兴建了松白、石观、观光等一级公路,梅澜高速公路建成通车,提前五年实现了广东省政府提出的建成区与镇、镇与镇之间的一级公路相连通的公路建设目标。区中心区开发进展顺利,完成了以新城大道为主体的"三通一平"工程,建成西乡、石岩等6个电话交换母局,全区电话装机容量达到25.65万门。完成了朱坳水厂一、二期,全区日供水能力达到50万吨。完成宝安变电站5万千伏安变压器的扩容、宝昌电厂二期工程,建成了航空城及松岗11万伏变电站和福永凤凰变电站。茅洲河、观澜河整治工程进展顺利,石岩排污工程前二期已经完成。基础设施的逐步完善,提高了宝安城市化水平。

四、社会各项事业全面发展,生活质量显著提高

全区普及了九年制义务教育,建成中小学103间,大部分学校配备了比较先进的教学设备。建立了三级医疗保健网,人人享有初级卫生保健。建立和办起了区文化馆、图书馆、广播电台、有线电视台、《宝安报》等一系列文化设施。制定并实施《关于加快科学技术进步的决定》和《科学技术进步奖励暂行办法》,抓好科技立项和开发工作,1996年有6项科技成果被鉴定处于国内领先或达到国际先进水平。计划生育连续4年达标,1996年被广东省政府授予"计划生育先进单位"称号。通过实施"同富裕工程",在欠发达地区兴建了一批水、电、路、桥、通信、学校、医院等基础设施,有力地推动了全区经济的平衡发展。1995年,宝安区成为"广东省首批农村小康达标区"。

宝安区"九五"计划的总体目标是"实现一个翻番、建设两个基地和两个中心、实现三个提高、促进四个协调"。即,实现一个翻番:到2000年实现全区国内生产总值比1995年翻一番;建设两个基地和两个中心:把宝安区建设成为深圳市先进工业的基地和现代创汇农业的基地及深圳西部的商贸中心和运输中心;实现三年提高:实现整体经济素质有新的提高、人民生活水平有新的提高、现代文明建设和政府工作效率有新的提高;促进四个协调:经济社会和环境协调发展,三大产业协调发展,"两个文明"建设协调发展,全区各镇经济协调发展。把宝安区初步建设成为以高新技术产业为先导、以先进工业为支柱、第三产业为依托、农业集约化水平较高,经济发达、社会进步、环境优美和生活比较富裕的综合现代化新城区。"九五"期末宝成的主要指标是:国内生产总值200亿元,年递增14%;工农业总产值266亿元,年递增14%;三大产业结构比例为4:55:41;社会消费品零售总额60亿元,年递增16%;固定资产投资累计150亿元,年均30亿元;居民人均月实际收入1600元,年递增16%。第二阶段从2000年至2010年,全区国内生产总值达到1200亿元,人均国内生产总值达到8.1万元,全面实现"三化"目标。

(作者系深圳市宝安区区三)

1996年宝安区国民经济和社会发展情况

1996年，宝安区认真贯彻落实"九五"发展战略，进一步调整经济社会发展步骤和发展方式，努力推动经济体制和经济增长方式的转变，培育新的经济增长点，促进了经济社会的持续、稳定、健康发展，投资、消费、物价以及经济增长速度等方面均沿着良性发展的轨道运行。

一、国民经济持续、稳定、健康发展

(一)整体经济素质有较大提高。

全年国内生产总值为120亿元，比上年增长18.8%，完成年计划的102%，三大产业结构之例为7:56:37。生产方面，工农业生产有较大增长，第三产业蓬勃发展。工业总产值比上年增长25%，农业总产值比上年增长6%，第三产业增加值比上年增长21%。投资方面，全年固定资产投资总额比上年增长5.4%，"三资"企业外商实际投资额比上年增长7.5%。消费、物价方面，社会购买力有一定的提高，全年社会消费品零售总额比上年增长13.8%，物价平稳，上涨幅度得到有效控制，商品零售价格总指数为103.9%。显示经济发展健康，综合素质得到提高，经济在良性发展的轨道上运行。

(二)工业生产大幅度增长。

工业生产通过调整结构，扶持重点项目和自营工业的发展，大力招商引资，推动"三资"、"三来一补"、自营、内联、私营企业五个轮子一齐上，促进了工业生产的大幅度增长。全年工业总产值(按1990年不变价计算)达到166亿元，比上年增长25%，其中：区属工业26亿元，比上年增长45.4% 镇属工业27亿元，比上年增长17.9%；村属工业102亿元，比上年增长13.4%。

工业产品出口大幅度增长，主要产品产销量上升。全年工业出口产品产值125.6亿元，比上年增长30.1%，远远高于工业总产值的增长幅度。工业产品销售率较高，达到99.7%；主要产品中，摩托车、钟表、视听产品、电子器件、服装、纸制品、塑料制品的产销量大幅上升；部分产品在国内外占有较大的市场份额。

15个区属主要工业公司中，工业产值获得增长的有11个，占73%。全区八个镇、两个办事处工业总产值全部超额完成计划任务，超额完成10%以上的有光明办事处、公明镇、龙华镇和石岩镇。

(三)农业生产稳定发展。

全年农业生产稳定发展，农业生产基地建设和农业用地保护进一步加强，两万亩"三高"水产养殖基地建设进展良好，"三高"农业水平有了提高，农业生产扭转了连年下降的局面，三年来首次出现一定幅度的增长。全年完成农业总产值5.2亿元，比上年增长6 %，完成年计划的104%。

主要农产品产量大部分获得增长。蔬菜种植面积为2.2万亩，与上年持平；总产量6.9万吨，比上年增长6.0%。水果面积9.7万亩，与上年持平；总产量2.4万吨，比上年减少8.5%。猪场数278个，猪饲养量46.2万头，猪出栏量30.7万头，分别比上年增长1.5%、8.7%和10.6%。鸡场数197个，鸡饲养量1455万只，出栏量1232万只，分别比上年减少3.9%、

8.8%和5.2%。水产养殖面积8.2万亩,比上年减少10.5%,水产品总产量2.18万吨,比上年增长2.4%。

(四)商贸市场繁荣。

1996年,宝安区商业购销平稳,商贸市场繁荣,社会购买力有一定的增强。全区商业网点建设进一步加强,一批商贸重点工程正在加紧兴建,商贸业档次进一步提高。全年社会消费品零售总额为33.4亿元,比上年增长14.0%,完成年计划的101.3%。其中:批发零售贸易业增长11.2%,饮食业零售增长17.3%。商品购进总额为15.8亿元,销售总额为16.7亿元,分别下降7.8%和7.7%。

房地产市场在"购房入户"等一系列配套措施的推动下得到启动,趋向活跃。全年出售商品房面积31.3万平方米,回收资金10亿元。

(五)招商引资取得新的成效。

1996年宝安区利用外资项目增多,领域拓宽,引进水平和质量都有所提高,并实现在农业、基础设施和社会福利事业等方面利用外资零的突破。全年"三来一补"新签协议386宗,比上年减少32.8%;工缴费收入2.8亿美元,比上年增长1.6%。"三资"企业新签协议144宗,比上年减少57.9%;外商实际投资额4.1亿美元,比上年增长7.5%。

(六)固定资产投资结构不断优化。

一年来,宝安区固定资产投资规模得到有效控制,投资结构不断优化,基础设施建设进展顺利,新中心区建设前期工作全面展开。一些对全区影响大的工程,如西海堤福永段公路、航空城及松岗11万伏变电站等已竣工,创业路立交桥、西部岸线和港区的规划建设等正在抓紧进行。全区固定资产投资总额为21.6亿元,比上年增长5.4%,完成年计划的90%。在总投资中:农林牧渔业用占3.4%,工业、建筑业用占13.4%,商业、邮电业用占15.8%,住宅占25.4%。全年房屋施工总面积256万平方米,竣工面积127万平方米,分别比上年增长18%和27%,竣工面积占施工面积的49.6%。

(七)财政大幅度增收,金融信贷活跃。

财政收入大幅度增长,全年预算内地方财政收入9.18亿元,比上年增长29%;预算内地方财政支出10.3亿元,比上年增长25%;收支平衡。银行存贷款有较大幅度上升,存款余额为178.1亿元,贷款余额为95.5亿元,分别比年初增长27.3%和20.6%。城乡居民储蓄存款余额为89.2亿元,比年初增长29.5%。

二、社会事业全面进步,精神文明建设进一步加强

(一)教育发展步伐加快,教学条件得到改善。

宝安区从加强教育基础设施建设,完善教学设备,加强师资队伍建设,调整充实一批农村小学等入手,逐步推动了从农村办学体制向城市办学体制的转变,进一步完善了教学条件,提高了教学质量。1996年全区有各类学校2[illegible]所,其中:中学22所,比1995年增加4所,即海滨中学、新华中学、宝安职高和华茂中学;小学99所,比1995年增加6所;中小学在校学生人数66205人,比上年增长11%。

(二)科技不断进步,科研工作成效显著。

1996年宝安区科技工作有新的突破,科技进步迈上新台阶。一是科技投入有较大幅度的增加,全年区财政投入科技三项经费650万元,比上年增加30%。二是科技型企业得到长足发展,涌现了火王燃器具公司、光明威武生物制品厂、银星电力电器公司等一批科技型企业。三是科技立项踊跃,科技项目有效实施开发率高,科技新产品不断涌现。1996年度区科技立项46项,比上年增加9项;,其中列入市项目13项。6-22KV氧化锌避雷器、高级家具不饱和聚脂树脂、高级彩色路面砖等3个项目被列为1996年度国家级星火计划,项目实施开发进展顺利。四是高新技术项目开发有新的突破,年内全区有2个项目被市认定为高新技术项目。五是科普工作全面展开,科普教育活动形式多样,成效显著。

(三)卫生工作进一步加强,医疗卫生保健网络逐步健全。

一年来宝安区认真抓好防病防疫工作,开展社区医疗保健服务,实行医院分级管理,新建、扩建了区人民医院外科大楼、妇幼保健院、沙井住院大楼、萧树强医院等一批医院,进一步完善了医疗设施,健全了卫生保健网络,提高了医疗技术水平。1996年末,全区有医院15间,医院病床数1602张,比上年增长6.6%,完成年计划的95%。

(四)文化事业不断发展,体育运动成绩斐然。

一年来,宝安区通过切实加强文体设施和文体网络建设,认真抓好区文化艺术馆和各镇"五个一"工程,建立健全住宅区的文体活动设施,举办各种艺术展览、文艺演出和体育比赛,推动了文体事业的繁荣发展。一是群众文化得到普及提高,文化馆举办各类文艺活动13次,各类艺术培训23期,图书馆接待读者8万人次,艺术团演出50场。二是文艺创作繁荣,艺术人才脱颖而出,创作的系列舞剧《悲鸣三部曲》收到了好的效果。三是广播电视事业发展较快,影响日益扩大。四是体育运动成绩不断提高,全民健身运动蓬勃开展,全年举办了55次区镇体育比赛,宝安体育健儿参加市以上各类比赛,获金牌17枚,银牌14枚,铜牌14枚。

(五)人口增长得到控制,人民生活水平进一步提高。

1996年末全区总人口为115万人,比上年增长3.6%,完成年计划的100%,其中户籍人口23.58万人,比上年增长1.9%,完成年计划的90%。全年农民人均所得为6100元,比上年增长17.6%,完成年计划的102%。同时,"同富裕工程"成绩显著,使落后村的经济得到了扶持发展。

(六)精神文明建设全面加强,社会保障体系逐步完善。

宝安区在处理经济建设和精神文明建设关系上,始终坚持"两手抓,两手都要硬",年内区委、区政府制订了《宝安区创建高标准文明区实施办法》,评选出100个"文明单位"和"文明村"。与此同时,进一步加强了两个综合治理,开展"严打"斗争,有效地净化了社会治安环境。逐步完善了医疗保险、劳动保险和养老保险制度,建立健全了社会保障体系。

三、存在的主要问题

1996年经济社会发展过程中存在的主要问题:一是资金缺口依旧较大,建设资金和企业经营资金都较为紧张。二是部分企业经济效益较低,特别是少数区属国有企业亏损严重。三是招商引资难度加大,引进外资额的增长出现停滞。四是社会治安形势依然严峻。这些困难和不足,都有待于逐步解决。

龙岗的建设与发展

刘志庚

龙岗区自1993年成立以来，大力推进基础设施建设，改善投资环境，推行各项改革，扩大对外开放，取得了可喜的成就。1996年全区实现国内生产总值91亿元，比建区前的1992年(下同)增长192.1%；工农业总产值112.5亿元，增长185.9%；出口总值9.2亿美元，增长142.1%；预算内财政收入6.7亿元，增长175.4%；实际利用外资3.4亿美元，增长99.8%。全区经济综合实力不断增强，各项社会事业全面发展，为实现"九五"奋斗目标开了好局。

龙岗区经过建区四年的开发建设，取得了巨大的成就，主要体现在六个方面：

一、大工业已呈雏形

建区以来，全区工业发展坚持以市场为导向，经济效益为中心，坚持外引内联，依靠科技进步，促进自营、内联、"三资"、"三来一补"工业共同发展。目前，全区工业体系和外向型工业格局已初步形成。至1996年底，全区已有工业企业6326家，其中内资企业957家，"三资"企业1743家，"三来一补"企业3626家。发展有20多个工业行业，生产出一批畅销国内外市场的好产品，逐步形成了以电子、机械、纺织、服装、玩具、食品、建材、医药等8个重点行业互为依托协调发展的新格局。10个镇均被列为广东省珠江三角洲经济开发区重点工业卫星镇。1996年，全区工业总产值109.2亿元，比建区前增长201.5%，工业产品销售率达97.9%。建区以来累计利用外资达13.3亿美元，"三来一补"累计实收工缴费达9.2亿美元。

二、农业稳步发展

建区以来，龙岗区充分利用毗邻深圳特区、香港的有利条件，实行贸工农相结合，发展集约化、商品化、创汇型农业，初步形成了以香港、深圳特区为主导市场的农业生产体系，建立和发展了蔬菜、禽畜、水产、水果四大鲜活农副产品商品生产基地。全区农业发展已具有一定的规模。至1996年，年出栏达10万只以上的鸡场有18个，全年活鸡饲养量1326万只，"垄断"了香港三分一鸡市场；万头工业化猪场3个，生猪饲养量20.45万头；水产养殖面积达10169亩，水产品总产量达5493吨；蔬菜种植面积达6.3万亩，总产量7.03万吨；目前水果总面积达5.72万亩，总产量1.03万吨。1996年农业总产值(现价)达9.4亿元，比上年增长6.1%。

三、商贸旅游初成气候

建区以来，随着经济的发展，龙岗市场日益繁荣，商业网络体系已具规模。全区现有内资工商企业4006家，个体工商户34561家，从业人员66467人，注册资金23866万元。建有综合市场68家。1996年全区社会消费品零售总额23.6亿元，比建区前增长177.9%。龙岗区旅游资源丰富，开发前景诱人。目前已建成营业的大型旅游景点有龙园、植物园、歌兰保龄球俱乐部和泰宝度假村等。全区1996年全年接待过夜旅游者人数33万人,其中国际旅游者10.7万人,分别比上年增长23.1%和32.7%。

四、财政金融形势良好

建区以来,随着国民经济的持续快速增长,龙岗区财政收入稳步增长。1996年全年预算内财政收入达66769万元,比上年增长21.9%。全区金融形势良好。金融市场体系已初步形成多层次、多渠道、多功能、开放型的格局。全区共有银行支行15家,各银行分支机构62家,信用联社2家,中心信用社10家,保险公司6家,办事处11家,股票证券交易网点2家。全区1996年金融机构存款余额达130.5亿元。

五、社会各项事业协调发展

建区四年来,龙岗区教育事业发展很快,全区幼儿、小学、中学和成人教育体系比较健全,教育综合实力居全省先进水平。全区现有中专2所、普通中学14所、小学36所、幼儿园85所,在校学生4.75万人,专任教师2203人。卫生事业也取得较大的发展,初步形成了区、镇、村三级医疗保健网,全区医疗机构16间,其中医院13间,有5间医院被省、市评为二级甲等医院。1996年全区医院病床达1003张,比建区前增长82.4%。专业卫生技术人员1755人。文化体育事业不断发展,已建有区、镇、村三级文化网络,镇镇有文化站、村村有文化室。全区现有文化综合大楼8座,有线电视台(站)11座,影剧院35间 图书馆39间,文化公园3个,卡拉OK歌舞厅258家,体育活动场491个。人民生活水平和质量日益提高。1996年,农村经济人平年纯收入12758元,人均分配4703元,分别比上年增长12.2%和23.8%,区属单位职工月平均货币工资1150元。至1996年底,龙岗区城乡居民储蓄余额达65.2亿元。

六、城市基础设施日益完善

建区以来,龙岗区大刀阔斧推进城市基础设施建设。四年来累计完成固定资产投资110亿元,其中用于路、水、电、通讯等基础设施重点项目建设39.1亿元。投资环境和生活环境不断改善。一是高速公路四通八达,交通运输形成网络。已形成以深惠、深汕、机荷、盐田疏港等四条高速公路为骨架的公路网络,第二通道和东部沿海 干线也正在施工和即将动工。华南最大编组站、大京九铁路的最后配套工程——平湖站也将于1997年6月30日前竣工投入使用。二是水电充足,通讯设施配套发展。投资1.16亿元兴建龙口水库和投资1.5亿元设计日产30万吨、首期建成11万吨的自来水厂相继完工并投入使用。通讯设施四年累计投资达5亿元,电话装机总量达23.3万门。三是工业区滚动开发招商引资势头强劲。坂雪岗工业区、宝龙工业区、中心城工业区吸引了大批外资和特区内外迁企业落户。1996年龙岗区吸引投资达30亿元,成为深圳市的投资热点。

龙岗区建区四年来艰苦有效的工作及所取得的成就为龙岗未来的大发展奠定了良好的基础,也为龙岗未来发展战略的制定与实施提供了前提和条件。

确定龙岗未来的发展战略要从整体区域经济的大格局中,立足龙岗的比较优势来进行定性、定量和定位。

定性:主要体现在产业的水平分工方面。龙岗区将成为深圳发展大规模新产业的经济生长点。龙岗区可供开发的面积达300多平方公里,这是全市各区中绝无仅有的。深圳市大工业区在龙岗区设立必将使许多大工业项目落驻龙岗,大工业无疑是龙岗的大产业。同时龙岗也是深圳农业用地面积最多的地区,理所当然地成为深圳发展现代农业的重要基地。龙岗区紧靠国际中转港盐田港,紧靠大鹏湾、大亚湾,境内有深惠、深汕、惠盐、机荷等多条高速公路、一级公路穿过,此外尚有广深、京九、平南、平盐多条铁路在平湖交汇。因此,龙岗必将发展成为提供大流通服务的仓储运输和货物集散中心。龙岗东部海滨优美,环境清新,旅游资源极为丰富,是深圳发展大旅游事业不可多得的"风水宝地"。

定量:主要体现在经济发展的量化指标上。2000年龙岗区的国内生产总值和工业总产值分别要达到162亿元和250亿元,两指标分别为全市总量的六分之一和五分之一;2010年两项指标则要达到1200亿元和1080亿元,在全市经济总量的比重将提高到四分之一和三分之一。

定位:主要体现在区位功能和经济地位方面。龙岗区近关(二线海关)靠港临湾,毗邻港澳,其优越的区位功能和突出的地缘优势为资源优势提供了重要的启动条件,在区域经济互接互补的大背景下,这种优势更加明显。因此,在深圳赶超亚洲"四小龙"的发展战略中,龙岗的地位是不可替代、不可缺少的。龙岗将成为深圳"双港"起飞的有力一翼,成为深圳现代化多功能的国际性城市的重要组成部分。

综上所述,龙岗区未来的发展战略可归纳为:充分利用良好的自然环境,独特的地理位置和丰富的土地资源三大优势,以国际中转港——盐田港为依托,发展先进的工业、旅游业、创汇农业和第三产业,力争把龙岗建设成为深圳市两大基地、两个中心、一个新城,即大工业基地和重要的农业基地,深圳东部的流通中心和海滨旅游中心,建设成为现代化国际性大都市的新型的卫星城。

(作者系中共深圳市龙岗区委书记)

1996年龙岗区国民经济和社会发展情况

1996年是"九五"计划的第一年,龙岗区按照"创优势、抓管理、保稳定、促发展"的工作思路,团结奋斗,克服困难,全区国民经济和社会发展状况良好。国民经济持续适度增长,财政增收,金融形势良好,经济结构进一步调整,社会事业全面发展,人民生活继续改善。1996年,全区国内生产总值达91.31亿元(当年价),比上年增长24.3%。其中第一产业增加值为5.13亿元,增长5.9%;第二产业增加值为53.07亿元,增长25.2%;第三产业为33.10亿元,增长24.4%。三次产业比例为5.6:58.1:36.3。人均国内生产总值10175元,比上年增长20.4%。存在的困难和问题主要是:区属国有企业经济效益仍未明显改善,自营工业发展艰难,利用外资、外贸出口形势不容乐观,社会环境综合治理的任务还相当繁重等。

一、农　业

对农业投入不断增加,农业科技水平不断提高,农业基础设施不断完善,种植业、畜牧业和水产业稳步发展。全年共实现农业总产值3.24亿元(1990年不变价),比上年增长6.1%;农村三级经济总收入42.1亿元,比上年增长13.1%。

种植业播种面积增加。全年播种面积7.7万亩,比上年增长10.4%。其中,粮食播种面积8253亩,粮食产量2746吨,分别比上年增长21.1%和43.8%;蔬菜种植面积6.3万亩,产量7.03万吨,分别比上年增长7.8%和4.2%。水果种植面积5.7万亩,比上年增长7.4%,水果产量1.03万吨,比上年减少16.1%。

全年生猪饲养量20.45万头,比上年增长20.1%;活鸡饲养量1325.5万只,比上年减少16.3%。

水产品养殖面积1万亩,其中淡水养殖面积3776亩,海水养殖面积6394亩。水产品总产量5493吨,比上年增长4.1%,其中淡水产量1749吨,海水产量3744吨,分别增长0.5%和5.9%。

二、工　业

工业生产持续稳定发展,全区自营内联、"三资"、"三来一补"工业共同发展,大工业体系和外向型工业格局已初步形成。1996年,全区共实现工业总产值(1990年不变价)109.25亿元,比上年增长26.2%。其中:国有企业发展相对缓慢,完成产值8.05亿元,仅增长4.4%;集体企业完成产值21.99亿元,增长23%;其他经济完成产值79.22亿元,比上年增长29.9%。完成出口产品产值73亿元,比上年增长46%。

行业结构有所调整,轻工业增长快于重工业增长。全年共完成轻工业产值86.2亿元,增长29.2%,完成重工业产值23.05亿元,增长16%。

产品结构有所调整,产销衔接良好。

工业经济效益有所提高。工业产品销售率达97.9%,比上年增加0.4个百分点。独立核算工业企业全员劳动生产率19479元/人,比上年增长59.6%。

三、固定资产投资

固定资产投资规模得到适当控制，投资结构逐步优化，重点建设项目进展顺利。全年完成固定资产投资28.50亿元，比上年增长0.7%。其中：国有单位投资11.17亿元，比上年增长9.2%；城镇和农村集体单位投资13.27亿元，比上年增长0.2%；城镇和农村私人投资4.06亿元，比上年减少16%。

为民办实事的11项重点项目进展顺利。“同富裕工程”的30个项目已经竣工。

全年施工项目308个，其中新开工项目221个，全部建成投产项目202个。城乡私人建房1557户。全社会新增固定资产20亿元。

四、商业、市场物价和旅游

随着人民收入的提高和房地产、证券市场的复苏，消费需求有所增长，市场购销两旺。全年社会消费品零售总额23.62亿元，比上年增长15.6%。其中：国有企业零售额2.43亿元，比上年增长30%；集体经济企业1.69亿元，比上年增长23%；私人、个体和其他经济零售额19.5亿元，占全区总额的86.2%，比上年增长13.5%。批发零售贸易企业全年商品购进额11.64亿元，增长5.7%，销售额13.64亿元，增长6%。商业企业经济效益有待提高，全年共实现利润总额1787万元，比上年减少38.5%。

市场物价相对稳定。全年居民消费价格总指数为105.8%，商品零售价格总指数为103.8%，均低于深圳市平均水平。

旅游事业稳步发展。歌兰保龄球俱乐部、龙园、泰宝度假村等项目运转正常，龙岗植物园等项目正抓紧完成配套设施。全年各宾馆、酒店接待过夜旅游者33万人，比上年增长23.1%，其中国际旅游者10.7万人，增长32.7%。实有客房2062间，全年开房率为44%。

五、财政和金融

全区财税部门强化税务管理，加大征管力度，财政收入稳步增长。全年实现预算内地方财政收入6.68亿元，比上年增长21.8%，其中：工商税收5.52亿元，增长22.9%，农业税收1327万元，比上年增长264.6%。预算内地方财政支出7.64亿元，比上年增长17.7%，其中：基本建设支出7055万元，支援农村生产支出2054万元，行政管理费1亿元，分别增长24.5%、45.3%和42.8%。

金融形势良好。在国家金融适度从紧政策指导下，信贷总量增加，结构相应调整。全区金融机构各项存款余额达130.5亿元，贷款余额74.5亿元，分别比上年增加26.3%和28.2%。存差56亿元，比上年底增加11亿元，增长23.9%。银行现金总收入266亿元，现金总支出243亿元，净回笼22.9亿元，比上年增长30.3%。

六、对外经济

针对国家调整利用外资政策，龙岗区不断改善投资环境，提出了招商引资新思路，并提出九项优惠政策，使对外经济保持稳步发展。全年实际利用外资33965万美元，比上年增长9.3%。“三来一补”投产宗数3421宗，比上年增加121宗，实收工缴费2.3亿美元。

国有外贸企业进出口形势不容乐观。全区七家外贸企业全年进出口总额5257万美元，比上年减少22.5%。其中：进口1084万美元，比上年增长12.8%；出口4173万美元，比上年减少28.4%。贸易顺差额比上年减少17[illegible]万美元。

七、运输和邮电业

交通运输业发展迅猛，客货运能力增强。全社会营运车辆9897辆，比上年增加1480辆。全社会货运总量806.5万吨，比上年增长90.8%，货物周转量72585万吨公里，增长2倍多;全社会客运总量518.4万人,增长39.8%,旅客周转量46656万人公里,增长151.7%。

邮电业发展迅速。全年邮电业务总量5.99亿元,比上年增长15.8%。大多数分类业务量都有所增长。其中:住宅电话用户8.2万户,比上年增长24.4%;邮政储蓄年末余额1.7亿元,比上年增长70.7%;交换机装机总容量23.28万门,比上年增长3.7%;邮电局、所97处,比上年增加7处。

八、文化、教育和卫生

文化事业蓬勃发展,镇、村文化设施比较健全,人民群众文化生活日益丰富。全区共有文化综合大楼8座,有线电视台(站)11个,影剧院35间,图书阅览室39间,体育活动场491个。举办了多项有影响的文化、体育活动,如全国桥牌赛、全国保龄球赛、全国藏书票展等。1996年,龙岗区还被评为广东省全民健身活动先进单位。

对教育的经费投入继续增加,改善了教学条件,加强了教师队伍建设,进一步提高了教学质量。全区共有各类学校92所;在校学生47513人,比上年增长6.3%,其中小学生34631人,普通中学和中专学生12882人;专任教师2203人,比上年增长9%。中考、高考升学率也比往年有所提高,高考上大专线以上的人数102人。

医疗卫生条件进一步改善,医疗水平进一步提高。妇幼保健、慢性病防治和卫生防疫等工作也取得了新的进步。全区共有各类医院16间,其中二级甲等医院五间;医院床位1003张,专业卫生工作人员1755人,比上年增长14.6%。

九、市政设施和环境

随着城市化进程的加快,全区市政基础设施渐趋完善。尤其是中心城,通邮、通电、通水、通气、排水状况良好,已渐成城区规模。全区供电量37804万度,比上年增长8.5%。自来水日供应量23.1万吨,全年供水量8860万吨。全区道路长度254.68公里,比上年增长19.9%。排水管道371.95公里,比上年增长48%。

全区大气环境质量良好。全区10个镇的饮用水源水质符合要求,海域水质大部分符合国家一级标准。大力开展植树造林绿化活动,全年农村基地林更新、荒山造林和低产林改造1512公顷,建成区植树45618株,植草74700平方米。全区主要污染企业工业固体废弃物综合治理利用率达100%。

十、人口和人民生活

1996年末,全区总人口89.7万人,比上年增长1.3%,其中户籍人口16.5万人,暂住人口73.2万人,分别比上年增长2.9%和1%。在计划生育工作方面,户籍人口出生率为15.29‰,自然增长率为11.56‰,计划生育率为93.4%。

农村收入持续增长。1996年全区农村经济总收入42.07亿元,比上年增长13.1%。其中:镇级收入19.65亿元,村级收入22.43亿元,分别比上年增长13.5%和12.6%。农民个人收入也继续增长。农民人均纯收入12758元,比上年增长12.2%,农民人均所得4703元,比上年增长23.8%。

职工工资有较快增长。1996年,职工工资总额31.07亿元,人均月工资667.9元,分别比上年增长10%和25%。其中,区属企业人均月工资1150.9元,镇村企业人均月工资610.4元,分别比上年增长31.4%和22.1%。

随着居民收入的增加,储蓄额也持续增长。1996年末,全区各银行、信用社居民储蓄余额65.22亿元,比上年增长28.8%。

区　属　主　要

指　　标	单　位	1995		
		福田区	罗湖区	南山区
一、年末常住人口数	万人	55.90	58.63	36.66
#户籍人口	万人	21.54	28.50	9.92
暂住人口	万人	34.36	30.12	26.73
二、国内生产总值	万元	124 450	298 000	310 061
三、基本建设投资	万元	61 209	105 279	99 686
四、房地产开发投资	万元	47 205	14 667	
五、预算内财政收支				
预算内财政收入	万元	60 044	62 279	76 360
预算内财政支出	万元	65 496	72 927	78 900
六、年末职工人数	人	37 626	104 780	65 761
#国有经济单位	人	13 949	30 735	12 08[illegible]
城镇集体经济单位	人	12 078	32 007	22 671
七、职工工资总额	万元	39 995	106 564	69 5[illegible]
#国有经济单位	万元	20 307	38 463	17 947
城镇集体经济单位	万元	9 422	25 127	20 389
八、农　业				
1.农业增加值	万元	490	1 560	6 523
2.农业总产值(当年价)	万元	790	3 012	1[illegible] 521
3.农业总产值(1990年不变价)	万元	236	1 338	3 902
4.主要农产品产量				
粮　食	吨			
花　生	吨			
蔬　菜	吨		3 403	9 570
水　果	吨		379	1 619
水产品	吨	500	144	4 432
生猪饲养量	头		10 020	37 830
鸡饲养量	万只		3	98

注:本表资料由各区统计局提供,

经　济　指　标

年		1　9　9　6　年				
宝安区	龙岗区	福田区	罗湖区	南山区	宝安区	龙岗区
111.15	82.79	60.27	61.88	38.15	111.56	86.62
23.14	16.06	23.20	29.52	10.56	23.58	16.52
88.01	66.73	37.07	32.36	27.59	87.98	70.10
1 010 780	714 000	148 010	335 000	370 000	1 204 668	913 055
204 822	283 017	75 172	115 587	110 900	215 940	284 982
	66 250	21 732	31 566	17 106		
71 149	54 798	69 395	78 793	89 800	91 804	66 769
81 974	64 915	82 062	93 980	97 200	102 644	76 379
71 063	40 757	36 228	102 368	65 172	69 248	42 493
35 299	32 348	13 283	33 458	12 435	37 241	32 345
12 049	1 279	12 058	31 452	18 157	6 470	1 423
75 014	42 226	48 431	123 253	78 992	87 138	56 904
46 476	34 547	28 598	51 476	23 678	56 514	46 174
7 844	1 556	9 605	27 464	16 281	4 545	1 874
72 417	48 583	1 003	1 691	6 941	83 970	51 315
131 700	83 661	1 758	3 253	12 484	138 694	90 094
49 508	30 511	1 004	1 300	6 989	52 066	32 371
2 977	1 910				3 842	2 746
94	515					622
65 246	67423	2 370	3 960	9 500	69 249	70 288
26 694	12 221	243	258	1 760	24 438	10 252
21 356	5 277	450	153	5 722	21 863	5 493
424 852	170 355	10 160	20 250	37 156	461 910	204 549
1 596	1 585	9 000	2	95	1 455	1 326

人二数为市统计信息局手报数。

续表

指　　标	单　位	1995		
		福田区	罗湖区	南山区
九、工　　业				
1.工业增加值	万元	44 816	114 000	178 956
2.工业总产值(当年价)	万元	184 333	732 000	600 203
#村及村以下办工业	万元			
3.工业总产值(1990年不变价)	万元	158 623	633 000	497 960
#村及村以下办工业	万元			
4.主要工业产品产量				
发电量	万千瓦小时	20 802	44 975	73 270
电话机	万部	129	685	328
收录机	万台	161	144	112
服　装	万件	746	6 127	1 754
化学纤维	吨			
塑料制品	吨	2 539	3 647	25 037
饲　料	吨			
十、商　　业				
1.社会消费品零售总额	万元	29 000	165 000	171 097
2.商业企业商品购进总额	万元	77 689	70 784	124 951
3.商业企业商品销售总额	万元	80 498	79 913	135 596
4.商业企业商品年末库存总额	万元	7 258	8 213	9 244
5.商业企业利润总额	万元	443	2 361	3 99[illegible]
十一、外贸出口总额	万美元	9 600	1 793	2 06[illegible]
外贸进口总额	万美元	7 169	237	10 59[illegible]
十二、利用外资				
1.签订协议(合同)项目	项	7	100	[illegible]
2.协议利用外资额	万美元	1 217	10 298	3 2[illegible]
3.实际利用外资额	万美元	1 000	8 500	3 9[illegible]

注:本表资料由[illegible]区

年		1　9　9　6　年				
宝安区	龙岗区	福田区	罗湖区	南山区	宝安区	龙岗区
513 918	163 530	57 620	127 000	242 201	609 678	459 758
1 947 627	1 109 370	203 691	869 834	740 153	2 648 893	1 344 565
1 138 940	563 764				1 628 429	740 062
1 323 640	865 796	178 757	827 319	639 803	1 660 720	1 092 548
854 365	451 011				1 020 661	598 587
43 679	36 590	20 468	23 894	85 889	49 208	42 150
406	1 115	156	550	237	380	583
1 145	971	201	44	276	1 602	1 954
3 134	1 341 343	684	6 635	950	6 270	14 130
3 797	29 679				3 652	
72 295	256 803	6 391	3 038	13 190	170 000	209 949
110 605	154 600				124 505	162 511
293 219	204 306	34 922	181 000	196 242	334 323	236 197
171 294	110 097	68 963	64 277	103 708	158 592	116 403
181 799	128 644	76 869	73 268	111 319	167 806	131 363
8 820	9 463	3 828	4 447	6 758	13 782	8 597
969	2 906	409	365	3 767	1 377	1 787
100 000	5 825	13 000	930	534	1 800	4 173
	961	10 000	99	8 222	1 615	1 084
39	232	12	90	35	144	134
7 424		331	6 283	7 102	12 951	
38 019	31 070	1 217	8 800	2 449	40 858	33 965

计统局提供。

主要统计指标解释

综　　合

【国内生产总值】是按市场价格计算的国内生产总值的简称。它是一个国家(地区)所有常住单位在一定时期内生产活动的最终成果。国内生产总值有三种表现形态，即价值形态、收入形态和产品形态。从价值形态看，它是所有常住单位在一定时期内所生产的全部货物和服务价值超过同期投入的全部非固定资产货物和服务价值的差额，即所有常住单位的增加值之和；从收入形态看，它是所有常住单位在一定时期内所创造并分配给常住单位和非常住单位的初次分配收入之和；从产品形态看，它是最终使用的货物和服务减去进口货物和服务。在实际核算中，国内生产总值的三种表现形态表现为三种计算方法，即生产法、收入法和支出法。三种方法分别从不同的方面反映国内生产总值及其构成。

【当年价格】指报告期的实际价格，如工厂的出厂价格，农产品的收购价格，商业的零售价格等。使用当年价格计算的数字，是为了使国民经济各项指标互相衔接，便于考察当年社会经济效益，便于对生产和流通、生产和分配、生产和消费进行经济核算和综合平衡。

按当年价格计算的价值指标，在不同年份之间进行对比时，因为包含有各年间价格变动的因素，不能确切地反映实物量的增减变动。必须消除价格变动因素后，才能真实反映经济发展动态。因此，在计算增长速度时都使用按可比价格计算的数字。

【可比价格】指在进行不同时期的价值指标对比时，扣除了价格变动的因素，以确切反映物量的变化。按可比价格计算有两种方法：一种是直接用产品产量乘某一年的不变价格计算；另一种是用价格指数换算。

【不变价格】指用同类产品的年平均价格作为固定价格来计算各年产品价值。按不变价格计算的产品价值消除了价格变动因素，不同时期对比可以反映生产的发展速度。新中国成立后，随着工农业产品价格水平的变化，国家统计局先后五次制定了全国统一的工业产品不变价格和农业产品不变价格，从1949年到1957年使用1952年工(农)业产品不变价格，从1957年到1971年使用1957年不变价格，从1971年到1981年使用1970年不变价格，从1981年到1990年使用1980年不变价格，从1990年开始使用1990年不变价格。

【定基指数】指以某一固定时期为基期所编制的各期指数。它反映某种社会经济现象在较长时期内的变动程度和趋势。定基指数等于环比积数的连乘积。

【环比指数】指各时期都以前一时期为基期所编制的指数。它反映某种社会经济现象逐期的变动程度。

【平均每年增长速度】我国计算平均增长速长有两种方法，一种是习惯上经常使用的“水平法”，又称几何平均法，是以间隔期最后一年的水平同基期水平对比来计算平均每年增长(或下降)速度。另一种是“累计法”，又称代数平均法或方程法,是以间隔期为各年水平的总和同基期水平对比来计算平均每年增长(或下降)速度。

在一般正常情况下,两种方法计算的平均每年增长速度比较接近,但在经济发展不平衡,出现大起大落时,两种方法计算的结果差别较大。

本《年鉴》内所列特区各时期的平均增长速度以该时期之前一年为基期计算,如"八五"时期的平均增速以1990年为基期计算。

【国有经济单位】 指生产资料归国家所有的各种企业、事业单位,以及各级国家机关、人民团体等单位。

【集体经济单位】 指生产资料归公民集体所有的各种企业、事业单位。包括农村各种经济组织经营的农、林、牧、副、渔业,乡、村经营的企业、事业单位;城市、县、镇以及街道举办的集体经济性质的企业、事业单位。

【私营经济单位】 指生产资料归公民私人所有的单位。包括私营独资企业、私营合伙企业和私营有限责任公司。

【联营经济单位】 指不同所有制性质的企业之间或者企业、事业单位之间共同投资组成新的经济实体。包括紧密型联营企业,半紧密型联营企业和松散型联营企业。

【股份制经济单位】 指全部注册资本由全体股东共同出资,并以股份形式投资举办企业。主要包括股份有限公司和有限责任公司。

【外商投资经济单位】 指外国投资者根据中华人民共和国有关涉外经济的法律、法规,以合资、合作或独资的形式在中国大陆境内开办企业。包括中外合资经营企业、中外合作经营企业和外商独资企业。

【港、澳、台投资经济单位】 指港、澳、台地区投资者参照中华人民共和国有关涉外经济的法律、法规,以合资、合作或独资的形式在大陆举办企业,包括合资经营企业、合作经营企业和独资企业。

【三次产业】 根据社会生产活动历史发展的顺序对产业结构的划分,产品直接取自自然界的部门称为第一产业,对初级产品进行再加工的部门称为第二产业,为生产和消费提供各种服务的部门称为第三产业。它是世界上通用的产业结构分类,但各国的划分不尽一致。我国的三次产业划分是:

第一产业:农业(包括种植业、林业、牧业和渔业)。

第二产业:工业(包括采掘业,制造业,电力、煤气及水的生产和供应业)和建筑业。

第三产业:除第一、第二产业以外的其他各业。由于第三产业包括的行业多、范围广,根据我国的实际情况,第三产业可分为两大部门:一是流通部门,二是服务部门。具体又可分为四个层次。

第一层次:流通部门,包括交通运输、仓储及邮电通信业,批发和零售贸易、餐饮业。

第二层次:为生产和生活服务的部门,包括金融、保险业,房地产业,地质勘查业、水利管理业,社会服务业,综合技术服务业。

第三层次:为提高科学文化水平和居民素质服务的部门,包括教育、文化艺术及广播电影电视业,科学研究,卫生、体育和社会福利业等。

第四层次:为社会公共需要服务的部门,包括国家机关、政党机关、社会团体以及军队和警察等。

人　口

【出生率(又称粗出生率)】 指在一定时期内(通常为一年)平均每千人所出生的人数的比率,一般用千分率表示。计算公式:

$$出生率=\frac{年出生人数}{年平均人数}\times 1000‰$$

出生人数是指活产婴儿,即胎儿脱离母体时(不管怀孕月数),有过呼吸或其他生命现象。

年平均人数是年初、年底人口数的平均数,

也可用年中人口数代替。

【死亡率(又称粗死亡率)】指在一定时期内(通常为一年)一定地区的死亡人数与同期平均人数(或期中人数)之比,一般用千分率表示。计算公式:

$$\text{死亡率}=\frac{\text{年死亡人数}}{\text{年平均人数}}\times 1000‰$$

【人口自然增长率】指在一定时期内(通常为一年)人口自然增加数(出生人数减死亡人数)与该时期内平均人数(或期中人数)之比,一般用千分率表示。计算公式:

$$\text{人口自然增长率}=\frac{\text{本年出生人数}-\text{本年死亡人数}}{\text{年平均人数}}\times 1000‰$$

$$\text{人口自然增长率}=\text{人口出生率}-\text{人口死亡率}$$

劳　动　力

【社会劳动者】是指从事一定社会劳动,并取得劳动报酬或经营收入的全部劳动者。包括国有经济单位、城镇集体经济单位(含自负盈亏的合作社)、其他各种经济单位的全部职工,以及城镇个体劳动者、农村集体和个体劳动者(扣除外出临时工、合同工的农村劳动者,这部分劳动者已统计在国有和城镇集体经济单位的职工人数中)和其他劳动者,不包括失业人员、在学人员和家务劳动者。

工　　业

【工业总产值】是以货币表现的工业企业在一定时期内生产的已出售或可供出售的工业产品总量,它反映一定时间内工业生产的总规模和总水平。它包括:在本企业内不再进行加工,经检验、包装入库(规定了不需包装的产品除外)的成品价值,工业性作业价值,自制半成品、在产品期初期末差额价值(生产周期较长的企业计算)。工业总产值采用"工厂法"计算,即以工业企业作为一个整体,按企业工业生产活动的最终成果来计算,企业内部不允许重复计算,不能把企业内部各个车间(分厂)生产的成果相加。但在企业之间、行业之间、地区之间存在着重复计算。

轻重工业总产值的划分也是按"工厂法"计算的,即一个工业企业在正常情况下生产的主要产品的性质属于轻工业,则该企业的全部总产值作为轻工业总产值;一个工业企业生产的主要产品的性质属于重工业,则该企业的全部总产值作为重工业总产值。

【工业销售产值】是以货币表现的工业企业在一定时期内销售的本企业生产的工业产品总产量。包括已销售的成品、半成品价值,对外提供的工业性作业价值和对本企业基本建设部门、生活福利部门等提供的产品和工业性作业及自制设备的价值。

工业销售产值的计算范围、计算价格和计算方法与工业总产值一致,但两者计算的基础不同:工业销售产值计算的基础是产品销售总量,工业总产值计算的基础是工业产品生产总量。

【轻工业】指主要提供生活消费品和制作手工工具的工业。按其所使用的原料不同,可分为两类:(1)以农产品为原料的轻工业,是指直接或间接以农产品为基本原料的轻工业。主要包括食品制造、饮料制造、烟草加工、纺织、缝纫、皮革和毛皮制作、造纸以及印刷等工业;(2)以非农产品为原料的轻工业,是指以工业品为原料的轻工业。主要包括文教体育用品、化学药品制造、合成纤维制造、日用化学制品、日用玻璃制品、日用金属制品、手工工具制造、医疗器械制造、文化和办公用机械制造等工业。

【重工业】是指为国民经济各部门提供物质技术基础的主要生产资料的工业。按其生产性质和产品用途,可以分为下列三类:(1)采掘(伐)工业,是指对自然资源的开采,包括石油开采、煤炭开采、金属矿开采、非金属矿开采和木材采伐等工业;⑵原材料工业,指向国民经济各部门提供基本材料、动力和燃料的工业。包括金唆冶炼及加工、炼焦及焦炭化学、化工原料、水泥、人造板以及电力、石油和煤炭加工等工业;⑶加工工业,是指对工业原材料进行再加工制造的工业。包括装备国民经济各部门的机械设备制造工业、金属结构、水泥制品等工业,以及为农业提供的生产资料如化肥、农药等工业。根据上述划分原则,修理业中以重工业产品为修理作业对象的划为重工业,反之划为轻工业。

【工业增加值】指工业企业在报告期内以货币表现的工业生产活动的最终成果。工业增加值有两种计算方法:一是生产法,即工业总产出减去工业中间投入;二是收入法,即从收入的角度出发,根据生产要素在生产过程中应得到的收入份额计算,具体构成项目有固定资产折旧、劳动者报酬、生产税净额、营业盈余,这种方法也称要素分配法。

【企业资本金】资本金是指企业在工商行政管理部门登记的注册资金。企业筹集的资本金主要分为国家资本金、法人资本金、个人资本金以及外商资本金等。

⑴国家资本金:指有权代表国家投资的政府部门或者机构以国有资产投入企业形成的资本金。

⑵法人资本金:指其他法人单位以其依法可以支配的资产投入企业形成的资本金。

⑶个人资本金:指社会个人或者企业内部职工以个人合法财产投入企业形成的资本金。

⑷外商资本金:指外国投资者以及我国香港、澳门和台湾地区投资者投入企业形成的资本金。

【固定资产原价】固定资产原价指企业在建造、购置、安装、改建、扩建、技术改造某项固定资产时所支出的全部货币总额。它一般包括买价、包装费、运杂费和安装费等。

【固定资产净值期末数】指固定资产原价减去历年已提折旧后的净额。

【流动资产】流动资产是指可以在一年内或者超过一年的一个营业周期内变现或者耗用的资产,包括现金及各种存款、短期投资、应收及预付货款、存货等。流动资产的一个重要特点是它在参加生产经营时,其价值一次转移到产品成本或费用中去。

【管理费用】指企业行政管理部门为组织和管理生产经营活动而发生的各项费用。包括工资和福利费、折旧、工会经费、业务招待费、房产税、车船使用税、土地使用税、印花税、技术转让费、无形资产摊销、职工教育经费、劳动保险费、待业保险费、研究开发费、坏帐损失以及其他管理费用。

【工业经济效益综合指数】工业经济效益综合指数是综合衡量工业经济效益各方面在数量上总体水平的一种特殊相对数,是反映工业经济运行质量的指标。工业经济效益综合指数根据反映经济效益各个侧面的若干单项指标经过综合计算得到,它是以各项工业经济效益指标实际数值分别除以该项指标的全国标准值并乘以各自的权数,加总后除以总权数求得。

工业经济效益综合指数可以根据不同时期的数据计算不同时期的综合指数,因而可以从静态水平和动态趋势上较为全面地反映工业企业经济效益的变化,并可在一定程度上消除地区、行业以及企业之间的产业结构、产品结构和地区差异上的不可比因素,通过对总指数的分解,可以分析每个单项指标变化对总指数的影响,从而了解、研究制约工业经济效益提高的原因,以便采取针对性措施加以改进。

工业经济效益综合指数计算公式:

$$\text{工业经济效益综合指数}=\frac{\sum\left(\frac{\text{某项经济效益指标报告期数值}}{\text{该项指标基期全国标准值}}\times\text{该指数权数}\right)}{\text{总权数}}$$

权数反映各项工业经济效益指标在综合经济效益中的重要程度,是根据我国近期工业经济运行中的问题及特点,结合各方意见,由专家调查法确定的。

标准值是作为衡量经济效益水平及变动的

尺度，其确定可选择经济发展比较正常，与现实水平比较接近的年度实际数值，最好是几年数据的平均值，这样可以消除偶然因素影响。如1992年建立的工业经济效益评价指标体系中，标准值是根据所选定的六项经济效益指标在全国“七五”时期各年度数据加权平均计算确定的。

【工业产品销售率】是指报告期工业销售产值与同期全部工业总产值之比，是反映工业产品生产已实现销售的程度，分析工业产销衔接情况，研究工业产品满足社会需求程度的重要分析指标，计算公式为：

$$工业产品销售率(\%)=\frac{报告期现价工业销售产值}{报告期现价工业总产值}\times100\%$$

【工业资金利税率】指报告期已实现的利润、税金总额与同期的资产(流动资产和固定资产净值)之比，是反映工业企业资金运用的经济效益，分析资金投入效果的主要分析指标，计算公式为：

$$资金利税率(\%)=\frac{报告期累计实现利税总额}{报告期流动资产平均余额+报告期固定资产净值平均余额}\times100\%$$

【工业增加值率】指报告期工业增加值占工业总产值的比重，是反映工业生产降低中间消耗的经济效益指标。计算公式为：

$$工业增加值率(\%)=\frac{报告期现价工业增加值}{报告期现价工业总产值}\times100\%$$

【工业成本费用利润率】指报告期实现利润与成本费用之比，是反映工业生产成本及费用投入的经济效益指标，同时也是反映企业降低成本的经济效益的指标。计算公式为：

$$工业成本费用利润率(\%)=\frac{报告期实现利润总额}{报告期成本费用总额}\times100\%$$

【工业全员劳动生产率】指报告期工业企业平均每个职工创造的工业增加值，是反映工业活动投入的经济效益指标。计算公式为：

$$工业全员劳动生产率(元/人)=\frac{报告期累计工业增加值}{报告期全部职工平均人数}\times100\%$$

【流动资产周转率】指一定时期内流动资产完成的周转次数，是反映工业企业投入流动资产的周转速度的指标。计算公式为：

$$流动资产周转率(次)=\frac{报告期累计产品销售收入}{报告期流动资产平均余额}$$

运输邮电业

【货(客)运量】指在一定时期内，各运输部门实际运送的货物(旅客)数量。是反映运输业为国民经济和人民生活服务的数量指标，也是制定和检查运输生产计划，研究运输发展规模和速度的重要指标。货运按吨计算，客运按人计算。货物不论运输距离长短，货物类别，均按实际重量统计；旅客不论行程远近或票价多少，均按一人一次作为客运量统计。半价票、小孩票也按一人统计。

【货物(旅客)周转量】指在一定时期内，由各种运输工具运送的货物(旅客)数量与其相应运输距离的乘积之总和，是反映运输业生产总成果的重要指标，也是编制和检查运输生产计划、计算运输效率、劳动生产率以及核算运输单位成本的主要基础资料。通常以吨公里和人公里为计算单位。计算货物周转量通常按发出站至到达站之间的最短距离，也就是计费距离计算。

【沿海主要港口货物吞吐量】指由水运进出沿海主要港区范围，并经过装卸的货物数量，包括邮件及办理托运手续的行李、包裹以及补给运输船舶的燃、物料和淡水。其计量单位为吨。货物吞吐量的货种分类及其主要流向流量，反映了港口在国内外物资交流和对外贸易运输中的地位和作用。吞吐量可以分为进口、出口，又可以分为国内贸易、对外贸易。

【邮电业务总量】指以货币表现的邮电部门用

于传递信息和提供其他邮电服务的总数量。它综合反映了一定时期邮电工作的总成果,是研究邮电业务量构成和发展趋势的重要指标。根据邮电管理体制不同,分为中央国营业务总量和地方国营业务总量。它用各种邮电分类业务量,如函件件数、电报份数、长话张数、市内电话和农村电话的年均户数、订销报刊累计份数等,分别乘以相应的平均单价(不变价),加总后再加上出租电路和设备的收入、代用户维护电话交换机和线路等设备的收入、其他业务收入求得。

【市话交换机总容量】指市内电话交换机设备的全部容量,包括现用、备用、未使用、损坏停用四部分设备的容量,市内电话局内的查询台、查号台、障碍台、报时台、火警台等特种业务的容量均不包括在内。

农　业

【农村社会总产值】指在一定时期内,农村各物质生产部门生产的以货币表现的全部产品价值总量。根据我国目前的农村经济现状,农村社会总产值包括:乡、村及村以下各级合作经济组织和农户从事农业、工业、建筑业、运输业、商业、饮食业活动所生产的总产值和国营农场生产的农业总产值两部分。凡是在农村的国有工业、建筑业、运输业、商业、饮食业所生产总产值不包括在内。国营农场及县镇的工业、建筑业、运输业、商业和饮食业的总产值,也不包括在内。农村集体和国营联营的企业产值,凡场址在农村,并以农村集体合作经济组织的劳力、土地或生产用房为主的企业,其产值包括在农村社会总产值中。

【农业总产值】是以货币表现的农、林、牧、渔业全部产品的总量,它反映一定时期内农业生产的总规模和总成果。

农业总产值的计算方法通常是按农林牧渔业产品及副产品的产量分别乘以各自单位产品价格求得,少数生产周期较长,当年没有产品或产品产量不易统计的,则采用间接方法匡算其产值,然后将四业产品产值相加即为农业总产值。

【农村经济总收入】指农村集体经济组织和农民家庭当年经营生产性和服务性活动所得到的可以用于抵偿本年开支,并在国家、集体和农民个人之间进行分配的全部收入。包括农林牧副渔业、农村工业、建筑业、运输业、商业、饮食业、服务业、劳务等各项经营收入和利息、租金等收入。但不包括那些不能用来分配,属于借贷性质或暂行收性质的收入,如贷款收入、预购定金、国家投资、农民投资等。

农村经济总收入和农业总产值是两个不同的概念:第一,两者包括的范围不同,总收入除了包括农林牧副渔五业的收入以外,还包括其他生产性和非生产性事业活动所得到的可以直接支配的全部收入;而农业总产值则不包括后面这些。第二,就农林牧副渔五业而言,总产值要计算当年的全部成果,而总收入只计算当年可用于开支和分配的部分。例如,总产值要计算人造林木的生产量、大小家畜的繁殖、增长和增重的产值,总收入则不包括。第三、计算的价格不同。计算总产值,全部产品都按统一的不变价格或当年价格计算。而计算总收入一般只按当年价格计算(出售部分按实际出售价格计算,自用部分按当地收购的价格计算)。

固定资产投资

【全社会固定资产投资】固定资产投资是社会固定资产再生产的主要手段。通过建设和购置固定资产的活动,国民经济不断采用先进技术装备,建立新兴部门,进一步调整经济结构和生产力的地区分布,增强经济实力,为改善人民物质文化生活创造物质条件。这对我国的社会主义现代化建设具有重要意义。

固定资产投资额是以货币表现的建造和购

置固定资产活动的工作量,它是反映固定资产投资规模、速度、比例关系和使用方向的综合性指标。全社会固定资产投资包括国有经济单位投资、城乡集体经济单位投资、各种经济类型的单位投资和城乡居民个人投资。按照我国现行计划管理体制,国有经济单位固定资产投资总额分为基本建设、更新改造、房地产开发投资和其他固定资产投资四个部分;城乡集体经济单位投资包括城镇集体所有制单位投资和农村集体投资;各种经济类型的单位投资包括联营经济、股份制经济、中外合资经营、中外合作经营、外商独资、与大陆合资经营、与大陆合作经营、港澳台独资及其他经济类型的单位投资。城镇居民个人投资包括城市、县城、镇、工矿区所辖范围内的个人建房和农村个人建房及购买生产性固定资产的投资。

【基本建设投资】基本建设是国有企业、事业单位以扩大生产能力或工程效益为主要目的的新建、扩建工程及有关工作。包括工厂、矿山、铁路、桥梁、港口、农田水利、商店、住宅、学校、医院等工程的建造和机器设备、车辆、船舶、飞机等的购置。

基本建设投资额是以货币表现的基本建设完成的工作量,是反映一定时期内基本建设规模和建设进度的综合性指标。它是根据工程的实际进度按预算价格(预算价格是编制施工图预算时所用的价格)计算的工作量,没有形成工程实体的建筑材料和没有开始安装的设备,都不计算投资完成额。

【房地产开发投资额】又称房地产开发工作量,是指房地产开发公司、商品房建设公司及其他房地产开发单位进行土地开发工程、商品房屋建设工程所完成的投资额。

房地产开发投资是全社会固定资产投资的一个重要的组成部分,在进行年报统计时,应作为固定资产投资完成额统计。

房地产开发投资额是以货币表示的工作量指标,其计算方法同固定资产投资完成额的计算方法一致,采用实物量乘以单价的方法。

由房地产开发公司或其他建设单位开发的统建住宅,视同商品房屋建设纳入房地产开发投资统计。

【更新改造投资】更新改造是指国有企业、事业单位对原有设施进行固定资产更新和技术改造,以及相应配套的工程和有关工作(不包括大修理和维护工程)。更新改造投资是以货币表现的更新改造完成的工作量。根据我国现行统计制度,基本建设和更新改造的划分是:⑴列入基本建设计划的项目作为基本建设投资,列入更新改造计划的项目作为更新改造投资;⑵更新改造计划与基本建设计划结合安排的项目及未列入计划的项目,根据工程性质为别作为基本建设投资或更新改造投资。属于对企业、事业单位原有设施进行技术改造或更新的项目和增建主要生产车间、分厂等,其新增长产能力或效益尚未达到大中型标准的项目,以及由于城市环境保护和安全生产的需要而进行的迁建工程,作为更新改造投资。

【施工和竣工房屋建筑面积】房屋建筑面积是从房屋外墙线算起的各层平面面积的总和,包括房屋结构(如柱、墙)占用的面积和地下室面积。多层建筑按各自然层面积总和计算,包括房屋内的楼隔层,突出墙面的眺望间、门斗、有柱雨罩的面积。不包括突出墙面结构的构件、艺术装饰等所占的面积,如台阶等。凹阳台、挑阳台按其水平投影面积一半计算建筑面积。

【新增固定资产】指通过投资活动所形成的新的固定资产价值。包括已经建成投入生产或交付使用的工程价值和达到固定资产标准的设备、工具、器具的价值及有关应摊入的费用。它是以价值形式表示的固定资产投资成果的综合性指标,可以综合反映不同时期、不同部门、不同地区的固定资产投资成果。

【固定资产交付使用率】指一定时期新增固定资产与同期完成投资额的比率。它是反映各个时期固定资产动用速度,衡量建设过程中投资效果的一个综合性指标。

商　业

【社会消费品零售额】指各种经济类型的批发零售贸易业、餐饮业、制造业和其他行业对城乡居民和社会集团的消费品零售额。这个指标反映通过各种商品流通渠道向居民和社会集团供应的生活消费品,是研究人民生活,社会消费品购买力、货币流通等问题的重要指标。社会消费品零售额包括:⑴ 售给城乡居民作为生活用的商品;⑵售给机关、团体、学校、部队、企业、事业单位的职工食堂和旅店(招持所)附设专门供本店旅客食用,不对外营业的食堂的各种食品、燃料;企业、事业单位和国营农场直接售给本单位职工和职工食堂的自已生产的产品;⑶售给部队干部、战士生活用的粮食、副食品、衣着品、日用品、燃料;⑷售给来华的外国人、华侨、港澳台同胞的消费品;⑸居民自费购买的中、西药品、中药材及医疗用品;⑹报社、出版社直接售给居民和社会集团的报纸、图书、杂志,集邮公司出售的新、旧纪念邮票、首日封、集邮册、集邮工具等;⑺旧货寄售商店自购、自销部分的商品零售额;⑻煤气公司、液化石油气站售给居民和社会集团的煤气灶具和罐装液化石油气;⑼城市建设、房产管理等部门,企业、事业单位售给居民的商品房;⑽农民售给非农业居民和社会集团的商品。不包括售给国民经济各部门企业、事业单位(包括国有经济的农场)生产经营用的各种原材料、燃料、设备、工具等和售给批发零售贸易业、餐饮业作为转卖用的商品,旧货寄售店受托寄售卖出的商品,服务业的营业收入,邮局出售邮票的收入,自来水、电力、煤气生产(供应)单位的产品供应收入,也不包括农民之间的商品销售。

【机构】指各种经济类型独立核算法人批发零售贸易企业、餐饮企业的单位个数。机构应同时具备以下条件:⑴依法成立,有自已的名称、组织机构和场所,能够独立承担民事责任;⑵独立拥有和使用资产,承担负债、有权与其他单位签订合同;⑶独立核算盈亏,并能够编制资产负债表。

【网点】指各种经济类型独立核算法人批发零售贸易企业、餐饮企业设立的从事商品批发贸易、零售贸易业务的自然单位数和从事餐饮活动的自然单位数(批发零售贸易企业本身应作为一个网点计算)。以及各行业附设的从事商品批发贸易、零售贸易业务的自然单位数和从事餐饮活动的自然单位数。网点应具有独立固定的营业场所,配备一定的业务人员,不论机构大小,不论是否单独核算,均按自然点计算,即有一个点就算一个网点。有的单位有几个分支机构(如分站、分销店门市部),则有几个分支机构就算几个网点。大型综合性的商场、商城、商店,一般可按其场(店)的建筑来确定其网点数:一个整体建筑,各售货部门之间相通的,算一个网点;如分割成互不相通的几个部门(门面),就应算几个网点;不包括同一营业场所内各柜组以及派出的流动推销小组、流动售货车等,不论临时性还是经常性的均不作为自然点统计(固定的售货亭应作为网点统计)。

【人员】即从业人员,指从事批发零售贸易业、餐饮业劳动并取得劳动报酬或经营收入的人员。包括职工(包括:长期职工、合同制职工、临时职工)和其他从业人员(包括再就业的离退休人员、三资企业中的外方人员和港澳台方人员)。

物　价

【零售价格指数】是反映城乡商品零售价格变动趋势的一种经济指数。零售物价的调整变动直接影响到城乡居民的生活支出和国家的财政收入,影响居民购买力和市场供需平衡,影响消费与积累的比例。因此,计算零售价格指数,可以从一个侧面对上述经济活动进行观察和分析。

零售价格指数采用加权算术平均公式计

算。每年根据住户调查资料调整一次权数。1992年全国有146个市、80个县城作为基层填报单位。城市指数所选商品352种左右，县城指数所选商品404种左右。每种商品的指数采用代表规格品的平均价格计算。

【居民消费价格总指数】是反映一定时期内城乡居民所购买的生活消费品价格和服务项目价格变动趋势和程度的相对数。是综合了城市居民消费价格指数和农民消费价格指数计算取得。利用居民消费价格指数，可以观察和分析消费品的零售价格和服务价格变动对城乡居民实际生活费支出的影响程度。

【城市居民消费价格指数】是反映城市职工及其家庭所购买的生活消费品和服务项目价格变动趋势及其程度的相对数。编制城市居民消费价格指数，可以观察和分析消费品的零售价格和服务项目价格变动对职工货币工资的影响，作为研究职工生活和确定工资政策的依据。

【集市贸易价格指数】是反映城乡集市贸易商品价格变动趋势和程度的相对数。通过集市贸易价格指数，可以观察集市贸易商品价格的变化情况，研究集市价格和国有商业价格的比例关系，以及集市价格变化对农业生产和城镇居民生活影响的程度。

对外经济贸易

【进出口总额】海关进出口总额指实际进出我国国境的货物总金额。包括对外贸易实际进出口货物，来料加工装配进出口货物，国家间、联合国及国际组织无偿援助物资和赠送品，华侨港澳台同胞和外籍华人捐赠品，租赁期满归承租人所有的租赁货物，进料加工进出口货物，边境地方贸易及边境地区小额贸易进出口货物(边民互市贸易除外)，中外合资经营企业、中外合作经营企业、外商独资经营企业进出口货物和公用物品，到、离岸价格在规定限额以上的进出口货样和广告品(无商业价值、无使用价值和免费提供出口的除外)，从保税仓库提取在中国境内销售的进口货物，以及其他进出口货物。进出口总额用以观察一个国家在对外贸易方面的总规模。我国规定出口货物按离岸价格统计，进口货物按到岸价格统计。

深圳进出口总额采用海关统计新口径，即指深圳市辖内单位通过九龙海关和其它海关的进出口总值，包括外汇交易和非处汇交易部分，三来一补按全值统计。

【利用外资】指我国各级政府部门、企业和其他经济组织通过对外借款、吸收外商直接投资以及用其他方式筹措的境外现汇、设备、技术等。

【对外借款】是我国利用外资的主要部分。包括我国通过外国政府贷款，国际金融组织贷款，外国银行商业贷款，出口信贷以及对外发行债券，股票等方式，从境外筹措的资金。

【外商直接投资】是指外国企业和经济组织或个人(包括华侨、港澳台胞以及我国在境外注册的企业)按我国有关政策、法规，用现汇、实物、技术等在我国境内开办外商独资企业、与我国境内的企业或经济组织共同举办中外合资经营企业、合作经营企业或合作开发资源的投资(包括外商投资收益的再投资)以及经政府有关部门批准的项目投资总额内企业从境外借入的资金。

【对外承包工程】包括各对外承包公司以招标议标承包方式承揽的下列业务(1)承包国外工程建设项目；(2)承包我国对外经援项目；(3)承包我国驻外机构的工程建设项目；(4)承包我国境内利用外资进行建设的工程项目；(5)与外国承包公司合营或联合承包工程项目时我国公司分包部分；(6)以服务成果向业主收费的技术服务项目(包括承担地形地貌测绘；地质资源勘察与普查；建设区域规划；提供设计文件、图纸、生产工艺技术资料和工程技术经济咨询；工程项目的可行性考察、研究和评估；进行技术指导和培训人员等)；(7)对外承包兼营的房屋开发业务。对外承包工程的营业额是以货币表现的本期内完成的对外承包工程的工作量，包括以前年度签订的合同和本年度新签订的合同在报告期完成的工作量。

【对外劳务合作】指以收取工资的形式向业主或承包商提供技术和劳动服务的活动。我国对外承包公司在境外开办的合营企业,中国公司同时又提供劳务的,其劳务部分也纳入劳务合作统计。劳务合作营业额按报告期内向雇主提交的结算数(包括工资、加班费和奖金等)统计。

旅　　游

【旅游人数】指来我国参观、访问、旅行、探亲、访友、休养、考察、参加会议和从事经济、科技、文化、教育、体育、宗教等活动的外国人、华侨、港澳台胞的人数。不包括外国在我国的常驻机构,如使领馆、通讯社、企业办事处的工作人员;来我国常驻的外国专家、留学生以及在岸逗留不过夜人员。

【旅游外汇收入】指国内各部门为来我国旅游的外国人、华侨、港澳台胞提供商品和劳务而获得的外汇收入。包括供应商品、饮食和提供住宿、交通、邮电、文化娱乐、导游等各项服务得到的全部外汇收入。

劳动工资

【职工】指在国有经济、城镇集体经济、联营经济、股份制经济、外商和港澳台投资经济、其他经济单位及其附属机构工作,并由其支付工资的各类人员。

【其他从业人员】指劳动统计制度规定不作职工统计,但实际参加社会劳动并取得劳动报酬的人员。

各单位的其他从业人员是指单位中除职工以外的全部参加本单位生产或工作并取得劳动报酬的人员。包括再就业的离退休人员、民办教师以及在各单位中工作的外方人员和港、澳、台方人员。

【城镇集体经济单位职工】指在城镇集体经济单位及其管理部门工作,并由其支付工资的各类人员。

【其他经济单位职工】指在联营经济、股份制经济、外商投资经济、港澳台投资经济单位工作,并由其支付工资的各类人员。

【城镇个体劳动者】指经工商行政管理部门核准登记,领取营业执照,参加生产经营活动,户口在城镇的全部人员。

【农村社会劳动者】指农村人口中经常参加合作经济组织(包括乡(镇)办企业事业单位)和家庭副业生产劳动的劳动力。凡是由合作经济组织分配劳动任务或承包各种生产任务,并从中直接取得实物、现金收入的劳动力,不管从事何种劳动,都要统计为农村社会劳动者。国家从乡(村)调用的建勤民工;由集体经费支付工资或补贴的乡(村)脱产管理干部;乡(村)劳动力到国有经济单位或城镇集体经济单位工作,其收入交给合作经济组织,并从中取得实物或现金收入的合同工、临时工、亦工亦农人员;自行外出,但户口没有转出的劳动力,都应包括在内。

【职工工资总额】指各单位在一定时期内直接支付给本单位全部职工的劳动报酬总额。

工资总额的计算原则应以直接支付给职工的全部劳动报酬为根据。各单位支付给职工的劳动报酬以及其他根据有关规定支付的工资,不论是计入成本的还是不计入成本的,不论是按国家规定列入计征奖金税项目的,还是未列入计征奖金税项目的,不论是以货币形式支付的还是以实物形式支付的,均包括在工资总额内。

【职工平均工资】指企业、事业、机关单位的职工在一定时期内平均每人所得的货币工资额。它表明一定时期职工工资收入的高低程度,是反映职工工资水平的主要指标。计算公式为:

$$\text{职工平均工资}=\frac{\text{报告期实际支付的全部职工工资总额}}{\text{报告期全部职工平均人数}}$$

【职工平均实际工资】指扣物价变动因素后的职工平均工资。计算公式为：

$$职工平均实际工资=\frac{报告期职工平均工资}{报告期居民消费价格指数}$$

人民生活

【城乡居民储蓄存款余额】城乡居民储蓄存款，包括城镇居民储蓄存款和农民个人储蓄存款两部分。不包括居民的手存现金和工矿企业、部队、机关团体等集团存款。储蓄存款余额，是指城乡居民存入银行及农村信用社储蓄的时点数(存入数扣除取出数的余额)，如月末、季末或年末数额。

【城镇居民家庭生活费收入】指被调查的城镇居民家庭全部收入中能用于安排家庭日常生活的实际收入。即城镇居民家庭的全部实际收入扣除"赡养支出"、"赠送支出"和缴纳的各种税款以及被调查户非本家庭人口的经济用饭人口所交的"搭伙费"。

【城镇居民家庭消费性支出】指被调查的城镇居民家庭用于日常生活的全部支出，包括购买商品支出和文化生活、服务等非商品性支出。不包括罚没、丢失款和缴纳的各种税款(如个人所得税、牌照税、房产税等)，也不包括个体劳动者生产经营过程中发生的各项费用。

统计信息大事记

深圳市统计信息局大事记

（自本局成立之日起至1996年底）

1995年

10　月

4日　深圳市委、市政府作出决定，将原深圳市统计局、市信息中心合并为深圳市统计信息局，并成立了深圳市信息化建设委员会办公室。同时，任命了以周理为局长的新领导班子，成立了新的组织机构。

中旬　经国务院批准，电子工业部、国家统计局和国家计算中心将深圳市列为我国信息化建设的第一个试点城市。

11　月

1日　全国副省级城市及经济特区"政府信息网络"联网会议在我市召开。会议通过了我局向全国副省级城市及经济特区发出"政府信息网络"联网，实现资源共享，当好政府参谋，并为社会提供准确及时、内容丰富的信息服务的倡议。

7日　日本统计分析专家一行2人来我局座谈，与有关统计分析人员进行了业务交流。

20日　由厉有为、李子彬等市主要领导担任领导的深圳市信息化建设委员会正式成立。

21日　深圳市信息化建设委员会召开会议，讨论并通过了《深圳市社会信息化建设纲要》、《深圳市信息化建设近期实施方案》，提出了近期重点实施的信息化工程。

12　月

10日　国家电子工业部部长胡启立、深圳市市长李子彬、市统计信息局局长周理等领导参加了深圳国际信息城的奠基仪式，并就部、市联合，加速我市信息化建设等问题进行了研究。

15日　市信息委办召开了深圳市信息企业资源工作座谈会。格兰信息咨询公司等14家重点信息咨询企业负责人参加了会议。市信息委办主任、市统计信息局局长周理到会并作了重要讲话。

25—27日　市统计信息局局长周理出席了在北京举行的全国统计局长会议，并在大会上发言。他详细介绍了我局的统计工作成就和统计改革经验，受到与会代表的一致好评。

我局编印出版了《深圳统计白皮书》。这一做法得到了国家统计局局长张塞和深圳市领导的肯定与支持。张塞局长指出，统计部门发表白皮书，这在以前还没有过，在全国是一个创举。他希望我局继续搞下去，在这方面当好全国统计战线的"排头兵"。

28 日　深圳市人民政府授予我局市政公用设施普查工作"先进单位"光荣称号。

1996 年

1　月

18 日　我局召开了"加强计算机和信息网络国际联机管理"工作会议。市科技局、公安局、保密局、邮电局及部分开展国际联机服务单位的主要负责人参加并就有关问题讲行了讨论,达成了共识。

19 日　我局隆重召开机关党委纪委成立大会。两委成立,是我局加强组织建设的又一重要保证,具有重要政治意义。

26 日　国家工普办顾问陈振裕率检查组到宝安区检查工作。检查组详细了解了宝安区的基本情况和工业普查工作,并表示满意。

29 日　我局综合处编写的《深圳市统计年鉴—1995 年》在全国统计年鉴评比活动中获综合二等奖及时效奖。

国家统计局批复:批准深圳市城市社会经济调查队实行"一个机构、两块牌子",即深圳市社会经济调查队和深圳市社会经济调查中心。

2　月

8 日　我局召开首次统计新闻发布会。其主题是深圳市 1995 年经济形势回顾与 1996 年经济预测,会上我局有关领导还解答了与会深港记者们提出的问题。

经国家科委、电子工业部、广播电影电视部、邮电部等四部委研究决定在深圳市定点建设国家高科技"高速通信和多媒体信息网试验小区(HFC)"项目,并确定该项目由深圳市信息化委员会组织实施。

3　月

5 日　我局隆重召开政治与业务工作誓师大会;局领导和全局职工共二百余人参加了大会。

局长周理在会上发布了"全局上下齐奋发,秣马厉兵奔前程"的动员令。并与局内各中心、处、室的负责人分别签订了 1996 年业务工作和反腐保廉责任书。

27—28 日　我局组织召开了全市统计工作会议。深圳市副市长武捷思到会并讲话,周理局长传达了全国、全省统计工作会议精神,部署了 1996 年统计工作任务。

4　月

3—4 日　国家统计局工交司司长、国家第三次全国工业普查办公室副主任李启明等领导来我市检查工业普查工作。李司长在听取我局副局长、市工普办主任邓平汇报后指出:深圳的工普抓得紧、抓得好,并希望把下一步工普工作做得更好,为全国做出榜样。

8—9 日　国家统计局人口就业司司长孙怀阳和全国 1% 人口抽样调查专家顾问组组长孙兢新来我市检查 1% 人口调查工作,并对我市的人口调查工作给予了高度评价。

9—11 日　国家统计局统计设计管理司副司长翟志宏等到我局检查工作,对我市第一次全国基本单位普查的筹备工作充分肯定,并提出了要求。

12 日　我局正式开通了深圳市领导办公服务系统,开始为市领导提供优质的决策信息服务。

18 日　由深圳市常务副市长李德成启动电子键,开通了我市社会信息服务系统(即

S923工程),它主要通过“免费联网”的方式向社会开放,用户每天可获得每日新闻、政策法规、市场行情、金融信息、国际贸易、房地产等近100个主题栏目、200多万字的信息服务。

25日　深圳市委书记厉有为主持召开了市信息化建设工作会议,李子彬、李统书、宋枝旺等市领导出席了会议,会上听取了市信息办主任、统计信息局局长周理的汇报,厉书记就我市信息化建设有关问题作了重要指示。

5　月

1日　周理局长主持召开了“决策信息审编委员会”第一次会议,决策信息审编委员会是我局专门为市领导提供信息服务的智囊机构。

4—6日　国家统计局设计管理司副司长翟志宏、国际合作司副司长杜卫群、全国基本单位普查办处长王立元、省统计局政策法规处调研员林少章同志到我局检查工作。

12日　李德成常务副市长就我局报送的“关于我市开展第一次全国基本单位普查意见的请示”作了批示,并亲自担任市基本单位普查领导小组组长。

20日　国家电子部和深圳市政府在迎宾馆举行电子部—深圳信息化建设合作签字仪式,国家电子部刘剑峰副部长和李子彬市长分别代表合作双方签字。深圳市信息委办主任、统计信息局局长周理出席。

由深圳市统计信息局负责筹备,国家科委、广电部、电子部、中科院和深圳市人民政府在迎宾馆联合召开“深圳广播电视宽带综合信息网(HFC)试验小区新闻发布会”。电子部常务副部长刘剑峰、国家科委副主任惠永正、广电部副部长何栋材、中科院副院长胡启衡、深圳市委副书记、市长李子彬等出席并讲话。

23—24日　中国统计学会城市统计研究会第三协作组在深圳召开了课题研究会,会议的中心议题是“构建城市发展综合评估指标体系”。会上讨论并宣读了我局的《建立城市现代化社会保障程度评估指标》论文。

30日　受市领导委托,市政府副秘书长汤耀治、市信息委办主任、市统计信息局局长周理在市委会议室向邮电部科技司王占宁副司长和广东省邮电局崔勋局长等领导通报了有关深圳市信息化建设方面的进展情况,市邮电局许立勇局长等领导和专家参加了会议。

6　月

27日　深圳市直机关工委在深圳大剧院举办的“党在我心中”大型文艺汇演上,我局103名共产党员演唱、由周理局长和林勋准副局长作词的《信息化之歌》,获得金奖。深圳市电视台向全市人民作了实况转播。

7　月

月初　我局完成了《深圳市统计改革要点》、《深圳市统计改革的基本思路》和《深圳市统计改革资料内容框架》方案的编写工作。并报国家统计局统计设计管理司,已得到批复,同意方案中的改革设想,并指出这项改革对于建立和完善适应社会主义市场经济的统计指标体系、顺利完成与香港统计衔接具有重要的意义。

9日　我局47名副处以上干部(含副处)进行了一场关于信息化和统计现代化内容的闭卷考试。这次考试对在全局形成“比、学、赶、帮、超”的好风气,提高我市统计信息人员的整体素质,服务于信息和统计现代化建设起到了推动作用。

16日　规划处在北京组织召开了深圳市信息化建设规划北京地区专家论证会,中科院院士张效祥以首席专家的身份主持了专家评审,来自国家部委和高等院校的十七名国家级专家参加了会议。会上,专家们对深圳市信息化建设规划给予了一致肯定和高度评价。

18日　国家信息办规划研讨会在北京召开。深圳市信息委领导李德成常务副市长和信息委办主任、统计信息局局长周理参加了会议。会上李副市长就我市信息化规划的思路和体会进行了汇报,并对制定国家信息化规划提出了建议。到会的各部门领导对我市信息化建设工作给予了充分的肯定,并表示继续支持我市信息化工作。

22日　《深圳经济特区统计条例(送审稿)》已由政府召开的第39次常务会议讨论通过。《条例》是根据深圳特区的实际情况和发展社会主义市场经济的需要作出的法律规范,体现了特区特色,并具有一定的超前性。

29日　我局召开了1992—1995年统计系统先进集体、先进个人表彰大会。会上分别授予79个单位和161名同志"1992—1995年全市统计系统先进集体"和"先进个人"荣誉称号。

10　月

8—10日　全国各省基本单位普查办公室主任会议在我市召开。我市基本单位普查办公室负责人在会上作了前期阶段性工作汇报,受到与会代表的一致好评。

10—14日　省统计局在珠海市召开了全省投资建筑行业统计工作会议,会上通过评比,深圳市获得1996年度全省固定资产快速调查工作的先进单位称号。

11日　专家组在桂林讨论了我局的《深圳市统计改革方案》。国家统计局局长张塞、副局长贺铿对《深圳市统计改革方案》的出台表示热烈地祝贺,并预祝深圳市统计改革圆满成功。祝深圳市统计现代化早日实现。会议通过了专家评审意见。

22日　我局组织举办了深圳市统计信息局首期干部知识培训班的开学典礼。此举旨在提高和更新我局干部知识,为搞好统计信息工作的深港衔接服务。

22—28日　核算处负责人代表我局参加了国家统计局在江西南昌召开的全国国民经济核算会议。会上,深圳市资产负债核算年报获一等奖。

25日　澳大利亚昆士兰州政府经贸代表团和Dialog信息科技集团公司及亚太公司负责人一起访问了我局,并就今后的合作问题进行了探讨。

11　月

25日　天津市副市长曲维枝、秦皇岛市副市长黄秉祺分别率领考察团在深圳市常务副市长李德成等有关领导的陪同下考察了我局。考察团的同志对深圳市在信息化建设方面取得的成绩和信息产业的高速发展表示赞赏。

6日　市信息委办组织召开了深港衔接重点工程协调会议,信息业衔接重点工程责任单位和协作单位的负责人参加了会议。

11日　上午8时正,我局全体干部职工举行了第一次升国旗仪式。并决定今后每周一8时正为我局升旗时间。这是我局加强精神文明建设,进行爱国主义教育的一项重要内容。

12日　广东省基本单位普查办采用我市开发编制的《基本单位普查数据处理系统》,经部分修改后在全省各市使用。

在今年广东省首次开展的年报工作评比中,我局的年报工作荣获综合评比第一名。社会科技处的劳资、科技和服务业三个专业全部获得全省第一,经贸处的外经、旅游专业和核算处的核算专业也获得全省年报评比第一名。

15日　国务院副总理、国务院信息化工作领导小组组长邹家华抵深考察我市信息化建设。在深期间,邹副总理在我局听取了中共市委常委、常务副市长、市信息委副主任李德成、副市长郑通扬和市信息办主任、市统计信息局局长周理同志的汇报。并称赞我市信息化建设有规划,工作实在,管理科学、高效。他希望深圳在信息化建设的科学管理及整体推进方面大胆探索。

28—30日　国务院信息化工作领导小组成立以来的第一次全国性工作会议——部分省市信息化工作座谈会在我市举行。国务院信息办主任吕新奎、常务副主任郭诚忠、深圳市副市长郑通扬及23个省市信息化工作领导小组负责人出席会议。吕新奎主任在会上对深圳信息化建设经验给予了肯定和较高评价。

29日　市信息工程质量监督检验总站挂牌仪式在我局举行。这是目前全国第一家信息工程质检机构。国务院信息办主任、电子工业部副部长吕新奎、深圳市副市长郑通扬为质检总站揭牌,深圳市信息委办主任、统计信息局局长周理同志致辞。

11—15日　我局周理局长参加了在北京举行的'96全国统计工作会议。会上,周局长就我局机构合并后的工作情况作了发言。与会代表对我市的统计改革工作给予了充分的肯定,并希望我市为全国统计改革探索出经验。

17日　我局召开首期局内业务知识上岗培训结业典礼暨1996年考核动员大会。市委组织部吕锐锋副部长出席了会议并作了重要讲话。

21—23日　我局规划处和大众公司组织召开京九信息网第一次工作会议,来自北京、天津等沿线九省的代表二十多人参加了会议。会议通过了京九信息网建设的总体方案和信息共享办法,建立了京九信息网的组织架构,旨在通过建设京九信息网,推动京九沿线经济的发展。

23—24日　全省农业普查办公室主任会议在我市召开,60多人参加了会议。

23—24日　我局副局长邓树勇接待了国家统计局副局长贺铿,并汇报了我市统计工作的开展情况。

23—27日　国家统计局贸易外经司司长李露华和广东省统计局贸易外经处处长林志森到我局检查商业、外经、旅游统计工作的开展情况。

26日　深圳市二届人大常委会第十二次会议第二次全体会议表决通过了《深圳经济特区统计条例》。

26日　市工普办被评为广东省第三次工业普查一等奖。

中国统计出版社最新统计资料书简目

中国统计年鉴—1997(汉英)
中国统计摘要—1997
中国农村统计年鉴—1997
中国城市统计年鉴—1997
中国市场统计年鉴—1997
中国劳动统计年鉴—1997(汉英)
中国人口统计年鉴—1997
中国工业经济统计年鉴—1997
中国对外经济统计年鉴—1997(汉英)
中国物价及城镇居民家庭收支调查统计年鉴—1997
中国建筑业统计年鉴—1997
中国固定资产投资统计年鉴—1997
国际统计年鉴—1997
北京统计年鉴—1997
北京统计摘要—1997(汉英)
天津统计年鉴—1997
河北经济年鉴—1997
山西统计年鉴—1997
内蒙古统计年鉴—1997
辽宁统计年鉴—1997
吉林统计年鉴—1997
黑龙江统计年鉴—1997
上海统计年鉴—1997(汉英)
江苏统计年鉴—1997
浙江统计年鉴—1997
安徽统计年鉴—1997
福建统计年鉴—1997
江西统计年鉴—1997
山东统计年鉴—1997
河南统计年鉴—1997
湖北统计年鉴—1997
湖南统计年鉴—1997
广东统计年鉴—1997
广西统计年鉴—1997
贵州统计年鉴—1997

云南统计年鉴—1997
海南统计年鉴—1997
四川统计年鉴—1997
西藏统计年鉴—1997
陕西统计年鉴—1997
青海统计年鉴—1997
宁夏统计年鉴—1997
新疆统计年鉴—1997
新疆兵团统计年鉴—1997
重庆统计年鉴—1997
石家庄统计年鉴—1997
廊坊统计年鉴—1997
唐山统计年鉴—1997
邯郸统计年鉴—1997
保定经济统计年鉴—1997
呼和浩特统计年鉴—1997
长春统计年鉴—1997
延吉统计年鉴—1997
哈尔滨统计年鉴—1997
齐齐哈尔经济统计年鉴—1997
大庆统计年鉴—1997
双鸭山社会经济统计年鉴—1997
上海浦东新区统计年鉴—1997(汉英)
苏州统计年鉴—1997
无锡统计年鉴—1997
常州统计年鉴—1997
杭州统计年鉴—1997
绍兴统计年鉴—1997
宁波统计年鉴—1997
嘉兴统计年鉴—1997
徐州统计年鉴—1997
厦门统计年鉴—1997
鹰潭社会经济统计年鉴—1997
南昌统计年鉴—1997
九江统计年鉴—1997

济南统计年鉴—1997
泰安统计年鉴—1997
青岛统计年鉴—1997
潍坊统计年鉴—1997
洛阳统计年鉴—1997
三门峡统计年鉴—1997
平顶山统计年鉴—1997
武汉统计年鉴—1997
长沙统计年鉴—1997
广州统计年鉴—1997
深圳统计信息年鉴—1997
海口统计年鉴—1997
惠州统计年鉴—1997
珠海统计年鉴—1997
襄樊统计年鉴—1997
桂林经济社会统计年鉴—1997
开封统计年鉴—1997
南宁统计年鉴—1997
西安统计年鉴—1997
乌鲁木齐统计年鉴—1997
吐鲁番统计年鉴—1997
奎屯统计年鉴—1997
巴音郭楞统计年鉴—1997
天水统计年鉴—1997
延边统计年鉴—1997
福建农村经济年鉴—1997
湖北农村统计年鉴—1997
河南农村统计年鉴—1997
福州年鉴—1997
沈阳年鉴—1997
甘肃年鉴—1997
厦门经济特区年鉴—19[illegible]
黑龙江垦区统计年鉴—[illegible]97
福州经济开发区马尾区年鉴—1997

欲购以上图书请与中国统计出版社发行部联系　　电话:(010)6326 2295
通讯地址:北京市西城区三里河月坛南街 75 号　　邮政编码:100826

索　　引

索　　引

凡　　例

1. 本年鉴以关键词作索引，以首字汉语拼音音序排列(同声的则按声调，声调相同的，则按第二个字排列，依次类推)。

2. 索引条目后的数字为本节的页码，"a"、"b"分别表示在该页的"左栏"、"右栏"。

3. 本期仅对重要信息、重要资料作索引，其余则从略。

B

C

D

E

F

G

J

K

L